人事行政學

（理論、方法與制度）

張金鑑 著

學歷：國立北京大學肄業
中央黨務學校畢業
美國士丹佛大學法學士政治學碩士
經歷：河南大學教授兼訓育主任
國立政治大學教授兼政治研究所主任
公共行政研究所主任
高等考試典試委員
立法委員、教育部學術審議委員
國立中興大學兼任教授

三民書局印行

因爲『徒法不足以自行』，縱有良法美制，必賴優良勝任的人員以推行之，始能發生效力；否則，任使非人，在玩法弄法的情形下，仍可弊害叢生。況所謂『法制』，亦是人的制作品和發明物。有怎樣的國民，便產生怎樣的國家。依同理，有怎樣的公務員便產生怎樣的政府。所謂『法治』，實際上仍脫離不開人的因素。

基於這些原因和理由，人事行政的研究遂日趨迫切與重要。朝野重視，研究者日衆，今日人事行政，不但成爲一種專門職業與技術，且亦成爲一種的專門科學和知識。美國各大學對此學科有廣大積極與深入的研習，固不必言述。卽在中國，大學中亦有『人事行政』，『各國人事制度』等課的教授，高等考試普通考試更有人事行政人員的考選。

著者爲適應此種時代需要，曾編著人事行政學一書凡六十餘萬言，分上下兩鉅册，由香港商務印書舘於二十八年八月印行，以係專門鉅著，又値抗戰期間，流傳不算甚廣。來臺灣後，爲減輕讀者負擔並廣流傳計，特編寫簡縮本曰人事行政原理與技術一書，由臺灣商務印書舘於四十三年五月印行。前書似失之稍繁，後書又似嫌簡略，均未可視爲適中之作。因而久有意另寫一本繁簡適中，內容完整之人事行政學，以應世需。爰就四十年來教學及研究心得，並蒐集美國近年來有關人事行政之新著，加以融通，寫成此書以饗讀者。

本書的目的與內容在就如何建立健全有效的公務員制度及推行現代化科學化的人事行政提供正確的理論與原則及實用的方法；並就中國現行的人事行政制度，如人事機構，公務員的考試、任用、考績、俸給、職位分類、紀律、訓練、保險、人羣關係、撫卹、退休等均詳加論述，且提出甚多的改進意見。自諗本書內容尚屬充實，編制亦有條理，理論與實際並重，中外事例兼收，既可供行政當局的參考與採擇，復可作學術研究的津梁。

中國政府現時所負荷的復國建國使命，是十分艱鉅繁重的。若想及早成功的達成這種任務，完成這種使命，自須朝野人士一體注意人事行政的研究，建立健全的公務員制度，藉以提高行政效率，激勵服務精神，推行公務改革，恢宏政治功能。著者本書的印行，希望能收到拋磚引玉的效果，並激發起廣泛而擴大的共鳴。吾道不孤，諒必有鄰，著者深切期待在自由中國不久能有人事行政研究與改革運動高潮的掀起。

本書在寫作期間承許君濱松熱心協助，對蒐集資料，整理稿件，貢獻殊多，特提出致謝忱。吾女寶琴在稿件繕寫上，亦費過不少勞力，勤勞之處，至所欣慰。本書範圍甚廣，所涉及的問題亦頗多，著者才學有限，陋誤所在，自所難免，尚望海內外賢達，不吝珠玉，惠賜匡正，嘉惠士林。

中華民國六十八年八月廿日安陽張金鑑序於臺北新店明誠齋。

人事行政學

目次

第三編　中國現行人事制度

第一編　緒論

張金鑑

第一章　人事行政學的概念

第一節　人事行政的意義

一、**幾個有關名詞**——人事行政或人事管理，僅是近二三十年來所流行的術語，往昔在各大工廠商店中所使用與此相似的名詞尚有勞工管理（Labor Management），雇傭管理（Employment Management），及工業關係（Industrial Relations）等。勞工管理係就廠主的立場而言；含有不平等或搾取的意思，旨在於藉勞動力的搾取，謀求利潤。所謂勞工管理的目的乃在於提高及增加工人的生產量額，或在設法防止工人的怠工，或加重其工作分量，或在延長其工作時間，其意義多為消極的防範的；其方式亦祇是憑藉權力為由上而下的監督，殊少科學技術與方法的應用，這是人事管理的第一階段。雇傭管理一詞的含義則較勞工管理為廣泛為進步。其作用不僅在對工作員為勞動力的搾取與消極的防範，對於職工的選用、訓練、及考績等均為積極的注意，並知利用科學方法作動作研究及職務分析等。這是人事管理發展之第二階段。人事管理發展之第三階段則為工業關係，其內容所包括者除雇傭管理中所指的各項內容外尙注重於人與人間，特別是勞資關係的調整，及各生產部門間彼此的合作與協調，並及於勞工選擧代表參加廠方行政，使之獲得心理上的滿足，並予以分紅認股的權利使勞資利益打成一片。人事行政或人事管理於是發展到第四階段時所用的名詞。

人事管理本起源於私人企業的大工廠及商店中。工商企業在人事管理上獲得成功後，政府機關在公務員的管理上亦漸知借用這種方法並予以實施。私人企業中人事管理與政府機關中之人事行政在日的上在範圍上雖有不同，然其知識與運用在實質上並無二致。爲求劃淸其界限起見，亦有把私營企業機關的員工處理，稱之爲人事管理；把政府機關中官吏管理，稱之爲人事行政。又因行政乃是政府事務的處理；亦有冠之以公共二字曰公共人事行政（Public Personnel Administration）以資區別者。人事行政既爲政府中公務員的管理，故亦有用吏治制度或文官制度（Civil Service）及公務制度（Public Service）以爲人事行政一詞的別名。不過所謂制度多係指靜態的組織或指官吏間職權分配的關係與體系而言，多偏於權力運用及政治含義。至於人事行政則兼及動態的運用，基於專門技術與知識及科學管理的方法，對公務員的內在潛能爲最大的發揮及最高的利用，在範圍上，文官制度或公務制度亦較人事行政爲狹小：前者只是後者之一部；所謂制度或組織乃達到行政目的時所憑藉的工具或手段。

二、各家不同的定義——與人事行政相類相關的若干名詞，已有上述簡單的說明，茲進而將各專家，對人事行政學或人事管理學所提出的定義列舉若干，以便作比較的觀察與研究。狄特（O.Tead）及墨嘉夫（H. C. Metcalt）說『人事行政學在研究一個機關爲完成其特定目的時，所必需有的各種活動底計劃、監督、指導及調整，期以精誠無間的合作精神，使人的勞作及磨擦降至最小限度；並須適當的顧及這機關全體人員的福利』。（見 Personnel Administration, its principles & practice, p. 2）他們又認爲『人事行政者乃一個機關中人的關係的指導與調整，其目的在以最低限度的勞力及磨擦，獲得到最高限度必要的生產』，這種定義不論對私人企業機關或政府機關均可適用，不過其所具有目的與所生產的物品各有不同而已。

瓦特爾（J. E. Walters）稱『人事行政學所涉及者，爲雇主與雇工彼此的關係問題，其目的既在求得一組織中所期欲的有效率的人底力量，並維持此力量對於雇工雇主皆爲有利益的彼此和諧的健全的。人事行政原理是在應用科學方法，以謀求人的問題之解決。』（Applied personnel Administration, p. 2）這定義雖係指工商企業機關中人事管理而言，然同樣可適用於政府機關。

克洛若（A. C. Clothier）謂『人事行政的目的在求人事效率。而人事效率乃是一複合物。這複合物就是將腦力、健康、指導、忠實、熱誠、志向、人格、品質及合作力諸因素加以適當比例配合所構成的結果』（The Employment work of Curtis publishing Co. Annals, Vol, 65 1916 94-111）墨萩生、柯洛若（S. B. Mathemusor & R. C. Clothier）施古特（W. D. Scott）等認爲，人事行政學的意義在於研究及調整一組織中雇員與雇主間的關係，在以人事的調適來促進工業的生產效率。人事行政學卽在檢討能以創造及維持此調適關係的各種理論，並決定在工作上應用如何最有效方法與工具，使此理論或原則在人員管理上成爲活動的並具有創造性的力量』（Personnel Management, 1931, Preface）

魏勞畢（W. F. Willoughby）的意見以爲人事行政者係指『能以選用並保持最有效能的公務員爲政府辦理公務時，所需的各種程序與技術，及對公務員所爲有效統制與指導的制度』（見 Principles of Public Administration P. 211）懷德（L. D. White）認爲『所謂人事行政決非僅指人員的雇用與解除的機械工作而言，最重要者尙在分析人類的心理動機與趨向，並採用精巧熟練的方法與手段，使每個人在一組織中皆得到最適宜的安置，將其內部所有精能，皆得到最完全的實現與發揮』。（Introduction to the study of Public Administration, Chapter 9, PP. 21-217）.

國人關於人事行政的專著與研究爲數不多。其最早的著作，乃是民國二十二年何淸儒所編的人事管理一書中。他在這書中說：『人事管理就是用科學的方法與原則，去管理一切關乎人的事務。目的不但是要使事務盡用人才，增加效率，並且要使個人得展其才能，樂其職業』（頁二）

綜觀上述各家的意見我們對於人事行政學的意義，當可窺見其輪廓。不過爲醒目起見，可將其精義歸納如次：

第一爲獲得勝任的人員。所謂勝任係指因事擇人，適才適所。爲求達到此種目的，首須瞭解所要完成的工作。故近代人事管理，莫不注重工作說明書的訂定，將工作名稱，所任職務，責任以及與人關係等，一一詳列，並將承辦此項工作所需的資格條件，加以確定，以爲延用（Recruitment）與遴選（Selection）等的依據。

第二爲發展人力的運用。人事行政的目的，除使工作人員瞭解其所負的職責與所具的權限外，更賦予發展其知識、技術、能力的機會。視其在工作上的表現，是否已達到預定標準的要求。就此予以適當的考核。其能超越標準者，亦可得到適當的獎勵，一切升遷調動的規定，均符合有效運用人才的原則。此外，更發掘人的潛能，加以訓練培育，俾人才輩出。

第三爲維護工作的意願（Willingness to work）。即使各個人員在工作上都能滿足其需要，樂業敬事，熱心工作。近代人事管理根據心理學的研究，瞭解人類的基本需要與工作動機，盡量做到合理公平的報酬；並使員工免除因疾病、意外、所生影響的而損及其決定與計劃；及使其在機關中有參與意見的機會，滿足員工的表現慾與安全感，並使有自我表現及向上發展的可能。

三、著者試爲的定義——前述各家所作的諸定義，著者自覺尚不十分愜意，特試爲定義如次：人事行政就是一個機關或團體爲完成其使命，對其工作人員作最適切最有效的選拔、使用、教養、維護、督察、考核時所需的知識、方法與實施；其目的在使『人盡其才』，卽人的內在潛能的最高發揮與利用，使『事竟其功』，卽以最經濟的手段獲得最大的效果。

第二節　人事行政的特質

一、特殊重要地位——所謂人事行政者僅是政府行政事務的一部份；此外尚包括有所謂財務管理，物材管理，行政組織以及工作方法等。但其中則以人事行政佔着最重要的地位。皮古氏及梅耶士在其新著人事管理學中曾云，管理雖涉及物料、方法、機具、設備等，但如何贏取工作人員的竭誠合作乃爲管理上中心而需要的問題（見 Paul Pigors & Charles A Simple Myers, Personnel Administration-A point of View and & method, Fourth Edition 1961, P. 11）。在新近的著作中，著名的學者阿培利直接認爲『所謂管理就是對『人』而非對『事』的管理，因而『管理逕可稱爲人事管理者』。（Lawrence A. Appley, Menagement the Simple way) Personnel, Vol, 19, no. 4, PP, 595–603, 1943）由此足見人事行政在管理上所佔之比重。

二、為管理者的職責——人事行政為各級管理者的職責，一機構的首長應確定該機構的人事政策，而各級主管負有監督屬員解決人事問題的責任。因為人事管理乃管理上最重要的一環，缺此將無法產生效率。所以美國文官委員會所揭櫫的人事政策有謂『人事管理乃整體管理的不可或缺一部份……而各項人事方案亦僅在：(1)協助各級管理人員，經由對其工作上所需人員的獲得，培植與充份利用而完成其使命；(2)保證工作人員公平而一致的待遇；(3)基於對人事行政統一的運用而獲得其最大利益的生產』。由此可知，欲使人事行政發揮其效果，必須使各級主管善盡其人事上的職責，而人事人員亦應瞭解其幕僚性的地位，竭心盡智，提供技術上建議，但不可僭越職權。

三、處理特別困難——人事行政者，在管人以治事，不能僅憑管理者的立場，或主持者的地位加以觀察或推動實際上尚須追溯探討其他不可知或不易知的人性因素，所以比其他行政問題更為複雜而困難。這種困難所以形成的根本原因，卽為其所涉及者為人事問題。第一、因人為萬物之靈，思想複雜，變幻莫測，而又各不相同，所以工作人員的心理狀態，精神變化及行為動機，雖因心理學、測驗技術等的應用並非不可加以解決，但事實上要得準確無誤的結果，仍是十分困難的。第二、因人是感情動物，其一切動作並不能以完全理智的科學的因果推斷。人事行政者的科學訓練，不管高至如何程度，對人的觀察與認識上亦難將個人有意無意的主觀好惡消除淨盡。此種不科學的因素，既不能完全驅逐於人事行政的領域外，故在實務的處理上又不能不爲特別的注意與矯正。第三、人事關係，異常錯綜，甚不易作客觀的管制與分析，因之人事行政成爲政府行政中最爲艱鉅者，亦卽人事行政特異於他種行政的所在。

四、顧及三方利的——人事行政的第四種特質在於其所顧及的利益或立場計有三方面：卽(一)公共的利益，指人民及社會而言，(二)雇主的利益，指政府機關而言，及(三)雇工的利益，指公務員而言。就公共利益而言，所有公民應享受對政府服務的平等機會、權利與義務，希望完全杜絕因政治或私人關係的攀引，並贊成「官職輪換」的主張，俾加多其服官或上臺的機會。就政府的立場而言，則願以最低廉的代價雇得最有能力的工作人員，在僱傭條件上，政府想得到最便宜的地位，不受不利條件的限制。就公務員的利益而言，則願獲得最優良的待遇與最穩固的保障。此中利益頗多衝突，人事行政者，卽在使此相衝突矛盾的利益，得到適當的調和與平衡。

第三節　人事行政的目的

一、綜合的敍述——政府機關或私人企業所以對人事行政的理論、技術、與實施作積極研究者，其目的計有四端：第一爲經濟的目的，卽在於用最低廉的成本或代價，換得最高大的利潤或生產品，使這機關的使命能以得到最順適與迅速的完成，所謂以最經濟之手段，換得最大之效果；工商企業的成敗，固係以此爲判斷標準，即政府的行政效率亦須以此爲測量準繩。第二爲社會的目的，所謂利潤的增高或經濟目的的達到，並非憑藉不人道的搾取手段，亦非由於不科學不合理的過量緊縮政策。人事行政的目的即在使政府（雇主）與公務員（雇工）間，政府、公務員與人民間，公務員與公務員間，得到合理關係、和諧空氣、完整組織、及人事調適，使各人皆能以樂業敬事、親愛精誠、和好無間的服務精神，共赴事功，在健全的社會關係下使社會的生產成本或工作成本降至最低限度，所謂成本與利潤是指社會的一般水準的漲落而言；總之，係以集體的手段完成社會的目的。第三爲個人的目的，在不科學的人事管理下，政府公務員或因精神不快，或因待遇不良，或因環境不適，不但無最高工作效率之可言，即個人的才智亦多因而埋沒，構成個人的社會的甚大浪費；人事行政的目的即在於設法消除此等的浪費，使各公務員個人的才智精能皆能以得完成其最大的利用與發展，使人盡其才，才當其用。第四爲技術的目的，人事行政上方法的不善，技術的不良，亦爲失敗的由來，及浪費產生的重要原因；人事行政學的目的即在於用科學方法，客觀分析，研究得標準化的人事管理技術與方法，使之爲普遍有效的應用。

二、個人的發展——人事行政學的目的在於使公務員個人之才智精能爲最大之利用已爲上述。惟此最大利用之完成，須對個人的智育、體育、德育、及羣育四方面作完全爲發展；亦卽對個人之腦筋、身體、品行、及人格四物之最艮培植。玆分別述之如次：

1.智育之發展——智育發展本爲個人事務，然頗能以團體方法促進之。至個人智育的不艮，對於團體工作亦發生惡劣影響。各級政府的公務員於任職後，率皆因循苟安，不求上進，致知識不足，技術落伍，使行政效率低減。人事行政機關對在職人員在按其實際需要，用讀書會、討論會、特別講演等方法以增進其普通知識與特別技術，使成爲最有效之工作員。所謂智育，不僅包括智識、技術與能力，並涉對人對事之態度與心理狀態。不易與人相處、易怒、驕傲、不安、羞餒、虛僞、嬾怠、悲觀、爭吵、及幻想等不健全心理狀態與態度，亦均爲智育發達不完全的表現。人事行政學者當設法予以適當教育與訓練，分別矯正救治，使成爲健全正常狀態，則此人的服務效能便可由此大見增長。

2.體育之發展——公務員因身體的不堅實强健，固不足作經久不倦、精神集中、準確迅速的有效服務；卽使其身體堅强，若所任工作與其體質不適，亦足以妨害其康健，致造成人事的浪費。至於工作環境如空氣、光線、濕度、溫度的不適，亦易致疲倦減低工作效率，且足害及公務員的康健。人事行政學者的目的，不但要從消極方面着手，不使發生若斯之不艮影響，並從積極方面努力，爲運動、沐浴、醫藥、消遣、娛樂、及衞生等現代設備，以保持並增進公務員的康健。蓋必有健全的精神與身體後，始能有良好的服務成績。

3.德育之發展——在理論上道德與工作本爲兩事，道德高尙者不必服務成績均高；反之道德不良者工作效率不必均低。惟考之實際，兩者間確有可注意的相關率，因不道德的行爲常影響及服務成績。如過量菸、酒、嫖、賭等之嗜好，足以戕賊公務員之身心，結果或因體力之羸弱，或因精神不集中，致使公務之推行，失卻其準確與迅速。人事行政者的目的卽在於憑精神陶冶、宗教工具、思想鍛鍊、法律裁制、嚴密督查、及成績考核等方法，防止並消除其不道德行爲與習慣，使其道德作健全高尙的發展，免致直接間接的影響其工作效率。

4.羣育之發展——羣育與德育本甚相類似，然究其實際，兩者並不相同。德育涉及是與非或善與惡等觀念，而羣育則否。德育者個人各種善良品行的總和。羣育者各人特性及人格的表現。忠實無欺爲品行之一例。衣冠整齊、勤勉奉公則爲羣育。因衣冠不整與工作不力並未涉及此人的道德問題。品行與人格的養成多由於習慣。所謂羣育係指一人對人對事的習慣的社會態度與行爲而言。忠勤和諧卽其一端。在政府工作異常複雜錯綜之今日，公務員必須有優良的羣育，期與其同僚在親愛和穆之空氣中，分工合作同赴事功。一機關的整個成績與精神表現，係以各工作員能否合群是否勤勉爲基礎。人事行政者可以用人格考核、個別談話、同事訪問、及客觀調查等方法，從消極裁制與積極鼓勵雙方着手，使公務員的社會性羣育能有完全成就與高度發展。

茲根據各節所述製訂『個人發展分類表』如後，用示綱領：（參考 J. E. Walters, Applied Personnel dministration, 1931 P. 30）

發展之類別	個人價値之培植	發展之方法	測量之工具
一、智育 (Mental)	精神 (Moral)	1. 讀書會 2. 討論會 3. 特別講演 4. 個別訓練	1. 智力測驗 2. 能力測驗 3. 全能測驗 4. 職業測驗 5. 工作實驗
二、體育 (Physical)	身體 (Body)	1. 醫院 2. 運動場 3. 俱樂部 4. 游藝室	1. 體格檢查 2. 力量測驗
三、德育 (Mind)	品行 (Character)	1. 精神陶冶 2. 宗教組織 3. 法律裁制 4. 成績考核 5. 嚴密督查 6. 個人接觸	1. 個別談話記錄 2. 同事訪問記錄 3. 道德考核表
四、群育 (Social)	人格 (Personality)	1. 人格考核 2. 個別談話 3. 同事訪問 4. 客觀調查	1. 人格考核表 2. 談話記錄 3. 同事訪問記錄 4. 客觀調查統計

第二章　人事行政的發展

第一節　人事行政產生的原因

一、政治的原因——亞里斯多德（Aristotle）曾說人是「政治動物」。因爲人類的體質力量在動物界最爲微弱。旣無虎豹獅熊的銳爪利齒，又無象駝牛騾的任重體力；卽嗅聽視觸諸種感覺器官的運用，也遠不如猿猴豺狼的尖銳靈敏。所以人類爲要維持其生存，延續其生命，自不能不出於聯合團結一途，期用共同的努力，以戰勝自然、利用自然。這種協力合群雖極爲必要，又甚有利；無如凡事皆「禍福相因」，「利害相連」，在共同抵抗自然與利用自然的進程中必發生不可避免的衝突。何金（W. E. Hocking）謂：「論物質生活則人協處易、獨居難；言道德生活則又獨居易、協處難矣……人類所有的合作努力，均附有必然的懲罰；凡共同利益的所在，亦卽相互衝突所自起」，（Man and the State, P. 3–4）確爲毋庸爭論的事實。

爲適應事實需要，人類必需合群合作，但在協作的進程中又不能避免衝突與糾紛；倘使這種衝突與糾紛無限制的前進發展，則整個人類社會必將歸於滅絕。爲挽救這種危機，於是所謂政府者乃應運而生，以爲調濟和緩這種衝突與糾紛的工具。有人說『政府爲必要的罪惡』，實非無因。政府者何？

卽官吏或公務員組織成的機關。政府的組織及功能雖與時並進，隨時勢而變化，然其存在，則由來已久。政府及官吏的存在，不但爲人類有史以來的事實，而且此等必仍隨人類社會的發展而繼續存在。人事行政者乃政府中公務員的管理。政府與公務員既因上述的原因而產生及存在，則人事行政的由來，亦可謂是基於需要而產生。

從消極功用言，政府與公務員係站於超個人或超階級地位，以排解並調和社會中所發生的衝突，故善良的政府與公務員須能絕對保持其公平立場與超然態度，決不當憑政治威力，而爲假公濟私之圖，或有袒左偏右的措施，以致社會中某一部分人或某一階級獨被其利或獨遭其害。但事實上欲絕對保持這公平立場與超然態度並非易事。勢必須另有特別的方法與工具，予以調節，使之導入正軌，否則政府與公務員必難發揮其正當功用。如公務員職權的規定、責任的擔負、紀律的遵守、品格的訓練等，均爲向此目標努力者。此等努力既爲必要，則人事行政事務自必緣之而起。

從積極的意義論，公務員的責任在以强迫的社會力量增進國家或人群的公共利益與事業，使其生活改善，幸福提高。惟欲推動這種工作，完成社會使命時，其第一要件卽爲最優良工作員的獲得，及發明與運用如何的方法與制度使此工作員發揮最高的行政效能。這是就發揮積極政府功能言，人事行政的產生又有其需要。

二、經濟的原因——經濟者乃人類爲滿足其物質慾望時的各種活動。政治者所以使此等活動成功實現時的强制協作。政府及公務員又爲此强制協作或政治活動進程中的必要工具與組織。經濟與政治原本相互爲用的，彼此絕不能爲孤立的劃分。擺脫經濟的政治，必爲空洞無實之物。不憑籍政治而言經濟，事實上也決難成功。是以在前述人事行政產生的政治原因中，也含有經濟意義。

若專就經濟的因素而論，則人類的慾望無窮，生產技術亦隨之繼續進步。古時所謂「老死不相往來」的孤立生活，「自耕而食，自織而衣」的簡單生產，與「以物易物」的自然交易，當不能令其長期停滯。生產進步，經濟發展的結果，必形成精密的社會分工。籍此分工合作的機構，方足以增加生產量額，提高生活水準，促進共同幸福。生產組織的分工制，不但使農、工、商、學、醫等專業者出現了，也就是政府中專業公務員的由來，亦爲經濟的社會分工的必然結果。

依理想，公務員應絕對保持其超然地位與公平立場，然事實上彼等多不能保持這種態度，往往憑籍其政治權勢，以保障並圖謀其自身或其所代表階級的經濟利益，故階級論者認爲國家與政府乃階級鬪爭或階級榨取的工具。這種說法，雖有可研究的地方，但政府與公務員制度本身的存在，具有經濟的目的，實乃無可爭辯者。

三、社會的原因——照絕對民主主義論，「天賦人權一律平等；」依完全自由主義說，「無禮無法；各是其是；」社會中自無所謂統治者與被統治者的形成，因任何人不配支配其他人，任何人亦不應支配其他人，個個平等，人人自由，自當不容許統治者與官僚階級或公務員的產生，所謂以管人治事爲目的的人事行政自亦無所依附。然此僅爲空想與理想，揆諸事實，並不如此。天之生人本不平等，君王諸侯雖係由多種社會因素及環境反應與砥礪而造成的；然賢愚智不肖等甚多亦係與生俱來的天賦結果。社會的構成員或因天賦或由權力常分爲領導者（統治者）與跟從者（被統治者）兩大組別，領導羣中便有所謂官僚或公務員的存在。現代的公務員雖漸將統治與領導的成份減輕，而以治事及負擔責任爲要務，但其所作的事務中諸多憑藉權力爲强制的執行，亦爲不可否認的事實。

我們即使捨棄統治與被統治關係等的因素而不論，從個人生理上心理上的不同加以觀察，公務員或官僚亦爲社會需要所促成的必然結果。各人的體質强弱，生理構造，及心理興趣萬有不齊。若想使各人的工作效率發展至於最高限度，必須使其所任工作性質與其身心特點或個性相完全適應。政府工作具有特別性質與技術，勢須由具有與此相吻合的特別個性與興趣者擔任，方能獲得完滿結果。社會既有某種特別事宜曰公務，又必須有與此公務相適合的人，結果自必有公務員的產生。

從上述各種政治的經濟的及社會的因素加以分析，我們已深知人類社會在事實上不能無所謂政府、公務、官僚或公務員的產生與存在。因爲此等人員及事務的分配與運用便復形成所謂官僚制度（文官制度，吏治制度）或公務制度（員吏制度），同時在公務與公務員的分配與運用時或進程中，自必需有這種技術、程序、實施、及理論的產生，這就是所謂人事行政。不過我們尚須認識所謂公務制度是達到某種社會目的時，所採用的手段或工具。人類的社會係隨時代環境與需要而演進，則其所採用的手段或工具，自必與時並進。因之所謂人事行政技術、程序、實施、及理論或人事行政學當亦隨時代而發展。

第二節　上古時代的人事行制

一、**圖騰社會的群衆領袖**——據歷史學家人類學者的考究，認爲人類最早的社會形式爲圖騰社會。當時的人無政府無家庭，其唯一的社會組織，爲甚鬆弛的行獵隊群。此隊群崇拜一種自然物體如虎、蛇、熊、石、松等爲各該隊群的共同維繫物曰圖騰（Totem）。這種社會組織係以女性爲中心，其最主要的社會規則是本圖騰內不自婚而與異圖騰則通婚，且爲相當輩份配合的群婚制。在此社會中，並無統治階級與被統治階級的區別，亦無執行强制裁決的政府。所謂法則或禁律祇是社會承認的習慣。所謂隊長或領袖亦是體力超群，智謀出衆的力士或經驗豐富，熟悉傳襲的老人。這種社會領袖雖爲後日武人政治，哲人政治的起源，但這時的力士及老人，決不能與後世的統治者或公務員視同一物。

第一圖騰時代的群衆領袖，並不能如後世的官僚或統治者對其群衆或人民爲絕對的命令與强制的執行，其地位係自然形成者，並非憑藉經濟政治或軍事的優越勢力與强大力量而强人服從者。第二後世的統治者及官僚或公務員係脫離開直接經濟生產部門，而營觀念生活或任管率事務。這時的群衆領袖，仍必須參加實際生產活動（漁獵）而不能自已形成剝削階級或寄生階級；因爲這時他們的生產技術，極爲低劣，一日所獲每不足以供一日所用，縱使某日僥倖，能有較豐富的收獲，亦無進步的貯藏方法以防腐，亦祇有大嚼大吃，痛飽一頓。

在圖騰社會裡雖已有群衆領袖去決定行獵的途徑與方法，分配所獲獵物，主持群衆集會舞蹈儀式，及講說本圖騰的傳說故事，已有所謂『管理衆人事物』的政治。但這種事務甚爲簡單，事實上並不容亦不必有專人專爲辦理此種事務，所以當時並無統治者與官僚或官吏的產生。自然，當時也沒有今日所謂管理公務員爲對象的人事行政。

二、**部落社會的戰士巫覡**——人類的生產技術日趨進步，漸由漁獵經濟進爲畜牧經濟與遊農經濟；因之人類的社會組織亦便由圖騰社會進而爲部落社會。此部落社會的重要特質爲男系中心，以血統關係的承認，或共同男性祖先，爲促成社會團結的維繫物。這時的政治組織便形成酋長社會。此社會的基礎係建築於父權統治上，因酋官社會的行動原則，是需要一個有專制權威的男性尊親以統率其所屬組織。

在畜牧與遊農經濟時代，一般人漸認識勞力的重要，因爲成功獲利的牛羊牧畜者必須有甚多的助手以管理其牛羊。爲獨佔婦女的勞力及其所生養的子女，這時便亦產生永久婚姻。勞力旣漸趨重要，於是戰勝的畜牧團體，對其俘虜不必全加殺戮，乃改而蓄養之，使爲奴隸，以利用其勞力，從事各種生產事業。爲掠奪多數俘虜，用充奴隸計，在畜牧與遊農經濟時代，軍事鬪爭較漁獵時代，遂異常頻繁。

奴隸奪取固爲使戰爭增多的重要原因，至畜牧與遊農經濟的本身亦足以使戰爭日趨劇烈。因爲在畜牧與遊農時代，良好的地域有限，且其財產，已有相當的集聚，非昔日一無所有可比，再加此項財產已具有相當的固着性，遇有外族的侵襲，自不肯輕於避逃，蒙受重大損失勢，勢必須作積極的抵抗，致戰爭日形衆多與劇烈。

因此之故，戰爭卽成爲一種特別技術，因而有武士階級的形成，以與戰敗者或俘虜組成的奴隸階級相對立。從政治的關係論，這就是所謂統治階級與被統治階級所由產生。從經濟的立場言，這就是所謂搾取階級與被搾取階級的所由來。統治者對其奴隸施行政治壓迫與經濟搾取時，自必須有所運用的工具、方式與手段，這就是當時的人事行政。不過這種人事行政的唯一核心是强權與壓力，固無所謂完備的理論與技術；其實質與內容，實甚粗糙簡陋，自尚不能以有系統的人事行政學視之。

在畜牧經濟時代，人民的生產事業能否成功，多半係以天時氣候風雲等為轉移。這時人類的知識尚甚幼稚，又不能以科學的知識與技術去瞭解自然，征服自然，結果唯有於社會秩序中，求自然的感應。於是通天知神的巫覡便應運而生。一般人皆想憑籍他們的力量去應付風、雨、雹、雷、寒、暑、旱、澇等自然現象。部落社會的族人，皆認為這巫覡有超越個人的神秘力量，對之有甚强的依賴性與信仰，於是他們乃能將社會秩序與自然現象聯為一起，支配社會與個人行為，形成所謂神權政治。營觀念生活的巫覡自身形成特殊階級，不從事直接生產，與戰士或戰勝者同為剝削階級。他們不但假借神權使人民信從，並以之控制統治階級使之就範，致造成巫覡與貴族的衝突。如以中國歷史為例，殷商王朝時代即神權政治的部落社會。伊尹之放太甲即巫覡階級控制戰士或貴族階級的例子。巫覡階級為維持其本身組織，應付貴族與人民，自須有相當的法術與手段。這法術與手段，即當時所謂人事行政的骨幹。不過其基本因素為宗教與迷信，其性質甚簡單容易，故亦祇有人事行政其事，而無其學。

自然，無論所謂圖騰社會或部落社會，不過係人群組合中具有某幾種特徵與制度而言，除此相同因素外，並無其他不同之點。如希臘的城市國家雖亦為部落社會，但其政治組織則與上述殷商王朝者異趣。希臘各部落中雖亦均有奴隸階級與制度的存在，但戰勝者或自由人間的關係則較民主化，人人皆有參加政治的機會與權利，致人人爲國家公僕或官吏。但彼等所用以處理公務的手段，不是治事技術，而是服人與悅衆的雄辯及演說。至於先期羅馬部落社會，其政治機構則又與殷商王朝者相類似，亦有戰士貴族與巫覡僧侶的存在。其時的人事行政，亦係以武力與神權爲基礎，事尙簡易，並未形成完備的體系。

第三節　中古時代的人事行政

一、古代封建社會的貴族家臣——人類因生齒日衆，知識日高，生產技術便亦進步發展，由畜牧經濟演變爲農業經濟。因農業生產技術的產生，國家組織乃隨之發現。國家建立的途徑約分兩端：一爲統一，一爲移殖。統一者係軍事集團的酋長當在其本宗族中建樹有鞏固的統治地位時，再進而擴張其權力及於隣近的宗族，以期成爲廣大領土的統治者。移殖者乃此酋長領導的軍士集團，對其外族國家的遠足征服。西周的攻克殷朝卽爲此類的史實。所謂國家的出現，卽指昔日的酋長及戰士，能在廣大的一定領土內獲得其堅定永久統治。不過初期的國家，多爲封建社會。這封建社會乃是部落社會進至現代國家的過渡物。

征服者對被征服者的異族，待遇上決無絲毫的愛惜，其人則降爲奴隸，使爲戰勝者耕作；其地則完全沒收，由戰勝者分封其同族，及其姻戚。這種古代封建社會的經濟特質即爲分封的土地分配，與農奴的生產關係。爲維持這種經濟制度計，便有嫡長繼承與宗法組織的採行。征服者因戰功的不等，力量的不一，親疏的不同，各族所受封的土地面積，便亦大小各異，而產生天子、公、侯、伯、子、男諸貴族等級。此等貴族不但將政治及經濟大權，緊切掌握，並將昔日具有强大力量的巫覡取消，用天子與族長的資格，將宗教權亦改歸己有。所以封建社會的貴族，實乃政治權，經濟權，及宗教權三位一體的統治者。

貴族爲行使政權的統治者。他們對其封疆內的人民及事務，欲爲有效的處置，自又不能不假手於所謂卿、大夫、士、及陪臣，用資輔助。這種人員所行使者爲治權，乃治而不統的管理者。這些管理者的責任，在秉承統治者的意志，去辦理收租、徵役、討債、防逃等。他們辦理這種事務時非僅憑政治權力的壓迫，尙有賴於相當的技術與經驗；他們與後世的官僚或公務員的地位與條件，已有不少的相似處。不過這時治權行使者地位的獲得，係由於世襲，這乃是最大的不同。因此，卿、大夫、士、陪臣的管理實施，自亦極爲簡單，所謂考選、訓練、考績、提昇等事，均以世襲的阻碍而不克實行。這時期的人事行政事務已較部落社會時代爲繁多複雜，其內容亦漸充實，但仍無有系統有制度的人事行政。

二、中古封建社會的侯王部曲——古代封建社會在中國以周代爲代表；在歐洲則統一時代的羅馬帝國亦應入其範疇。至於中古式的封建社會，則可以東羅馬帝國滅亡至文藝復興時黑暗時期的歐洲，及魏、晉、南北朝的中國爲代表。羅馬帝國的崩潰，直接分解爲中古封建社會。周代的封建社會曾發展演變而爲秦漢的統一國家，建立起中央集權的君權政治。魏晉南北朝的中古封建社會則係由漢末的長期戰亂，經濟逆轉而造成的結果。

古代封建社會與中古封建社會雖均以農奴生產與土地分配關係爲基石；然兩者間究有顯著的不同；第一、前種社會的成立，係戰勝者將占得的廣大土地爲由上而下的分封；而後者的社會則係各地的豪强，憑藉城堡，由各自稱雄的方式，造成分崩割據局面。第二、古代封建社會下的農奴，係戰勝者對戰敗者用强制力量造成的結果；而中古封建社會的農奴，則係不能自衞的人，自動依附於有力侯王或大地主，犧牲自身的自由，求得其保護。第三、在古代封建社會中，血統關係與宗法組織均占甚重要的地位；然此等因素在中古封建社會中，並不若昔日的爲人所過量重視。自然這時有所謂門第閥閱的關係，然與前此的宗法及血統不可同日而語。第四、古代封建天子諸侯，係將政權與教權合爲一體的統治者；而中古式的割據諸侯及偶像君王，均不能打進宗教世界的壁壘。在黑暗時期的歐洲，固然是教會勢力强大，自成系統。形成「國中有國」的現象，就是在魏、晋、南北朝的中國，亦因佛教的發達，致寺廟道院在政治勢力外蔚爲獨立的系統。

獨覇或雄據一方的歐洲諸侯與中國士族，皆中古封建社會的實際統治者。這些掌握實際政權者，仍須假手於行使治權的管理者，以之辦理各種軍事、財政等事務。諸侯士族下的部曲家奴卽爲這種事務的管理者，擔負着後世的官僚或公務員的功能。且在這時期中，血統關係及世襲制度已漸次打破，各諸侯爲稱雄稱覇及獲得軍事上的勝利，便抛棄了有史以來圖騰、血統、地域等限制，而開始傾向於「楚材晋用」，「選賢與能」的人才主義。加以外交的縱橫稗闔，與軍事上的酣爭熱鬥，人事的應付，人才的選用，均極爲迫切與重要，所以人事行政的內容與範圍，較之前此的各時期，已漸趨充實與擴大。馬克維利（Machialvelli）在所著覇主（The prince）一書的內容有大部討論及人事行政或人事應付者。不過這時諸侯士族輩所使用管理家奴部曲，羅致人材，應付邦交等手段與實施，祇構成人事行政術（Art of personel Administrdtion）而非人事行政學（Science of eprsonel Administration）。

第四節　現代國家的人事行政

一、專制政治時代的官僚制度

——在太古時代遊動國家的圖騰（Totem）獵群的隊長，雖似後日的統治者，然不脫離大衆生產，且以『公務』簡單，與『私事』不分，無專設官吏的必要，自無所謂人事行政。神權國家的巫覡僧侶和戰士雖像脫離生產的統治者，爲他日官僚的雛形，然依神意以行事，全屬迷信，不足以言制度。在封建國家時代，行着世卿制祿的貴族統治。官吏地位和統治權力的取得，旣不靠才能，亦不由考選，而是憑着血統的關係，以繼承或世襲的方式獲致之。『士之子恒爲士，公之子恒爲公』，四民不遷其業，身分不能流通，官位由世襲，行政依禮儀。在封建政治下固亦無人事行政制度之可言。

眞正人事行政制度的誕生則在於統一國家及專制政治形成以後。中國在秦漢以後，歐洲在十八世紀『朕卽國家』的專制政治時代便產生所謂官僚型的人事行政制度。專制君主爲要維持國家統一，厲行集權統治，自必思以有效的方法甄選任使大批忠順臣僕，派赴各地實行以『權力』爲基礎，以『刑罰』爲運用的官僚統治，於是形成所謂官僚制度（Bureaucracy）.

官僚制度的實質與運用，可從以下諸點說明之：㈠第一、官僚制度是一種由上而下由內向外的層級節制的人事體系。在這體系下，每一官僚皆負有君主指定的責任，對上有服從的義務，對下有指揮的權力，形成一金字塔式的指揮系統，最後權力集中於君主一人。第二、官僚祇對君主負責盡忠，代表君主鎭壓地方，統治人民，具有絕大的權力與尊嚴，人民對之存着高度的畏懼心理。第三、官僚選用依君主主觀所定的標準，能否入選及能否繼續保持其官位，完全依君主主觀好惡爲轉移，以君主是否信任爲關鍵。

二、初期民治時代的分贓制度——專制政治及官僚制度，終於壓制不住植根在人民性靈深處的自由與自尊，乃有民權革命大風潮的掀起。迨美國獨立革命及法國民權革命成功後，專制君主被推翻，民主自由的政制經建立，人民自然要同時摧毀官僚制度，而主張以民選的代表和官吏替代君主御用的爪牙，以人民的公僕替代君主的走狗。所以美國總統亞當斯（John Adams）曾說：『當一年一度的選舉停止處，便是專制魔王出現時』。（Where Annual Elections'end, there tyranny begans）。甲克生（A. Jackson）亦極力主張『縮短官吏任期』，『實行官職輪掉』。因之，民主政治就成爲以選舉方式表達民意，移轉政權的政制。民主與選舉是不可分的。而選舉的運用又必憑藉於政黨的組織，結果民主政治便成爲政黨政治。

選舉的勝敗乃政黨競爭的結果。某黨選舉勝利，卽是說：人民選擇了某黨。爲要確定政黨的政治責任，及使官吏對人民負責，官吏便當隨所屬政黨的選舉勝敗爲進遠。甲克生於一八二八年當選爲美國大總統後，就高唱：『分肥者屬於選擧之勝利者』（To the Victors belong the Spoils），用以確定政黨責任。這便是分贓制度（Spoils System）所由產生的時代背景和理論根據。

分贓制度實行的結果，使國家名器成爲政黨的角逐物及報酬政爭有功的獎勵品。所謂民主政治殆成爲政黨鬥爭的別名。所謂『公務』（Public Service）竟形同『黨務』（Party Affairs）了。分贓制度的弊害，簡言之有四：（1）官箴不修，行政道德，日趨敗壞。（2）官吏選用，不依治事才能，而靠政治背景，任用非人，以致行政效率，日趨低減。（3）官吏不得人，效率日低減，無形增加政府支出，形成財政浪費，加重人民不必要的租稅負擔。（4）政黨傾軋日甚，挑撥播弄，唯官是爭，明爭暗鬥，造成政治不安。西蒙（Simon）等亦說：『分贓制度施行的結果，政府雇員才能不勝任，正式的法定組織被削弱，非正式的政治機器控制了政府；官吏不對其職務負責，只對其政治領袖效忠』。

三、民治改進時代的功績制度——分贓制度既然弊竇叢生，爲害滋甚，遂引起有識者的深切不滿與批評，高揭吏治改革運動的旗幟，對此予以無情打擊，期以挽救民主政治的厄運。民治與吏治的改革運動者，認爲眞正的民主政治不僅要是民選的，同時亦必須是有效率的，能爲人民治事造福的。要達到這種目的，就必須摧毀以黨派爲用人依據的分贓制度，而建立『考試用人』及『人才主義』的功績制度（Merit System）。這種運動的得勝大成就與具體表現，就是英國於一八五五年，美國於一八八三年先後成立職司考選的獨立的吏治委員會（Civil Service Commission）。

功績制度的主旨與內容，包括以下幾點：（1）國家官吏劃分爲政務官與事務官兩類。前者隨所屬政黨的選擧勝敗爲進退；後者的任職則須經考試及格，以職務上所需的知能爲入選標準。（2）主持考選的機關，處於超然獨立的地位，以公平立場，客觀方法，爲國家選拔人才，不受政爭或黨爭的影響。（3）行政首長任用新人或塡補空缺，須就考試及格人員中遴用之，不得於此外任用不合格的人員。（4）經考試及格依法任用的官吏，其地位獲得保障，非依法定程序，長官不得免職或懲罰。（5）行政長官如侵害公務員的權利，後者得依法求取有效的救濟。（6）公務員以公正的地位，效忠國家，恪盡職守，不得利用職權，參加政黨鬥爭。

四、服務政治時代的公務制度——自二十世紀以來，警察國家進爲保育國家，法治國家進爲服務國家，放任主義漸遭唾棄，計劃政策廣泛採行，政府職能日見擴張，非建立專家的萬能政府，實不足以適應時代需要。於是消極性的功績制度，便感力量不足，效用不宏，而有積極性的公務制度(Public Service)應運而興了。公務制度的主旨，在由政治性的控制，進爲行政性的建設。不僅在防止政府任用不合格的人員，更在使政府中每一個工作人員的內在潛能，得到最高的發揮。不重在以督策與管束方法處理人事問題，而重在以科學的知識技術及從『人性』的觀點，促進自動自發的服務精神。

積極性的人事行政還在發展中，綜其趨向，測其前途，可以下列四點說明之：（1）永業化

(Career)。政府採用豐厚薪給待遇，可靠升遷機會，合適的工作互調，不斷的在職訓練，適切的福利事業及養老退休等有效措施，使公務員肯安心工作，樂認所職爲其終身職業。懷德（White）在所著『公務制度的將來』（The Public Service of Future）一文中，對此曾有肯定的說明與推斷。（2）專業化（Profession）。政府職能日趨擴張，公務員數量亦隨之大見膨脹。因之，管理人事行政事務者，亦漸有成爲專門職業的趨勢。即擔任這事務者必須具有專門的知識與技能。而此知識與技能的獲得必須經由正式的相當長期的敎育與訓練。（3）科學化（Science）。公務制度日趨科學化的含義，是說人事行政已成爲有組織有系統的知識與專門的特殊技術。加以人事行政事務已日見繁複錯綜，非應用科學管理方法，不足以作有效的處理。且人事行政業務的推行，多不能不憑藉於心理學、衞生學、社會學、統計學等科學知識。（4）人本化（Hun anity）。新人事行政制度的成功關鍵，在於把公務員當『人』看待。從『人性』的觀點，尊重其『個性』，發揮其『理性』，適應其上進心、顯達慾、自尊心、創造慾，期從身心健康與快樂中，謀致最高的工作效率。並利用民主的原則，調劑人與人的關係，培養合作觀念，加强團體意識，發揮自動精神，使德、智、禮、群四育，都能得到最高的與最合理的發展。

人事行政由於國家事務的繁複，效率遂爲自然的要求，但是這種要求，正如賴格爾先生（Felix A.

Nigro)所說明的；人事行政，爲了要達成效率，因而僅有『事』的觀念，而無『人』的考慮，大家僅注意及程序、方法、表格及步驟，忽略了運行這些事務的『人們』。(Felix A. Nigro, Public Prsonnel Administration, Henry Haltdud Company, Nowyork, 1958.) 這種情形，基於社會學、心理學、生物學、人類學等的進展，增多了人的認識與瞭解；體認到人的興趣、想望、感情俱將與工作發生關聯，同時基於人道及效率的觀點看，凡能合乎人性管理者，其工作情緒及效率大爲提高，員工亦能工作得更爲愉快幸福。當然，這其中有着許多著名的實驗，譬如一九三〇年至一九四〇年間在美國芝加哥西部電力公司胡桑工廠所作的研究，指出科學管理應着重人性因素，因爲人的情緒與態度爲努力工作的主要根源。

二次大戰之後，在人事管理上對人性因素的重視，可以在理論與事實上得到許多證明。翻開新近的著作，像皮古魯及麥耶爾的人事行政學（Pigors and Myers, Personnel Administration, Forth Edition, 1961)，賴格魯的公務人事行政（Felix A. Nigro, public personnel Admjnistrdtion 1958)以及施道爾（O. Gleun Stahl）修正四版的公共人事行政（O. Gleun Stahl, Public Persounel Adm-iuistration, 1956)，或者打開任何人事雜誌，都强調這種趨向。再就美國耗費於社會科學研究的費上看，在五千萬到一億一佰萬美金的費用中，有半數化費在人群關係的研究上。(Cecil E. Goade, Personnel Research Frountiers, chicago, public personnel Association, 1958, PP, 23-25）根據這些學者研究指出：第一、人事行政中所要求的效率必須經由人們自願性的努力而獲致，這就是所謂激勵員工，使之產生團體意識，獲得工作滿意感，結合組織目標與個人利益的一致。第二、在整個人事方案中，以『人』為中心的觀念必須注入，所以近年來對於『在職訓練』的重視，旣為着重人的培植與發展，使能配合個人與組織的雙方要求；第三、主管為人事方案能否成功的主要關鍵，因為主管與屬員的密切接觸，其領導方式在在影響及效率，所以一面加强主管領導權，使之眞正成為人事主管，他方面亦給予管理上訓練，尤着重於領導及人性瞭解；第四，人事問題的研究上，人性問題瞭解列為主要課題，期能藉研究所得，增多對人類的認識。

第三章 人事制度與專門職業

第一節 人事制度中的副業者

一、副業者的地位——國家及政府的作用，概括分之計有兩種：一爲政治，卽國家或人民意志的表現，乃政權的行使，其作用在於決定國家政策；一爲行政，卽國家或人民意志的實行，乃治權的行政，其作用在將國家旣定的政策，付諸實施。至於政府的行政工作，亦可就其性質分爲兩類：一爲通籌全局，擬定方案的領導與計劃職務；一爲按圖施工，實作苦幹的實際事務。擔任前項工作者，普通稱爲政務官，卽人事制度中的副業者（Amateurs）；擔任後項事務者，普通稱爲事務官，卽人事制度中的專業者（Experts）。一爲行政主腦，其作用在統率督促，一爲永久公僕，其責任在實施政務。

政務官或副業者除行政元首外，爲各部部長及政務次長等。這種官吏的任職，不論係由行政元首委任或選民選舉，總須顧及其政治背景，黨派關係，政治主張等因素，不必注意其特殊技術與專門知識。這種政務官的去留，係以政治變化爲轉移，在行政上擔負有政治的責任。他們的政治主張或行動，如果不能獲得人民，議會或行政元首的信賴便須去職。總之，他們的地位去留及政治壽命，係以其所屬政黨的成敗爲轉移。

上述政務官或副業者的責任在統率總攬各該部的行政事務，對行政元首負責，全權考核、指導、推動、督策其所屬部分的活動與工作。英國名政治家鮑紀赫德（W. Bagehot）曾謂「各部部長的職務不在於以自己作出所屬各該部分的工作，而是使各部的工作得以作去，」實爲至言。譬如英國殖民部部長，其管轄權所及，散於五大洲的各地，英國首相選任某人任此職者，並不因此人知曉英國各殖民地的種種事務，而是因彼乃政府黨的健者，平民院的有力議員，或其他原因。此殖民部長除出席國會，內閣會議及其他應酬外，每日在其辦公室內的辦公時間，不過一二小時，試問彼將何以處理此散佈於全球的英國殖民地的各種有關事務？自然是因他有許多的公務員及科員等代爲的處理一切實際工作。這一類的政務官乃副業者，而非專業者，其責任在於領導而非實做。

二、副業者的條件——政務官或人事制度中的副業者之工作在於領導而非實做，自表面觀之似甚容易，實際上此確爲極艱鉅的任務，無論在私人企業機關或政府機關，這成功的副業者或領導最爲難能可貴。政務官的任用，不必有特別訓練或專門技能。陸軍部長可以哲學家、新聞記者、律師等充任；海軍部長亦可以商人大學教授充任。財政部長亦不必是財政專家。樓愼德（Sir Sidney Low）謂『若一青年欲在財政部任科員，必須經過數學考試。而財政大臣儘可是老於世故的中年，而忘却其幼時所習的數學，甚而對於財政報告上小數圈點的意義尚不十分明瞭。』（The Government of England

PP. 200-202）

但此並非謂任何人均可充任此政務官而應付裕如。對彼等的資格雖不要求特別訓練及專門技術，然一個成功的部長或政務官亦必須具備有幾種重要條件：第一、彼爲經驗豐富的人，對社會情形及環境有明瞭的認識，對公共意見或輿情能爲巧妙的適應。第二、彼須爲智識充足的人，對公共事務或政府活動須有足用的知識以分析之適應之。第三、彼須有遠大的眼光，卓越的見解，方足爲國家奠定長治久安，百世永固的大計。第四、彼須有堅毅的志氣，耐久的魄力，方能百折不回爲國家擔負任重致遠的艱鉅。第五、彼須思想正確，口齒流利，方足使各人的政見有效的公諸人民以獲得其擁護，或能以對反對者爲有力的答辯而免除其工作上的障礙。第六、彼須有審別利害判斷是非的能力，方能臨大節而不苟同附和，以作中流砥柱。第七、彼須有敏捷的決斷，使各種工作皆於最適當的時間決擇之，不致有機會錯過或火候不到之虞。第八、彼須有從善如流過勿憚改的虛心，方不致有剛愎自用，固步自封的弊害。第九、彼須有任勞任怨的責任心，及再接再勵的進取精神，方足以使其揭櫫的政綱及主持的計劃爲完全的貫澈。第十、彼須有確實的自信力與自重心，對所主持的部務擬就確切的方針，由所屬專門技術公務員遵照推行實現之；否則，爲部長者往往反爲屬員的傀儡，而徒爲畫行簽字蓋章的機器。

三、副業者的問題——政務官應由副業者擔任，不必有專門的知識與訓練，蓋必如此各部方能顧及社會的全體需要，而不至狃於所專，爲畸形的發展。但近年來對此等主張亦有持反對的意見者，主張各部部長選任時亦須注意及其專門訓練，財政部長應爲銀行家，農業部長應來自田間，或爲農學專家，勞動部長應與勞工有密切的關係。

惟此種主張與要求實未見有健全的理由與根據，蓋彼等未認識政治學上「專門家的工作須有非專門家的監察」的名言。若以專家而指揮監察專家的工作，常易發生不同意的枝節衝突，因爭辯計較乃專家的慣性。專門家總喜歡遵守一定的舊方法老軌道以處理其工作，對新的非常辦法，向持反對的態度。英國著名政治家葛萊斯頓（Gladstone）曾謂彼所完成的大行政改革，當其提議之初，無一件不遭專家的反對者。至於農業部長應爲農民的意見亦有錯誤，蓋此部長並非代表農民利益，而是圖謀全國人民的幸福者。財政部長並非代表銀行界而在增進全國人民的利益。爲部長者的主要條件，在能認識全國人民的整個需要及所主持部務在此整個需要中所佔的地位，並有方法滿足其需要，實非特殊階級利益的代表者或增進者。

雖然，以副業者充任政務官，事實上亦不無流弊與缺陷。第一、彼對所管事務向不熟悉，驟負責任，遽作判斷，自難免錯誤或不適或前後的矛盾。第二、政務官的選用既不以其專識與特技，僅憑政治關係，難免不予其屬員以不良的印象，致影響及其工作態度與精神。第三、副業者任職後，對其屬員的心理、習慣、及工作標準多不甚明瞭，易以過量專制手段或速度指揮其屬下，因事屬不可能或不易行常能惹起彼等的反感。第四、副業者因不明瞭所轄事務的工作技術與程序，常易受部下包圍操縱變爲傀儡，或遭其輕視與譏侮，暗中被欺蒙。第五、現因社會進步，經濟關係異常複雜，各類部務漸已專門化，將不再是無訓練的副業者所能擔負主持。

第二節　人事制度中的專業者

一、專業者的地位——人事制度中的政務官爲副業者猶如計劃家。人事制度中的事務官爲專業者，乃既定計劃的實行者。其地位的重要縱不比副業者爲高，至少亦與之有同等的分量。若使祇有領導與計劃的副業者而無脚踏實地的專業者爲具體的推行，則副業者亦必莫由發揮其作用，其計劃與方案亦徒爲紙上談兵。政務官縱有幾日不至部辦公，部務仍可照常進行。若事務官不到政府辦公，公務必將歸於停頓。韋柏（Max Weber）曾謂「在現代的國家中，眞實政府所以能使其自身發生效力者，既不在於議會的辯論。亦非由於皇帝的勅令，而繫於有關日常生活之行政事務之實行，這自必操於公務員之手。」房納（H. Finer）亦謂「國會、內閣、及總統是統而不治的，公務員則是治而不統的』。

（均見 H. Finer, The Theory and Practice of Modeen Government, PP. 1164 & 1170）所謂公務員者，當係指事務官而言，其地位的重要於此當可想見。

政務官的作用爲領導，事務官的責任在實作。質言之，政務官或副業者雖經確定有努力目標與施政政策，但必須另有達到此目的，實現此政策的工具與力量，人事制度中的專業者或事務官卽此工具與力量也。惟政務官行使其職權時應着重於社會的通盤利益，及全部的完整關係，不能囿於所專司而爲畸形的發展，而事務官推行其工作時則無須顧及這些，祇須看重其職掌，爲心無旁馳的專攻獨一的進行。他們對於所分配的工作與職務應視爲唯一重要的事物，固不可嫌其偏厭其專。因爲只有副業的政務官專司通籌與調整的事。副業者爲人民代表，其任職條件爲政治立場與黨籍隸屬，其產生方式多由選舉。專業者爲政府雇員，其任職根據爲特殊訓練與專門技術，其產生方式多由考試與委任。民主主義的熱好者對專業制度或員吏政治雖多所攻擊，然揆之實際，眞正有效率的民主政治確不能不以員吏制度爲骨幹，專家政治與民主政治不當視爲敵對之物。所以柏威濟（Sir William Beveridge）說『民主主義若眞認識其使命，決無理由畏懼員吏治制度』。（The public Seovice war and pedce p 63）；坎茨基（K. Kantkey）亦稱『最民主化的群衆組織，若欲解決現代的社會問題，決不能棄員吏制度而有所作爲』。（The Labor Revolution, p 156）。

二、專業者的條件——副業者與專業者的地位與責任既不相同，故其所需的資格與條件亦自有區別。優良的專業者或事務官應具備下列的各項要求：第一、須有特殊訓與與專門技術，對其所任事務能作最經濟最有效的處置，使政府的既定政策能爲最迅速的實現。第二、須專心任事，志無旁騖，肯以畢生精力，全副精神爲所負事功而犧牲。第三、須具有堅强的責任心，對所任事務無絲毫的苟且與半點鬆馳，治國事若家事，視公務如私務。第四、要能遵守紀律明系統，不但不能有枉法失職貪贓舞弊等事情，且須在治理事務上能作到條理井然，節制分明，恰當職分無過與不及的失着。第五、須有細密的頭腦，審愼的態度，對於所處理的事務不使發生任何的錯亂或了草將事，致使品質不佳。第六、須有矢勤矢勇夙夜匪懈的精神，肯自强不息的敏勉從公，使公務的流動無滯阻遲緩現象的發生。第七、要保持一介不取冰清玉潔的廉節操守，於經理公款公物之際不但不致有絲毫的沾染，且根本不存苟得苟有的妄念。第八、須有易與易處親愛和平的友熱心腸，對其同僚同夥能取得和諧無間的合作與協調，使人的磨擦與衝突減至最低限度。

三、專業者的問題——對國家公務欲爲有效的實際推行，自不能不賴於專業者的事務官。這種人員在行政系統中雖佔極重要的地位，然以專業者當此，或當此者成爲事業者，亦尙有足資討論的問題。第一、專業者的慣性常易於墨守成規憚於改革，使公務推行的程序及實施成爲呆板照例的因循故事，難於作與日並進，日新又新的適進改造。第二、專業者的事務官每易自成系統另爲身分，或者相互結納狼狽相濟以把持公務，或者形成特殊階級自外於人民與社會，致產生官僚政治下所有的各種不良現象。第三、專業者最易偏於所司狃於所習，對公務常於有意無意中爲畸形的發展，致生『庖丁解牛』目無全形的支離破碎。第四、任官者成爲專業，世守其職，將使一般人的服務機會大爲減少，亦即人民的政治權利於無形中被剝奪，與民主主義的精神甚相違背。

上述各點，雖均爲難免的事實，爲吾人對此問題應加特別考慮與注意的。然此並非公務專業化的不治症，實尙有其他方法可爲有力的防治與補救，吾人固不當因噎而廢食。第一、公務中的專業者在任職前及就事後應酌量情形隨時施以特別訓練及補習教育，使其眼光開放常識豐滿，並啓發其前進思想，使不致狃於成規久不變通。第二、國家法令對專業者公務員的行動可爲嚴密的限制，須遵守一定紀律，畏懼法令裁制，若欲自成系統操縱把持亦確非易事。第三、通盤籌劃全部調整自有副業者政務官負責任，專業者的事務官縱然有所偏狃，想亦不至發生重大影響與流弊。第四、專業主義與民主主義在表面上雖有矛盾，然究其實質亦不盡然。蓋民主主義的眞正意義並不在人民有形式的參政權，應使其政治主張具體實現有效實行；然此又必賴事務官的努力，非無專長的人民代表所能爲力。至服官亦非人民固有的政治權利，乃主權者爲利便行政適應需要而設者。

第三節　公務與專門職業

一、公務專業化的意義——就現代行政趨勢論，專家或專業行政漸代常人或副業行政而興起。即民主主義下的分贓制已遭人唾棄，功績制的採行已趨普遍而有力。這就是說擔任政府公務者須爲具有專門知識與特別技能的專家或專業者。這專業者既非政府法令所可武斷創造，亦非公務員自身所能妄冒稱呼。在客觀事實上必須具備某些條件與因素才能成爲專門職業（profession）或專門職業家（professionors）。第一、專門職業是以專門知識及特別技術爲基礎自組成的有系統的體系。第二、這些知識與技術的獲得須經過正式的敎育。這種敎育的完成又必賴完全的設備與利便。第三、專門職業者須具有社會或政府所承認的資格與證書，有時政府以法律規定非領得執照不得執行其業務。第四、有相當數量合格執行業務者組織有此專業團體，此團體具有力量與影響以保持其職業標準。第五、同業者間具有倫理與道德觀念決定其內部及與外界一般關係（參考 L. D. White, "Administration as a profession" the Annals, January 1937）總之專業或專業者非可一蹴而幾，乃長期逐漸發展而形成，具有一定條件與因素並爲社會所承認。

至所謂公務專業化，並非謂政府的事務由有組織經承認的專業界或專業團體所獨佔所專利。而是指凡擔任政府公務者須是有專業訓練的人，且公務員視政府公務的處理爲一種專門職業，需有一定的條件與訓練，不可苟得倖居的事，並須有高尚道德勤勉精神，以維持公務標準，增進工作效率，並具有改進公務的責任心與自重心。欲完成及保持公務的專業化，政府須建立集中統一的人事機關，負責主持公務員的愼密甄選，切實注意應試者的學識與技能，爲政府選得能眞正負責勝任的專門人材。於公務員任職後，政府尙須繼續辦理各種特殊訓練，使他們的知識與技能與日並進不致落伍。這些訓練計劃的實施，須與他們的環境需要相適合，並須與一般的教育機關取得適當的聯絡與合作。不過公務專業的有效發展及成功，實有賴於公務員自身的努力，不可依附外部的力量。換句話說，在公務員中須有領導及推行此運動的領袖人物，抱定勇氣與決心積極前進，方足促其成功。

二、公務專業化的原因——產業革命後社會經濟關係異常複雜，生產上的分工，益趨嚴密，於是政府公務亦因之而日趨專門化。惟促成政府公務專業化的最重原因，却爲科學知識及技術的進步。蓋二十世紀以來空前未有的發明不但啓示國家政府所須完成的目的，並供給完成此目的的時所需的各種工具。我們若將今日政府機關辦公時所用的方法與設備與數十年前者相比較，實發現驚人的顯着不同。打字機，訂書機、電燈、電話、電報、新式印刷機、照像機、計算機等，固均爲每日必須之物，而爲昔日所不曾有，卽辦公室外的社會環境亦判若天壤。塵埃崎嶇的舊街道變爲平坦整潔的新馬路，人挽牛拖的小車，代以汽車、電車、磨托車，至電燈、電話、廣播、電視、自來水、煤氣、冷氣機等日常用品，亦非昔日所有。昔日的人口率為農民，與科學設備亦少關係，公共衞生無人注意以致災疫流行。而在今日所有道路、衞生、公共事業等均歸入政府行政的範圍。今日公務中的貧民救濟，罪犯管押，瘋癡醫治，災疫預防及毒物消除等，莫不根據心理學、生理學、醫學、及衞生學的新發現，以科學的專門知識及設備以資推動。

現代公務所依賴於專門科學知識的程度究為若干殊不易描寫，因今日行政上的技術與設備殆完全建築於科學的成功上。現代的公務人員，不僅變為專門科學家而且具有研究精神的專家科學家。現代公務的推行幾無一不需用專門技術及科學知識。如防疫消毒除穢等衞生設施，道路橋梁河道等公共建設，森林土壤富源等自然保藏，墾殖灌漑礦產等地利發展，固須有專門的科學知識與技術方能為成功有効的管理，即如犯人的看管，公款的支配，人事的推行及公用事業的統制，亦非有特殊的知識與專門的訓練，不能有順利的成功。懷德於一九二一年調查伊利諾(Illinois)州政府所延聘的專門技術人材如微菌學家、化學家、工程師機器師、物理學家、看護士、病理學家、醫生、生物學家、地質學家、森林學家、組織學家、精神病學家、昆蟲學家等竟達二百三十人之多。(L. D. White, introduction to the study of prblic Administration p14) 至於今日該州政府所用專家數目，已有超倍的增加。

美國提倡分贓制的大總統甲克生（Jackson）前高唱「政府官吏所任工作至爲簡單，凡具有普通智能者皆能勝任裕如」。今日視之，確已成爲與事實大相背謬的陳腐主張，不再有一顧的價值。美國聯邦政府所用公務人員的職業分類達五三六種之多。今日在臺灣服務的公務員計約廿一萬人，職業分類，亦達一五九種，專業化程度之深，於此可見。

第四節　公務與終身職業

一、公務員永業化的意義——由前節的敍述，吾人深知現代公務非專門知識與技術者不克擔任。然與此情勢有連帶關係爲並駕齊馳發展者却爲公務的永業化。卽政府公務員不但須有專門技識，且須視其所擔任的事務爲終身職業，萃畢生精力以赴之。因爲公務員所需的專門技識必賴於較長久時期的訓練與敎育始能獲得，若不令在政府中爲終身或永久的服務，在公家在個人均爲甚大的浪費。民權政治時代的公務與專制君主時代的官僚，在地位上性質上均不相同。現代公務員憑其能力獲得職位後，卽得到法律保障成爲終身職業，非因違法失職，主管長官不得任意更換。公務員如認爲長官的懲撤爲不法或無理，得向人事行政機關或法院提起訴願或訴訟請求復職或賠償損失。現代公務員的任期爲永久性質，其地位有法律保障，具有獨立人格。專制君主下的官僚則祇爲統治者的奴隸或奴才，其地位與任期完全隨君主個人的喜怒好惡爲轉移，固絕無今日公務員所享受的法律保障或契約關係。

政府行政最富永續性及一貫性，爲保持此種精神及貫澈此種政策計，擔任政府行政的公務員自不宜常有調動與代謝，以免於發生前後不相關連或矛盾。公務永業化即公務員的職務成爲終身職業的意義，以便於保持政府行政的永續與貫澈。且行政效率的先決條件爲政治的穩定，而穩定的政治局面的造成則不能不藉力於公務的永業化。公務員的甄拔時既本人才主義，完全以作事能力爲標準，任職後復獲得法律保障，成爲終身職業，於此足見國家名器非能倖竊，政府祿位不許妄干，自足以杜宵小撥弄之私，絕政客挑唆之念，用絕爭亂之源，而奠穩固之基。除此政治效用外，公務的永業化復足增進政府雇員的工作效率，因公務員生活無憂，地位穩固，自必能專心致志安心樂意於所任的事務，盡心竭力積極於成績的表現。

二、**公務永業化的實施**——公務專業化爲教育與訓練問題，而公務永業化則爲制度問題。前者的成功賴於公務員自身的努力，而後者的實現端係於政府的措施。政府雖經甄拔有專材能勝任的人員至政府任職，然欲使這種人員能認其所任爲終身職業，肯萃畢生精力以赴之，政府尚必須有若干的重要措施方能達到此目的。第一、須頒行公務員地位及任期保障法，非依法定程序，主管長官對所屬職員不能任意更換，公務員祇要在奉公守法盡責稱職的情況下，即可繼續任職永久保持其地位。第二、在待遇上不但須嚴格遵守「同工同酬」的公平原則，且當使待遇標準與公務員的生活標準相適應，以滿足其經濟需要與欲望，否則薪給過低致不足維持其生活程度，必不安於所任，視政府工作爲暫時寄旅，一遇機會便必他就。這樣政府要想保持熟練能幹之員繼續在政府服務實不可能。第三、政府須規定有系統的晉級與加薪制度，並確保其實行的機會。公務員認爲前途有發展希望，足以提高待遇，晉升職位滿足其經濟的精神的要求，自可安心任事不致見異思遷。第四、有效的退休或養老金制度須加建立，因爲有了這種制度後，公務員以爲將來其年邁力衰時，政府仍將按其服務年限給以養老金額以維持其晚年生活。因此，他們必思在政府中作長期及繼續的任職，以期享受這種養老報酬。

「知識卽力量」，「技術卽能力」，故公務必須專業化，有專家政治才能產生當大事成大業的萬能政府。『衆人同心其利斷金』『有恆爲成功之本』。所以公務必須永業化，在穩固安心經久無歇的制度下，公務員間始能產生同心同德精誠合作堅定勇毅經亂不變的服務精神與道德，公務員方能成爲任重致遠攻堅陷銳的勁旅，使政府使命得以順利完成。於此足見公務永業化不僅是消極的除害防弊運動；而且是積極的興利增效設施，人事行政者對此決不可等閒視之。

第四章 現代人事制度的剖視

第一節 人事制度的地位

一、**就理論言**——人事行政亦曰公務員制度或人事制度，自人的觀點言，就是公務員選拔、任用、和管理的實施，自事的觀點言，就是推行政府公務時，公務員所當遵守的各種行爲規範。這種制度或實施，在現代國家中實佔有極重要的地位。因爲牠不僅是完成國家和政府使命的必要工具和手段；實在說，若使沒有這公務員制度或人事行政，國家和政府能否存在便將大成問題了。所以韋柏（Max Weber）說：『在現代的國家中，眞實的政府所以能使其自身發生效力者，既不在於國會的辯論，亦非由於皇帝的敕令，而實繫於有關日常生活的行政事務的推行。這事自必操於公務員的手中』。柏威濟（Sir William Beveridge）說：『民主主義者若眞能認識其使命，自無理由畏懼所謂人事行政制度』。坎茨基（K. Kautsky）說：『最民主化的群衆組織，若欲解決現代的社會問題，決不能拋離開文官制度（Bureaucracy）而有所作爲』。房納（H. Finer）說：『國會、內閣和總統是統而不治的；公務員是治而不統的』。凡此立論，都在有力的說明，人事行政在現代國家中所佔地位的重要和所爲貢獻的偉大。

二、就數量言——現代政府的職能日見擴張，推行政府職能的公務人員亦因之而日見膨脹。據統計，現代各國政府的公務員都呈逐漸增長的現象，而成爲龐大的數字。公務員的數字既大爲膨脹，自必須有健全合理的人事行政制度以管理之，始能發揮效能，完成功能。從這一角度言之，人事行政自不容閒視之。茲將各國百餘年來公務員數量增長及其在全國人口中所佔的比例引列於後，以見其日趨重要的地位。

各國公務員增長表（一八二一年—一九四六年）（見 H. Finer, Theony and pnactice of modern Eovernment, 1951 p.710)

（公務員數以千爲單位，人口以百萬爲單位）

國別／年份	英國		法國		德國		美國	
	公務員	人口	公務員	人口	公務員	人口	公務員	人口
一八二一	二七	一四·一		三〇·四			八	九·六
一八四一	一七	一八·五	九〇	三四·二			二三	一七·一
一八六一	五九	二三·一	二四八	三七·四			四九	三一·四
一八八一	八一	二九·七	三七九	三七·六	四五二	四五·四	一〇七	五〇·二
一·〇一	一五三	三七·〇	四五一	三九·〇	九〇七	五六·九	二五六	七六·〇

一九一一	六四四	四〇・八	六九九	三九・六	一、一五九	六五・四	三七〇	九二・〇
一九二一	九五八	四二・八	一、二一二	三九・二	一、七五三	六三・二	五九七	一〇五・七
一九二八	一、〇四二	四四・七	一、〇〇八	四〇・七	一、一八七	六四・四	六〇九	一二二・七
一九四六	二、三三六	四七・八	一、四二九	四〇・五			二、一二八	一四六・〇

三、就要素言——所謂政治或行政要不外『治法』與『治人』兩大要素。然推而至於其極，則以『治人』爲基本。因爲『徒法不足以自行』，縱使有良法美制，必賴優良勝任的人員以推行之，始能發生效力。況且所謂『法制』亦是人的制作品和發明物。有怎樣的國民，便產生怎樣的國家。依同理，有怎樣的公務員便產生的怎樣的政府。老實說，所謂制度並非別物，乃是一個不多不少，不折不扣的人的問題。任何制度的品質和功能，都是由創造牠的人和運用牠的人所決定。政府或政制問題的最後解決的可能性，必須從其構成人員的身上覓求答案。

第二節　人事制度的實質

一、人事制度的意義——人事制度者就是政府管理及推動其官吏或公務員時所用的各種方法、程序及實施的體系與關係。本包含有靜態與動態的兩種意義：動態是謂這制度非一成不變之物，乃隨時代環境需要而生繼續的演化；靜態是指政府官吏或公務員各具有固定的作事習慣方法與程序。在西文有"Bureaucracy"一詞，用以形容現代永業化專業化的公務制度（Public Service）本實爲適當；惟因世人對這制度有贊成與反對兩派。對這一名詞所爲的說明與定義亦各有不同。反對者名此爲官僚制度，拉斯基（Harold J. Laski）可爲這派的代表，他說官僚制度（Bureaucracy）『係指一種政府體系而言，這政府完全控制於官僚的手，且其權力足以危害普通人民的自由』（Encyclopaedia of the Social Science P. 70）

贊成者稱這爲吏治制度。其所爲定義亦甚不同。穆協爾及金斯來（W. E. Mosher, & J. D. Kingsley）曾說「吏治制度（Bureaucracy）係指一種層級節制的行政組織而言，在這組織下，政府官吏行使其確定的權力，彼此間且有完全特定的關係」（Public Personne Admiuistration, 1936, P.3）費來居及柯爾（Friedrich & Cole）則認爲現代的吏治制度須具備有三種條件：第一、在這行政組織的系統中，各構成員間之職能皆有確定的分配，這卽是所謂確定的行政能力或管轄權。第二、這等管轄權有確定及强制的控制權力關係，這就是所謂層級節制的集權組織（Hierarchy）第三、爲完成其所任的功能，各工作員須具備一定的條件與資格，這等條件與資格的具備，又賴固定俸給、穩固任期及昇遷待遇以爲吸引以促成其必要訓練，這卽是所謂公務的專業化（Responsible Bureaucracey P. 18）

二、人事制度的特點——上述三種條件，雖為現代員吏制度所具備，然考之大規模工商企業中的人事組織，也皆採用這類的制度，以收權力集中、責任確定、及指揮統一之效。是以上述三要件用以說明員吏制度的意義則可，若以這為員吏制度的特質則不足。員吏治制度所以別於私人企業中的人事組織者，在於官吏所主持的事務與工商事務有顯要的不同。第一、國家公務是永備常設者。政府公務不論其為消極防範性的，如警察、消防，或為積極發展性的，如教育，衞生，皆須組織有常設的機關以供隨時的應用，不能祇應一時的緩急，隨置隨罷。公務既是繼續者永備者，故現代員吏制度中皆努力於官吏任期的保障，並勵行不得擅離職守的規定。

第二、國家公務具有獨佔性與强制性。工商企業係以自由競爭及彼此同意為基礎，而政府則為最高主權的行使者，在推行其事務時自可不顧對方或人民的是否同意而以强制的方式推行之，如徵兵課稅即其著例。政府對某種事業如鐵路、漁鹽、烟酒等若欲為獨佔的經營或管理，他人或他機關便均不得再染指於其間。卽如私人學校的設立，醫務的執行，或其他事務的辦理，也必須獲得政府的許允或承認，否則便為犯法行為，政府可以懲處之制止之。公務的性質旣若是，則推行公務的員吏制度必須為堅强有力組織及嚴格的紀律方能擔負其使命。故現代的人事制度或員吏制度的內容莫不注重於這方向的發展。

第三、私人企業係以市價高低決定其生產，而國家公務則完全以人民及社會的需要爲根據。且對任何人皆爲一律平等的待遇，不得有厚此薄被的歧視。現代官吏推行其職務時，應本自動精神和積極態度爲普遍的施設，以滿足一般人的需要，因行政或公務的基本意義是在圖謀社會幸福，與以保障個人利益爲目的的司法作用並不相同。公務員執行法律推行職務時，須嚴格遵守平等待遇的原則，對人對事均不得存偏袒歧視。否則便爲犯法行爲，須受應得的裁制。

第四、現代官吏或公務員的行動完全受有法律條文的嚴密規定，其作事的程序與實施皆有一定限制，他們不能任意變更。專制君主的官僚制度，係以君主個人的意志爲意志，官僚祇須在君王信任之下便亦可爲所欲爲，其根本精神爲人治。而現代的員吏治制度或人事制度下的官吏或公務員與昔日職權無限的官僚則截然異趣。他們的職權地位及權利義務等，皆經法律明白規定，越權固不許，遺誤亦不容，責任分明，界限清楚，其根本特點爲法治主義。

三、現代官吏的性質——現代員吏制度下的官吏或公務員，實具有特別的性質，其作用與地位均異於昔日的寮僚。在過去，國家或政府的職能爲消極的，其地位祇如一「守夜警察」（Night-Watch-Man），其責任在於外抗强權內維秩序，所以國家政府的實質祇是力量與統治，故官僚的性質爲代表統治者的管人工具。而現代國家政府的職能，除此消極作用外，又增加甚多的積極功能，如經濟的保護，富源的開發，及文化的發展，均成爲政府天職，其地位變爲「社會服務機關」（Social Service Agency）故這時的公務員不是統治工具而是服務人員，他在憑自己的技能以治事，不在藉政治力量以管人。

過去的官僚乃君主的奴隸，並無所謂獨立人格與法律保障。而現在的公務員係以其能力與知識爲條件而獲得其地位，任職後便有法律保障及人格尊嚴，主管長官並不能隨意更撤蹂躪。官僚與君主的關係爲個人效忠，而公務員與政府及政權機關的關係爲公共利益。過去的官僚在代表統治階級以剝削人民，而現在的官吏在以超個人超階級的社會立場圖謀全民利益與社會幸福，不能爲自身或社會中某一部分人的利益而犧牲其他一部分的利益，其根本立場爲公平中立，不得偏私歧視，其作事標準爲一視同仁平等待遇，然在昔日的官僚對此原則並不需爲嚴格遵守。

第三節　人事制度的類型

現代員吏制度的意義與特質已如上述，惟除此共同之點外，綜觀現代各國所採行的員吏制度或人事制度的內容尚有不同，約略分之，不外三種：㈠官僚制（Bureaucratictype）㈡貴族制（Aristocratic type）及㈢民主制（Democratic type）。茲分別論述如次：

一、官僚制——我國唐宋以後的科舉制度，卽可爲此制的代表。所謂官僚型的人事制度者，實包含有三種意義或特點。第一、政府官吏係經公開競爭考試及格，依法任職後卽成爲其終身職業。第二、各政府官僚在彼此上下的統率關係上爲自上而下由內向外層級節制的一元制及集中制。這政府官吏自成爲穩定的系統，不遭外界政潮的影響，不受選民的控制。這種官僚制與現時的功績制頗有相似之處。若就行政效率，行政責任，及政治隱定言，這項制度實曾表現有良好的成績。

除中國外，戰前的德國也採用這官僚式的人事制度，所有政府機關的工作人員均直接對德皇負責。德皇爲行政元首，政府官吏爲德皇行使其行政元首特權時所運用的工具。因這關係，所以德皇能以適用軍隊上的編制原則於人事制度上。政府官吏與海陸軍人員的地位均爲經過特別訓練的終身職者，且須由一定的階級爲一步一步的昇進。由是政府官吏成爲社會上的特殊階級，爲一般人民所敬畏。德國官吏在社會上的威風亦正不亞於我國的「官老爺」。

這種制度，若就純粹的行政效率的觀點立論，實値得讚許。第一、政府官吏受社會上的特別敬重，人類受「尊榮慾」「顯達慾」的驅使，故肯從事於公務職業，因此政府機關易於獲得較有才能的工作員。第二、各公務員的地方有一定保障，且爲終身職，故彼等不必馳心外務，而能安心專意從事於其所擔任的工作。第三、在官僚制下責任確定，組織緊密，故易收行動敏捷之效，而免去相互推諉之弊。第四、公務人員自成爲獨立的系統不受外界的壓迫與影響，故能繼續的推行其一定的政策。

但同時這制度亦有其缺點：第一、官僚祗對最高行政元首負責而不受人民的控制，故易於形成行政權的過量擴大或行政元首的專橫把持；官吏並常站在統治階級的立場，向人民施行剝削與統治，所以有人謂官僚制度爲危害人民自由的制度。第二、官僚制因其永久性與繼續性，易使政府人員墨守成法不求進步，所以拉斯基（Laski）謂：『有一最大危險是基於公務的永久性，因官僚階級由長期經驗所形成的硬化習慣，甚憚於有新穎的改革』（Grammar of Politics P. 404）第三、政府官吏自成系統成爲社會上的特殊階級，常易於爲維持其本身利益而失却其超然立場與公平態度。第四、官僚制度的組織原則爲軍事主義，故凡軍事制度的流弊，均可同樣發生於官僚制下。

二、貴族制——英國的人事制度可爲貴族型的代表。此種制度的特質是將全國公務人員劃分成若干儼然不同的階級或種類。彼此不得相互混換溝通，即規範各階級的理論與實施亦各自不同。在英國的公務員中的第一階級爲各部的常務次長及秘書等。這等官吏的進退，不受政黨成功失敗的影響。彼等不屬於政務的倫列而爲永久性質的事務官。但被等任職並不經過公開競爭考試，亦非由最下階級依次提昇而至於這地位。當其被任之初，多憑個人的特別能力、性格及關係等爲條件，委任的長官具有大量的自由裁量權。英國公務員中的第二階級爲高等行政官吏，包括各部會的司長科長等，直接受第一階級官吏或各部會主管長官的指揮與統率。這種官吏的選任係經過一種特別的競爭考試。實際上有獲選的成功希望者僅有牛津劍橋大學的畢業生。第二階級中的官吏僅有極少數的例外係由低級職員依次升補者，最大多數均係由特別或高等考試而來。其他低級的公務人員係以另種特定或普通公開競爭考試選拔之。其中有一部分係由下級公務員提昇而來的。

這項制度的理論基礎，實建築於不平等的貴族思想上。他們認爲高等行政官係居於領導者的地位，不但較低級官吏應有較高的特別大學教育或訓練，且其門第、家世、及出身，在社會上亦應有較高的聲威與名譽。政府官吏的階級與社會經濟階級適相對映，故實際上英國的實施，形成一種重門閥講階級的貴族型的人事制度。

貴族制與其他任何制度相同，本身具有其優點與缺點。就其優點論，在這制下因各級公務員的責任功能既不相同，故其所需的訓練、思想、人格等亦自應區別，用不同考試與條件選拔不同的人，確爲合理而正當的辦法，且高級公務員負有相當統籌與調整之責。故應有淵博及廣泛的知識，英國的實施正足以適應這種需要。不過若論其缺點，則在貴族制下，低級職員以爲昇爲高級官吏的機會已杜絕或減少，是其前途無甚發展希望，自必興趣減少，不肯努力工作，影響於公務效率者實屬甚鉅。況全部公務員劃分爲若干儼然不同的階級，難免不生上下隔陔彼此歧視的心理，使服務精神難於融和，工作步調難於整齊。

三、民主制——這民主主義的吏治制度，當以美國的實施為代表。此處所謂的民主精神既非指官吏民選，亦非謂「官職輪換」，乃指其採行功績制後現行制度而言。美國現行的人事制度有幾種特質足以表現民主主義的精神。第一、英、德兩國參加官吏考試者率為初離或將離學校的青年子弟。彼等所以參加這項考試者，意在選公僕一職為其終身職業，故須自幼作起。美國則無這項年齡限制，參加官吏考試者多為中年人，且在未參加這項官吏考試前，多曾從事於其他職業。其參加官吏考試的用意亦必是在選公僕一職為其終身職業。此中限制較少，有大量伸縮的自由，故與英、德兩國的情形有顯然的不同。

第二、就考試的內容論，英國所試驗者為應試人的普通知識，換言之即其所受教育的程度。而美國的考試內容並不注重於應考者的普通知識或教育程度，而在考驗其有無擔任某項工作的特別技術。譬如招考一低級書記，美國則僅考驗其繕寫速度，打字手藝等技術事項。若在英國則考試其歷史、地理、數學、作文、物理、化學等。在前者的情形下，未受學校教育而在別處學得此項技術者即有被錄取的希望。然在後者的情形下，則非受過該項學校教育者則難以獲選。

第三、在英國方面，上級的行政官吏係取自上流社會階級。家道貧寒之士甚少列入高級的希望。

在美國方面則無這種限制，各種社會階級在理論上及法律上皆予以平等競進的機會。應考人員只要有特別的技能爲政府需用便可獲選，並不注意其出身、門第、所屬社會階級及其學校教育程度。

第二編 原理與方法

第五章 人事機關的組織及運用

第一節 設置的理由

人事行政機關的專設，在現代吏治史上已成爲極明顯普遍的趨勢。這種事實的產生，決非少數人提倡或偶然的結果，乃由於實際的需要及其本身所具有的優點而促成；玆將人事行政機關專設的原因與理由略述如次：

一、**政治的理由**——在專制時代，君主因掌握官吏的任免全權，毫無牽制而能爲所欲爲，形成專斷政治，抑制民權的發展；使得經濟有效本甚優良的官僚制度反成爲剝削與壓迫普通人民的惡劣統治工具。民權革命運動成功後，以政黨政治及會議政治爲基礎的行政機構得以成立。這種新組織的根本用意雖在一反專制君主的所爲，對治民的官僚制度亦欲從根摧毀無遺；但伴民主政治而生的分贓制，其遺害流毒更有甚於前者，因君主一人的任用私人較之多數政黨政客的瞻徇援引實尙有相當距離。爲免除任用私人及瞻徇援引所生的各種流弊起見，於是有不少行政學者及吏治改革運動者，均主張政府公務員候選人的甄拔權須脫離行政權而獨立，由超然的人事機關本選賢與能的人才主義及不阿不偏的公平態度以考選甄別政府的公務員。考選權的獨立行使，在消極方面固可以監督牽制行政權力，防止行政權的過分强大，危及民權；在積極方面亦足以選得有能力能勝任的人員至政府工作，增進公務效能，一舉兩得，其意至善。由於這種主張與需要，遂促成獨立的人事行政機關的誕生。孫中山先生在五權憲法的講演中對考試權應當獨立的理由闡發甚爲詳明，則所謂人事行政機關獨設的政治原因當可由之獲得無遺的透視。

二經濟的理由——過去的工商企業者對於工商管理祇注意生產、推銷、機器利用及物材管理等問題，對於人事管理向多漠視。但因勞資衝突的嚴重及同業的劇烈競爭，對人事問題不得不謀解決，於是先後有勞働部、工業關係部，及人事管理部的設置，從事於雇工選擇，人事調整，待遇改良，功績考核等事的管理。結果，人事衝突減少，生產量額增多，而生產成本降低。凡有專設部別從事人事管理者，在營業上皆有顯著的成功，獲得較高的利潤；其未有此項設施的工廠則多虧本倒閉。於是各工商企業機關，前本認設置人事部爲浪費舉動者，現亦相繼採行，使各大工廠皆有專設機關主持人事管理。

現代政府猶一規模最大的工廠。其地位及目的與工商企業機關者雖不相同，但彼此對所應用的人、財、物、事等，要想作科學的管理以促進其效率則並無二致。政府行政雖不以營利賺錢爲目的，但有甚多行政事項的結果與成績，也可以金錢費用數量的多寡來表示之。政府設置人事機關的目的固爲澄清吏治，增進效率；但易詞言之亦在減低政府支出或行政成本。近世紀以來各國政府因種種原因，支出上呈顯著的膨漲，但收入上或因戰事消耗，或由經濟凋敝反見減縮，於是不能不從行政改革入手。人事行政機關的設置，不但是受工商管理的影響而來，且其自身亦具有經濟的意義與目的。

三、行政的理由—在近代行政改革上，一般行政學者多認爲集中制與完整制爲理想制度與原則。關於行政部別的設置，多主張依據工作性質爲機能主義的分工。魏勞畢（W. F. Willoughby）曾說：「…在可能範圍內，各部就整體而言，應當是機能主義的，爲達到此目的計，有兩條件必須遵守；第一、凡應屬於各該部的所有事權，須完全劃歸於各該部，第二、各該部決不應掌管其性質不當屬於各該部的事權。」(Principles of Public Administration P. 86) 孟羅「W. B. Munro）亦曾說「凡性質相同的職權應完全劃歸一部，其性質不相同的職務應分歸於不同的部。」(Municipal Government & Administration Vol. 11, P. 14) 在行政實施上如統一收支及集中購買等均亦獲得良好效果。因學術理想及實施經驗的驅策，一般人均亦認爲分散於各處零星破碎的人事管理辦法太不合理且欠經濟，乃漸仿照他種成功的行政經驗，將各種人事行政事宜統集中於一單獨機關管理。

在過去，政府用人甚少，事務簡單，自無專設人事機關的必要。但在今日，公務員的數量較前已有驚人的增加，人事管理的事務不但範圍較擴大，性質亦較前複雜。爲適應這種事實需要計，不得不專設人事行政機關辦理公務員考選及其他人事管理事宜。公務員的數量既多，則人事糾紛與衝突必增，所需於人事調整者的工作必更多。人事行政機關的專設，卽在於促進各機關間的合作精神以共赴事功。

四、社會的理由——自歷史的觀點說，工商企業機關及政府所以特別注重人事管理專設人事機關以主其事者，實由於過去五六十年來零星散見的各種社會運動及力量有以促成之。這種事項的重要者約有六種：第一，爲職業指導運動，其目的在使學校青年能在工商界及政府機關擔任與其個性及能力相適合的職務，期能提高興趣，增進效率。第二、爲雇傭管理運動，其目的在於工廠商店中使成年及青年均就專家分析的結果，得到有效而相宜的安插。第三、爲職業教育與技術訓練運動，此與普通學校教育的作用並不相同，不在灌溉作人的一般知識，而在培植謀生的特別技術。第四、爲科學管理運動，在以客觀標準及準確知識對各種工作爲有系統的研究及有效的處置。第五、爲人道主義運動，主張對汗血工人的生活待遇及環境應力求改良，以增進其身心幸福而提高其工作能力。第六、爲集體雇傭運動，勞働者爲與資方取得交易平等的地位，在以工人的團體力量商訂待遇條件，以保障其利益。此外再加醫學技術的進步及心理學知識的提高等均直接間接給予人事管理運動以影響及刺激，涓滴續積，細流總滙，遂形成內容充實，事務衆多的人事行政及管理，結果乃不得不專設人事機關以主持之。

第二節　組織的形式

專設的人事行政機構能否完成其使命獲得良好的成績，又端視這機關本身的組織是否健全合理以爲斷；蓋「組織卽力量」，組織不善卽莫由發生力量，所管事務自難爲有效的推進。關於人事行政機關的組織究當採用何種形式，不但在實施上未能一致，卽在理論上亦尚有一些爭辯。玆將各式組織的內容及優劣分別扼要申論如左：

一、獨立制或部外制（Extra-departmental organization）—美國於一八八三年設聯邦文官委員會，由委員三人組織之，其中不能有二人係屬於同一政黨。其地位係獨立於行政系統之外，以公平超然的立場，推行人事行政事宜。美國的政治哲學極端崇尚民主主義，相信『制衡原理』的學說與制度，深恐行政權力的強大，致對人民自由發生威脅。專制君主及政黨領袖，嘗藉任免大權及分贓制度造成行政上的重大流弊。爲免除此種流弊及實現其政治理想計，乃將各行政機關的用人行政等事宜，由各部劃出另設這獨立的文官委員會（Civil Service Commission）。中國的考試院及日本的人事院，其地位亦屬於獨立制或部外制的類型。所謂獨立制，卽係於行政系統外，設立獨立的超然的機構，全權掌理一切人事行政事宜。

這部外制的組織，具有下述數種意義與特色，第一、人事行政機關係獨立於普通行政系統之外，並非行政機構的一部分，具有超然的地位，所受於行政元首的控制者甚少。第二、這部外的人事機關的組織，採委員制，委員中不得有半數以上者屬於同一政黨，以免使此超然組織淪入政治漩渦。第三、各文官委員多非具有專門人事行政知識與技術的專業者，祇是具有普通知識的通才，以所任職務爲暫時副業。第四、此委員會所管轄的事務不僅是行政性質，且辦理各類準立法（Quasi-legislative）及準司法（Quasi-judicial）性質的工作。

部外制人事行政組織，其重要貢獻與優點爲功績制的推行，即用公開競爭考試方法，爲行政機關甄拔公務員候選人，開單送交任用機關選用，行政主管長官不致再如以前任意援引私人。因有文官委員會的監督，各行政長官對其所屬人員亦減少非法與任意的更換，使公務員地位得到法律保障，能以安心任事。文官委員會設立的原意，一般講來原具消極作用，具有政治意義，在排斥政黨干涉政府用人。惟近年來對於積極的人事行政實施及科學管理建樹，如公務職位分類、考績、職務分析，薪給調整等事亦多有貢獻。

但自另一方面觀之，這部外制的人事行政組織亦有許多缺點：第一、在理想上，文官委員會雖應脫離政爭漩渦而爲一超然機關，然事實上各委員多不能擺脫政治關係；或者『行政首領委用對功績制根本不同情無認識的人員充當文官委員，』(Good Government, June, 1924. P. 92) 或者『行政權力者專斷，置文官委員會於其完全操縱控制之下，』或者『文官委員會與政黨領袖仍狼狽爲奸，不能超脫政爭影響。』（C. W. Reed, Transactions, Commonwealth Club of California, cecember, 1921 P. 315）第二、文官委員會的職務與立法機關及司法機關的工作常有衝突與重複，如立法機關與司法機關不存友好態度而與人事機關爲難，則人事機關工作的推行，必感受絕大困難。第三、文官委員對人事行政多缺乏專門的智識與訓練，且任期較短，故對人事行政設施難期有積極的重要建樹。第四、人事行政事宜乃行政機關必要及必有工作的一部，必以主官機關辦理，方能適合實際情形爲迅速有效的處置，今以行政機構以外的超然組織主持他人經營的事務，自必有隔靴搔癢閉門造車之弊。第五、基於管理一元化的原則，人事行政與預算，總務等均應屬於首長管轄之下以發揮其效果，因爲彼此之間有共同關聯，今强爲分離自有不便。（Frig M. Mart. The prseident and his staff service（Chicago: public adminictdction Service, 1947）Pamphlet No. 98,pp. 9-20）第六、現代公務員爲數甚多，政府應作的人事行政實施，其內容與性質須是積極的、建設的、行動的，而現時文官委員會的工作則爲消極的，防守的，規範的，自不足以適應時代需要，完成其應負的使命。

二、大陸制或部內制（Intra-departmental Organization）——在歐洲大陸各國如法國德國的人事行政機關的組織，則與美國者並不相同。不於普通行政機構外另設超然獨立的人事機關專辦其事，所有各部官吏考選、委用、調動、考績等事宜，則由各該部的主管長官或部內的某組織負責職掌其事。內閣之下，則設文官委員會一類之機構，以負人事聯繫與統籌之責。因爲德法的政治制度與哲學多崇尙集權制，注重社會秩序而貶抑個人自由，對於分權制與制衡原理並無何種深切嗜好，故主張將此人事行政權仍由行政長官主持之，不另爲劃分。且德、法在過去施行官僚制度（Bureaucracy）有較悠久歷史，並具有相當成績與基礎，如官吏的考選、保障、考績、昇遷等在各部已有良好經驗，若將此傳統完全打破而另起新爐竈亦頗非易事。

在工商企業機關內，對人事管理的推行，多已設置與生產部、推銷部、材料部及經理部相平行的人事部，專門辦理其事。在政府內則尙無設置與國防部、內政部、外交部、教育部、交通部、財政部等相並立的人事部，專掌人事行政事宜。在德國法國的情形亦祇於各部內設人事科或指定專員負責辦理各種照例的人事行政事務如保管及辦理人員委撤調動等文書，登記到公請假等事項。至於辦理規模較大的考選及每年的總考績時則多由部內各重要主管成立臨時委員會辦理。

德法的部內制，自具有其優點：第一、辦理人事行政的組織與人員位於工作部別內，對於各該部的實際情形與需要當易於有較深切的認識，故其措施當能對症下藥切中時弊。第二、人事行政機關與推行實際行政工作的行政機構合爲一體，在職權上無衝突，在工作上免重複，易收事權統一步調整齊的效果。第三、在工作的進行上無多迂迴曲折，往來遞轉的步驟，且無須開會討論，相互商榷，自能收推進敏捷行動迅速之利，不致貽誤事機與時日。

但同時這部內制的人事行政組織亦有不少缺點：第一、這種組織因人材的不足，力量的不敷，祇能作些許例行人事行政事務，對於積極性的人事制度的建立，推行方法的改良，及管理技術的精進，自難爲有效的設施，長足的發展。第二、現代人事行政工作的內容已異常複雜，並已高度技術化，須有專門人材及充實的組織與設備，方易爲有效及成功的推行，在分散的部內制下，人材與設備皆不能集中，致不克建立有力的人事行政組織，且不合管理原則，於行政費用上亦失之太不經濟。第三、所謂人事行政，決非單獨某一部別事務，乃與全部公務員均有密切關係的普通工作，自應由一籌統的機關方能爲統一集中的管理，今各部自管，當不能免除參差不齊零星散亂的弊病。第四、各部自管人事行政時，常易囿於各該部固有人事習慣，而難於更張，且主管長官忙於其他行政事務，不克專心於人事行政制度及技術的改進。

三、英國制或折衷制——部外制或部內制的人事機關各有利弊已如上述。英國則能參酌利弊，舍長取短，而成立折衷制的人事行政組織。英國於一八五五年，成立獨立的文官委員會，專掌公務員的考選，及檢查公務員候選人的身體康健情形，不使不勝任不合格的人員混跡政府中。至於考選以外的其他人事行政事宜，仍由行政機關掌管之，不歸屬於行政系統以外的文官委員會。依英國制度，內閣首相兼任財政委員會的主任委員（First Lord of Treasury Board），亦可目之爲財政部部長。首相以事務繁忙，不克切實過問財政部部務。眞正的財政部部長就是度支大臣（Lord of Exchequer）。所以英國的財政部是首席部，對其他部會的人事行政事宜，有監督指揮之權。財政部設有人事部或編制部（Department of Establishment）掌管各機關的職員的員額、等級、俸給、昇遷等事宜。財政部更設有公務員訓練處，掌各機關職員的訓練與進修事宜。各機關設有人事分處（Branch of Establisment Department），秉承財政部命令，辦理各該機關的人事行政事宜。這種組織可以說是半獨立的。獨立者僅是考試而已。至於其他人事行政事宜，仍留歸行政機關管轄。這樣既可以防止行政首長任用私人，又不削弱其行政監督權。

近年來美國的獨立制已顯露其不能與行政密切配合的缺點，故胡佛委員會曾建議取消獨立的美國文官委員會，而於總統下設人事部。美國吏治聯合會與市政研究聯合會所擬『模範州文官法』亦採折衷制。中國於五十六年七月設行政院人事行政局，亦漸步入折衷制之途。

第三節 職權的管轄

一、管轄權的範圍——人事機關的組織形式已如前述，茲當進而論述其所管轄的事權。健全有效的人事機關，其管轄權的範圍應該是周延的，普遍的。卽人事機關管轄權所及者應及於政府所屬的一切組織，普通行政機關的人事行政事宜固須受其統制，卽其他政府組織如立法機關、司法機關、獨立機關的人事問題亦須由其負責解決。中央機關的人事行政固爲人事組織的管轄範圍，至地方機關派出機關的人事行政事宜亦均當受其規律。

常有人事行政機關所管轄的範圍，祇爲政府中一部分的公務員而非其全部。譬如美國的人事實施則祇有分類職員（Classified Service）適用公開競爭考試的功績制，此外尙有很多的非分類職員（Un-Classified Service）及私人親信職員均不經過公開競爭考試，由主管長官逕自委用。在中國，所謂經過考試任用的官吏亦未及於全部，聘派人員，臨時人員等，均可不經考試獲得任用。這種的人事制度自難以發生普遍影響與偉大力量。所以理想的有力的人事行政組織，其管轄權應爲普遍的，卽政府的所有官吏除極少數的政務官不受人事法規限制外，其餘者均須受其管轄，決不能有例外。

人事行政機關的管轄權，必須是周延的普遍的方爲合理方能收到下述的效果：第一、人事行政的制度、實施及程序等易爲一致統一的建樹，不致發生分歧零散的支離現象。第二、權力集中指揮統一、人事機關能爲有力有效的措施，使人事行政發生實際的效果。第三、各項專門人才及特別設備易於集中，不必分雇分設，自合乎經濟效率的原則。第四、在集中管理制下，自易於免除職權衝突及工作重複的弊端，且能以用其全力作積極的人事建設。

二、管轄權的性質——人事機關所管轄的事務甚爲複雜，其性質亦不單純。一個集中而有效的人事行政組織，其管轄權的性質應是複合的，多元的。有效力，生作用的人事機關，其職務性質不僅是消極的防止的，而並且是積極的，建設的。任用私人，枉法失職，敷衍怠工等不良現象固爲人事機關所當設法消除，且尤當建立各種合理實施，能爲政府獲得最有能力的工作員，及使之安於所職，發揮其所有能力爲公家努力服務。

其次，人事機關所管轄的事務不僅是普通的，副業者，而並且是技術的，專業者。蓋進步的現代的人事行政實施，不能祇憑普通常識，以常人的見解，作表面與膚淺的條文規定：必須根據專門的知識與技術，制定具體實施的方法及工具作切實的人事推行。現代人事行政的內容已高度技術化，如考績的實施，職務的分析；智力的測驗，人事的統計等，非有專門訓練的技術人材，不能擔任，普通人員或副業者若管理此等事務必難勝任裕如。

復次，人事機關的工作性質若祇是立法的，或規範的，必不能完成其應負的使命。因徒法不足以自行，必賴知此法信此法的人員與機關爲切實的推行。且立法的規定祇是概括的一般的，若想發生具體效力，必須籍行政作用，對此爲特定的個別的應用。加以現代人事行政的複雜化技術化，必非概括的議事或立法方式所能解決應付，自須假手於就事論事的行政權力者。由此足見人事機關管轄權的性質，不當祇是立法或規範的，尤須是行政或實作的。

最後，人事機關管轄權除應有上述的各種性質外，爲防止公務員被主管長官的武斷撤換及解決有關其權利義務的爭執，尙有所謂準司法作用。總之，人事機關所具有的權力性質乃複合體不能謂爲單純的立法或行政的組織，人事機關應爲一種行政組織，不過此處所謂行政，乃廣義的非狹義的。有人謂「國家權力除立法權、審判權、執行權外，尙有第四種權力曰行政權。此行政權若就純粹的理論觀點立論爲前三者中的執行權，但在實際上行政權是前三種權力的聯合體。此種權力的聯合明例，卽各州商務委員會，聯邦貿易會及各州公用事業委員會的成立是也「(見 Illinois Law Review. Vol. 15, PP.108-18) 人事機關所具的管轄權，實亦此廣義的及聯合體的行政。

三、**應管轄的各職務**—對人事機關的管轄權與性質已略如上述。玆再對其應管轄的各職務爲逐條及具體的說明。據馬顯爾及金斯來(Mosher & Kingsley)的意見，認爲一健全有力的人事行政機關應管轄有二十六種的職務或工作。其名稱及性質計如下表所載：(見 public Personnel Administration P. 85).

職務或工作	性質	職務或工作	性質
1. 管轄的分類	準立法的及行政的	14. 訴願	準司法的
2. 職位分類	準立法的及行政的	16. 給酬	準立法的行政的或顧問的
3. 招募	行政的	16. 審核薪餉冊	行政的
4. 甄拔、考試、考察、及給證	行政的	17. 養老年金	行政的
5. 試用或見習	行政的	18. 陳述及建議	顧問的
6. 考核成績	立法的及行政的	19. 衞生、福利、及娛樂	顧問的
7. 工作調轉	行政的及顧問的	20. 工作環境	顧問的
8. 晉級	行政的	21. 雇工合作	顧問的
9. 復職	行政的	22. 行政人員之合作	顧問的
10. 訓練及教育	顧問的	23. 規則及條例	準立法的
11. 到公、遲到、缺席、請假	立法及行政的	24. 法律運用的考察	行政的
12. 離職	行政的及準司法的	25. 研究及統計	行政的
13. 紀律	顧問的	26. 每年報告	行政的

所謂管轄的分類，是指公務員中何人應適用功績制，以公開競爭考試的方法任用之。實在說這本是人事行政性質的工作，人事機關宜自行決定之；惟政黨領袖及政客爲便於分贓計，常以立法或準立

法的方式決定之。職位分類即將同性質同責任需要相同能力經驗的職位劃分爲同一職級，普通涉及所謂職務分析，爲純粹的人事行政性質。公務員的補充非僅任用問題，並涉及來源的開擴，人材的羅延，廣告的徵集等，這亦爲一種行政工作。公務員的甄拔所包括事項甚多，如招考、報名、命題、口試、筆試、閱卷、體格檢查、頒發及格證書等均是。試用或見習在理論上雖爲甄拔工作的一部份，然普通多獨立論列。

公務的基礎要件爲賞罰公平，而此賞罰又須以客觀可靠的成績考核爲依據，其關係至爲重要。調動的權力操於機關首長，人事行政機關對此祇作記載，居於顧問的地位。晉級雖多由主管機關決定，然亦交由人事行政機關核可晉級考試者。被停職或去職的雇員能否復職或如何復職，應由人事機關決定。所謂公務員的教育與訓練應包括四種：即任職前的訓教與任職後的訓教，及現任職務的訓教與昇晉職務的訓教。到公請假遲到等事宜向由主管長官考察，惟多欠統一與一致，人事機關對此應予統籌，用資改進。公務員的離職或去職，人事機關亦須有所控制，因舊職員不啻政府的已有投資，換舊增新必多耗費，故不能寬放置之。

紀律的執行由主管機關發動，交由人事機關或懲戒機關裁決施行。行政訴訟或訴願由受害的公務員向人事機關或其他適當權力者提出決定。公務員的報酬與薪給最欠合理而無一定的標準，人事行政機關對此須按照生活程度經濟狀況爲通盤的公平決定，並須與財政機關取得密切的聯絡。餉册審核亦爲人事機關的重要職務，惟須運用得當，方能發生作用，否則徒遲延時日。養老年金在現代人事行政上日趨重要，人事機關須建樹有效的退休制度。下級職員對其主管長官須有陳述意見及建議的機會，方能增進其工作興趣與效能，人事機關對此問題應向各部會有所鼓勵與指導。

爲維持並促進公務員的身心健康及服務精神計，對其衞生、消遣、娛樂、運動等事的設備，及工作環境的改進均須有切實的注意；此等事務雖應由工作機關主持，人事機關對此宜有完備的設計與規劃。服務精神的表現在於精誠合作，人事行政機關應有適宜方案促進行政長官間及雇員間的合作與協調。爲促進人事制度的運用，人事行政機關皆有權訂立有關人事的各種規則及條例。人事法規是否爲各部會忠實推行，人事機關得予以隨時的考察，其方式爲調查及塡送報告等。人事行政事務既日趨專門化技術化，且與時並進，故應有繼續不斷的研究以期精進與適應。爲獲得準確詳備的事實以爲行政的依據計，統計工作亦甚爲重要。人事機關爲檢討過去策勵未來計，年報編製自亦不可缺少。

第六章　公務員的甄拔與補充

第一節　公僕甄補的意義與重要

一、**一般觀察**——新陳代謝不但為生物個體的普遍現象，亦為人類團體必有的事實，政府中大量公務員自必時有死傷、退休、去職、及被撤換者，故須隨時添用新人，以資接應。況且現代政府的功能與活動時有擴充及增加，亦不能不招致新力，藉以推進。不過這種新人員的添補，必須經過審慎詳密的選擇，才能獲得眞才，為政府服務，決非可草率孟浪從事者。因此，公務員的甄拔（Selection）及補充（Recruitment）問題從而發生並日趨重要。

公僕甄補者在使政府的工作力量無間歇及不足之虞，與軍隊的補充具有同等的意義，使政府的戰鬪力或工作力永遠是新鮮、充足、活躍而有效的。公務員的甄募一事，在全部人事行政系統中實佔首要的地位。因為甄補為人事行政的第一步，凡事無善始者必無善終，基礎不固，全盤皆虛。若不能選拔有能力勝任的人員至政府服務，則其他問題如考績、昇遷、退休、分類等均不能解決，且亦成為無意義的空談。

公務員的甄募猶如製造廠原料的購置，若不能購得堅實優良的原料，則無論有如何優良的技師與方法，亦必不能產生優良的出品。獲利的工廠須注意原料的選購，成功的政府須審慎於公僕的甄募。公務員甄募一階段，乃全部人事行政的大門，若守備不嚴，豺狼入室，則一切不堪收拾。就吏治改革運動的歷史言，首先爲一般人所注意者，均爲公務員的甄拔及招募。英、美各國的文官委員會的主要職務均爲公務員的考選，中國更以『考試』一詞冠之於人事機關。公僕甄募在人事行政中所佔地位的重要，於此亦可想見一斑。

二、各家的意見—公務員甄補的意義與重要，各行政專家對此亦多所論述，此處應略加引敍，以資佐證。梅雅士（L. Mayers）說『除非能獲得技術優良而忠實的人員至政府服務，並有有效的制度以指導之統制之，則無論政府組織如何健全，財力如何充足，工作方法如何優良，均不能對公務爲有效率的實際推行。』（Federal Service, P. Vii）由此，足見公僕甄補不獨在人事行政中佔極重要的地位，且爲全盤政府行政的成敗關鍵。

璞洛克特說『雇工爲實際人事統制的第一步，……雇傭一事在供給其餘各步人事管理的依據與材料，故具有根本的重要性。』（A.W. Procter, Principles of Personnel Administration P. III）麥克伊恆（Mc Ilhenny）說『實際的統治權在於行政，行政的推進繫於吏治，……而吏治的關鍵在於甄募。』（L.D. White, Introdnction to Public Administration P. 251）。瓦特爾說『科學的雇傭在人事行政中佔極端重要的地位，有效的雇工甄募足以增進人事效率，減減人力浪費，勞働代謝，及增加生產與利潤』(J.E. Walter, op. cit. P. 78)。施克特克洛若說『工作員的選拔與任用，爲人事行政中最重要的兩大功能，…亦卽人事管理中的兩種重要使命，工作員恰在其工作中的配合單位（Worker-in-his-Work unit）係由此兩功能所造成。其他的一切人事成功與滿足均以此爲出發點。』(Scott, Clothier, & Mathewson, Personnel Management, p. 76)

美國公務考察團（Commission of Inquiry on Public Service Personnel）在所刋考察報告優良吏治（Better Government Personnel P. 37）中卽宣稱『在永業化公務制度各要素中，沒有比招募政策更爲重要者。』施道爾亦稱『甄選向爲吏治問題的中心，爲全部人事行政的基石。因爲除非有健全的招募政策，無法獲得最優秀的工作人員，同時，就任用方案而言，公務人員與私營企業間顯然有重大的差別。這種差別，美國聯邦政府人力運用政策中（Staff policy）闡述得極爲清楚，亦卽公務人員選用，必須做到：第一、選拔最爲合格；第二、用能者推行政務；第三、符合公平競爭機會。（Staffing and Placement, Program Planning Division Bereau of Programs and Standards, united states civil service commision, May 1960 P.2）這亦卽說明，公務人員選拔非但要做到用人唯才，而且要做到機會均等，使人人均有從事公職的機會。

第二節　公僕甄補權的行使方式

公僕甄募既佔極重要的地位，但此公僕甄募權行使的方式又當如何決定？關於這一問題的解決，不但涉及人事行政，且關連於政治組織。甄募權的行使方式應如何，論者意見亦頗不一致，總計有四種主張：卽㈠選舉說，㈡委派說，㈢考試說，㈣折衷說。玆將各說內容及利弊分別扼要敍述：

一、**選舉說**——主張甄募權以選舉方式行使者，率皆爲民主主義的信徒，係以民權的保障及政治的控制爲出發點。他們以爲公務員者，乃人民的公僕。主權者的人民應握有選舉公僕的權力。持此說者以爲欲保障人民的權利與幸福，並防止官吏的濫權與枉職，政府公務員必須由人民選舉，方能收到控制與監督的效果。官吏民選說者並主張縮短官吏任期，施行「官職輪換」平均人民服官的機會。此外，政黨責任的確定，『勝利品應屬於選舉的勝利者』，亦爲官吏民選說所持的理由。

不過這派人員只注意於政治控制，而忘却行政效率，詳於理論而忽於事實；因爲能得選民感情擁護，善於迎合群衆心理有，常爲狡猾政客，而非實事求是脚踏實地勝任工作的人員；在政黨中的有力者，不必一定是公務中的努力者，故用選舉方式甄補公僕，因受政治因素的影響，甚難獲得「人事相適」並且有特別技術及實際行政的人才；且在這種方式下，分贓制度必伴之而起，以此而欲謀行政效率實爲不可能。

若在範圍甚小，與人民生活有直接觸的行政機構，情形單純，官數較少，關係不甚複雜，不易操縱把持的場合下，選舉方式尙可以相當的採用。至於範圍擴大，官數衆多，距離人民較遠，相互關係錯綜的高級政府，如省及中央等，則所謂以選舉行甄補之事，在實行上必不可通。所謂官吏，普通可分爲兩類：一爲極少數副業者的政務官，一爲大多數專業者的事務官，前者尙可民選，而後者則決不能以選舉方式產生之。凡此諸端均官吏民選說者所當切加考慮的問題，未可一概而論。

二、委派說—與選舉說立於對立地位者卽爲委派說。此派的主張以爲政府機關的公務員應由主管長官負責委派。他們認爲主管長官對所轄機關事務的處理負有完全責任，爲確定責任便於統率計，對於其所屬職員的任用應有完全的決定權，其他外界勢力或機關對此用人事務不當有所牽制或干涉。他們認爲在此委派的方式下，方能獲得較合適的專門及職稱人才而收人事相宜之效，在選舉制下必難收獲此項的成績。

就行政的觀點論，這種委派方式確有不少的優點，因權力集中，責任確定，指揮統一，不受牽制，自易造成有力有效行動迅速的行政機構；惟主管長官的權力過大，無客觀條件爲委派標準，常易憑個人好惡，引用私人，或因判斷不當委派無能之輩。在委派的方式下，若主管長官個性剛强，則易造成個人專斷，操縱把持的局面。若主管長官儒弱無能，易受人包圍，引用宵小，造成昏庸紊亂無力的政治。委派制人治之成分多，法治的成分少，爲其最大的缺點。但對直接向首長負責處理機要之人員亦有行使委派的必要。

三、考試說——爲免除選舉制與委派制下所生的弊端，吏制改革運動者遂主張採用考試的方式辦理公僕的甄補。主張此說者認爲在甄補公務人員時，政府應規定客觀標準，舉行公開競爭考試。凡合乎所規定的標準及成績最優良者，便可當選爲政府的公務員或公務員的候選人。在這種考試制度下，足以防止主管長官的專制武斷，循一定標準與制度甄補公僕。且這種制度能予具有應考資格者以平等競進的機會，不致使人有向隅不遇之怨。在政府方面更能依據一定標準選得其所需特別合適有用的人才。此種制度既無選舉制度下漫無邊際的混亂危險，又免委派制下引用私人的瞻徇可能，所以這爲現代人事行政學者所極力稱揚。一般吏制改革運動者所主張的功績制即以此主張爲其骨幹。我國昔日的科學制度也是這一種學說的實際應用。不過，考試法的應用亦有一定限制，政務官，親信人員及極稀少的高級科學人才，似不宜以考試方法選拔之。

四、折衷說——完全的考試制度在專制時代固能推行無阻，因當時所有政府官試在世襲君主一人的主持下可完全以考試方法甄補。但在現代施行民主政治的社會，這種純粹考試辦法實不能完全運用，於是乃有折衷說。此派主張係將選舉制與考試制混合運用。關於此折衷說的實施約計有兩項辦法。

一種辦法是將政府官吏劃分爲政務官及事務官兩類。前者負有政治責任，如代表民意的議員及擔任統率責任者的行政長官如大總統、院長、部長、省長等均屬之，後者並未擔負政治責任，其工作僅在對政務官的既定方案爲實際的推進。政務官的進退係以其政治主張是否爲人民所擁戴者爲準。事務官的進退係以其技術能力是否合格爲轉移。政治主張隨社會環境而有適與不適的變遷，故政務官地位爲暫時的或短期的；而技能不受政治變遷的影響，故事務官的地位爲永久的或終身的。兩者旣有如是的區別，故前者應由選舉方式產生，後者應由考試方式產生。另一種辦法較此更進一步，主張人民代表的議員亦當經考試及格後，再由人民選舉之。這種辦法，孫中山先生在其五權憲法講詞中曾有所主張。其用意蓋在於防止選舉制下所發生的弊害。議員代表人民制定法律，決定政策，其地位自極爲重要，非才能知識道德俱優者不可勝任。但在選舉制下因漫無標準與限制，故狡黠者流，可以藉金錢運動，威勢壓迫，及其他不正當的方法而達到其當選的目的。在這種情形下自難獲得才德兼優的議員。爲防止此項弊害計，凡欲參加議員競選者須經一番公開的競爭考試及格合乎規定的條件者，才得參加競選。如此則可以防止狡黠者的倖進及無能者的當選。

人事行政學者，一般對公僕甄補的方式多半主張採行折衷制，亦卽政務官用選舉，事務官用考試。但是此處應行研究者，爲政務官與事務官的界限應如何劃分？普通皆以爲凡隨政黨的成敗爲進退者爲政務官，不過此說在事實上亦有困難，譬如在美國分贓制盛行時代，政府官吏自總統以至郵差均隨政黨選擧結果定去留，固不能謂全國官吏皆政務官。有人說凡某種等級以上的公僕均爲政務官，惟品級相同的官，其責任與性質常不一致，譬如我國中央部院的科長與科員與省府主席縣長同爲簡任或薦任職，自不應同稱爲政務官。據現代各國人事制度的實施，普通皆認爲常務次長以下的公務員爲事務官，政務次長以上者爲政務官，此就中央官吏而言，至於地方政府的官吏尙少具體規定。

竟究孰爲政務官孰爲事務官，有人主張此爲政治及法律問題，應由立法機關決定。若要客觀分析須以嚴密職務分析所得的準確事實爲根據，由人事行政機關訂定之，提請立法機關備案。例如美國公僕分爲兩大類一爲受文官委員會管轄者，是爲分類人員（Classified Service），一爲政務官吏，如各部首長，以及某些專家職位是爲非分類人員(Unclassified Service)。分類人員是採行功績制度(Merit System)又稱競爭性人員。所謂競爭性人員是經由公開競爭考試而獲得公職，取得常任事務官的地位，受政府保障。不過，著者認爲政府公務員共應分爲三大類，卽一爲政務官，對人民直接負有政治責任及決定政府的政策者如議員，大總統、部長及省長等應由人民選擧之。二爲行政官，對政務官直接負行政責任，推行行政工作，調整行政關係者如縣長、市長、司長、及科長等應先經過考試及格後，再由人民選舉之或行政首長委用之。三爲事務官亦卽常任事務官，對行政官負職務責任，在推行實際的工作，包括事務，技術，科學等專業人員；應以考試方法選用之。常任事務官員應愈多愈好。美國目前聯邦政府的常任事務官約有85%以上係經由競爭性考試而任職的。因爲這種人員是政府行政的骨幹，擔負公務推行的重要責任，因此極爲人所重視。

第三節　公務人員甄補的程序㈠——人材延攬

公務人員的甄補有其一定的程序與步驟。一般講來，包括人才的延攬、人才的遴選與人材的運用三項。但在這三項程序中，又多含有特定的技術與法則。諸如在人材的延攬中包括有徵選園地的考慮，遴用的政策，資格條件的限制以及招考及報告的手續等。再人材的遴選、亦包括資格標準的制訂，遴選的方法與程序等。最後就人材的運用而言，其中缺額的提名，人員的派任以及晉升遷調試用等。

人材延攬，在人事行政中稱爲招募（Recruitment）。所謂招募，乃羅致適當候選人，使之參與競爭而充職的程序。此項程序爲公務員甄補的前驅，亦爲公務人員甄補的關鍵，因爲除非能有健全的招募制度，使賢能之士踴躍參加應試，始能在衆多的人員中選拔眞才。所以，美國公共人事調查委員會曾作結論說『在職業文官制度之下沒有較徵選更爲重要的問題，所以未經適當分析研究或草率決定的招募政策，可能敗壞整個人事方案』。(見 Civic Service Assemhly of the United States and Canada, Recruitment applicants for the public Service, p 3)。當然在制訂招募政策時，所受影響的因素很多，諸如文官的聲望；待遇的厚薄，以及人才的供需等情形。但就招募本身而論，下述各項，乃研究招募制度所須深加討論者：

一、公務員甄補的園地

I.學校教育與甄選園地—關於公僕員甄補的園地與資格限制，在歐洲各國與美國的實施上，顯然表現有兩種不同的理論與主張。歐洲政府甄拔公務員時，注重其一般教育程度及文化背景，並著重取錄初出學校的青年人，其用意在重視被取者的普通能力與思想，而不注重其特殊的行政技術與經驗。美國的實施辦法正與此相反，美國不認教育程度及學校成績爲公務人員甄拔的標準，有之亦不佔重要地位，甄拔時係就務上所需的專門技術與知識加以測驗。其用意是把職位分爲甚多大小方圓不等的「鴿穴(Pigeon holes)，然後再由已經訓練現成的人員中選得所需的各類人才，硬行塞入所需的穴孔中。在此甄補制下，其所施行的教育制度在灌輸實際技術，使受訓者能擔任特殊的工作，並不在培植其一般的上進能力。英儒傅洛特 (Sir Trancis Flaud) 對此實施認爲不甚妥當，他說：『一個優良的行政人員的第一個要件爲適應能力。凡受過較好的普通教育，且自幼卽從事於日常公務的訓練者，多富有此適應力，若長於一業的專門技術家每弱於此能力。蓋專家每缺少比例平衡的觀念』。（見 The Sphere of Specialist in Public Adminstration, PP. 117–126），他的主張不啻爲英國的甄拔制度作辯護，因英國甄拔公務員時的標準，甚著重於學校功課及教育程度。

再者英國所錄取的新公務員多爲能力較高二十歲左右的青年學子，復因公務員的待遇較高，聲譽較隆，故有爲有志的青年，願參加政府職務，以公務爲其終身職業。反觀美國，取錄公務員並無年齡限制，年紀高邁者亦可獲得任用。這種情形正如李本所說的：『自從一八八三年以來美國人可以在任何階級及任何年齡進入政界。』（Paul Van Ripen, adapting a British political Invention to American needs, Public administration, Vol. XXXI, 1953, PP. 321–322）。再因公務人員待遇較民營企業者低，所以有爲青年甚少願投身公務界，其所甄拔者亦較平庸。

有人說英國的公務人員甄補標準，亦並非完全不注重實際經驗與特殊技術。有許多位置如工程師、書記、化學師、機械員等專門人才，亦係以其職務上的經驗與技術爲甄補標準者，不可以偏概全，認爲英國制注意一般教育與普通能力。不過，我們須知英國公務員中有很多是屬於所謂行政級(Administrative (Class) 及執行級 (Executive (Class)者。這兩級人員的取錄則皆注重教育程度，一般知識及普通能力，並不顧及其專門技術與特殊經驗，這種情形與美國迥然不同，卻爲顯明的事實。

甄補考試以教育程度，學校成績，普通能力爲標準，挑選青年學生至政府服務，再以學徒制的方法使獲得職務上的特別技術與經驗，這種辦法甚屬宜行。因爲這種制度不但能獲到天資高，能力優的人材，且被選者多以公務員爲終身職業，政府職員的代謝率必低，人員調動必少，故也極爲經濟合算，美國對過去注重實際經驗與技術的觀念漸有改變，亦有仿行英制的趨勢。在一九三四年秋，美國文官委員會曾舉行一種考試，使新自大學或專科學校的畢業生參加。其考試科目係屬普通性質，以一般的教育程度爲根據，並不注重於職務上的特別技術。應試者八千五百餘人，考取者三千五百餘人。（見 J.M. Pfiffner Public Administration P. 173）。

自一九五五年十二月，美國舉行聯邦文官進用考試（Federal Service Entrance Examination）簡稱 F. S. E. E.。是將往昔所謂的初級專業助理（Junior professional assitance），初級管理助理（Junior management assistance）等考試合併，規定凡取得學士學位或其同等資格者，通過此項考試，以第五職等任用。考試科目著重文法，判斷式邏輯，修養等。考試及格後，再依學識經驗及志趣等因素分派各種不同工作，而且所適用的工作門類非常廣泛。除此以外，對於那些有志於高級行政官員者，更可進一步，參加所謂管理助理員考試（Management Intern Examination），及格者以第七職等任用。考試內容更爲廣泛，並多以人文及社會科學爲主，考試方式亦多以面試行之。其主要目的在培養通才，期能嚴格的遴選，徹底的培植與訓練，再加上快速的升擢，鼓勵並培植未來國家領導人才。(Philip Young: "The Ferderal Service Entrance Examination;" Puhlic Administration Riview, Vol XII Vol, winter, 1956 PP. 1-5).

美國過去總認爲學校成績優良者不一定便有作事能力，普通知識充足者未必長於特別技術，但據近年來的研究結果。已漸證明這是一種無事實根據的錯誤觀念。事實證明凡在學校成績優良者，在社會生活及事業上亦具有較大較多的成功可能。美國電話電報公司 (Amercan Telephone & Telegraph Co.) 經理季佛德 (W. S. Giffod) 曾對其公司所用百名大學畢業生的情形，加以調查，結果發現凡在學校成績較高者，此時在本公司的地位亦較高，薪給亦較多。美國大學中有飛白達克會 (phi Beia kappa Society)榮譽組織，大學生各科成績均列甲等者始能爲此會員。據統計；美國大總統有十二人，最高法院院長十人中之五人，法官六十三人中之二十六人，部長四十人中之十八人均爲該會會員。凡此事實均證明學校教育成績與其作事能力及成功確有密切相互關係，故公務人員甄補時以學校教育爲根據，學者主張甚烈。

惟對此辦法尚有人持其他反對理由，認爲以學校普通教育程度爲甄補公務人員的標準時，則只有經濟充裕的上流社會子弟有受教育及應選的機會，一般貧寒子弟有實際技術經驗而無教育程度將無服官的可能。結果，公務員的勢力將盡爲某種社會階級所把持，造成不平等的貴族制，與平等主義及民主精神未免相去過遠。但是這種情形基於教育之普及與機會均等的實施，在事實亦無太多根據，依據哈斯柏的統計，一九五三年英國所取錄的五十二個行政級公務員，其中二十六個畢業牛津，五個畢業劍橋，六個畢業自其他大學，可是其中十二個出身工人階級，十七個出身中下階級家庭，而有廿三個出身自中產階級，內中有七個人出身於工人階級家庭而受牛津劍橋之教育者。(Sir Lawrence Helahy "Reruitment to the cinie sernice, on the Cinil Sernice in Britain and France. London, Hogarth Press, 1956, PP. 42-43)。

II 內升制與外補制——凡機關職位的空缺或出缺時，由在職的低級人員升任補充者，謂爲內升制(Recruitment From Inside the Service)。凡機關職位的空缺或出缺時，不由在職的低級人員升補，而由自外新經挑選及格的人員補用之，謂爲外補制(Recruitment from outside the Sernice)。公務員係按責任輕重，業務繁簡，分爲若干高下不同的等級。究竟何等級應適用內升制，何等級應適用外補制，亦值得審慎研究的一大問題。魏勞畢說：『這問題不祇是兩種不同技術方法的選擇；而實涉及整個人事制度的基本性質』。他認爲在可能的範圍內，應儘量採用內升制。

內升制具有以下諸優點：①在職的公務員認爲升遷有望，機會較多，故肯安心樂意的工作，與趣高，效率大。因爲升遷的較多機會與希望，對公務員就是一種有力有效的策勵與奬進。②公務員自覺上進有機會，發展有前途，梯級升進，日趨有望，故肯視其職務爲終身職業，不存五日京兆之心，而見異思遷。③新升任的高級人員是原來的舊同事，對機關的傳統較爲熟悉，不致多所更張，易於保持機關的安定，對職員的關係已有感情，易於獲得彼此的和諧。④憑一時的考試，有時並不足以發現眞才，在長期的服務過程，對一人才能高下，品行優劣，可以有完全的瞭解，以爲升晉的根據，易以實現因事以選材，因材而施用的原則。⑤晉升新職的人員，以經驗豐富，技術熟練，對於新任的職務可以從容應付，不感任何困難。

內升制同時亦具有以下的缺點：①有特別才具或較高資格的人員，一至政府任職便要獲得較高的地位，自不願從低級作起，徐圖升晉，故內升制不足以吸收卓越的人才。②某一個職務，需要某一種人才，所謂大事需大才，小事需小才，大才大用，小才小用。其擔任低級職務頗爲適宜，而具成績者，不一定適宜於較高級的職務。內升制不盡符於『適材適所』之旨。③公務員無新血輪或新份子的加入，易陷於暮氣沉沉，因循敷衍的情況，難期有新計劃新改革的產生。無朝氣，欠活躍，憚改革爲內升制易造成的流弊。④升遷選拔的範圍有限，可供挑取選擇的對象不多，自難依『廣收愼選』的原則選拔得所需要的理想人才。

外補制的利弊優劣，適與內升制相反。簡言之，外補制的優點，是：(1)足以吸收卓越人才至政府服務。(2)因事選材，因材施用，足收『適材適所』之效，不致生『人事柄枘』之弊。(3)機關內有新份子的加入，易有所改革與進步。外補制的缺點是：(1)公務員以升晉無望自足減低其工作情緒與效率。(2)公務員以前途發展有限，自難安心服務，將存心遷異，不肯視所職爲永久職業。(3)新補入的人員與原在職人員毫無關係，易引起不合作或不和諧的流弊。(4)新任人員以不瞭解過去的情形與習慣，可能有不適當魯莽改革，致破壞了良好傳統。

如何舍短取長，斟酌兩制的優劣，而爲折衷至當的措施，計有以下的三種辦法：第一是限定界限法。卽就公務員的性質分爲高、中、低三等，每等復分爲若干級。任職考試亦按需要分爲高、中、低三等。低等考試及格者任職自最級起，而升至中等的中間級，但不能升至高等職位。中等考試者任職自下等職位的中級起可升至高等的中級，而不能升至最高級。只有高等考試及格者，初任職卽自下等之高級起，可升至高等的最高級。第二是規定比例法。卽職位出缺時，可以規定其由內升者與外補者各佔一定的比例數。假如有一百個職位待補用，可以規定其中百分之六十由內升用，百分之四十由外補用；或各佔百分之五十；期以調劑內升制與外補制的優劣與運用。第三是升等考試法。職員任職其已歷級升用至某一等的最高級職位後，服務成績優良，得參加升等考試，經考試及格者始准予以高一等的低級職位晉任之。這辦法既足以保證升晉人員的能力不致低劣，復足以促進在職人員努力於學業的進修。

Ⅲ選甄資格的限制 公務員的職位，既非人民的天然權利，亦非其政治義務，乃是一種『社會職能』(Social Function)，故必須能勝任者方能擔任之。且現代公務性質與內容益趨專門化與複雜，非具有一定條件者，必不能勝任。故無論在理論上或事實上必須具有相當的資格與條件，始能被選用為公務員。這種資格限制，可分為兩大類：一為普通資格，一為特別資格，玆分述之：

1. 普通資格 一般言之國家對公務員的選用率有國籍、住址、年齡及性別等普通資格的規定。凡非本國國民概不得充任本國政府的官吏。縱使有特別需要須延用外國技術人才，亦祇是雇員或聘用人員，而非正式官吏。住址或籍貫的限制，視所遇的情形而定。若選舉一國的總統或中央官吏的任用，縱在事實上有時會考慮到籍貫問題，但法律上殊少限制，國會議員、省市議員的選舉，以係民意代表，每受籍貫的限制。至於事務員或技術人員的選用，則注重其職務技能，固不問其籍貫。中國憲法規定『公務員之選拔，應按省區分別規定名額，分區舉行考試』，多着重政治觀點，自行政立場言，似不甚妥。性別限制，今日已不成問題，多數國家，在法律上已承認無論男女皆有平等的參政權；惟在事實上女子尚未能獲得與男子相同的服官機會。年齡的限制，各國規定並不一致，視其所採取的人事政策而異。英國則限制較嚴，專考選靑年人至政府服務。中國美國則限制甚寬，參加考試，無嚴格的年齡限制。法德兩國則居於寬嚴之間。

2.特別資格 這特別資格包括兩種：一是個人品質，一是教育程度。前者包括頗廣，舉凡性情、興趣、忠誠、機警、堅持力、適應性、智力、態度、言語、動作、習慣等均屬之。這些品質的優劣與價值，須與其將要擔任的職務性質相對照看待，方能決定。某種職位須以某種品質的人擔任之，方能勝任；否則，便趨失敗。個人品質的知曉，須假手於心理測驗、人格分析、生活調查、實作表演等方法。職務性質的明瞭，須靠『職務分析』(Job Analysis)和『職位分類』(Classification on Positions and Duties)的實施。

總之，公務員延攬的首要條件，在使有足够的優秀人員願意參加公務。因此，在甄補園地及資格限制上，應儘量在不損害公共及國家利益的前提下放寬限制，藉求能吸收更多的人才。同時基於以上英美制度的比較，我們很同意美國文官協會的看法：亦卽公務員延攬，應儘量與教育制度配合。因爲國家爲公務人員的主人，同時也爲教育者。再者爲鼓勵終身職，理宜用年輕人，且自基層工作開始；除了特別高度技術或管理人員無法自內部擢升外，對中年人之招募，愈少愈好，因爲中年人常爲事業之失敗者，其能力顯屬不加。(Reruitment applicants for Public Service PP. 21-28)

二、公務員甄補的次序

Ⅰ、**招考或廣告**　公務員選用程序的第一步是招考或廣告。招考或廣告的目的在使人民參加考試機會的普遍化與均等。且經過普廣的招考廣告則參加者踴躍衆多，始能在大量的應試人中選拔得所需要的人才。招考廣告所採用的方法，計有：（1）刊載新聞，（2）張貼佈告，（3）郵寄招考章則，（4）報章登載廣告，（5）無線電臺廣播消息，及（6）赴學校等地講演或報告。這些方法究以何者最爲有效，須視所處環境及應試者的來源而定，未可一概而論，總以消息或資料能直達於應試者爲上策。招考章則的內容應簡要切實具體，文字應力求生動有趣，不可官樣化或太乾枯乏味。

Ⅱ、**報名與審查**　招考消息廣佈後，應試者即依期赴主持考試機關辦理手續報名；其主要事務包括報名表的塡寫、像片及證件的交付、應考資格的審查及准考證的給與。其作用猶如粗篩，在撥除不適的應試者。正式的考試猶如細篩，在於其餘中選擇合於使用者。報名手續的辦理在於考察應試者是否合於：（1）法律上的要求，（2）吏治條例上的資格，及（3）所應考職位上需要的特別條件。

報名表格內所當塡寫的項目或資料，普通不外四類：（1）關於認證應考人個人者，如姓名、別號、性別、年齡、籍貫、住址、通訊處等，並隨交像片，用資對照。（2）關於吏治或考選法規上所定要求之答復者，其重要者包括出生地、是否國民、有無不良嗜好、曾否受過懲戒刑事處分，公權是否被褫奪等。(3)關於應試者對所考職務是否適合之決定者，包括教育程度、工作經驗、個人品德、習慣及體格等。(4)關於任用長官任用時之參考者，其重要者有已否結婚、子女數目、家庭狀況、及個人負擔等。

應試人塡就表格，繳齊證件後，考試機關卽根據所得材料作切實的審查，決定去取，其不合格者，不得參與次一步的甄選。大凡有下列情事之一者卽被淘汰：(1)資格不合者，(2)身體不健全者，(3)有不良嗜好或習慣者，(4)有犯罪或不名譽行爲者，(5)因枉法失職曾受革職停職或刑事處分者，(6)有受賄或憑藉政治勢力之企圖者，及(7)在報名上有蒙蔽或舞弊之事實者。

Ⅲ、**體格的檢查**　擔任公務不但要有堅強康健的體格，方能勝任裕如；且在合格的人員中，各人的體質具有何種特點，各器官中何者功能較優，何者作用較差，究竟聽覺强呢，還是視力高呢，對於其所擔任的職務皆有極密切的關係。用人要就各人的體格優點作適切的利用。體格檢查具有雙重目的：在消極方面所以淘汰體格衰弱或有欠缺的不合格人員；在積極方面所以發現各人體格上的優劣長短以爲因材施用的根據。現時因醫藥知識，技術及設備的進步與充實，體格檢查已無困難，只要以合格的醫院與醫生負責認眞辦理之，其結果是很準確可靠的。

Ⅳ、**面談與口試**　在舉行正式考試或測驗前，對審查與檢查及格的應試者宜進一步舉行面談(Interview）與口試（Oral Examination）。面談的主要目的有三：（1）藉面談可以得到有關應試者的眞實資料，以爲選用的依據與參考。（2）藉面談使應試者對所欲擔任的職務獲得全部的明瞭。（3）在對應試者或新雇員建立友好的印像與認識。而口試的目的則着重發現應試者所具與職務有關的知能與技術。爲便利及省事起見，面談與口試可以合併之，同時舉行。擔任面試或口試的人員自身須有適當的訓練，事前須有充分的準備與計劃，方能獲得可靠的結果，且時間亦不可太短，以免匆匆了事。

V、**正式的考試** 普通所謂正式考試乃指筆試而言。這在公務員選用的程序中，實佔極重要的地位。考試的採行，無論中外皆有較悠久的歷史，並非近代的新發明。不過如何運用較客觀、較利便、較可靠的方法與技術去測量人們的知能以爲任用的根據，則是隨人類知識的發展，日趨進步與革新。現時所採用的考試，無論在方法上在內容上均已大有進步，研究者衆，應用者廣，特於下節分別論列之。

VI、**試果的宣佈** 考試辦理完竣後，即對各種試卷詳加審閱，評定甲乙。評閱試卷應注意下列各事：（1）試卷評閱須仔細審愼，萬不可草率疏忽。（2）評定甲乙須有統一的客觀標準，以免寬嚴不一及主觀記分的流弊。（3）閱卷評分宜採委員制，以資牽制，而防瞻徇。（4）在閱卷評分期間，當事者與外界應斷絕來往，用杜請託。（5）考試結果宜從速評定宣佈，不可牽延過久。

試卷經評定甲乙後，主考者即按照規定標準及名額，取錄成績優良或及格的應試者，經決定所取錄的人員及次第後即公佈考試的結果。公佈的方式，普通有張榜、登報及通知等。考試結果公佈後，考試機關應備妥考試及格證書，分別發給被錄取的人員，以資證明。

Ⅶ、**開缺及提名**　當政府機關的公務員有空額或開缺後，機關首長即應通知考試機關請就考試及格的人員提出名單，以憑選用。這種通知須說明所需用的人數、及其職別、地位、薪額等。考試機關接到通知後，即按下列方式之一，提出名單：（1）按成績高下的次序，（2）依登記先後的次序，及（3）用抽籤法決定次序。考試機關所提人數，在實施上有不同的辦法。有者採一職一人制，有者行一職三人或五人制。主張前種辦法者認為如此則足提高考試制度的地位與功能及加强功績制的推行。主張後種辦法者，認為欲確定機關首長的責任，自應提出較多人員以供選擇。中國現行的公務人員任用法則未採開單制而用列册制，考試及格人員由考試院編列名册送各機關備用，選擇範圍過於廣泛與自由，實際上不免削弱了考試制度的效用。

Ⅷ、**實習與任用**　機關首長接到上述名單或按編列名册，就中選定所需人數作為試用（Brobation）或實習（Internship）。其未被選作試用或實習者，名單仍退還原開送機關，以備有機會時重行提出。試用或實習期間，普通為三個月至六個月，多者亦有達一二年者。試用或實習的目的有三：一在使試用或實習人員在被正式任職前，獲得職務上所需的實際知能與技術及有關的程序與規則；二在使試用或實習人員對所將正式服務機關的情形及內部關係等獲得適當的認識與明瞭；三在於試用或實習期間，觀察發現試用或實習人員的優劣長短，以爲正式委派職務時的依據或參考。在試用或實習期間由工作機關與人事行政機關共同負考核的責任。期滿經考核認爲滿意者卽予以正式任用。如認爲試用或實習成績不佳者可不予任用，將其姓名及結果通知考試機關而請另提合格名單，以備選用。經試用或實習合格被正式任用者，其地位獲得法律保障，成爲終身職業，非因犯法並依法定程序，不被撤職或免職。

第四節　公務人員甄補的程序(二)——人材遴選

一、遴選的地位　人材遴選，在公務人員甄補的程序中佔據重要的地位，因爲我們瞭解，所謂甄補最主要的目的之一，卽在獲得最優秀人員，而最優秀人員的鑑別，卽可稱爲遴選（Selection）。遴選一事，無論中外，皆已行之有年，但其內容、方法及技術則隨人類知識的發展而有所改進。

近代遴選在公務人事行政上所以受到重視至少有下述的幾種原因：第一：起自對個別差異的體認。耳恩生嘗說『人對上智下愚的差別，常是習焉不察，但據詳細研究，其差距遠超我人想像之外。例如美國某一大工廠中，有一次舉行一項閱讀能力測驗，由一百個工人參加，其結果發現差異的程度，最少者僅能讀完四段，最多者可讀完七十段。美國陸軍部，對士兵的眼力加以測驗，發覺在夜間辨別一個四分之一噸汽車的能力，有人僅發現及九呎之外，而某人可及十五呎』。（詳見 Albert H. Aroson, "a Look at selection methods, in the Federal Career Service (Washington; Society for personal administration, 1945), pamphlet 100, 8) 因此在遴選的技術上必須嚴加講求，其意義非僅於公正無私，更重要的是爲工作遴選最適當人才。而且，根據研究，人的稟賦或先天才能乃各不相同，某人精於數算；某人擅長言詞，我們瞭解到這種各人發展上不同的趨向，而在工作需要上又有千百種不同的類別，因而不難體會天生人才必有用的道理，而如何甄別這種差異，使能適才適所，實爲遴選上首要考慮的問題；第二起自社會大衆給予的重視。公共人事行政與一般人事行政在遴選上最大不同之點，就是社會大衆給予其特別的指謫與批評。所謂人人既有平等參與公職的權利，因而公職遴選上是否最爲優秀者入選，乃爲人人所關切。這種關切從好的方面看，固然促進遴選技術的改進，但從壞的一方面講，亦卽受到許多莫須有的束縛。克魯格近曾撰文疾呼，公務人事行政應當尊重他人意見，但不可因人之愚昧而放棄良善措施；人事行政亦應接受批評，但不可因而阻礙進步 personnl, ，(Louis Kroeger, "up-date your personnl programs", Personnl adm. vol. XX No. 4, July-august,

1957 pp. 35–36）這些話乃係有感而發，因爲公務人事行政在遴選方案上，常因公共的猜忌而躊躇不前，因而如何繼續加深研究，建立有效遴選技術，亦爲當前急要之務；第三，起自公職特殊保障的需要。尼格魯（Felix A. Nigro）近曾指出一般公務機關多未重視試用階段的作用。（見所著 public personnel adm. p 172）其原因不一定起自人之天情，但多係公務責任心較差的緣故。試用本用來補救遴選之不足，在試用上可藉實地觀察而決定其去留，若於一定期間的觀察結果，認其有任何不適，卽可予以開革，不受文官保障，但一旦試用期滿取得常任文官地位後，要使去職卽甚困難。但公務機關先天上旣不能對此如一般企業似的認眞執行，因而在遴選上愈應愼重。

遴選由上所述旣是如此重要，因此如何建立一種良好的遴選方案，實爲所應加深加研討的問題。良好人事方案，施道夫（O. Gleun Stahl）曾云有下列的內容：一爲經由工作分析決定現行或未來工作上所需有的智識技術與能力。二爲決定探測多種工作上所需智能工具或方法；三爲多種遴選方法的準備；四爲遴選方法的標準化；五爲遴選的執行；六爲結果的分析。（見氏著 public personnel adm. p. 86）。

二、遴選的方法——對於工作上所需的資格條件確定之後，卽需研究究應運用那種方法來辨認職位申請者的適應程度。一般言之，現代公務上所採用的方法，若依形式分類，計有：筆試法（Written

Tests)；演作法（performance or Skill tests)；口試法（Oral Tests)；調查法（Inquiyiug)；及觀察法（Observation）等。玆分述如后：

Ⅰ筆試法：使應試者用筆墨文字解答所攷問的問題，用以推斷其知能者曰筆試法。筆試法具有不少的優點：易於管理，省時省力，合於經濟的原則；在同一時間有很多人可以集體舉行之，辦理較爲迅速；試卷彌封，評卷者與應試者無直接接觸，不致因私人印象及關係而發生不公平或舞弊情事；且應試者的答案有文字爲憑，不是口試的漫無標準。因之，筆試法在公務員選用中實佔重要地位，除極低級及高級的職位外，餘均可適用筆試法。普通所謂考試，率指筆試法而言。筆試法分爲左列兩種：

甲、舊式筆試法，這亦叫論文式筆試法或主觀筆試法，即出廣泛性或原則性的題目，由應試者以議論文記敍文解答申論之。論文式筆試法具有以下的優點與價值：(1)試題的編製與施行，較爲容易。(2)是文字發表能力的正確測量，所謂文字發表能力，包括輯詞，分段、書法、標點、構思、造句、文體、和諧及字彙等。(3)易於考察應試者的推理方法，創造力量及組織材料的能力。但是這論文式的筆試法，同時亦有以下的缺點：(1)缺乏客觀性，評分無一定的標準，同一試卷，因評閱者的不同，結果常遠相懸殊。(2)命題範圍大隘狹，違反艮好考試的廣博性，其選樣不能代表全體。(3)記分時易受不相干的因素如書法，別字，整潔，或個人喜惡的主觀等影響而失去公平。

乙、新式筆試法　這亦叫直答式筆試，或客觀筆試法，普通稱之爲測驗法（Test）。在這種方法下，應試者無須自爲文字，發表主張，只須就已編妥的試題中作辨別，選擇或補充的塡答卽足。新式筆試法就形式論，可分爲：（1）正誤或眞僞測驗，（2）完成或塡空測驗，（3）對偶測驗，（4）選答測驗，（5）綜合測驗，及（6）雜式測驗數種。新式筆試法不但可以消除舊式筆試法的各缺點，且有以下的諸優點，故採行者漸衆，日趨盛行：（1）能以排除記分上的主觀成分，而收公平客觀之效。（2）足以免除模稜兩可的取巧答案。（3）與答案本題不相干的拉雜插話，能以完全刪除。（4）新式測驗所包括的材料與範圍，甚爲廣博，有充份的代表性。（5）新式測驗有精密客觀的記分單位與方法，評分者不能任意出入或上下其手。（6）新式測驗的記分單位是標準化，統一一致，無寬嚴不一的毛病。（7）新式測驗的試卷易於評閱分數或批改。（8）新式測驗富有興趣及適應性。（9）應試者易於相信記分或分等的公平。不過同時亦有人對新式測驗法提出疑問者。或者批評這種測驗祇能測量記憶，不能考察推理及創造能力。或者認爲這種測驗作弊和猜度的機會較多。或者以爲這種測驗在問題的編擬上頗爲費力費時。

Ⅱ演作法—以實際的工作表演去測量應試者是否具有職務上所需的知能與技術，是謂演作法。這種考試方法，無論在工商機關或政府機關都有採用的。演作法的特質是機械的操縱與使用，在以實際操作表現能力，而非以文字語言作答的。打字，開汽車，繪圖均爲演作試的具體例證。若自廣義言之，較長期的實習或試用，亦可以演作試視之，因係於實際的動作行爲中考察其能力。第二次世界大戰後，英國於一九四五年起對高等文官考試採取了新的考試方法，內容包括三大部份：（1）合格考試（Qualifying Examination），用筆試法，作時事論文一篇，數學一篇，及有關『普通智力』測驗的論文一篇。（2）個人品質考選（A Test of Personal Qualification），由一特設的文官考選委員會（Civil Service Serice Selection Board）主持之，簡稱曰 C. S. S. B. 考驗。（3）口試或面談，由最後考選委員會（Final Selection Board）主持之，由文官委員會、大學及工業界三方代表組織之。其中 C. S. S. B. 考驗，則有類演作法。這種考試需時四十八小時，歷時近一週，包括實際演作（Pratical Exercise）和設計測驗（Projection Test），分小組舉行之，每組七人，由主試者三人主持之，舉行一連串的討論會及談話會，並指定工作由應試者自行處理之，以考察各人的見解與態度及應付環境，解決問題的能力。

Ⅲ口試法　主試者應試者間用言語問答的方式以測量後者的知能，是謂口試法。工商機關選用員工普通皆採用這口試法。而公務員的考選，概以筆試法爲主；口試法僅居於不關重要的輔助地位。口試法不爲考選機關所重視，要不外以下的三種原因：（1）口試法所得結果，不易於確定考試的可靠性和正確性；（2）口試結果與經過不易獲得明白的紀錄以爲複查或核對的客觀依據；（3）社會上可能引起猜疑，以爲主試者與應試者間會發生政治關係與影響或串通舞弊等情事，致破壞了考試的機密性。儘管口試法有這種缺點，但是牠的應用在公務員的考選上却有漸趨重視的趨勢，因爲一個人的合作、主動、機巧、活潑等性格與能力不是筆試法所能測量出來的，非靠口試法不爲功。口試法的使用，應加審愼，須確有必要時，才可採用之。例如教育程度，一般智力，知識技術，工作經驗可用筆試法演作法考測之，自不可以口試法行之。口試法的施行應注意以下三事：第一、事前須有周密計劃與充份準備，考測的因素與主題宜有切實研究與決定，所提問題的次序，宜有合理而自然的安排，口試的紀錄表事前宜妥適編製，評分方法亦應有統一規定。第二、口試人員須有優良的素養與經驗，態度要適當，使應試者不受壓迫，不感畏懼，俾能儘量表達其內在能力與心情，主試者應力求客觀公正，儘量避免以下不良影響：（1）目暈影響——不必因衣服整潔而斷定其作事必有條理。（2）主觀影響——不以自己的主觀好惡，喜怒憂樂，影響考試的評分。（3）寬嚴傾向——不可心存寬厚或固意苛刻，對應試者有過寬或過嚴的評分。（4）假冒品質——應試者的故意造作，不可受其欺蒙。（5）制約反應——不可以過去所遇所見的相類事件，在此作不正確的應用。（6）仿效作用——在口試過程中，主許者與應試者因彼此彷效的關係，常生不正確的影響。（7）情緒關係——應試者在口試中因精神緊張及情緒紛亂，致生不可靠的結果。（8）語句含混——主試者所用語句因無確切的意義與界限，而生不正確的結果。（9）暗示作用——主試者所發問題常於無意中暗示出答案的傾向，使應試者受到不當的影響。第三、主試者宜採委員制，每人由主試者三人分別或集體試之，分別評定分數，再相互核對之或討論商定之，俾能在較公正客觀的情形下，得到較可靠較正確的評分。第四、口試的時間不可短促，應相當充裕，使主試者能從容提出所要問的問題，應試者能從容答出所要答的答案。

Ⅳ調查法—就各人的歷史與生活資料加以調查，藉以判斷其品行與能力。調查包括兩項：一是資格條件的查詢。二是經驗與教育的評估。前者是用來蒐集職位申請人個人歷史背景資料。不過由於這項調查的結果，常致影響及申請職位人的取錄，故亦列為遴選方式之一。資格查詢通常有三種方法，即為書面查詢、對面查詢、電話查詢。書面查詢，通常是根據職位情況及所希求資料的種類設計調查表格及問答題，寄至對職位申請人及其過去工作較為熟悉的人員塡寫，用以證實職位申請書中資料之正確，瞭解應考人往昔經驗的深度以及在申請書的無法獲致的其他個人特質等。對面查詢通常係以私人會見，以獲致更詳盡、確實、完整的資料。由於這種方法耗費時間與金錢最多，所以僅限於專業的、科學的、技術的及高級行政性人員而又無其他更適當的方法可資使用始行採用。所謂電話查詢亦可謂是一種面對面調查方法，可減少以書面查詢方法中因文字而難以表答的困難，當然在費用上較對面查詢爲少，可是在效果上又較對面查詢爲差。經驗與教育的評估係指關於應考者的教育及經驗程度的評價。因爲一個人的教育、訓練與經驗，在某限度內，能反映出他所具有的知識、技術與能力。對此若能予以適當評估，常能相當正確地預測其未來在工作上的成敗。不過此項評定牽涉問題至爲廣泛，諸如教育與經驗互換，學校等次的區分，多種類別經驗與訓練的合併計算等，俱將至爲複雜。

V觀察法—這種方法就是在對應試者的日常生活及言語儀表、動作、服飾等加以考察，藉以推斷其品格、習慣、性情、才能以爲任用的依據或參考。史典稱：『凡觀人須先視其平昔之與父母也，祖宗也，兄弟也，戚族也，朋友也，隣里鄉黨，即其所重所忽者，平心細察之，則其肺肝如見矣』。孔子曰：『視其所以，觀其所由，察其所安，人焉廋哉』。都是作調查時所當注意的要點。一個成年人的生活習慣和處世習慣是不易改變的，所以對過去情形的調查，足供將來的推斷與參考。

觀察可從多方面着手，觀察者的言行上搜集直接材料以爲判斷的根據。第一是聽言，因爲『言乃心聲』，聽其言而知其人。一個人的氣宇、度量、學識、胸襟可從其言語及講演中窺測之。易傳曰：『將叛者其辭慚，中心疑者其辭枝，吉人之辭寡，躁人之辭多，誣善之人其辭游，失其守者其辭屈』。周官曰：『以五聲聽獄訟，求民情，一曰辭聽，二曰色聽，三曰氣聽，四曰耳聽，五曰目聽』；鄭康成注曰：『觀其出言，不直則煩；觀其顏色，不直則赧然；觀其氣息，不直則喘；觀其聽聆，不直則惑；觀其眸子，不直則眊然』。國語柯陵之會的記載，可爲聽言知行的佳例：『單襄公見晉厲公視擧而步高，晉郤琦見其語犯，郤犨見其語迂，郤至見是語伐，齊國佐見其語盡。魯成公見，言及晉難及郤犨之譖。單子曰，晉將及難。吾見厲公之容而聽三郤之言，殆必及禍者。犯則陵人，迂則誣人，伐則掩人』。第二是察行，聽言不足，還要進而察其行動。察人須於其最得意最失意時，或不知不覺中視察之，方能見其眞性情。在日常生活中或小動作中常能察及一人的動機與結果。李克答魏文侯謂：『居視其所親，富視其所予，達視其所擧，窮視其所不爲，貧事其所不取』。諸葛亮謂：『問之以是非而觀其志，窮之以詞而觀其變，咨之以謀而觀其識，告之以難而觀其勇，醉之以酒而觀其性，臨之以利而觀其廉，期之以事而觀其信』，都是從行動上觀人的要訣。趙括易言兵事，其父奢知其不可將，括將軍士不敢仰視，王所賜金帛，歸藏於家，而日事便利田宅買之，其母請勿將，結果，果遭敗亡。梁惠王有『受獻馬，受獻謳』事，淳于髡知『王在志在驅馳，志在聲音，是以默然』。洪承疇彈冠整衣，滿后知其不能死節，乃得勸降，堪稱觀察入微，神乎其技了。第三是觀相，若以觀相推斷一人的吉凶禍福榮辱達困，固跡近迷信，必不可取，然各人之賢、愚、智、不肖、誠、僞、忠、奸每可於其面部表情、構造及目光中推斷之，所謂『誠於衷，形於外』。愁眉蹙額者多爲悲觀派。嬉笑顏開者每為達觀者。西諺曰：『眼為靈魂之窗』，目光是智慧與能力的代表，最關重要。所以孟子說：『存乎人者，莫良於眸子。眸子不能掩其惡，胸中正則眸子瞭然，胸中不正，則眸子眊焉。聽其言也，觀其眸子，人焉廋哉』。左傳載子上諫楚子不可立商臣為太子，以其『蠭目而豺聲，忍人也』。楚司馬子良生越椒，子文曰：『必殺之，是子也，熊虎之狀而豺狼之聲，弗殺必滅若敖氏』。史載范蠡遺大夫文種書曰：『越王為人長頸而鳥喙，可與共患難，不可與共安樂，子何不去』。總之，觀人宜從多方面為之。聽其議論，觀其文章，可知其學識深淺。試以工作，付以艱鉅，可窺其能力高下。服從固為美德，巧言令色，阿諛逢迎者決非善類。負責誠屬可貴，一意孤行，剛愎自由者殊非上選。好大言者決不切實際，輕言諾者必專務虛文。性情疏散者，處事決無條理。用度不經者，操守多不清廉。喜事者宜防其浮躁。持重者當慮其因循。以廉自衒者不必廉，以才自矜者不必才。磊磊落落雖不才，不失為賢者。鬼鬼祟祟雖巧慧，可斷為僉壬。

三、甄試的內容—在公務員甄選的程序中最重要者，要對應試者作客觀、公平、正確的考試或測驗，期以發現其知能以為任用之根據。在甄試中對應試者所當測驗的內容，計有四端：即㈠智力測驗，㈡性格測驗，㈢心理測驗，及㈣成就測驗。茲就分別申說於後：

Ⅰ、智力測驗　所謂智力，普通復分為普通智力，社會智力，及機械智力三種。特依次分別論列之。

甲、普通智力（General Intelligence）普通智力就是一個人的學習能力，卽獲取知識的力量，平常所謂『天質、才幹、聰明、機變及適應能力便是』。普通智力的高下以『智力商數』（Intelligence Quotient）表達之。測驗普通智力的方法，有陸軍A式測驗（Army Alpha Tests），特門分組智力測驗（Terman Group Test of Mental Ability），歐蒂斯普通智力測驗（Otis General Intelligence Examination）諸種。就中以陸軍A式測驗應用較廣。普通智力的高下對於一個人在學業上職業上的成敗，最有密切關係。一般人的智力商數祇六十一分，分數在一二〇分以上者始可成爲成功的人物，最高分數可達二一二分。陸軍A式測驗的內容，包括有關辨別方向、數學計算、文句重組、普通常識、相反詞、相似詞、數目編排、及知識報導等八組問題，由受試者解答之。一個成功的公務員須具有較高的普通智力，故考選公務員宜採用這一種的測驗。

乙、社會智力（Social Intelligence）社會智力就是『對人事關係上新局勢的適應能力及採取行動領導他人，使之踴躍熱烈的努力工作完成所期欲使命的能力』。美國人事行政局（Bureau of Public Personnel Adminiration）曾編訂有社會智力測驗一種，爲若干州市所採用，然以未能完全標準化，尚在研究改進中。一九四九年喬治華盛頓大學（George Washington University）編制有『系組社會智力測驗』(Series Social Intelligence Tests）一種，可靠性較高，公私機關使用者較廣。

丙、機械智力（Mechanical Intelligence） 機械智力就是一個人操作使用各種機械的一般能力。這與職業機械演作考試並不相同。因前者在測驗一般能力，後者在測驗特殊技術。機械智力測驗應用最廣者爲施丹葵組合測驗(The Stenquist Assembly Test)。係施氏(John L. Stenquist)於一九一四年所研究成功的，其內容是使受試者用廻心針、縫衣針、車鈴、時鐘等十項機械零件，於一定時間內配合爲完整物。這種測驗經逐漸改良，今由米尼蘇達大學（University of Minnesota）發展爲米尼蘇達機械能力測驗（Minnesota Mechanical Ability Test）米尼蘇達紙塊測驗（Minnesota Paper form Board Test）及木塊部位測驗 Block Location Test），應用較爲利便與廣泛。

Ⅱ、性格測驗 性格測驗亦曰人格分析（Personality Analysis）。性格乃是先天稟賦與後天教育及習慣而形成的一個人對人對事的一貫作風與態度。性格有人亦稱曰氣質。何種性格或氣質的人應擔任何職務方爲適宜，自有一定，故考選公務員應考測其性格。關於性格或人格分析有以下的各種說法：（1）希臘醫學家蓋倫（Galen），早在二世紀時，便把人的性格分爲四類：一曰神經質，觀察細密，常悲觀而憂鬱。二曰黏液質，態度冷淡，常有不適意之感。三曰膽汁質，情緒起伏甚速，反應敏捷而浮淺，易於發怒。四曰多血質，態度樂觀，行動積極。（2）奧人容格（C. G. Jung）著心理類型

(Psychological Types）一書，將人格分爲內傾、外傾、中間三型：內傾型的人對觀念或理論特具興趣，對困難問題自謀解決，不輕於求人，不易與人相處合作，易於憂慮及懷疑，負責任堅持自己的意見，作事謹愼仔細，注意服裝與修飾。外傾型的人易與人合作及相處，容易接受他人的意見，有自信心而少憂慮，易於相信他人，思想穩健而易於灰心，不甚注意服飾。中間型人的性格兼具有內傾型外傾型兩種人的長處。若舉例言之，就歷史記載，王莽爲內傾型，項羽爲外傾型，劉邦爲中間型。（3）美人鮑爾溫（I. M. Baldwin）將人的性格分爲思想型（Man of thinking）與行動型（Man in Action）兩類。前者注意思考與反省。後者注意於實際的活動。（4）美人阿爾樸（F. H. Allport）分人的性格爲自傲型與自卑型兩類。前者的性格是：喜歡訪見要人，根據自己的情念決定行動，常使自己佔在優越或勝利的地位，盡力抵抗妨害其權利的行爲，喜歡辯駁，對他人的言論好持反對的態度。後者的性格是：對要人持羞懼的態度，易於順從他人的意見，內心有所厭怨時不輕於表露出來，避免與人爭辯，不肯輕於發言。（5）德人斯布倫格（E. Spranger）著人之型式（Types of Men）一書將人的性格分爲六類：a、理論型——注重客觀的認識，有分析與研究精神，喜好理論研討與思維。b、經濟型——乃是實用派，認爲效用高於一切，注重獲得財產及實用物。c、藝術型——注重欽賞與體驗，注重自然的感覺與美好，既不喜好分析與研究，亦不重視實際效用。d、社會型——

獻身社會，同情他人，非爲私利或權力，抱爲社會服務的精神。e、政治型——注重獲得權力，駕御他人，領導社會。f、宗教型——在求與神結合及天人合一，尋求無上的圓滿與安息。

Ⅲ、心理測驗　心理測驗在發現各人反應遲速，性情靜躁，精神聚散，意志强弱，以爲委派工作的參考。這種測驗雖多所應用，然仍在試驗改進中，尚未完全標準化。其中有康羅測驗（Kent-Rosanoff Test）者，係用以考察精神病患的，以普通用物如衣、窗、椅、帳等字爲刺激，視其所生的反應與聯想。又有阿氏測驗（The Allport A-S Reaction Test），在考察各人性格中的領袖慾與服從性。和此測驗相似的有來爾法（The Laird Personal Inventory, C-3），在考察各人對事務的支配慾與放任性，在工商業界的人事管理上應用頗廣。此外有施床氏職業興趣表（Strong's Vocational Interest Blank）使用者亦衆。心理興趣與職業成敗有密切關係，故用人者不可不考察之。

Ⅳ、成就測驗　成就測驗（Achievement Test）係用以測量各人現時已經獲得的知識與技術，並非如智力測驗，注重其未來的發展能力與可能。成就測驗概括分之，計有兩類：一爲教育測驗，一爲實作測驗。前者多着重於知識或教育程度，後者多着重於技術或工作能力。教育測驗中有不少的標準表式，其最著者有寇蒂斯的數學測驗（Courtis' Standard Tests in Arithmetic），阿里氏的拚讀測驗Blank（Ayres' Spelling Scale）溫根的歷史測驗（Van Wagner's History Scale）及米密根的物理測驗(Michigan Physics Test)。不過這種測驗多係應用於學校兒童或青年者。若考試公務員的成年候選人,應另謀改進,別訂標準。

第五節　公務員甄補的程序㈢——人材運用

公務人員甄補經過了招募並予以甄別之後,所取錄的人員卽為符合公務上各項需要者,遇有缺額卽可就此等合格人員中選用。人員選用的目的,本在維持公務之持續不斷並期工作效率能高度發揮,惟此項目的達成,並不僅限於新近人員的選用一途,內部人員升遷調動亦含有調劑人力,增長員工志趣的效用。是以談人材運用,必也包括內外兩途,外補在於吸引新血,內升用以激勵士氣,因而本節乃就此兩者所涉問題,摘要敍述:

一、**新進人員任用程序**:新進人員的任用,係指各機構基於業務需要,向人事機構要求所需人員的過程,此項過程就美國的事例言,通常有左述兩項問題值得研究:

I 提名及推薦——應試者經考試及格後,並非因此卽為公務員,不過由此取得被委用為公務員的資格。公務員任用權不在人事行政機構,而在各工作機關的主管長官。當某機關遇有空額或有需要時,此機關的主管長官卽函知人事行政機關請就考試及格的人員中提出名單,以憑選用。在此項通知中須開所需人數、職別、地位、薪額，及其他條件。人事行政機關接到此通知後，即就考試及格人員中依成績先後提出名單介紹於任用的機關。是爲推薦（Certify）。推薦人數多寡在實施上與主張上均不一致。有者爲一職一人制，有者爲一職三人或五人制。亦有所謂範疇區分制者，主張前種辦法者以爲如此則主管長官不能憑主觀好惡或受政治影響而瞻恩徇私；且足以提高考試制度的地位與價值。主張後種辦法者認爲欲確定主管長官行政責任，自應提出較多人員以供其選擇。且考試方法至今非毫無差次，上下成績的二人並非謂在工作能力上有絕對差別，故在推薦上不能不留相當伸縮餘地，以供具有任用權的主管選擇。人事行政機關於提送此項名單時，應將各員的履歷、成績、特性、及優劣長短等一一申敍明白，以供有委任權力者主管長官之參考與判斷。

Ⅱ試用及委任——各機關主管長官接到上述名單後，即就其中選定所需人數作爲暫時試用。其未被選用人員的名單仍退還人事行政機關以備再有機會時重行提出，美國任用制度規定自考試及格經派職後，附條件常任文官（Career-Conditional appointment）俟連續三年的服務完成後始取得常任文官地位（Career status）。新任人員在附條件文官任用階段須經試用一年。在試用期間爲實習性質，並用以防止遴選方法的漏洞。當然試用的長短，學者亦有爭論，一般都認爲應依職位類型而定爲宜。試用期滿如經考核認爲合適即予以正式委用。如認爲不滿意時可不予任用，經試用合格經正式委任後，一般皆規定，取得常任文官地位，獲得法律保障，非依法律程序主管長官不得憑個人感情任意更換。由於這種規定，試用考核宜愼重。但根據研究，一般主管對比皆未予重視，因此美國文官協會建議，按各級主管於試用期滿後，提出反對或接受的理由，試用期滿於擧行正式委任時，有者須由主管長官作一度正式面試或口試，有者認爲係照例手續不經過何項手續卽加以正式委用。

此外有所謂暫時委用，臨時委用，及緊急委用者與試用性質全不相同。當一機關中須經考試手續而加任用之事務官開缺時，而人事行政機關又無考試及格人員的名單可資提出，爲適應事實需要計，普通均准各該機關主管長官便宜行事，自行委用人員暫補缺額，此卽所謂暫時委用。暫時委用的期間通常定爲四個月至六個月。如滿此期限後，人事行政機關仍未考取有及格人員可資介紹，此暫時委用可再延用一個月至三個月。不在吏治法令規定範圍內，因特殊需要或一時工作須添雇用人時，普通多不依照正常手續辦理考試，准各該機關主管長官自行委用，此卽所謂臨時委用。其因時間關係及迫切需要不及依普通任用程序由主管長官自行委派公務員者曰緊急委用。

此等臨時、暫時、及緊急委用人員，於被用或滿期後，率多參加正式的公務員甄拔考試。據美國各級政府實施之結果及統計，此項人員有百分之七十至百分之八十經考試及格依正式任用手續成爲常任文官。此項實施自表面視之似無甚問題，惟考之實際亦確有不妥之處。經臨時委用的人員對政府服務卽有若干時的經驗，參加考試時自有不少便利，無形中是使其他應試者蒙不公的待遇。況在政府任職時對考試技術易於獲得不少瞭解，人事機關提出名單後，主管長官每因相識易於援受，亦足以剝奪他人的機會，爲防止主管長官的瞻徇及謀競爭機會的平等，此項臨時委用，宜由人事行政機關提出人員補充之。

二、現職人員升遷調動——機構遇有空缺，由機構內部的現職人員遞補，工作人員在職位上縱橫的轉移稱爲內部升遷調動。升遷調動除爲配合機關業務之需要外，亦含有鼓勵上進，提擢俊秀以及調節員工志趣與需要等作用。至於升遷調動在一般人事行政上所當討論者爲晉升與加薪。茲就此論列如次：

晉升（promotion）在我國當前人事制度情形下，意義模糊。正確言之，所謂晉升意指職責事實的加重，從而在薪給、權限與地位上亦有增多的變化。晉升在促進工作士氣，獎勵員工上進，有其不可忽視的重要性。魏勞畢卽會說過『適當的升遷制度足以吸引最有能力的人才至政府工作，且足以鼓勵工作人員努力服務之精神，如無此種因素則根本不足以言人事效率』（W. F. Willouyby, principles of public adm. p 298）。晉升既是如此重要，但在作法上並無標準可循，因爲從工作效能來看，各級主管最爲瞭解業務，遇有職位出缺，在取捨人員上自較準確，但從公平一致看，爲免除循私偏袒，人事機關對此不能不有所管理。況且機構多，職位雜，在晉升事務的處理上亦甚困難。美國文官委員會在一九五八年六月六日公佈了全聯邦性的晉升方案（Federalwide meritpromoion），其目的正如該委員會委員長之一勞頓氏（Commissioner Lowton）所說的『本方案在於對管理者提供幫助；爲工作人員造就機會，並期對重要事項有所管制，但在適應各種條件上具有彈性』。該方案之與過去一般晉升措施不同之點在於：第一、晉升非僅限於合乎所晉升職位工作上要求的條件而已，並求能公平競爭以提升最爲優秀者；第二、晉升應作有計算之玆本此原則，討指導與週知，俾員工獲致所希望的機會有所準備。上述兩者確爲功績制度原則上的應採的措施。論晉升各項重要論點如下：

甲、加薪與昇級——在討論昇遷問題時，對於加薪與昇級的區別不能不有所論及。加薪者僅係增多公務員的經濟報酬，對於其工作地位並無若何變更。陞級者是低級的公務員被轉入較高的工作地位。在薪俸上雖亦隨此轉變而有增加，但其意義的重要固不僅如此。這種區別並非僅屬於理論的設想，卽在實際運用上亦極爲重要。

在政府當局對此意義往往不能爲切實的區別與明瞭，對於有功績者工作努力者常爲幾度的加薪，卽作爲昇級的替代。對於其在政府工作的階級地位及法律責任並無變遷。結果必形成政府公務員中有甚多的人辦理完全相同的事務而領取大不相同的薪俸。此種現象實違犯「同工同酬」的公平原則。因此，怨懣不平，相互疑忌的心理發生，整個的人事制度將隨之失敗。加薪與階級實儼然爲兩事，應陞級者不可代之以加薪，應加薪者亦不可代之以陞級。升遷者含有心理上精神上及地位上的報償，僅僅物質報償的加薪不足以替代。

欲免除此項弊端，第一、對政府所有公務員的地位應有最適當及極正確的分類。第二、於每級中定有若干多寡不等的薪俸等級，以供報償宜加薪不當陞級者之用。此外應當詳細規定必須在何等情形下始當陞級，在何等情形下僅可加薪。關於加薪的基礎，不外兩個因素：一爲服務期間，一爲工作效率。加薪實施上所採用者不外三種制度：一爲自動加薪制，即自上次加薪後繼續服務達於一定的時期，便自然而然加多其薪俸。二爲混合加薪制，即一公務員於上次加薪後，不但當繼續服務至一定時間，且須表現有若干的工作效率，始能加高其薪俸。三爲效率加薪制，卽完全根據其工作效率如何，以爲決定加薪的基礎。

在以上三種制度中，當以第二種卽混合加薪制較易獲得圓滿的結果。關於此點，梅雅士曾有申述。他謂『在自動制下加薪僅爲自然的結果，在效率制下加薪復引起根本問題，處於兩種極端制之間者卻爲半自動制（混合制）。在此制下一方以時間的增加的普通的條件，同時予上級長官以相當的自由裁量權，以決定在某種情形下應予以報酬。時間與效率同爲長官決定報酬時的考慮條件。自動制所具的優點此制均有之；同時並可依照各個人的特別效率，以爲不同的報酬」。(Mayers, Federal Service P. 484)不過採行此制時，對效率一項應設立客觀的具體的一定標準，以防上級長官的徇私。

乙、昇遷的區域——在昇遷問題中，昇遷區域亦應有適當的決定，卽昇遷上應否受各部間的界限限制。普通的昇遷理論總以爲凡下級的公務員如合乎所規定的一定條件，卽可提昇至於上一階級的地位。此項實施及於本部會本機關的職員自屬不成問題。所成爲問題者卽此項實施是否適用於外部會或外機關的同級職員。昇遷如採用競爭考試時，此項辦法適用於所有的在職人員自是不成問題。所成爲問題者卽未曾任職而考試及格的候補者是否亦有權參加此項競爭。關於後一問題，著者認爲在可能範圍內應盡量施行內升制，以促進公務的永業化。其未獲得任用的候用人員，不應侵佔在職人員的升遷機會。

關於前一項問題，在現時政府的實施上皆僅限於本機關的職員，外部的同級公務員不得參加此項昇遷競爭，甚至有昇遷區域或界限僅限於一司一署或一科之內者。在理論上爲使所有公務員的昇遷機會趨於完全平等化，應取消此種部別單位別的限制。況所有政府的公務職位均經爲標準化的統一分類，基礎卽相同，在同一的水準線面上自可相互補用而無問題。不過在實際上尙須視工作性質如何而轉移。如果工作性質係標準化技術化者如打字、速寫、醫務、會計、化學、技藝等，在各機關中並無何種不同。性質相同，技術無別，在此機關勝任者，在彼機關亦不至於不稱職。在此種情形下打破部別機關別的限制，當不致發生何種困難。如果工作性質過於特別化，在本機關中的實施與在他機關者完全不同於昇遷上自不能不受機關別的限制。譬如同等交通職務，郵務人員不能擔任電訊工作；電訊人員又不能擔任航行工作。

總之，在原則上應擴大選擇的範圍及競爭的機會，使公務員的昇遷不受部別機關別的限制，在其昇進前途上能獲得充分無阻及公平均一的發展。然在實在實施上仍當顧及特別的情形工事實的需要，而爲因勢制宜的適應，以保障重作的效率。

丙、昇遷的基礎——公務員升遷時，當以何物爲基礎或依據，實爲此制實施上的重要問題。關於答覆與各處的規定亦頗不一致。歸納言之，昇遷的基礎，不外三種：即個人品格，這問題的服務年限及工作效率。玆分別加以說明：

(A)個人品格——一個良好的公務員固然需有其推進所任工作的知識與技術，但同時尙須有高尙的品格。此項所包括者爲對工作的勤怠態度，對責任的擔當精神，處事的誠僞，待人之和或爭，是否忠實可靠，能否喫苦耐勞，有無創發能力等。個人品格是否優良，不但與其自身工作效率有密切的關係，即對旁人或全盤事務，亦有直接間接的影響。在昇遷的基礎上此實爲重要條件之一。品格優良者自應依法予以昇格而資獎勵。品格惡劣者亦應依法予以降黜而示懲戒。況公務員的地位頗爲重要，其一舉一動皆足以影響社會視聽，若彼等無高尙的品格，安足以爲人民的表率。爲砥礪氣節，養成良好的吏治風尙計，對公務員的個人品格亦不可不加以特別的注意。誠然，公務員之行動如有違法枉職之處自應受法律的懲處。不過法律的制裁僅爲消極的事後的，而此就德升級乃是積極的提倡及事先的預防，其效用及意義實至爲重大。

(B)服務年限——服務時間，已成爲今日所普遍承認爲升遷基礎之一。按年升級制雖爲遲緩，然却平隱，不致引起同事者的競爭、鑽營，及失和等不良現象。擁護此制者並認爲服務年限最足爲判斷工作能力時的準確標準。任職較久的老職員雖漸忘卻其考試時的知識與技術，然對其職務的推進確能爲熟練、合適及有效的處置。新進職員雖善於應答考試上的各種問題，但對公務的處理則不若老職員熟練而有經驗。在按年升級制下亦足以消除其他政治影響，並使當權者無從憑個人的喜怒以爲昇遷的判斷。

梅雅士謂『公務員任職的時期實足以決定他們大部分的技術條件，並且在此制下足以消除內部爲昇遷問題的傾軋。擔負提升的責任者不受外部的影響及壓迫。全部職員在此制下足以得到公平昇進的機會，可以促進相互親信的好感，並足以促進其全體的服務精神。在此制下因昇進機會的一定及可靠故可吸收多數有能力的人員至政府服務』。(Mayers, Federal Service PP. 319-20)不過按年進級制的第一缺點，卽爲不足以鼓勵有能力者的奮發。因所有工作人員不論其才不才，能不能及有無效率，凡達於一定年限卽爲照例的提升，則有特殊才智者自不願盡其全力以爲競進。結果必難收人盡其才之效。職是之故在軍隊組織中特別是於作戰期間並不採此按年升級制，蓋在鼓勵特別有才智勇敢之士，以建立奇功。惟魏勞畢之意以爲若在公務員甄拔時能爲極適當優良的選擇，此種弊害亦可以避免。

按年進級制是使年紀較高者佔於優越的地位，使年少有爲之士反無發展的機會，年老者率多具有保守穩固的心理，憚於改革，畏於更張，於是結果足以造成公務上委靡不振的現象。梅雅士亦謂「凡採用按年級傳襲之機關大半皆以重保守少效能著稱。』(L. Mayers. op. cit. P. 321)

(C)工作效率——以公務員所表現的工作效率爲昇遷的基礎，實至爲正當而少批評。不過成爲問題者，卽爲採用何種方法對各公務員的工作效率爲準確的測量與記載耳。如對此不能獲得具體的可靠標準，則昇遷的實質必難趨於公平。在工作效率或成績的測量上實須建樹一種或數種客觀的具體標準，以爲估計各公務員工作成績的權度。

魏勞畢謂『設立一種方式以決定工作效率，在全部人事制度中實極爲重要。此考績方法在公務員昇遷問題中亦佔重要的地位』。(Willougby, op. cit. p. 311) 政府的一切行政措施，處處當著眼於有無效率是否經濟一問題。時時以經濟效率四字爲目標爲歸宿，合乎此者爲是，爲成功，違乎此者爲非，爲失敗。此處以工作效率爲決定陞級的基礎，在理論上原則上實無可非議。不過成爲問題者仍爲不易求得具體的客觀的標準以爲測量。雖然，此項問題亦非絕對不可解決者，現時已有較可靠的方法，亦即先作決定各職位資格標準，明定所要求條件並針對條件而訂遴選方法。採行職位分類，確定各職員職責，以爲循名責實的依據，亦是測量工作效率的一種方法。

丁、昇遷的方法——昇遷的基礎確定後，當進而討論昇遷的方法。標準者猶之欲達到某目的地的羅盤針。方法者猶之欲達到此目的所取的實際動作或經過道路。兩者相輔爲用，同爲達到目的地時所必需的工具。關於昇遷方法計有三種：即(一)競爭考試，(二)長官決定及，(三)成績考核。茲依次分述於後：

A.競爭考試——在昇遷上的競爭考試與在甄拔上所用的競爭考試具有相同的意義與方式。即凡有資格的候選人，如果經此項考試及格後當立即或依次轉入現職位較高的上級職位。不過在甄拔考試中，主持考試者對應考人的過去工作情形、才能、技術及知識，均漠無所知，故全靠考試的結果以發現各人是否合格。至於在昇遷考試中其情形則大不相同。主考人對應考者已有長時期的觀察及認識。應考者在其工作上是否努力，對其職務肯否盡忠，品格是否良好，技識是否高超，在其經過紀錄中已有事實的表現。職是之故，在昇遷中的考試成績，實並不佔重要地位。因此之故，有人根本反對以競爭考試爲昇遷的方法。

不特此也，作文式的筆試，根本上不足以作測量某人有無作事能力的標準。有辦事經驗，特別技術，應付能力，並不一定長於回答考試上的問題，長於回答考試問題者並不一定有辦事上所需要的各種良好條件。任職已久的老職員常有極優良的辦事經驗及實際能力與技術。新進人員則不若老職員之優良。但在知識方面則新進的年青職員遠較老職員爲優越。在此情形下若予雙方以同樣的學校式的筆試，則有經驗的老職員必難以獲得提昇的機會。結果無經驗的新進職員在公務中必佔得優越的地位，事實上恐難保證有高大的效率。

不過據一般經驗，一至政府作事的人員便將讀書求知的觀念置之九霄雲外。公務員因不求知上進，祇從事於文案上的照例筆墨生涯，自必思想落伍，知識荒蕪，不足以與時代相並進。公務員的精神思想既如此，政府公務焉得不隨之而陷於萎靡敷衍的沉死現象。有此競爭考試，公務員爲事實所逼迫，對其知識自必思爲隨時的補充，對其思想自必思爲隨時的振作。此亦振刷官廳朝氣，促進公務精神的方法。

經驗一項在工作效率上佔有極重要的地位自爲不可否認的事實。書本知識與實際經驗應同時並重。為實現此種目的計，競爭考試的內容應分為筆試、口試及實際演作。筆試者重書本知識，在於考察其思想與知識。口試者着重實際經驗，在於考察其性格及態度等。實作者對具體工作的眞正表演。在於考察其處理實際事務時的眞實本領。行政學專家魏勞畢、惠德、及梅雅士等均認為在規模較大，人數較多的昇遷中應採用競爭考試的方法。蓋範圍愈大，人數愈多，考試的結果始愈準確可靠。況在人數多、規模大之時，亦以競爭考試的方法為簡便易行。

B. 長官決定——此項方法，即憑負責長官的個人判斷及觀察以提昇其所屬的職員。贊成此項辦法者率皆為負責者的高級行政長官。美國前商務部部長納格耳（C. Nagel）曾謂『理想的制度是在消除一切政治的個人的及社會的影響而以功績為唯一的昇遷基礎。無論何種制度，其目的總在於指引決定誰為特別合格，或最有效率者。僅僅學術性質的考試，實不足以完成此目的。公務員在各司、署、處長觀察指揮之下，辦理其工作，公務員的能力、效率及精神等均在此負責長官判斷之下，故決定誰應獲得昇進的權利，當以此負責長官的意見為轉移』。(Annual Report, U. S. Civil Sarvice Commission, Vol, 27, p. 193. 1910)

上述的引證足以代表負責高級行政長官的一般意見。不過由長官完全決定的辦法，自身亦含有若干缺點：第一、負責長官常不能擺脫政治的影響及壓迫，故其判斷易為黨派利益所遮蔽，而失却公平的實質。第二、各負責長官的意見常於不知不覺之中受個人感情支配，而生不公平的好惡。第三、各負責長官的意見與判斷各有不同的立場與基礎，在政府整個公務制度中自不易建立整齊統一的陞昇標準。第四、各負責長官一人的知識及觀察極爲有限，故其個人判斷未必能與實際事實完全相符合。不過在人數較少，組織較小的情形下，負責長官能保持其公平精神時，此制亦可應用。

C. 成績考核——根據各個人的工作效率或成績爲昇遷基礎，自極爲公平合理。關於考核成績時所可應用的方法約有數種：第一、爲數量的估計，即按照個人所作工作的出產數量以爲測量各人工作成績的權度。政府中有極多的工作如打字、繕寫、印刷、訂製卡片等事務均可由生產數量的計算而定其成績高下與勤怠。出產數量多者爲成績優工作勤的表現，反之，則爲成績低工作怠的證明。成績高工作勤者，當受陞級的報酬與獎勵。第二、爲質量的分析，政府工作若僅以生產數量爲判斷成績高下，工作勤怠的標準，有時實爲不足，故應同時注意質量，如生產品是否精美，有無錯誤等均爲應加考慮的重要因素。質量優美高尚者爲有效率的表現，依理應受陞級的賞予。第三、爲成績紀錄法，欲對公務員的成績爲切實的考核，對其工作經過必須詳細精確的記載，然後好根據此項紀錄以評定各人成績的高下而爲昇遷的基礎。第四、爲委員會法，即由負責長官及其他人員組織考績委員會擔任考核公務員工作成績之責。平時由此委員會負責考察各人的工作情形而爲詳細的記載，達於一定時期由此委員會對各工作員的成績作全體的總審查或考核以爲職員升遷的根據。第五、爲百分比較法，卽假定若干工作優良標準如準確、整潔、按時到、不缺席等各爲一百分，如有工作錯誤、處理不整齊、遲到、缺席或請假等情事者卽依次由百分內減去其相當分數，視其所得分數的多寡而評定其成績的高下。第六、爲統計計算法，卽將各人工作效率上應有的各種要素全爲搜集，根據統計學上的原則與方法爲詳確的計算與分析，根據此統計結果以爲昇遷的基礎。

戊、昇遷的路線——除上述的各種問題外，在昇遷上尙有一重要因素須加特別討論者，卽昇遷的計劃或路線。此種制度的主要者計有兩種：卽㈠三位制（Three-position plan）及㈡多路制（Multiple-chain promotion plan）。茲分述如次：

(A)三位制——此制爲吉爾博里（F. B. Gilbreth & L.M. Gilbreth）所主張所設計。在此制度下，一個機關中每個職員皆被認爲具有三種不同的地位。此三種地位卽構成昇遷制度的昇遷梯階或線路。三種不同的地位爲何？卽(1)下級的地位，爲此雇員未昇遷前所任的原職，(2)現任的地位，爲此雇員現時所擔任的職務，及(3)上級的地位，爲此雇員提昇後所將佔據的職位。每一雇員對其原職的現任雇員爲教師，對其現職爲工作員，對其將來職位的雇員爲學生，故每一雇員同時具有教師、工作員、及學生三種資格與責任。三位制蓋立猶英國、德國、中國人事制度中所施行的學徒制。採行這種制度，可以收到內升制下的各種優點；自然亦不免其缺點。三位制的內容與關係，可以用下列簡圖表明之（參考 Annals, May 1916 J.E. Walters, Applied persommel administration p. 99)

表式(一)

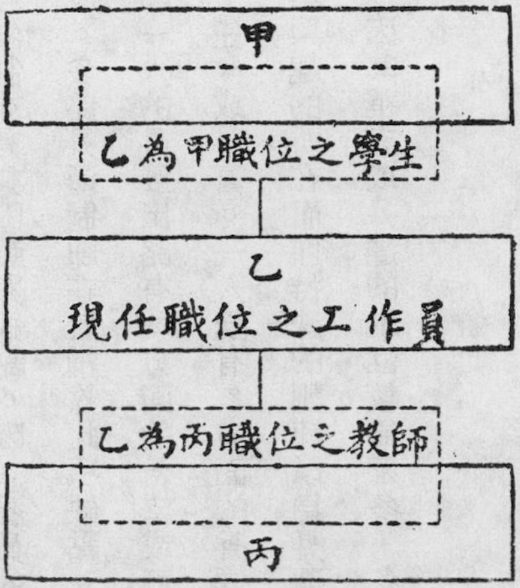

表式(二)

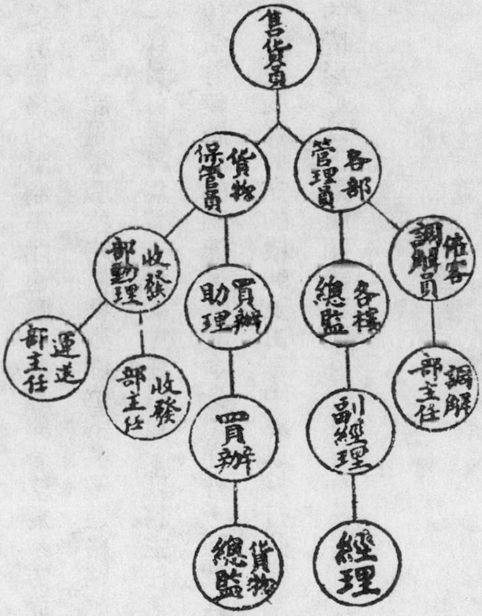

(B)多路制——在系統式的組織下，三位制的昇遷辦法較爲適用，若在參贊式及機能式的組織下，這三位制亦有其困難與缺點。因一雇員的昇遷路線受有嚴格的限制不能適應其興趣與希望爲多方面的發展。多路昇遷制卽在於補救此項缺點。在此制下，每一雇員或職位均有多數職位的昇遷連絡路線，亦卽一人的昇遷出路有多方面的希望或可能。譬如一科員可提昇爲某一科的主任科員，庶務主任，會計主任，或秘書。一人旣有多方面的昇遷可能，故彼須有較廣博的訓練，除其本身工作外，應就其志願與興趣的所在而作特殊的訓練以爲昇遷的準備。在有發展與擴充的機關及工廠中亦以採行此制爲相宜，因其補充或昇遷的地位較爲衆多，多路昇遷制的情形可以下列簡圖表明之。

表式(二)

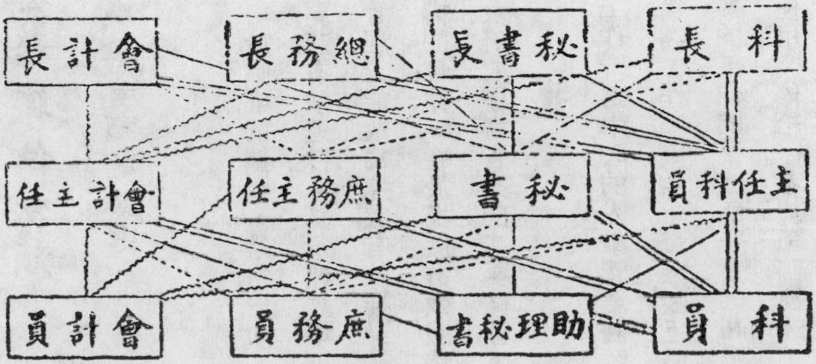

第七章 公務職位分類

第一節 職位分類的緣起

一、職位分類的需要

現代政府或事業機構，由於職權的擴張，業務增加，因而組織亦日益龐大，人員衆多。對於這樣複雜而龐大的機構與人員，要想有效運行，必須建立準則有所管理。此項準則，非但應可用以達成執簡馭繁的目的，且應在人事管理上能做爲達成有效推動業務的運軸中心。

各人都瞭解，政府或機構的目標，在於提供有效服務，此項任務之達成，則有賴各級人員的「工作」，因此「工作」爲達成政府或機構目標的基要條件，從而人事管理亦應以「工作」爲核心，用爲一切人事措施的張本。

職位分類乃期建立以「工作」爲中心的人事管理制度，此與往昔以「年資」或「品位」爲中心者不同。在年資制度之下，因爲「工作」與「年資」缺乏明確的關係，因而形成重年資而疏工作的結果，從而政府之設官分職與所要的工作成果亦無一定的關聯。職位分類乃期「工作」與一切人事管理措施相結合，舉凡人員考試、任用、俸給、考績、訓練等，俱以發揮工作效率爲鵠的，俾能眞正促進機構效能，提高效率。

二、職位分類的史例

職位分類，始自一九〇八年美國芝加哥市的率先採用，嗣後逐漸推展至美國各州、市、縣。加拿大政府，基於一連串的調查，亦於一九一九年十一月間採用分類計劃。而美國聯邦政府，是目前所有實施職位分類最具規模的機構，其計劃實施職位分類，濫觴自一八三八年，起自三百三十六名書記對待遇不平的請願，形成參議院要求各部首長應依照職責而分類的決議。自此開始，中經若干委員會的成立，遂於一九二三年通過職位分類法。(Position Classification Act of 1923) 並依此法成立了人事分類局 (Personnel Classification Board)，作爲中央主管分類的機構。

職位分類，由於美、加各國的採行，效果顯著，復基於公私營機構相互激盪的結果，技術日精，體系大備。於今，若改革人事制度者，莫不談職位分類，此可由二次大戰之後，日本、菲律賓等國相繼實施，以及我國之計劃推行等情形而瞭解。

我國計劃實施職位分類，可追溯至民國廿五年，行政院效率研究會，曾舉辦職位調查，民國廿八、廿九年間，國防最高委員會亦曾從事職位分類問題的研究。但眞正有系統設計者，應始自民國四十二年考試院成立的職位分類計劃委員會，歷時數年，完成全國性職位調查、分析、品評工作，擬擬職級規範初稿，指定實驗機關，並完成了職位分類法草案。該草案經立法院通過於四十七年十月三十日公佈施行。至此，我國職位分類正式有了立法依據，全國上下亦有普遍瞭解。職位分類計劃委員會結束，該項工作復由銓敘部接管，繼續各項工作，近年來陸續公佈職系定義，職級規範，並草擬分類公務人員任用、俸給、考績各法，草案於五十三年三月送請立法院審議，一俟通過公佈實施後，我國職位分類即可步入新途。

第二節 職位分類的意義

職位分類是什麼？要瞭解職位分類，必須對「職位」與「分類」兩個基本名詞有所瞭解。此蓋前者爲本項制度運軸中心，而後者，復爲達成目的不可或缺的手段，從而始可瞭解職位分類的意義，茲分述如何：

一、分類的意義：

「職位分類」雖是近數十年來才被開始應用的名詞，但「分類」這個程序，却是吾人應用於獲得知識與處理事務的一個最基本手段。泰勒亦曾說（Frederick W. Tayler）每種行業中都有許多普遍類似的問題，人們遇到這些問題時，一定會設法將問題集成若干合乎邏輯的組，然後尋求其同的法則，藉以解決問題，這是一條不可避免的途徑。我們常見到的就有：雜貨店中食品的分類，圖書舘中書籍的分類，科學中化學名詞與植物科的分類等，都是根據某種選定的標準，將一個以上特徵相似的事物聚集在一起，給予共同名稱，俾便於瞭解、應用與處理之謂。由這一點體認，我們自可引伸出職位之必須加以分類的幾點意義：

1. 分類是一種化繁趨簡，執簡馭繁的方法。因爲人間事物萬象並存，要想使複雜的現象得到簡捷的瞭解和運用，非將需要研究的事物，根據某種選定的標準，歸併爲若干類，使其縮小範圍不可。如此，當我們研究這些事物時，已毋須從每一種事物着手，只須將這些類加以理解卽可，因而可省許多的人力與時間。今日的機構龐大無比，若不藉「分類」手段將如何管理如此衆多職位。職位分類後，形成一個個職級（Class）。所謂職級，卽爲工作性質相同，而工作繁簡、難易、責任輕重，亦復相等之職位聚合，因此，可用同一標準管理，達到執簡馭繁的目的。

2. 分類可因目的不同而異其標準。我們知道，應用不同的分類標準，可以有不同的分類結果；而任何分類標準的採取，又均視其目的而定。例如：圖書的分類，可因圖書舘與出版商，應用目的之不同而異其標準。前者，因謀讀者閱覽之便利，故以書籍內容爲分類基礎；後者，因便於書籍之製作，故以書之面積爲分類標準，且同一的分類，又可因其採用標準之多少而異其分類結果，例如，同屬圖書館圖書之分類，大學與一般的圖書閱覽室，可因其需要，作不同的區分。後者，可大致區分爲社會、法律、經濟各類，前者更需於各類之下更精密的區分，如公法、私法、民法、商法等。由此，我們可知，當分類時，如只用一個標準來觀察，則分的類越少，而每一類的範圍越大，如用多種標準來觀察，則分的類越多，而每一類的範圍越小。職位分類的情形亦復如此，我國自古官職就有分類，如周朝六官，漢朝三公九卿，以及現行簡、薦、委制度等，但俱因目的不同，所採用之標準亦不一致。職位分類最大的目的，是激發工作，因此採用職務與責任爲分類標準。同時於實質運用時，其分類粗細，更可斟酌情況而定。

3. 分類後的事物，各有固定的界限，並賦予名稱。事物被分類之後，必在同一標準之下有其不同的區別，因此，爲求普遍的理解，必須爲每個集團起一個適當的名稱，使彼此間的界限臻於明確，進而即可有俾於實際的應用。職位經分類後，所形成一個個職級。各冠以職級名稱，清晰而明確地顯示出工作的內容，與難易，便於瞭解運用，亦便於一切管理上的措施。

二、職位的意義：

『職位』(Position) 是什麼?摩斯及金斯勒 (Mosher & Kingsley) 曾簡單的指出係以『職務與責任爲特質』。但此項說明，僅指出了近代人事行政上的重要概念，而不能算是一個定義。奧梯士等

(Otis & Leukart) 曾謂：職位是固定指派與一個人並執行的工作職務和責任的集合體。這個意義相當清晰，但懷特氏 (Leonard D. white) 就曾更詳細的爲職位之意義，作了一番描敍，他說：「職位是指一個個別的文官職務、事務、或者是一件工作，無論其爲空缺的，抑或實位，需要一個人以全部時間，或部份時間去從事特定的職務，或擔當特定責任者之謂」。(見 Introduction to the study of Public administration P. 40) 這個說明相當詳盡，而其應用的涵義，亦相當廣泛，但正因其涵義廣泛，無法將其定義嚴格的限定於公務的職位意義之上。因此，以下我們想用若干官方定義來比較研究：

1. 美國一九二九年職位分類法曾規定：「職位」係指一定的職務或工作。至一九四九年公佈的新職位分類法，復修正爲：職位即是一種工作，構成此工作者，爲所作職務與所負的責任，此工作可交由一個官員或工作人員擔任。

2. 日本戰後新國家公務員法規定，『職位係分配與一個職員之任務與職責』。

3. 我國公務職位分類法規定：「職位係分配與每一工作人員之職務與責任」。

綜合以上各個規定，可謂頗相一致，但我們若想求得一個週密的定義，那麼有美國職位分類之父之稱巴魯區 (Irmar Barch) 對職位所作的說明，應是值得詳讀的，以下我便依據其說明，並綜合以上所敍，試擬「職位」定義如下『職位爲職務及責任的集合體，爲權力機關所指定，不論其爲常設的或臨時的，實缺的或空位的，需要一個人的全部或部份時間去從事者』。見氏著 Position classification in the pnblic service, civil service assembly Chicago 1941 PP. 31-54) 由這說明，我們對職位的意義，應有下列的瞭解：

第一：職位是一種以職務與責任爲內容的工作。所謂任務，係指需要處理的事務，亦卽工作的性質及其內容。所謂責任，係指處理時所應擔負的責任，故任務是具體的，責任是抽象的。任務的區別在於性質與種類的不同，責任的區別在於程度高低與繁簡難易的不同。當研究任務時，因爲具體，故較爲容易，研究責任時，因爲抽象，故較爲困難。職位旣以職務與責任爲其內容，則當其職務有新增，變更或消失時，必將引起職位內容之變更，或職位數目之增加或減少。所以職位並非不可改變。其數目亦非固定，業務有所需要，可以調整。

第二：職位是由有權者所分配。職位固然是以職務與責任爲其內容，但這種職務與責任，並不是職位自己所創造，亦不是何人可任意規定者，而係由有權者所分配。所謂有權者，通常係指有權限的機關或機構等，這些機關或機構的權源，大都基於憲法、法律、規章或命令所授予。所以職位分類僅是說明事實，而非改變事實，一點不會干預到行政主管合法的權力運用。

第三：職位是由一個工作人員以全部的或部份的時間來處理者。職位係由有權者依一定的職務與責任內容分配與一個工作人員的工作，因此，擔任此職務與責任者，乃為一個工作人員，若一項工作由兩人擔任，則已成兩個職位，所以職位只以任務與責任為內容，並不考慮任務與責任的份量，職位可能係需要整天全日處理，或係半日部份時間來處理，這些均不妨碍職位的意義。

第四：職位工作可能是常設的與臨時的，亦可能是實缺的和虛懸的。職位因工作的需要，由有權者所設立，此項工作可能為續繼不斷需要，無時間限制，亦可能因臨時需要，而短暫存在。前者，謂之常設職位，後者，為臨時職位。同時鑑別一個職位的存在，並不一定有人實際在該職位上工作。在沒有人擔任此一職位工作之前，該職位便是一個空缺，或在工作者脫離該職位之後，該職位也就回復為空缺，但職位畢竟是存在的，在任何時間，職位的特性都是藉職務和責任表示出來，只要職務和責任不變，職位本質就不變。因此，職位可離人而獨立存在的。

三、職位分類標準：

談「分類」的意義時，曾加以說明，分類的標準，可因目的而不同。職位分類的標準，應為如何，亦當視其目的而定。職位分類的目的甚多，但我們綜合著名的行政學者，像懷特（White）魏勞畢（Willoughby）等人的意見，可以說職位分類主要的目的和功用，就是便利人事行政業務的處理，進而建立科學化與合理化的人事行政制度，但如何方能算是科學化與合理化的人事行政制度呢？一般的意見是認爲必須在工作、報酬及資格三要件中建立一種合乎邏輯的相互關係：所以巴魯區認爲，職位分類的主要功能就是能據此以表明下述三項間邏輯的相互關係：A各職位所具的職務與責任；B資格的標準，以及工作情況相同的職位；C各職位的俸給。（見 Basic Aspects of Position Classification in Public Personnel Review Vol 2 Oet 1940）。以下我們分三方面來探討：

一、工作與資格之相互關係，應如何安排？一個職位的工作是以其任務與責任爲內容的，當我們考慮處理一個職位的工作應具何種資格時，必先對該職位之任務與責任是什麼，作一詳細的分析，亦卽只有將職位之任務作一詳盡的分析後，方能確定需要何方面及程度的教育，經驗、專門學識、技術及能力，當工作越繁，責任越重時，則需要越高的資格來處理。反之，工作越簡，責任越輕，則只需很低資格卽可處理。

二、工作與報酬相互關係應如何安排？所謂報酬，是政府對工作人員所貢獻勞務之支付代價，亦是羅致優秀工作人員繼續在職，及激勵工作情緒的法寶。凡工作人員所貢獻的勞務較大時，則支付以較高的代價，所貢獻的勞務較小時，則支付以較低的報酬。如對貢獻較大的工作人員，支付以較低的報酬，則無法鼓勵其工作人員的工作情緒，亦無法羅致勝任工作的人才；如對貢獻較小勞務的工作人員，支付以較高的報酬，則將浪費公帑。因此，合理化的人事行政，在工作與報酬之間，必維持正比例的關係。

三、資格與報酬之相互關係應如何安排？　資格係指處理職位工作所需要的教育、經驗、專門學識，技能及能力。凡資格需要越高時，則表示工作人員能夠具備此項資格條件的可能性越小，所處理工作越繁，責任越重。反之，凡資格需要越低時，表示工作越簡，責任越輕。報酬係支付所處理的工作代價，其與工作之關係已由上述。因此，如從資格與報酬之關係上看，如所需資格越高的，則所支付的報酬亦應越高，所需資格越低時，則所支付的報酬，亦應越低，所需要的資格相等時，則應支付同等的報酬。

由以上三方面分析，我們可知，要使職位分類能達成人事上的要求，必使工作報酬與資格三項要件中，維持正比例的關係。而其中表現於工作要件上的，便是工作的種類，工作的繁簡難易，及責任輕重。所以，我們可以說一種合理化、科學化與制度化的人事行政，便是要使工作種類、工作繁簡難易，責任輕重與所需資格及報酬等要件上，維持正比例關係。因此，我們分類職位時，可將工作種類，工作繁簡難易、責任輕重，及所需資格條件，四個因素，作爲分類標準來分類，因爲這樣才能達致我們分類後的目的和功用。凡此四個標準充份相似的職位，作爲一個類，在人事上行政上，並以類爲單位來處理。凡屬同一類的職位，在人事行政上均應用同一的標準來處理，如此，既可使人事行政趨於簡化，亦可促使人事行政的合理與進步。

四、職位分類的意義：

從以上各節的敍述中，我們可以說已刻劃出了職位分類的輪廓，但是職位分類一詞，在我們現在的應用上，是一個專門的名詞，具有特定的內容與界說，因此，我們必須從學者的研究中，歸納成適當的定義。

1. 懷特 (L. D. White) 說：「公務職位分類，是將政府官吏就其所任工作性質、內容及責任，爲準確的定義，順序的排列，公平的估價，以爲平等待遇的基礎。」

2. 摩斯爾 (Williana E. Mosher) 及金斯勒 (J. Donald Kingsley) 認爲：職位分類，就是依職位的職務及所需條件爲基礎，把它分組爲若干類別或等級。

3. 費夫納爾 (John. M Pfiffner) 則說：「以職務、責任、權力及監督性質做基礎，將各職位分別歸入各個『類』，即此處所說的職位分類；換句話說，職務與責任相同的職位即同屬一類，不論職位屬於何機關或部門。」

4. 泰爾福德 (Fred Telford) 從職位分類計劃的構成要素上寫了一個極詳細的定義：(1)搜集各個

職位有關事項，包括：該職位的職務，該職位在組織中所處的地位，該職位的功能及該職位辦事細則等。(2)根據上述的資料，將各職位分別歸併於不同的類，每一類各職位的資格，考選和薪給都幾乎完全相同。(3)每一類給予一個書面的定義和說明。(4)以書面載明最低限度資格——指教育、經驗、智能、性格而言——以便選用適當人員。(5)每一類給予一個適當的稱謂。(6)以每一類的定義和各職位情形做基礎，將各個職位分別歸入一個適當的類。(7)說明升遷的次序，確定較低的類，亦即新進人員通常被任的類，確定較高的類，即可晉升的類。(8)列出每類的俸給表，示明從最低俸至最高俸間不同的待遇。(9)為使文官事務委員長、市長、市議會、有任用權之官員、公民組織，求職者及社會大眾充分明瞭，並使主管預算機關易於稽核俸給支出，應將各類再歸納入廣汎性的業務組稱之為門(Service)。每門中，更按責任的輕重及俸給的高下，分為若干等。(見 W. F. Willoughby; Princinles of Public administration P. 246–247)

5. 最後我們想再歸納研究職位分類的兩個美國權威學者，葛利芬海京(E. Q. Griffenhaen)及巴魯區的意見，以作比較，他們認為：職位分類就是根據事實的搜集分析，以發現公務之中，究竟有多少種類，或職級的職位之一種程序。分類不同，人事處理就有所不同。職務與責任是分類的基礎，並以此為基礎，將各職位歸入相當的類，及每類中的職位給予適當的每類名稱及系統的記錄。(見

Position Classification in the Public service P. 33)

以上各家定義由簡而繁，確都能勾劃出職位分類的意義，但前三項，失之過簡，僅說明了職位分類的特質，而未能表示出其程序。泰爾福特的定義，雖較詳盡，但嫌瑣碎，而於初學者，很難掌握其概念。只有後一種，可以說是一個非常權威性的見解，但很遺憾的是兩氏俱未歸納出系統的定義。因此，以下著者根據以上各節的體認，試擬職位分類定義如下：

公務職位分類，乃係應用於人事行政的一種方法，將政府機關事務性質（有別於政務官）的職位，根據工作種類，工作繁簡難易，責任輕重及所需資格條件之四項分類標準加以分析、整理與品評，以區別其異同，凡此四項分類標準，充份相似的職位，合併為一個類（Class），每類並給予準確的定義與說明，以作考選、任用、待遇、考核、升遷等人事業務之基礎，及其他革新管理之依據。

第三節　職位分類計劃

所謂職位分類計劃，係指運用于實施及繼續管理職位分類計劃的一套程序、體系、書表及其規則等。由此，可知職位分類計劃所包括的內容，至少有三：其一：是職位分類辦理程序，此包括籌設辦理機構，訓練人員，以及職位的調查、分析、品評，以及撰寫職級規範等；其二：是職位分類體系，此包括各個分類計劃中所產生的「職組」、「職系」與「職級」的結構，以及其有關的分類體系編號，職組、職系定義，以及職級名稱等；其三：是爲保持職位分類合乎時宜所規定的各種繼續管理章則，以及配合法規等，此包括職位申請覆核的程序，職位新增，變動等的分類，以及職位管理與查核辦法等等除了各項內容將另有詳細說明外，茲將分類計劃的幾點意義敍明於后！

一、分類計劃：是一種動態的規定，並非靜態本質的制度；職位分類，係根據職位的職務與責任之事實而爲之的分類結果。但政府機關，公務職位的職務與責任之事實，並不是靜態的，永恒不變的，兩者均隨時發生變動，因此巴魯區曾反覆說明如何保持現行分類計劃合時的重要性，亦卽說明分類計劃本身所包含兩種之辦法，能承認和適應該計劃所適用之職位性質而變化。例如：機關業務有增減，或職位內容有變動，卽往往影響到分類的結果，因而需要到分類構造上的變化及各職級規範的修正。因此，職位分類計劃中之分類構造及各類（職級）說明書的內容，決非固定不變的，而是隨時需要修正與變更的。而且，我們瞭解時間、觀念、技術與需要，都可能改變職位分類計劃的內容。美國從一八三八年開始，便已建立了職位分類的基礎，但缺乏重要的技術及方法，至十九世紀後半，泰勒(Frederick W. Taylor) 的科學管理中所發展出的工作分析，才使一九二三年的分類法有了重要方法及程序的規定，直至目前隨着事實的需要，美國有關職位分類的技術與觀念，又有若干修正，而且強調所有的標準與書面文件都是無止境的求其進步者，所以，我們說：分類計劃僅是一種動態規定，而非靜態本質的制度。

二、分類計劃本身僅是一項說明而非限制；分類不規定及一職位或職級（類）的職務，而僅是根據的事實，說明其某一時期的狀態而已，所以職位分類僅是「說明事實而非改變事實」，因而分類計劃不曾一點干預到一個執行官員的合法權力之處，執行官員以其合法權力，仍可設置新職位，廢除新職位，改變任何職位的職務與責任的性質、或改變一個職位的工作分配與責任，從而職位分類計劃本身亦有了修正。

三、分類計劃僅是一種便利人事行政推行的工具，並非一種目的；所謂，職位分類，我們說過係將所有職位，根據工作性質、工作繁簡難易、責任輕重及所需資格條件四個分類標準來區別其異同的一種方法。因此，職位分類本身，並不能處理人事業務，而只是有了職位分類計劃的協助後，可使考選、任用、考核、支薪等人事業務之處理更方便，更合理而已，所以，職位分類並不能替代其他人事業務的處理，其本身僅是一種方法，而不是目的。

四、分類計劃並非就是俸給計劃：職位分類的主要目標，是在同工同酬，此乃極自然的想法，而分類計劃之與俸給計劃，有其密切的關聯，亦為不移的事實，但分類計劃却非即是俸給計劃，因為即使缺少有系統的俸給計劃，而職位分類制度，依然可以存在。如兩者併存，卽使修改其中之一時，亦多不致對另一發生影響。職位分類與俸給間的區別，如不能辨認清楚，往往引致下列的混亂：卽爲解決俸給問題而將職位作不適的分類，或者——這種可能性較少——爲解決分類問題，而將俸額作不合理的改變。抑且，我們都瞭解俸給的決定，除依工作繁簡，責任輕重等標準擬訂外，尚須考慮以下有關的因素：此卽

1. 工作人員應依其工作成績優劣，支取不同的俸給。
2. 在某種限度內，工作人員應依其年資的長短，支取不同的俸給。
3. 若干政治的，經濟的及倫理因素，如：
(a) 爲維持工作人員社會上期望的生活水準所必要的金額。
(b) 使雇主或任用當局，在競爭的勞工市場上，能作有效地處理及公平地對待工作人員所必要的金額。
(c) 雇主或任用當局，對工作人員全部費用的負擔能力（如在一個國家，要考慮全國納稅人的負擔）。

上述三項因素中，可謂俱與分類本身無關，而需於實際擬訂俸級或俸額時，始行考慮者。因此，

我們更可以瞭解：俸給計劃與分類計劃有其實質上的區別。

第四節　公務職位分類程序之一——獲取有關職位之事實

獲取有關職位的事實，在職位分類的技術意義上，係指一種程序，用來找尋職位有關的眞正實況，俾能達到正確而客觀的分析與品評。因此，發現事實是分類工作的第一步驟，也是最主要的步驟，因爲我們說過了職位分類的結果，是反映事實，而非改變事實，所以，職位的事實如何，當爲首先須加明瞭的事。

獲取職位有關的事實，是一個相當繁複的過程，一般講來，獲取職位事實在職位分類的目的上所需研究的問題，一爲獲取事實的來源及內容，一爲獲取事實的方法。茲分敍如後

一、獲取事實的來源及內容：

公務職位分類所需要獲取的事實爲何？一般來講，我們認爲至少應滿足於下列三種的要求；其一、應能用作爲區別各個職系或一職系各職級間的事實基礎。其二、能憑作進用人員所需要的學識、技能、能力、體力、智力與個人特性判斷之事實基礎。其三、對建立或選用甄別各應考人員之工具，能提供資料之事實。事實的需要旣明，我們進一步便須追究，這些事實存在於何處，或向何處去找尋的

問題。職位事實存在於何處？回答這個問題，我們首先所想像的，當然是職位的本身，這包括他辦理的工作；擔負的責任；掌有的職權及需要的資格。但單是各個職位本身的事實，很難提供我們一個整體的輪廓，以作為各個職位比較的基礎，因此，我們亦必須瞭解職位所屬機關的事實，從這些事實中，我們可以獲取；職位所在機關的目的，業務與作用；職位之一般工作環境；機關中權限與責任之授與方式；職位與機關內其他較高與較低責任水準之職位間的關係及經過，該機關中政府整個業務的工作流程。當然，上敍兩種主要來源，已很够明瞭職位的事實，但從分類技術的需要上看，要澈底瞭解分辨及應用所搜集的事實，必須借助於其他有關的參考資料，此項資料包括一些技術的書籍，與定期性機關業務報導的資料等。由上所敍，我們自可歸納出公務職位分類所需職位事實的來源有三：一為職位的本身事實，二為職位的所屬機關事實，三為其他有關事實。上述的些事實，除這職位調查表外，尚包括機關組織規程，辦事細則，各種組織系統圖；工作流程圖，機關手册及程序，行政規章、命令、與公報，及工作計劃目錄；以及其他可供分類參考的職系性書刊或出版物等。

二、獲取事實的方法：

獲取有關職位事實的方法，雖然在一些討論工作分析的專著裡，採用了若干互不相同的名詞，但就一般來說，最主要而又普遍應用的，有下列五種方法：㈠書面調查法；㈡訪問法；㈢觀察法；㈣會議法；（Conference）㈤混合法（Combintion Method）。以下略予說明：

1. 書面調查法：

書面調查法又稱爲間接調查法，通常都是由主持職位分類的機關作成調查表，普遍分發與各機關，然後由各機關工作人員，負責據實將工作情形，一一填入，並經其直接主管及間接主管加以審核證實後，再送還辦理職位分類的機關。這種調查方法，我們綜合各家學者的意見，認爲其有下列優劣之處：

優點：

(1) 它較其他任何的方法更快的能獲取資料。

(2) 它更能適應包括衆多職位數字的機構加以應用。節省許多人力與物力。

(3) 它能使每個工作人員，由於調查表的填寫，對職位分類獲得瞭解，並有積極參與該項工作的感覺。

劣點：

(1) 設計調查表的工作異常困難。

(2) 對調查表所要求的事項，通常甚難達致一致而統一的瞭解。

(3)完整事實亦難獲得，誇張、虛僞在所難免。

(4)對某些人員像低階層職位，工廠工人等，無法達成填表的任務。

(5)不同的語彙，使對調查表解釋發生困難。

(6)對調查表的資料，必須重加校正、整理，亦爲耗時之事。

(7)由於分類人員對調查表的解釋，往往無形加入主觀的意見，致成不正確的分析。

根據以上的比較，我們自能明瞭書面調查，並不是一個很好的獲取事實的方法，所以倫亨（E. Lanham）氏說：『由於其缺點遠超過其效益，因此，書面調查方法，在工商企業機構上是一個最少應用與最不可靠的方法。』不過，公務機關職位數字的龐雜，及其地區遼濶，格於人力、物力、時間三方面的限制，於初次舉辦職位分類之際，一般的都採用爲最主要的獲取事實之手段。

2.訪問法：

訪問調查法係直接調查方法之一種。這種方法便是由分析人員親自到所需訪問的單位之中與該項工作的擔任者，或其主管人員晤談，以獲取所欲獲得的資料。這種方法的應用，在一般討論工作評價的專著裡，雖也承認有着若干限制，但一般都認爲能得到較爲確實的資料，所以彭奇氏說：在獲取必需資料方面而言，沒有一種方法可替代分析人員對實際工作擔任者的訪問。以下我們願意綜合各家學者對這種方法的優劣之處，加以介紹，藉作研究的基礎；一般來說，在各家學者的意見裡，訪問法的優點爲：

(1)這種方法較能得到正確與完整的資料。

(2)可克服許多文字上敍述無法逾越的困難。

(3)可進一步的使訪問者與被訪問的双方，溝通有關分類上問題的癥結，以獲取諒解與信任。

訪問法的效益如此，但是明顯地亦有許多限制：

(1)訪問法在大量職位的機構裡，需要太多的時間。

(2)訪問法的進行係訪問者與被訪問者双方的配合工作，因而相對的耗費許多時間與金錢；增加薪金的支出而減少了生產。

(3)訪問的進行，因受若干時間，金錢及技術上的限制，通常很難普遍訪問每一工作人員，不得不採取代表性職位的訪問，但何謂代表性，在未對普遍職位有所瞭解前，實難加以決定者。

(4)訪問的進行，因涉及若干心理上應用的因素，因而通常要求訪問者，有若干熟練的技巧。

從以上利弊得失上比較看，訪問雖能獲得較爲正確與完備的資料，但在公務職務如此衆多與龐雜的情況上看，以此爲主要的調查手段，事實上恐無其可能，亦無必需，所以，在研究公務職位學者的意見裡，訪問法僅是發現事實的一個輔助工具。此項工具，根據美加文官協會意見，認爲是針對下述的需要而採用：第一、用以補充敍述表達的不完全，或用以確認其內容。第二、爲對整個組織中典型示範職位；職位分類計劃中代表主要職級之職位；不平凡種類的職位，以及因其分類而在以後用以定薪，錄用，或其他人事程序時可能發生特殊或爭執問題的職位之進一瞭步解起見而進行訪問。由此，我們可知訪問雖僅是獲取事實的一個輔助手段，但其在獲取事實的程序中，能產生清理，證實或補充的效果。

3. 觀察法：

觀察調查法與訪問調查法，一般都合稱之爲實地調查法，因爲它們都是由分類人員親自向工作人員或其工作所在地，針對所需獲取的資料進行調查。不過訪問與觀察，事實上還有其差別的。一般來講，『訪問是從上到下都可使用以求得工作方面的事實之一種技術；而觀察工作的進行，則使這些事實成爲動態的』。由前面這個說明來看，我們可知觀察調查法，就是由受有訓練的分析人員，親自觀察實際工作的進行，以獲取被分類人員工作事實的方法。

這種方法，我們說過，它與訪問法同被稱爲實地調查法，因此，上節所討論過訪問法的優劣之處，大致都甚相似。不過根據一般學者研究，這種方法雖然在某方面說較諸訪問更能獲得正確的資料，但是同樣地它更須持有充分訓練的分析人員，耗費更多的金錢與時間，同時其最大限制，還在這種方法不能普遍適用到所有職位。因此，奧梯士等（Otis & Leukart）認爲觀察法適用於工作單純，而其各項工作流程並不複雜的情況下最爲成功，反之，工作變數大，工作流程長，尤其那些依賴判斷、決定、比較等思考因素的職位。應用觀察來獲取事實，便將發生困難。由此可見，觀察法的單獨使用，將不能獲取完整的職位事實，除非那些極其單純的職位。否則，如包含有監督職責等無形因素的職位，依賴觀察法，將更難獲取。且工作流程若太龐雜，分析人員亦難廣泛了解進行，觀察亦益形困難。

4. **混合法：**

混合法通常係指運用一種以上的調查方法，來獲取職位事實的方式，這種方式可能的變化很多，其應用端在適應各種不同的情況。例如：書面調查法，我們在以上而討論是公務職位分類上最普通應用的方式，但是依賴調查表將不能到得預期的效果，因此，必輔以實地調查的訪問與觀察。這種兩者交互使用的方法，便可稱之爲混合法。鑑於每種方法都可有其缺陷，因此，一般都認爲，沒有一種獲取事實的方法的完美的。有些方法雖多少比其他方法爲優良，但可能沒有一種方法能保證所收集的資料係屬完整可靠。因此，在從事獲取事實之際，實應對每種可能應用方法的效益與缺陷加以辨識，然後針對各種不同情況而作不同的應用。至於所需考慮的狀況爲何？以下是應行注意之點：

第一：調查的時間與經費上的限制。

第二：調查時地區的範圍與人數上的限制。

第三：調查時分析工作人員數量與素質上的限制。

第四：所被調查職位工作類型的限制。

第五：所被調查職位工作人員素質差別上的限制。

第六：各種調查方法所可能產生的心理上影響的限制。

以上各種限制，在從事選擇獲取事實方法時，都須加以考慮。例如，時間急迫，經費短絀，大量從事訪問調查法，實不可能，而職位人數較少，而普遍實施書面調查，亦非所宜，再在分析人員及職位，工作人員素質上，亦可影響到發現事實方法的成敗，分析人員若不具有訪問的技巧與經驗，常無法得到滿意的效果，而知識程度愈形低落的工作人員，其採用書面調查成功的機會，亦將愈形低落。

總之，各種方法俱有其長處，亦將有其缺陷。其能成功與有效的運用，端在分類專家的判斷，亦即在研究各種方法之餘所應獲取的結論。

第五節　公務職位分類程序之二——區分工作種類

職位分類，我們說過，其主要目的爲便利人事業務的處理，而最能達到此項目的，又是職位的職務與責任。假若我們要從職位的職務與責任中去找尋其相似與相異之點，很顯然的可以看出兩大特質：其一，是構成職位職務與責任的工作種類；其二，是構成職位職務與責任的困難程度。從工作種類來看，我們可以理解，一個文書人員的工作與另一個文書人員的工作，有其相似；而一個文書人員的工作與另一個機械人員的工作却顯然有其不同。再從工作的困難程度來看，單純抄寫繕錄的工作，固與設計研究的工程職位有其不同，即使單純抄寫繕錄的文書與撰擬文稿的秘書，亦應有其高低；所以，在實行職位分類時，此兩項特質，都必須加以考慮，因爲從橫的方面，我們區別了職位工作性質或種類，然後在縱的方面，再劃分了職位工作程度的高低，然後才能達到職位分類區分的最後單位——職級，以便利各項人事業務的處理。但是政府機關的工作人員如此龐雜，要想將此兩項特質合併加以考慮，由於人類智力的限制所不能，因此，一般實行公務職位分類的國家，都是將此二項特質逐步考慮，第一是先按工作種類的區分，產生職系（Series）。第二再按職責難易的水準產生職級（Class）。

一、工作種類的區分——職系的意義：

職系（Series），爲公務職位分類中的專有名詞，而在一般工商企業機構的工作品評計劃中，尙未見其提及。考其原因，固然由於兩者計劃的目的有其差異。前者普遍應用於各項人事業務的處理，後者著重於工資問題的解決。但其主要的差別，還在計劃範圍的寬狹不同。此由於公務職務數字龐大，在由各個職位事實的分析，以達到職級的過程中，非經由職系區分的程序，而無由達成最終的分析，因而一般人認爲職組織系的區分，在便於分析，但除此之外，我們並不可忽視職系在分類構造中的主要功用，職系是一個工作人員在分類構造中的升遷系統，亦卽在一個職系所包含的各個職級中，工作人員如何循序漸進的基礎，所以忽略了設定職系的這個過程，匪特有碍於分析程序的進行，而且使某些人事行政的處理缺乏了依據。因此，在創辦職位分類的國家，如美國、日本、及菲律濱等，都有職系的設定。美國職位分類構造，在一般職表之下區分爲職組，職組之下再區分爲職系。其對職系的解釋爲：職系是職組的再區分，包括一個或一個以上工作性質相同，但在所執行工作的困難及職等上，並不相同的職級，被認爲是最自然的升遷系統之構成層梯。除此之外，又曾說明：『一個職系，必須具有下列兩種特性：卽：1. 包括一單獨的職業。2. 某些基本資格，爲各職位所共同需要，且與其他職系職位所需要的不同。』

日本職位分類法上，對職系的意義有所規定，不過他以職種稱之：『職種係職務之種類似相，其複雜與責任程度相異的職級之群』。又說：『職系以任務上之種類相類似，而其複雜與職責程度相異之職級形成之』。

我國職位分類法亦規定：『職系，係包括工作性質充份相似之若干職級』。

以上三例，對職系的解說，雖詳盡各不相同，但足可提供給我們一個完整的概念，此卽，所謂職系，係指工作繁簡難易、責任輕重及資格條件並不相同，而工作性質充分相似之所有職位之彙集，乃職位之自升遷系統及工作性質的最後區分。從這一概念，我們願有幾點說明：

甲、職系乃工作性質的最後區分；職系係職位工作縱的區分，亦卽區別在全國所有被分類的職位中，究竟有若干不同的工作種類。此處所指的工作種類，亦卽我們所稱的工作性質。工作性質雖然是依全國所有職位的類型加以區別，但各國對於此項區分在分類構造上並不相同，美國在一般俸表中職門之下，區分為若干職組。這個職組可以說是職門與職系之間的職位工作性質之中間區分。因為在這個職組之下才又再劃分為職系。這樣的區分，顯然是三個層次的構造，亦卽職門、職組、職系。而在日本，早期的設計及實驗階段有職組之設，到正式公佈階段，廢止了職組。所以，日本的工作性質區分可以說僅有『職系』的一個階段。不過最近的趨勢，又有職組的設置。我國考試院職位分類計劃委員會所擬議的分類構造，亦有職門與職組之設，所以亦爲三級制，從以上的說明看，可知工作性質的區分，並非僅限於一同階段，而我們所謂的職系，其概念應指是工作性質區分的那一個最後階段而言。

乙、職系與工作繁簡難易、責任輕重及資格條件高低無關。職系只是職位工作中縱的區分，而工作繁簡難易，責任輕重及資格條件高低，乃程度高低上的區分，是一種横的分析。横的分析在職位分類計劃上，有其另外的含義與方法，不包括在工作性質區分之內。所以，我們在考慮設定職系之際，通常僅考慮各該職位所擔任工作的種類，而並不衡斷在各該職位工作中究有如何的高低。

丙、職系是職位最自然的升遷系統。職系固係所有職位工作性質的彙集，但亦爲各個職級的聚合，在這上下職級的層次中，職次之由低一職級升入高一職級，是一個最自然的途徑。所謂最自然，當然是指升遷系統的理想情況而言。在職位分類的晉升計劃內，有的情形是必須從一職系的職級晉升到另一職系的職級內，但那是特殊情況。

二、設定職系的方法：

設定職系的方法，在整個分類的過程中，是一個比較單純的程序，一般來講，都是採用歸納的方法，而其進行的步驟約有五種：

甲、蒐集全國各機關之組織規程，辦事細則等資料。

乙、抄錄組織規程辦事細則上的職掌。抄錄職掌時應注意：(1)應注意選擇，亦卽分辨職位事實何者爲主要職掌，何者爲不主要職掌，且在若干職掌之中，應分件抄錄，不可籠統。(2)每個職掌，應登錄在一個活頁卡片之上，以便將來合併整理。

丙、將各個活頁上登錄的職掌，予以分別研究，並作精細的整理與歸併。此時，我們所進行的，有下列工作：(1)删除重複的職掌，因爲在登錄職掌時，係根據許多不同資料，因而，必然有許多重複，此時在若干相同的職掌中僅留其一，以作將來設定職系的依據。(2)逐項歸併，職掌的歸併，係依照逐步細分的原則，以達到最後的需求。此種細分，一般的都是應用歸納的方法，由職門、職組，而職系合併而成。職門是工作性質的最初區分，代表工作種類很廣泛的集團。如美國工作性質的第一個分類便成爲科學、書記，與行政的及技術等職門。職組是工作性質的再區分；亦卽：各個職門內的工作性質，依其較爲相近的，再合併若干職組。此時，工作性質的區分雖已較職門爲精細，但每一職組內所包含的專長，乃過於廣泛，在用於許多人事上的目的時，尤其用於徵選時，仍需分別處理，因而可謂尚未達諸我們最終的目的。例如美國的工程職組，可能包含一種至七十種或更多的專長，而一個化學工程師與公路工程師同屬一個工程職組之內，這種情況顯然地不符我們人事目的上需求，因而必需再予細分。最後將工作性質依照我們所需求的程度，區分成的各個集團，是爲我們所稱的職系。工作性質的區分，到此可謂已進行到了它的極限。

丁、將歸併成的最後職掌，經過文字的整理，卽成初步擬定的職系。關於職系文字的寫法，從美國及日本的實例中看出略有不同。不過他們在敍述的格式上都是採用「包括處理………等工作之職級」字樣，其中稍有不同者，乃在其所包括處理的內容。於茲我們可歸納出兩種極端的寫法，一爲列舉式，亦卽十分詳盡的具體將職系工作逐一列出，此種方式的寫法，其內容必非常冗長，萬一有所遺漏，反失去全盤列擧的精神。一爲概括式，卽籠統的說明職系所包含的工作性質，此種說明顯然的是內容過於廣泛，很難瞭解該職系的內容究竟是什麼？同時，某種工作究應屬於何種職系，亦很難確定。所以，兩種極端的寫法俱非相宜。目前所應用的，應該是綜合的寫法，卽列擧與概括並用，在職系之前，先列擧若干認爲本職系中最主要的工作，而這些工作又可引導閱讀者明瞭本職系中主要的工作性質，然後再概括綜合其主要內容而說明之。例如考試院所擬議的護理職系，其職系內容爲『包括檢溫、注射、給藥、採血、洗腸、體檢、護理器械消毒準備，病房巡視，病患看護等之研究、設計、審核、督導，及實施之職級』。前段具體事實，實係列擧方式，後段研究、設計等係工作層次概括的說明，這樣文字可免過于冗長，亦能表達出職系所包含的意義，比較上是一個妥當的方法。

除此之外，在職系數字較爲龐大的職位分類機構內，尚有職系編號的工作，如美國職系的編號，有三個部份，中間由短劃分開：(1)俸給表的記號（G. S.）。(2)派給職組的號數範圍內的號數（這種號數可有四位，前兩位代表職系的編號，其編號依順序排列）。(3)一個零，用以表明全職系，而非某一特定職級或職等的符號。其速記職系的編號便爲GS-310—O

三、設定職系的原則：

設定職系，爲工作性質的最後區分，但此處所謂的「最後」，是否有一定的標準可循，如土木工程工作，我們如從稍爲廣泛的標準來看，它是一種工作性質，因而可設定爲一個職系，但此種土木工程工作，若稍加精細的區分，實又可再區分爲道路、橋樑、涵洞、上下水道等工程，所以這些工程又可區分爲不同的職系。那麼，我們設定職系時，究竟要選擇怎樣的標準，以達到最後的區分，實是一個頗值研究的問題。

設定職系，在各個實行職位分類的國家裡，有着相當的差別，例如美國，共分廿一職組，四九八職系，其最多的生物學職組共分卅六職系。最少的教育職組，亦有三個職系，卽就人事行政與工業關係職組而言，也分劃了十六個不同的職系，其名稱如下：(1)人事行政職系，(2)人事研究職系，(3)人事書記職系，⑷任免遷調職系，⑸分發就業職系。⑹資格銓定職系，⑺測驗評定職系，⑻人事評定檢查職系，⑼職位分類職系，⑽業務分析職系⑾薪金及報酬行政職系，⑿僱工關係職系，⒀和解與斡旋職系，⒁勞工仲裁職系，⒂學徒身份代表職系，⒃退休職系。而日本的職系設定，經過數度的合併，正式公佈的僅有一七一個職系，其中人事行政工作，並未見有專設的職系。由此可見，前者的區分，可謂是最精細的一種，而後者在比較上無異是廣泛了很多，究其原因爲何？我們願意從實際的或社會的觀點，及人事上的運用來加以討論。從而亦可歸納出職系設定的若干準則。

1. 職系的設定，是反映社會專業分工的情形。美國是一個高度專業化的社會，因而反映其職系的區分上，亦是極其精細的分工，這種情形，正如美國人事行政雜誌所指出的：專業是美國社會生活的趨向。『職位分類旣是事實的反映，因而必然的是趨向于精密的專業區分』。相反的，在一個並未高度工業化的社會，專業分工並不精密，其所設定的職系比較上自然廣泛。因此，在公務職位分類上，於設定職系時，常須參考學校培育人才的方法，課程的編排，以及私人企業上的專業分工情形，因爲設若職系的設定與社會情形，實際上發生脫節，非特在人才的供給上發生困難，而且使一般人們心理上無法接受而產生杆格不入的流弊。不過職系的設定，雖係反映社會分工情形，但在兩個極端的情形下，過度專業化與過廣泛分工的社會裡，都應該適度地加入修正，因爲這裡面又須考慮到政策與人事行政上的運用。先從美國情況來說，他們是一個高度工業化的社會，反映於職位分類上過於複雜的構造，使機構的業務往往流入刻板文章的窩臼。而高度專業區分的結果顯示：⑴狹窄而重複性的操作，使職位工作複雜需求性的刺激消失。⑵專業區分，使一般管理能力的永業進行產生了嚴重性的窒礙。⑶專業區分使計劃的形成及行政決定益形困難。由於以上的討論，美國的學者，都感覺到美國職系的區分是過於細密，因而美國文官委員會，亦企圖規劃其職系區分至最少量，目前並規定：⑴提示職業專家勿過度的區分專業，⑵當考慮一職業內需否再區分爲若干專業時，需依執行工作所需要之資格的性質而定，所執行的職掌，處理工作名稱及程序之不同，僅當執行工作眞正需要不同的學識、技能，及能力時，方屬需要。⑶除非遇有合理的疑問時，不要另行成立新的專業特徵。再從過於廣泛的職系而言，職位分類雖是反映事實，但多少要顧慮到這個職系所需之專門學識，技能及能力是否爲一般工作人員所具備。同時更重要的，我們認爲職位分類的政治意義，尤其是在一個身份觀念特別濃厚的國度，實含有規範與限制之作用，亦卽使其與任用與考試的結合上，可略帶强制性的，使必需具有職務與責任所要求的資格之人，配置於官職結構之上，這樣當可防止官吏姿意徇求的弊病，自亦有助於專門化官吏的發展。因此，日本學者足立忠夫曾建議：職位分類雖然以職位之現行的職務與責任爲基礎，但亦無妨以「其可行或希望其能行的職務與責任」爲分類基礎，亦卽職位分類經過獲取事實的諸手續之後，可發現官職事務行使方式的缺陷，如：權限的重複，不公平的事務的編配，事務上遂行的窒礙，無效能的事務系統及非科學的事務遂行方式等。這些對於事務遂行方式的澈底改編，無異提供了有力的門徑。所以，在實行職行分類階段前，必須根據行政組織的專業分工，權限系統直至官廳文書器具之改善，及其設計的改革等，一連串措置的合理方式，予以調整。當然於此場合，實際擔任分類的官廳，不僅要充分保有「對適當的方法，作業單位及工作量的基準，肉體的心理的要件等，均有研究，而且受過官職分析訓練的分類專家，並且對於各級官廳，關於採用此等分析成果於其實際事務遂行的方式上，且有強制的權限，亦卽加大人事機構權限，當然在進行此項工作之際，必須與應作事務改善的各部及行政管理的官廳與財政部的合作」。由這個說明，我們可知，職系的設定若眞實反映出事實的不合理，自需適度加以修正。

2. 職系的設定，應滿足人事行政上的需求：從職系的設定應滿足人事行政的需求的這個觀點來看，我們實可發現兩個相反而相成的原則。第一、我們從用人及工作指揮調配之便利上來看，職系應較廣泛。因爲我們知道一個工作人員之工作分配，常無法加以固定者，在事實上，主管人員常有因業務需要而指派另外的或其他的工作者。這種事實，決不能因設定職系的關係而阻止其發生，如某甲原係擔任道路工程之設計，以後主管人員指定該某甲擔任橋樑工程之設計工作，或某乙原係擔任橋樑工程之設計工作，以後主管人員指定該乙某擔任港灣工程之設計工作，此種工作人員工作分配之變更，不僅很普通，亦是非常需要的。又如某甲原係擔任港灣工程之監工工作，某乙原係擔任道路工程之監工工作，嗣後，主管人員因業務需要，將某甲與某乙工作對調，這亦是一種常見的措施。從以上的例子來觀察，如道路、橋樑、港灣三項工程分設不同職系，則主管人員對職位工作的調度，卽將發生阻碍，因爲通常工作人員如分配屬於另一職系的工作，或一個工作人員與處理其他職系的工作人員對調，在人事業務處理上均屬不合規定者。第二，相反的，職系的設定，其所包括執行工作所需之專門學識，技能及能力，要爲一般工作人員所能具備。因爲我們知道，執行一種工作，必須具有執行該項工作所需要之學識、技術、及能力，如執行多種工作，則又必須具有執行該多種工作所需要之學識、技術及能力。工作人員之工作分配，通常只能限於同一職系的工作人員相互間的調度，反過來講，一個工作人員，在同一職系範圍內的工作，如繼續不斷由主管人員予以指派，變更與調動，則擔任某一職系工作的人員，他必須對該職系內與現任工作程度，相當的所有工作均能處理，但因處理一種工作，必須具備該種工作所需要之學識、知識、技術及能力，則處理某一職系所有工作的人員，他亦必須具備爲執行該職系內與現任工作程度，相當的所有工作所需要的學識，知識、技術及能力。因此，當職系之範圍愈廣泛時，則所需要具備之學識、知識、技能及能力之範圍亦愈多，但常人智力有限，尤其近代智識日新月異，對某一項學科的專精，常須經年累月不斷研究，始克達到專精的工作需求，如職系過於廣泛，不但工作人員不能勝任愉快，而且會減低工作的效率。所以，職系的設定，不能過於廣泛。綜合以上兩項原則，我們可知職系過於精密與過於廣泛的設定，俱非所宜。至於在設定時，除酙酌上述考慮外，更應顧及機關業務分工，該一行業知識的深度與廣度，合理調配後，審慎地加以決定。

基於以上的討論，我們自可歸納出設定職系的準則；亦即設置職系應首先考慮到社會專業的分工，政府業務的配置，學校教育科系的安排等條件妥善設計，然後再考慮到這些職系在人事應用上，能否圓滑進行。經過了這樣的程序，職系的設定，應到達最後的決定。至於以後由於政府業務的變更，合併或裁撤，或由於新發明，新技術所產生的專業分工的改變，職系自亦有更動的必要。不過，我們應牢記的一個原則是：職系的設定，不是一個數目多少的問題，那是一個國家的國情，社會分工，教育制度，文化背景的產物，然後根據這些結果，再參酌上人事行政上的考慮，便得到了最後結果。

第六節　公務職位分類程序之三——評定工作程度

職位經區分為職系之後，在各個職系的工作中，究有多少難易不等的工作而應區分為多少「職級」與「職等」。這在職位分類的整個程序中是一個最為繁複的工作。關於衡量職位工作的程度，職位分類的術語稱之為『品評』。所謂品評，簡單的說，就是決定職位間的相互高低水準，分析言之，此項程序，實含有兩個主要的步驟：一為比較職系間職位與職位的高低，是為類式職級；二為決定職系間職級（類）與職級類的價值水準，是為職等。無論其為職級抑或職等，可以說都是經由一種標準價值的尺度來加以衡量的結果，此種標準價值的尺度，在分類職位的應用上講，通常都是指分類因素而言，所以，美文官委員會認為，品評便是依據分類因素，品評一職位或職級之重要職責，以決定其在分類計劃結構中之相對位置。此項說明實可說已包括了職位品評的整個概念。

第一、品評是價值的衡量。但價值是相對的，因此，我們不能說某一個職位或職級的絕對價值如何。只能說某一個職位或職級的高低如何。由這個瞭解，我們可以說，職位或職級經過品評的結果，只能說是充份的相似，而無法達到絕對的相同。因此，我們於實際品評時，不論所採取的方法為何，決不能把職位事實當做個體看待，而職位間相互的關係，亦應相當的顧及，此點實有賴於分類人員對分類技術靈活而巧妙的應用。

第二、公務職位分類中的品評，其品評對象雖為各個職位的職責事實，但其產生的結果，却是各個高低不同的職級與職等。職級與職等是職位的聚合體，在各個聚合體中，雖然有些許的差異，但我們從人事行政的應用上看，是當着同一的單位來處理的。所以，我們在觀察各個職級與職級的職位事實時，應牢記一項原則：在一個擁有大量職位的職級中，那些代表該職級典型的職位，當然要佔多數，其他的則處於邊緣的地位，居於薄弱邊緣的職位，比較更低職級中最堅强的職位，並不見得强得很多，而堅强的邊緣職位比較高職級中最薄的職位，也不見得差得就很遠。因此，在從事職位比較的工作時，不可以一個職級中的邊緣職位爲基準，而應以職級的中間或典型職位爲基準。品評的概念旣明，玆根據此種概念，將品評主要事項簡述於後：

一、品評的步驟——「職級」與「職等」。

品評的過程，屬於心智的應用，雖無嚴格的步驟可資遵循，但一般來講，亦有其進行的路線。假如我們依照職位分類體系的結構上來看，職位經過了初步分析的過程，已經將所獲取的全部職位事實，加以整理與組織，並依其職位所處理工作種類的異同，區分了各個不同的職系，但職系僅是工作種類上相同的最後區分，在各個職系裡不同職位間，其工作繁簡難易及職責輕重，猶須經過價值的衡量，使其成爲各個職位的集團。此等職位的集團，在職位分類的專門術語上，謂爲職級。職級係包括：(甲)其工作之種類或主要事務，(乙)困難之程度與職責之輕重及工作所需之資格條件，係屬充分相似之職位，用以保證在人事行政與報酬方面，亦予以相似的處理。由這個說明，我們可知，職級是同一個職系職位間職責難易的區分。但在整個分類計劃結構內存在有許多不同性質的職系，這各個不同職系中所包含的職級，其中雖都有最簡單與最困難的職級序列，但甲職系中最困難的職級其職責難易並不見得與乙職系中最困難的職級相等。因此，我們亦須經過一項技術的過程，使職系間職級與職級在工作繁簡，職責難易的比較標準下，產生職等。表示職等係指包括其工作之種類或主要事務雖不相同，但甲困難之程度與職責之輕重及（乙）工作所需之資格條件標準，是屬充分相等之所有職級，用以保證將是項職級均納入同一基本報酬俸給範圍內。由此可見職位品評的程序，若從分類結構上研究，實包括兩項主要過程：一爲職級的設定，二爲職級的列等。至於職級如何設定，設定後的職級如何列等，一般都是採用若干比較的觀點來衡量各個職位職責事實的結果。

二、品評的因素：

分類因素，亦卽區別職位異同的觀點，乃是所有分類程序中不可或缺的要件，因爲不論我們是獲取職位有關的事實，都需根據旣定的因素或觀點去加以搜集分析或品評。如此，我們始可集中注意於有意義的事實上，而不必徒做無益的工作。在一般硏究職位分類技術的專著裡，我們可以發現，分類因素是一個相當繁複而技術性的問題，因爲每一計劃可因其分類的需要（例如有的是著眼於工資問題的解決，有的又泛指一切人事管理上的應用）及工作類型（例如監督性職位，非監督性職位，技術職位，工人職位等）而採用各異的因素。同時，我們瞭解，職位分類有關技術的發展，與其他科學相似，是由簡而繁的。李特爾（Charles W. Lytle）指出，早期應用於工作品評上主要特徵的選擇僅有三項：⑴以前的訓練，這一部份決定一個人適於擔任特定職業工作上所需最低教育程度及工作經驗。⑵工業上或工廠中特定職業的需要，這一部份決定所需技能、正確性、創造力及完整性。⑶執行一種職業的工作應具備何種身體上的條件，這一部份決定健康，意外危險，不舒適的環境及身體上應努力等各項。而到了今日據鍾斯（Philip w. Jones）的統計，應用於品評職位的工作特徵，可有九十五種之多，到底這些特徵中我們應選擇多少，而那些又是公務職位分類中共同而不可缺少的區別特徵，選擇特徵又有那些原則可循。這些都是本段所將要研究的主要課題。

公務職位上所應用的分類因素，由於其所包括職位數的龐雜，事實上恐怕更須審愼的選定。關於此項問題，美加文官協會所編的公務職位分類有極詳細的敍述。它指出一個職位的任務和職責，可以從事實上根據若干基本要素加以研究和分析。這些基本要素，一般的講，可以含概所有公務職位的特質，以達到分類的目的。因此，他們稱之爲終極的分類因素：⑴代表性的主要事項，職掌、業務或職務，⑵職務的難度或繁複性；⑶非監督性的責任，⑷監督性和行政性的責任，資格條件。但是依照此廣泛的特徵爲基礎，將職位加以分類或品評，事實上將無可能。因此，緊接之下，他們更提示出許多分析一個職位的困難與責任的要點，這些要點也可說是分析與品評職位應行切實把握住的分類因素。

不過它的頭緒太多，應用又未免困難，所以一般採用分類計劃的機構，又採摘較適中的分類因素。其中較通用者，應爲美國文官委員會所制訂的八大因素範式。

(1)工作之性質與變化——本因素包括工作課題之性質與變化。關於「性質」應考慮所任工作之種類，卽以所包括之工作課題，職掌、專業或職業等要素爲基礎。所表示之種類，應考慮執行工作身心兩方面之程序，並應考慮應用之技能、知識及技術。關於「變化」應考慮一職級所含固有工作種類之不同，以反映其在本質上並非相同之工作。例如，速記員包括兩種本質不同之技能，卽依速記方法紀錄及繕打此項紀錄。

(2)所受監督的性質——本因素包括職級上所受審愼的，計劃的監督管制，工作範圍及決定之性質與最後性之限制。所包括的項目如下：a.選擇指派工作之標準，b.上級主管人員之直接的指示或勸告之性質 c.，行動及決定上所受限制的範圍及程度，或所受審核之範圍及程度，如全部受審核，作某重點之檢查，審核計劃之有效性；或只審核計劃之政策是否正確。

(3)工作上所用例規的性質——本因素係指有關管制或影響職級工作之執行之各種例規，卽在工作之執行上，遵循規則、規章、手册、程序規定，規定的工作實務，原則，政策或其他書面的指示或方法之範圍。

(4)所需創造力——本因素包括職級工作上所需發明，思想及革新創造能力之程度。所重要者，在於工作上需要：(a)所發展之新的途徑或前所未有的方法，或(b)所制訂之標準的工作實務之變更，(c)用以解決新問題或以新的方法解決舊問題所需要之才智或聰明，亦爲本因素的關鍵所在。

(5)與人接觸之數目及本質——本因素係指在機關內與內與監督系統以外之其他人員所保持之關係，包括「爲何事，爲何目的，如何接觸及與誰接觸」。如與人接觸係：(a)爲供給或獲取資料，(b)爲提供個人的服務，(c)爲執行行政任務，(d)爲解釋政策或工作方法，(e)爲解釋方案計劃，或個別行爲：(f)爲維持協調，獲得或接受合作或解決爭執。

(6)所作建議、決定、處置及結論之性質與範圍—指可影響作用、計劃、方案、方法及政策者之疑難問題或案件及考慮此種判斷或行動；指可用指示、授權、及主管人員之審核，或用機關目標、政策、規則、規章、法令或先例來衡量者之最後性的程度。

(7)所予監督之性及質範圍——本因素係指所運用之監性督的質與範圍。在「性質」之下，係考慮管制下事項時，所表現出之監督的責任之類型；如政策、目標、計劃、工作過程、人事及行政事務、工作指派、工作方法、職員在訓練與指導、協調、連繫、生產及成果等。在範圍下，係考慮所予監督行動之變化，如由於機關中位置與上級授權之限制，及考慮爲此種要素如工作之困難，職掌之變化，及所監督之組織的複雜與大小等所需要之執行程度。

(8)資格條件——本因素包括爲完滿執行職級工作所需要之知識，能力及其他要求。

三、品評的方法：

使用有系統的方法品評職位的觀念，由來已久，遠在一九〇九年至一九一一年格里佛里京（E. O. Galen Frejen）便在支加哥的市政業務方面應用，其後復推行至聘用大批辦公人員之公司及政府機關。但其最初，似未被人注意，直第一次大戰中及大戰後，由於實業界及政府機關在人事行政上的需求，職位的品評才有普遍的應用。此後經過不斷的演進，其方法的最初排列法的應用，而至分類法或定等法。直至一九二六年完成了目前使用的四種主要方法。這四種方法，就是美國戰時人力委員會所介紹的：①排列法，②分類法或預先定等法，(3)評分法，(4)及因素比較法，茲簡介如下：

1. 排列法——這個方法，以整個職位與職位之比較爲基礎，通常並由對於職位工作甚爲熟悉之委員會執行，比較之結果，將一切職位依照其價值或對機關的重要性予以排列。至價值或重要性，則考慮工作之困難與責任而決定。各職位經此排列後，按其程度之高低，劃分爲幾個階層，每一階層卽爲一職等。

此一方法具有其合理性及簡易性，有趣的是在某種意義下，每一品評方法均須應用排列，但因排列法對於品評人員之個人判斷力，及工作知識要求為最高，故在大規模的機關，或職業內容極為複雜時，此種方法之協調的推行，在實際上將屬不可能。

2.因素比較法——這個方法具有兩種顯著的特性：①先選定若干標準價值業已確定的「主要職位」，②將一職位的價值分配至若干指定的因素。這個方法的執行，在於委員會之判斷。委員會選定「主要職位」後，即以實際的薪俸為準，確定每一職位的標準價值。然後再將職位之薪俸的一部份分配於每一個因素，全部主要職位之各因素，經分配薪俸價值後，再將每職位的某一因素（譬如說是所受監督）抽出，按照因素薪俸價值之高低排列，並作必要之調整後，即可製成一份各主要職位之因素及其薪俸價值衡量表（如「所受監督因素及其薪俸價值衡量表」）。

主要職位之全部因素及薪俸價值衡量表製成後，委員會即可據以按因素品評其他職位之價值。其他職位之每一因素與主要職位因素及薪俸價值衡量表比較後，即可獲得各因素之薪俸價值，再將各因素的薪俸價值相加所得的總數，便表示該職位的薪俸價值。當每一職位品評完畢後，將新獲得的因素內容及薪俸價值，分別插入原有之主要職位因素及薪俸價值衡量表內，期使衡量表之內容再加充實，品評其他職位時更能確實，如基本薪俸額遇有變更，則衡量表內原有的薪俸價值失去時效，故欲期獲得合時的薪俸價值，則應採用一種換算的方法。

因素比較法已經獲得各界廣泛的承認。但此方法在本質上，只能適用於較少數目的因素，而無法適用於一切職位工作有關的因素。此種方法過於複雜，一般人員難於瞭解，這是因素比較法的短處。此一方法雖已適用至各式各樣的機關，但最宜於應用的，則為小規模或職位種類較少的機關。至應用得最成功的，則為工廠或屬於藍領階級的各職業。

3.評分法——此種方法，亦使用若干因素的衡量表，此與因素比較法相同。惟此種方法的衡量表與因素比較法的衡量表，有下列三方面的基本不同：

①衡量表的幅度及分數價值，並非根據主要職位的薪俸，而是先對各因素給予一定之比重的份量（即每一因素最高程度之分數），而後再將每一因素劃分為若干程度，每一程度並給予一適當的定義，並將同一因素各程度之定義，按其程度高低順序排列。若此，再在每一因素之每一程度的位置上，配以該因素，該程度的分數。

②用於品評職位的標準，並非其標準價值業已確定的某種職位，而是將須予品評之職位，與已經確定之各因素程度之定義相比較，每一因素程度定義卽為一種規範。它明示出每一因素程度所要求的職位特徵。

③因素比較法之衡量表，係以實際的金錢價值表示，而評分法中之分數，只表示具有相對價值

之單位，因此，還需使用換算表，以換算金錢價值。評分法中因素之選擇，具有伸縮性。因此，評分法可適應不平常的或特殊的需要。但在另一方面，此種廣大的適應性，為求品評工作正確，則其所品評職位之種類的範圍不能過大。倘如沒有認識這一點，則可能引致錯誤，再因素之運用及各程度之劃分，如過於精密，在應用上將非一般人之判斷所能及。

評分法的好處，在於品評人員可以單獨辦理品評工作，因為品評工作係以規範為基礎，而不以其他職位為基礎，故品評人員運用判斷的需要性已予減少，同時品評時也不必主要地依靠品評對象以外之職位的廣泛知識。

4.分類法——這個方法之顯著的特性，是其職等業已預先確定，每職等並規定應歸入該職等之職位的特徵定義。假如每職等之職位，再按工作性質區分為職級，則這種品評方法不僅可以使用於職位品評，同時亦可以將職位按職業性質予以分類。公務機關所實施的「競爭性考績制度」，使得職位之職業分類有其必要，故分類法乃為政府機關所廣泛採用。因公務機關的考績制度，亦需實施統一的薪俸管理，而分類法之預先確定的職等。恰好可為舉辦薪俸計劃及職位分類計劃兩者的共同基礎。但這並不是說，分類法只是政府機構所專用的品評方法，而是說分類法對於「競爭性考績制度」最具適用性，而此種制度在公務機關乃屬常見。

分類法之預先確定的職等，及職級制度之基本的特徵，甚爲簡單而易解，但其職等及職級之規範却甚複雜。分類法的適用性相當大，如遇及不平常的類型職位，祇要增加職級卽可。如有適當的職等及職級規範作爲依據，則分類的結果，可獲得公平一致，卽使分類官係單獨工作，及對品評職位以外之職位的知識亦很有限時，亦屬如此。

當然，這個方法的成功關鍵，還是在於職級規範是否適當，故有關職級規範的二個基本問題，會影響及這個方法的效果。

①製作一種適當的職級規範所需的時間，精力、才能及資料，相當可觀。一九二三年以來，分類法卽規定要製作職級規範，但聯邦政府因所管轄職位範圍過大，至今仍無一套完整而合時的職級規範，若此，似非爲經濟而實用的辦法。如無適當的職級規範可資辦理職位歸級，則其歸級須與其他已經歸入其他職位之職位比較後確定，此乃排列法的應用。因而排列法所具有的短處，自然亦無法避免。因此，双重錯誤乃發生：一方面無法與職級規範比較，他方面與其他職位比較時，並沒有一個委員會擔任這種判斷工作。

②使用職級規範之前提，是每一職位必須有其可歸的職級。但當受管轄的職位範圍甚大時，則

有些職位會具有兩個或兩個以上職級的主要特徵，對於這些職位，分類法無法提供一種完全滿意的品評方法。

職級規範如以每一因素為準，分別敍述，在質的方面雖有改進，但由于準備工作所需的工作量過於龐大，致無法做到精確。因此，大部份職級規範，只將職位的各項特徵，作整理的敍述，而認為最重要的因素，偶然多予敍述。

假如每一因素均予敍述，恐怕尚須製作許多參考說明，以便處理具有不同職級間之主要特徵的職位。

分類法，在本質上雖有上述的各種困難，但在過去的長期間內，業有相當的成就，使用分類法品評的職位數，多於使用其他任何一品評方法的職位數。故在政府機關，分類法的基本觀念，可能仍為職位品評的主要途徑。

第七節　職位分類程序之四——撰寫職級規範

職級規範一詞，譯自英文 Class Specification。這是職位分類的典範，乃是「公務職位分類」一書中所用的名詞，但是各國在實際的應用上，其名詞並未統一。例如，美國聯邦文官委員會稱之為分類標準（Classification Standard）。日本人事院稱之爲職級明細書，我國臺糖公司及其他文件中，又有稱爲「分類說明書」者。因此，在此諸多不同名稱之中，其所代表的眞實含義爲何？實有先加確定的必要。

一、職級規範的意義

「職級規範」一詞所代表的意義爲何？學者及各國的法令中，有以下的說明及規定：

㈠馬歇爾等（Mosher & other）在其大著公共人事行政中，並未替職級規範下一定義，不過他們指出，職級規範是在若干資料之中運用綜合能力，來規劃一個職級與另外其他職級的區別，並在將職位歸入職級時提供一項清晰而有用的指引。這僅是一種一般性的說明。

㈡懷特氏（Leonard D. White）就曾較正規的爲職級規範下了一個定義。他說，職級規範是一個職級內職位職務與責任的正式說明，指出本職級內所從事的工作及所要求的資格條件。

㈢日人尾之內由紀夫替職級規範亦下了一個定義說『職級規範是以文字來說明該職級所包含職位的內容、特質，並明白指示與其他職級有何區別的文件』。

㈣最後我們願意引敘一下美加文官協會的意見，他們認爲『職級規範是用文字來形容或描述一個職級，並以工作因素或資格來表明職級與職級間的分界線』。以上四種可以說是目前在學者著作中，對『職級規範』一詞所作的較爲著名之說明，以下我們再引證幾個官方的定義。

(1)美國職位分類法規定，其文官委員會與有關部門會商後，應訂立標準，以便將職位歸入適當的級與等。依照此項規定所頒佈的各種『分類標準』便是我們所稱的『職級規範』。所謂分類標準，便是『一個職級中職位事實的描敘，並用以規劃職級名稱以及一個職級與其他職級的區別』。此外又有一個較爲詳盡的說明，便是『分類標準，係一種在聯邦職位分類計劃內所建立的職級之現今的，繼續的，確定的紀錄。其設計目的，在於區別一職級與任一其他職級，在工作性質，困難程度，責任水準及爲工作所需要的資格上的區別。』

(2)日本職階法（亦即職位分類法），稱『職級規範』爲『職級明細書，』所謂職級明細書爲『表示職級特質，敍述其職務與責任之文書』。

(3)我國職位分類法上所稱職級規範，其定義爲『每一職級之工作性質，工作繁簡難易，責任輕重，及所需資格條件之書面敍述。

綜合以上學者及實例所引用的例證，我們對於職級規範的含義，願歸納出一個較詳盡的說明，「職級規範是各該分類計劃內，所現行確切建立之職級的書面紀錄，用以表明該職級的特徵及與其他職級的區別與關係」。由於這個說明，我們對職級規範，應有以下的認識：

其一、職級規範是一個分類計劃內，現行確切建立職級的書面紀錄，因它代表着兩點含義：第一、它僅是一個職級內職位事實的反映，並非一種規定。所以，它並不限制主管人員對其職員合理的調動，與工作分配，亦不干涉到有權者對職位的創立，廢止，或變更。第二、由於職級規範係現行確切建立之職級的書面紀錄，因而職級的新增，改變或廢止，必然影響到一個職級事實的內容。因此，職級規範的內容，並非一成不變者，而是隨着需要經常變化與修正的。

其二、職級規範是用來表明一個職級所包含職位事實的敍述，因而其內容必然相當龐雜。一般來講，在撰寫職級規範之際，必然選擇若干最能表現職級特質的事實，分幾個部份來敍述。但是，雖然一個職級規範分了幾個部份敍述，並非謂每一部份是互無關聯的，在撰寫或閱讀時，我們應將各部份作綜合的考慮與理解，才能獲得其眞正的特點與意義。同時，這種整體的瞭解與考慮，在將來作爲決定一個職位的歸級依據時，更爲重要，因爲我們若單憑某一部份作爲考慮職位歸級的因素時，往往失之偏窄。例如：職級規範中的工作擧例，並非包括所有職位的工作，此非謂職級規範所未列擧之工作即不包括該職級之內，而應與其他部份相印證，才能瞭然者。

其三、職級規範雖是本職級內職位事實的敍述，但是它亦係表明此一職級與另一職級究有何不同的所在。這種情形，尤其在同一職系之中，更爲重要。因爲在同一職系的若干職級中，代表同一種類工作中，其職責難易的不同區劃，亦卽代表一種逐級遞升的系統。職位的高低，本是一種比較的結果，那麼，一個職級規範旣是各該職級職位事實的描敍，因而必然應與上一級或下一級的職級規範相印證，才有意義。所以，我們說職級規範，應表明其相互的關係，其道理在此，亦爲職級規範特質所在。

其四、職級規範，是現行確切建立聯級的書面紀錄，因而其另一含義便代表着健全的分類，是良好職級規範的基礎，職級規範的內容，雖有若干寫作的技巧及文字的應用，但其主要的尙在職級內職責事實的內容，因而，我們根據職位分析與品評的結果，所確定的一個職級的職位事實，將是撰擬職級規範的依據。所以，確定的職位不合理，所據以完成的職級規範，亦將無法妥善。

二、**職級規範的用途**——職級規範有其廣泛的用途，但在寫作的技術上，又受有許多的限制，因此，於研究寫作職級規範方法之始，首應探求其所達遂的用途。

職級規範，一般來講，應該有兩個最主要的用途；其一、是有關於職位分類本身者，其二、是有關於人事行政或其以外的更廣泛需求。

I 有關職位分類本身者：

1. 明確表示出各職級間的特點，使其相互的界限明確化。此種特點，通常都是依照工作繁簡難易，職責輕重及所需資格條件的高低表示之。

2.建立標準而統一的文件，以作其他職位歸級列等時的主要依據。此項要求，尤其在採用分類法以品評職位的高低時，更為重要。例如：美國一九四九年職位分類法及日本職階法，都有此種規定。亦卽每一經確定的職級，應根據其職責內容作成職級規範，凡一新職位的產生，應先與既有的職級規範相核對，若屬充分相似，卽可歸入該一職級。

3.便利職位分類計劃的統一管理，因為中央分類機構可根據此項職級規範的內容，授權管轄下的各分支分類機構，依照其內容為其本身職位的分類工作，既較簡便，亦易確實。

4.確定的職級的稱謂，使其標準化。職級稱謂通常代表該一職級內職位所處理的工作，而每一職級內因包括職位數甚多，因而原先所應用的稱謂必不一致，為使便利應用，實有加以統一的必要。因而，職級規範每在其起首標明職級稱謂，以使標準化。

Ⅱ有關人事行政或其以外的需求：

1.職級規範中，由於其對各該職級內擔任該項工作所需的資格，有着詳細的敍述，因而便利人事行政中對工作人員徵募、測驗與選拔的應用。

2.職級規範，對管理人員暨監督者，亦有其廣泛的用途。由於其內容的敍述，管理人員可據以在功能重組合，權限與責任的授權，工作流程之改變等考慮上應用。此外，職級規範在訓練計劃的擬定，升遷與轉調等人事應用上，亦有甚大效益。

3.職級規範非但對管理人員或監督者有其效益，即對工作人員或一般民衆，亦產生一種公務公開化的作用，人民由職級規範中的敍述，可以瞭解到政府的工作，謀職者亦可據以瞭解其要求的條件及發展的趨向，工作人員本身亦可瞭解到其可能有的升遷轉調途徑。

4.最後，職級規範在公平的考績措施上，亦提供了合理的基礎，因爲考績的項目，可根據職級內工作內容來制定。主管人員可根據考績項目的要求來評定其工作的表現，而工作人員本身亦能知道其應努力的方向。所以一個根據職級內容而制定的考績表，對監督人員與工作人員双方，都將合適，而合理與公平的考績，亦可因而獲取。

三、職級規範的內容——職級規範的內容，通常應視其用途而定。例如一般工商企業機構，經由工作分析而產生的工作規範，其內容便與公務職位分類中的職級規範有其不同，一般來講，工作範規的內容，包括下列各項：1.工作性質。2.工作者所需資格。3.工作條件。4.學習時間。5.升遷轉調途徑。6.僱傭條件。

在此各個項目之下，分別依工作分析結果的情形，標出其各項要求條件，例如：於工作條件項下，分別註明室內、室外、冷、熱、嘈雜等字樣，然後依各該工作實際情形，註記符號於下，這是一個最適宜工廠職位的作法。但在公務職務分類上，不是這樣簡捷，其所要求的內容，自亦不同；公務職位分類中的職級規範，其所包括的內容爲何？懷特氏（White）與馬歇爾等（Mosher & other），俱認爲應包括下列四項：⑴職稱：⑵職務與責任的敍述；⑶本級職中典型的工作和實際任務的學例；⑷執行工作的最低要求。美加文官協會除了主張與上敍四項內容相同的意見外，另加上一項爲「一般敍述」。所謂一般敍述，應該是本職級工作內容的總說明，也可以說是緊跟職級名稱之後，整個規範的一個總標題，這兩個例子，可以說是目前學者對於職級規範內容所共同一致的意見，不過根據我們的研究，在各國實際的例證上尙有着修正。我國考試院所制作的職級規範，是最接近上敍學者所主張的各項內容者。其次是日本的職級規範，其項目非常簡單，可以說僅爲職級名稱與職級特性兩項，其中資格條件與工作擧例俱付缺無。揆其用意，乃在於作爲歸級的主要依據，其他部份可將之省略。

美國文官委員會所頒佈的各項分類標準，應該是一個最特殊的例子，其詳盡與冗長，因與他國有顯著的不同，即就其內容而言，亦可明顯表示出其差別所在，茲開列其各職系職級規範各項主要內容如下：⑴職系名稱及編號。⑵職系定義。⑶有關原有職系之劃分，變更，合併或取銷所必需的解釋。⑷職系內特別包括與除外情形之說明。⑸職系所包含專業特徵之定義與說明。⑹在某種職等上職級省略的說明。(7)對(一)工作程序及工作之一般的性質與組織；(二)分類標準之組織與使用，及(三)其他不宜在職等中討論之事項的說明。(8)適於該種職系之各分類因素之討論。(9)分類標準中應用名詞之定義。(10)附有一般俸表（簡稱GS）之編號及職等的職級名稱。(11)根據已有的評價，逐一說明每一職級之特徵或不同之工作情況。(12)若干在分類標準中所使用之解釋的工作實例。(13)每一職級之非監督性的及監督性的職位之資格說明。

在這些項目中，我們所可見到的是，美國職級規範與上敘所擧各國的職級規範，有幾點不同的精神所在：

第一：美國的職級規範，是儘可能的求其詳盡，這個詳盡的含義是說：在一個職系內的分類標準中，不但其有關各職級的特徵方面求其具體，而且凡有助於本標準之瞭解者的內容，莫不設法加入。

第二：美國同一職系內的職級規範，又依工作性質的需要，區分不同的事業，分別來加以敘述。例如：收發與檔案管理職系，其分類標準便依事業，分四部份加以敘述。第一部適用於收發書記職位，第二部適用於檔案書記職位，第三部份適用於收發及檔案書記職位，第四部份則適用於監督職位。這樣敘述的結果，同一等內便可能產生了同一職系的兩個職級。

第三：美國職級規範有關職級特徵部份，是用因素項目逐一詳細敍述的，這種敍述當然產生其與分類時相一致的結果，不過所值得研究的是在敍述時應如何調和一個職級內各種職位情形的差異。

以上三點，可以說是目前美國分類標準的顯著特徵所在，這種特徵，我們認爲是有相當價值的，因爲從這些特徵裡，一個詳盡具體而又清晰的條件是相當達到的，但是值得考慮的是，這種職級規範所制作的時間與人力相當驚人，而其內容的冗長，亦不可避免。因此美國聯邦職位分類計劃下的若干職系，目前尚無俱全的分類標準這是一個人力物力限制下所應當首先加以考慮的問題。

根據以上的敍述，我們可知職級規範的內容，雖可用寫作技術之不同加以各異的區分，但其最主要內容應不外有以下的幾項：1.職級名稱或編號。2.職級特徵。3.工作擧例。4.資格條件。

當然，除此之外，職級規範可因其他的用途而另加項目者，例如：早期美國各州的職級規範，有將升遷系統，俸級報酬等加以說明。這些說明，目前已爲學者所反對，認爲徒增誤解，無裨實益，倒不如列之於其他法規，較爲妥當。

第八章　公務員的薪給

第一節　薪給的性質

一、薪給政策的準繩——一般講來，公務人事行政的目的，乃在延攬並保持最爲優秀的工作人員。當然，爲達成上述目的，人事行政所應採取的措施甚多，但薪給的合理化，是具有相當的重要性。再者以我國目前現況而論，由於公務員待遇菲薄所導致行政效能的低落已爲識者所體認，因而如何研究一項合理而可行的薪給政策，當爲急要之務。

公務員薪給較一般民營企業者爲複雜，此蓋職員的薪給，係爲職員提供勞務條件之一，故職員的薪給問題，不但對職員本身，並且對政府及國民，均有關聯。職員本身，要求公平合理的待遇甚切，對自己執行的任務，期待相當的報酬，尤對不公平的待遇或不當的差別，極爲敏感。在政府方面，任命公務員，配以工作，自要求依公平合理的標準，支付待遇，以免沮喪職員的工作情緒，並降低行政效率。至於國民立場，公務員之服務，報酬取自賦稅，爲免糜費，當然亦希望以最少的經費而收最大的效率。由此，議會或預算當局，對以人事費用的支出，是否在合理的範圍內支給，常極關心。換而言之，公務員的薪給，在國民，議會或預算當局視爲人事費，而在政府方面，以薪給作爲有效的管理手段，至對各個職員自身，係其重要的收入來源。

因之人事行政者對薪資政策的決定，所當遵守者約有三項基本原則：第一爲經濟效率之原則：卽以最低廉之價格雇用得最有能力之人員；並對其內在精神能爲最大的利用與發揮。第二爲公允平等之原則，對擔任同等的工作與職務者皆予以同等的薪資或待遇，亦卽『同工同酬』之謂。第三爲社會標準之原則，卽政府決定公務員之薪資須參照社會環境與經濟狀況爲適宜之調整，因在管理原則上社會單位中之『我』與工作員地位之『我』實不能分裂爲兩物。

在公務員薪資決定上所當依據的準繩，簡言之計有下述幾點：(一)每個公務員所獲薪資數量的高下，應以其所作工作數量之多寡及所負責任的輕重爲標準；(二)在同一政府內各機關所應用薪資標準應完全統一；(三)凡擔任同等同量之工作者須給以同等同量的報酬；(四)公務員的薪給須與時代並進不可背乎勞働政策；(指工作時間，環境設備，勞働組織等而言)及(五)公務員的薪資應隨生活程度的高下而變遷，並承認最低限度工資之原則。薪資政策的根本精神卽在於實現『同工同酬』的理想使人人獲得公平之待遇，發揮平等之精神，免除歧視之心理。

二、薪給的種類——薪給待遇有高下的不同。就此高下標準的區異，薪給可劃爲若干種類。舉其要者，計有以下五種：

（一）基本薪資（Basic salary）即雇主與被雇者在契約上所同意者的薪額，在工商企業中資本家常依據勞工供求律而定其所出薪額，有時較高，有時較低；（二）物質薪資（Subsistance Salary）亦稱最低限度薪資，其標準係以能維持雇員（有時包括其妻室子女）必需的物質需要爲依據；（三）效率薪資(Efficieney Salary)即以雇員所產生的工作效率或結果爲給薪的標準；（四）生活薪資(Living Salary）即係以能維持雇員（有時包括其妻室子女）社會水準以上的生活爲目的；及（五）文化薪資(Culturial Salary)，所給薪資不但須能維持雇員的水準以上生活，且須能維持並適應社會文化程度與發展。

三、薪給決定的因素——決定公務員薪給，應注意到其有關的經濟與社會因素，茲就此分述如次：

1經濟因素——工資問題涉及高深複雜的經濟原理，自非此處所當檢討，不過薪資與經濟具有密切關係，爲吾人所當加以考慮者。社會機構係以經濟爲基礎，故實際上所謂一般薪資水準實受有一定的限制。決定這工資限度者爲生產量額，推銷價格，及其他生產因素。工商企業者參照此等條件決定所付之『經濟工資』。他所付工資若高於此數，必致虧本，致工廠有倒閉之虞。至於公務員薪資數額所受經濟限制則又與此不同。因政府公務員具有獨佔性，不受自由競爭律的限制，自亦不必適用勞働商品說的理論。政府所付工資的理論限制祇爲納稅人的租稅擔負能力，或國家的支付力量，及政府在勞力市場中對私業經營所當取的競爭程度。

政府決定其公務員的薪資時在理論上多不受經濟原則的限制，然實際上對工商業中所形成的薪資及經濟水準，又不能不有所考慮。政府薪資水準若低於工商企業者，政府將不能獲得優良稱職的公務員；若其薪資水準高於工商企業者則有能力的工商界中人必能爲政府吸收；因此工商生產額低減，納稅者進款減少，故政府亦將不能繼續維持其高昂的薪資。故結果，政府的薪資水準與工商業的薪資水準，相去必不應亦不能甚遠。

政府薪資水準雖應與工商企業者相調適，然在實行上亦不無困難。第一、人事行政機關甚不易決定某一職級的市場價格究爲若干，因所謂『市價』或『水準』祇是抽象名詞，所可見者係個別薪資而非一般薪資，但此個別薪資，各地方各工廠又皆不一致，在應用上，自費選擇與計算。應用雖有困難，然有標準總勝於無標準。依此爲準可收集充分的材料以精密方法計算推得。第二、政府中有甚多的職位如警察、敎員等均不能於工商業界尋出相類似的雇員以資比較，故難於決定其經濟或『市價薪資』，因此故有人主張公務員應採生活薪資，不必用經濟薪資。卽不按勞働市場的競爭價格而定薪資，應以吾人所需要的公務員生活標準爲根據。

Ⅱ社會因素——在經濟關係上政府定薪雖較工商企業者爲自由，但在社會及倫理立場觀之，政府對此反較工商企業者爲有限制。因國家政府負有增進社會幸福的責任，並當保持所期望的社會情形，因此政府對其雇員所擔負的各種直接義務均多不爲工商企業機關所承認。況因（1）公務員多無有力的勞働組織，（2）公務員無罷工的權力，（3）公務性質特殊，政府雇員不易轉入工商業界服務，在倫理上政府對其雇員亦應有較良好的待遇。

現時有甚多的人事行政學者均主張政府所定最低限度的薪資應爲生活薪資，即在能維持其適宜的生活標準，此並非遵守經濟原則，而係以社會及倫理的立場爲出發點。主張此說者認爲在一文明國家內每個國民皆具有依照所處社會的文化標準過其良適生活的權利，公務員自亦不能例外；且較高的薪資足以吸引有能之士，並能促進工作效率。反對者以爲生活薪資違犯經濟原則，非社會的生產能量所可維持；且所謂生活標準又漫無根據，事實上難爲準確的決定，因之所謂最低限度亦許達於最高限度。

不過所謂生活薪資並非由公務員個人自定其生活標準者。所謂最低限度的生活薪資係就某一特別生活標準的各種生活費用因素，加以精密分析而決定者。決定此項生活薪資時，第一須決定所謂一般的生活水準，第二須對生活費用的各種因素，加以特別調查與分析。且所謂生活水準或生活費用係包括單人、夫婦、或普通包括四五人的家庭亦須加以考慮。平常所謂最低限度的生活費用皆係就單人而言，對有妻室子女者則規定一定的增加數額。決定最低限度生活薪資的方法計有兩種：（一）於某職級公務員三五百的家庭爲選樣，調查分析其生活費用每年究爲若干，根據此項調查結果，決定其數目；（二）先決定某職級公務員所需要最低生活物品及服役，然後再向市場調查購買此物品與服役的價格，以決定其薪資數目。科學的生活薪資，在實行上雖不無困難，然一般趨勢皆向此方發展，因此較爲合理，且合於人事行政原則及社會倫理觀念。

第二節　薪給標準化的方法

公務員的薪給如欲標準化，必須經過一定的科學步驟，應用一定的科學技術並非可以武斷孟浪從事者。決定薪資計劃的第一要件與步驟，即在於搜集並分析有關的必要資料。此資料重要者計有三種；一爲薪給的現在情形，包括薪資數額，工作時間，公務動態，服務環境等；二爲政府以外的雇僱狀況，卽工商企業機關對雇員的薪資及待遇等事實以與政府者相比較；三爲社會上的一般生活標準與費用。

搜集第一種材料的目的在於發現現行薪給上的各種不平等不合理的事實，以謀爲對症下藥的補救。搜集第二種材料的用意，在於使政府所訂公務員的薪額與工商企業機關者相平衡不致使薪資計劃違犯經濟原則。搜集第三種材料之意義，在於有所根據以規定最低限度的生活薪資。

茲針對後兩者的適用的方法分別說明於後：

一、工商企業薪資調查

——公務員薪給，應參照工商企業的標準而訂定。此種爲瞭解工商企業薪金報酬情形所爲的調查是爲薪給調查，薪給調查所研究的問題如左：

Ⅰ薪給調查的權力者——職位分類工作的主持人及工作分析師應賦予調查薪給的責任。調查薪給的人必需能澈底明瞭政府機構各職位工作內容才能比較其他公司工作內容，各公司所用職稱並無標準，職稱相同的工作可能內容差別很大，在證明兩種工作任務相同，職責與難易相當之前，薪額毫無意義，自不能相互比較。因此，曾經參加工作分析與品評的人是擧行薪給調查的適當人選。

Ⅱ選擇調查對象——選擇調查對象牽涉到兩個問題：第一是那一類公司應該調查？第二是該調查幾家公司？適於作調查對象的公司可照下列原則去挑選；1.與政府行業中有相似工作的公司。2.僱用同類工人人類較多，可構成競爭對象的公司。3.工作環境、經營政策、薪給、與信譽均合乎一般標準的公司。4.考慮地區不同分配的公司。

至於調查對象的數目，則受人力財力與時間的限制，且過多的資料不一定能够增加資料的可靠性。通常以調查二十五家公司最爲適當。

Ⅲ選擇代表的工作——挑選工作比較薪額，須能將代表每一基本水準或職等的工作包括在內。例如，若工作範圍內共有十個職等，則應從每一職等中各選一兩能明白顯示難易程度及職責大小的工作。其次，此種工作必須是關鍵性或代表性的工作，其任務與職責可長期不變，而工作人數亦當衆多，在薪給支出上占重要成份。最後，所選工作的人力資源必須相當正常，才能查出正常的薪給情況，人力供應過多或過少的工作，薪給均不正常。

Ⅳ所需資料——薪給包括本薪、年功薪、各種加給及各種福利。有些機構本薪高，另一些機構福利多，僅僅比較本薪，查不出眞實情況。因此，除本薪外還要調查其他各種加給與福利。例如花紅、獎金、養老金、加班津貼、夜班津貼、各種保險、特別休假、特准病假等。各公司每週工作時數不同，致所得相同而薪額不同。部份公司由於試用，新人訓練等原因，新人起僱薪額與規定薪額不同。其他公司或無此等差異。因此我們若想得到可靠的依據來建立薪給結構，就必需分析各公司的起僱薪額、本薪、平均所得，其他額外收入及實際工作時數等等，並將之列入比較項目之內。

Ⅴ蒐集資料的準備——由於各公司現有資料的完善程度不同，蒐集資料的方法必須針對調查對象而有所調整。例如某些公司可能備有極完善的工作說明表，使工作內容的比較簡易迅速。其他公司可能毫無此種資料，必需先作工作分析然後比較。因工作內容若不相同，則薪給比較毫無意義。通常執行調查工作人員須先收集各種欲加比較的工作說明表，然後持往其他公司尋求相同的工作。另一法則僅摘取工作說明表中主要任務，或附於薪給調查表後，或印於薪給調查表內。

Ⅵ蒐集資料有兩種方法。一種方法是由政府機構派代表到其他公司去訪問，由訪問中收集資料。第二種是將調查表郵寄其他公司索取資料。第一法所得資料較爲正確，且在對方缺乏工作說明表時，尚可直接向工作人員查詢獲得所需比較資料。惟若調查範圍甚廣，對象不僅限於本地機構時，仍以使用調查表較合實際。

Ⅶ調查資料的整理——調查完畢即應將資料彙整列表，分送各參加調查之公司，統計表中各公司僅用編號而不列名稱，免其薪給資料爲他人查知。調查報告通常分爲三段，即一般資料概述，個別職位薪給資料的統計，及全部已調查職位薪給資料總表。個別職位薪給資料統計應包括下列各項：㈠參加公司的編號。㈡各公司現職人數，㈢各公司本薪或薪給範圍（即最低薪與最高薪），㈣由平均數或中位數決定之平均本薪數。

二、**一般生活費用調查**——公務員待遇應能維持最低生活，這最低生活的標準爲何，又有兩種看法；一爲實際生活費；一爲理論生活費。從而在調查方法上亦有兩種方式：實際生活費調查的方法，是要調查各地區內人家的生活實際開支。調查人員或就各眷戶實際生活調查之，或發調查表使各戶自行填寫之。

理論生活費調查的方法，是先規定各戶必需物品的基準費，然後再一一折合市價，以算出某一地區，在某一時期裡的生活費用。當調查時，經考慮營養，健康，居住習慣等必要問題，以決定一個公務員標準的生活水準。所以這種生活費的計算基準，又有稱之為市場提籃（Market Basket）者，亦寓以主婦赴市場實際購買食物或其他物品的質與量而確實計算者。

總之，薪給之決定，常須顧及生活，但究應以實際生活費為標準抑或以理論生活費為根據，則與一國財力及薪資政策頗為關聯。

三、工作難易評定與薪給——公務員的薪給決定，除以政府所採取的薪資政策，經濟工資，及生活標準為根據外，尚有若干技術及行政方面的因素須加考慮。此項因素之重要者包括(1)職位難易，(2)任期的久暫或地位之是否穩固，(3)各職級間責任職務的輕重關係，及(4)提昇機會的多寡與快慢。金斯璧教授（Prof. F. A. Kingsbury）曾以精密之分析規定定薪時所應取的因素及各因素所佔之分量，經若干工商企業機關所採用，茲抄錄如左以見其內容：（Kingsbury, Job Grading in a Large Bank, 載 Salary Administration P. 48: Salary Standardization & Administration, pp. 9-20）

各種因素	所佔分量
職務之複雜性	一—三
執行上之責任	○—六
管保金錢或證券之責任	○—四
對外界之人事接觸	○—一
性別（必需用男性時算入）	○或一
最低限度之年齡	一—一○
最低限度之普通教育	一—五
最低限度之特別訓練	○或一
所需要之經驗	○—七
個人之性格	○—八
最低限度之普通智力	○—五

這種辦法亦多可批評處，政府機關尚乏應用者。政府所應用者，普通多爲尺度位列法（Graphic Scale Method），卽按各職務之是否重要依次位列於所繪尺度上，凡相近似之職務皆歸納於同一地位或水準，以爲決定薪給用之。在完善的薪資計劃內對每一薪級常分劃爲四五等，最低額與最高額之差

數普通爲百分之二十五，兩者之間復分爲若干中間額。每級中所以列此，蓋爲增薪之用，以獎勵工作努力者。增薪應每年一度舉行，以便利預算案之編造。公務員如有特別津貼或實物補助如房飯、用物、醫藥等應計算入其薪資內扣除之，否則，亦祇能予以最低限度不能超過其需要。

薪資待遇雖以平等一致爲基本原則，然所謂平等一致係就實質而言，並不可祇泥於數目之一律。爲求得實質之平等計，表面或數字薪資之不同亦因之產生。此不同薪資之產生，約有兩種因素：一爲地理之不同，一爲特別之原因。例如甲市較乙縣之生活費用高出三分之一時，則在甲市之公務員所獲薪資之購買力祇及乙分三縣之二，是表面雖同而實不平，因謀實質之平等遂有數目之不同。若某項職務具有特殊之危險性，困難性，或其他特殊原因時，在薪資上亦常有例外之規定。此類辦法在理論上雖屬正當，然在實施上之不無流弊。所謂生活費用在統計上既屬困難，而決定各種特別原因時又無一定客觀標準，主管長官常以此籍口遂得上下其手，反失求實質公平的本意。

第三節　薪給的體系

所謂薪級體系係指『將待遇支給方法，加以具體規定』之謂。其中包括俸給表之制訂，各項加給支給標準，及薪給調整等多種規定。本來，給與體系，應力求簡單，亦卽根據職務與責任制定單一俸表，如此公務員待遇一目瞭然，簡單便捷；亦卽符合同工同酬，待遇公允的原則。但實際情況的顧慮又不得不略予調整，是以薪給體系常較複雜，茲就重要者，略述於後：

一、一般薪給——薪給表爲薪給體系的骨幹部份，其內容一般包括兩項主要內容，是爲薪給額與俸階。

I俸級額：所謂俸級額，指員工各等級應支領的待遇。在決定各職位的基本俸級額，除必須基於職位間職責的繁簡難易外，尙須考慮到公務人員基本的生活費並參酌民間給與。

職等與俸級額息息相關，事實上每一個職等也就是一個俸給額。因此職等的多少決定俸級額的數目。職等數目愈多，在整個俸級幅度上所劃裂的距離愈短，反之則長。一國或一機構在職等的數目上究應劃分爲多少，一般則取決於下述三種情形：

1.劃分等級應考慮到一個組織間職務、責任及技巧的序列。換句話說，等級的劃分應依賴於該組織內的所有職位的職務與責任的長短來決定。假如該組織間職位類型衆多，職務與責任的幅度長，則其劃分的等級自較爲多。

2.劃分等級應視一個組織內的升遷政策來決定，假如一個組織的升遷政策，喜歡以等級升遷來激勵其員工工作情緒，那麼其等的劃分自較密切，反之一個組織若職等的界限臻於明確，一等的幅度自需加寬，前者等的數目便多，後者自少。不過，一般的趨向，都採用後者，因爲等的升遷必須是實質的，爲其職務與其職位的增多與提高。

3. 等級的劃分應顧及到該組織既有的傳統性的幅度區分。當然在一個未曾採用分類計劃的機構裡，並無嚴格分類意義的等級的存在。不過在管理上及僱用上總有一種粗略的等級概念在內。這種行之既久的成規，我們不能說他十分合理，但總有存在的理由，因之在設定新的等級之際，這樣傳統性的等級應要愼重的研究，因爲它匪特能提供若干實際的情況而且在推行的阻礙上亦有許多關連。

Ⅱ俸階（俸級幅度）——所謂俸階係指在同一俸級額內劃定幅度，其目的在於承認初任職的工作人員其工作熟練與久任者有其差別，因而隨經驗之增加而給予適當的報償藉以提高效率。因此在一般薪級表結構裡，通常都有所謂俸級的最低額，中間額及最高額。所謂最低與最高爲該俸級額內的極限，初任職者一般皆從最低額起支待遇，隨年資的及經驗的增加而逐級晉俸直至最高額爲止，逾此非升等外，不得晉俸。至於中間額究分幾級，各國情況不同。不過俸級額內區分俸階，是否因此俸級額間的金額發生重疊。若不重疊，每一俸級額的幅度過小，勢將無法劃分俸階而失去鼓勵作用，若重疊過大，又將使職等的意義抵消，如何使之適當，此爲一待研究問題。其次，在同一俸級額內的俸階間，其金額的增加究應採用級距平衡原則抑有所差別。一般來講，採前者爲多，但克明氏（Eliot Kaplan）

說按統計來說職位初任的前五年流動率最大，因此每等前幾階晉薪的幅度大，不失爲留任職員的方法。(Public Prsonnel Review, Vol, XIX, No. 1 (January, 1958) PP. 18-19) 再者，俸階決定，晉俸標準爲何又經加以考慮。在公務機構內，晉階通常是年資與積效並重。亦即一定期間內，公務員應予考績，按考績成績的優劣而定晉俸的多少。

二、各種加給——俸級應儘量求其簡化並符合以工作難易爲支領待遇的準則。但一國俸級額的訂定，涉及因素至多，一時甚難理想，又爲顧及地域性，工作性等特別因素，此非職位分類本身所可評定的，因此必然有多種加給的存在。所以加給也可以說是俸級制度的調整，茲將重要者簡述如後：

I地域加給——所謂地域加給，係鑒於勤務地或居住地在經濟上或地理上條件的不同，使生計費有所差異，爲使不同地域內各個工作人員的實質所得均等計，特予以調整，由此可知地域加給，只是調整生計費的差異而支給者，那物價差及消費量的差異，才是地域加給支給的要素。物價差固是產生地域差的最大的要素，但消費水準的不同，自也不能置之不問。然而此種要素，究應如何考慮，實極困難。

此外，地域間的差別，究應求之於職員的勤務地，抑或求之於其實際營生的處所，也有種種不同的議論。職員的實際營生場所，自指其居住地而言，是則當然應以其居住地爲基礎來予以加給。但在實際的技術上及處理上既均有問題，因爲職員之散居各地，管理上極爲困難；而且由於此種方法，令人發生不良的現象，故通常多以勤務地爲基礎而予以加給。

Ⅱ眷屬津貼——職員的俸給，本應按其所負任務與職責予以支給，同時並應足以充分維持工作人員的生計。但由於國家經濟異常狀態上，並不卽能盡依此項原則。因而工作人員若所須扶養的眷屬甚多，則其生計費，往往不敷，如必按照其所負的任務與職責以定其給與，則該職員卽無法維持生計，終致威脅其家族生活。這種問題在本質上應由國家予以保障，但在社會保障制度未臻完善的情形下，自難有所寄望。

眷屬津貼，爲保障工作人員有直接扶養義務眷屬的生活所支給者，故須按照眷屬數及其生計費，予以支付。如此對於工作人員所須眞正扶養的眷屬範圍，應予以充分檢討，並且有訂定明確規定的必要。同時，對於維持職員家族適當生活所必要的生計費與工作人員本身的生計費的關係等，也須予以調查研究。

這裡所必須注意的，由於此種津貼，則工作人員給與額將不因其勤務而由其扶養家族的人數所左右，致發生員工待遇依照與其任務及效率毫無關係的要素來予以支持的不合理的現象。因之，這雖說是爲維持職員家族之生計所不可缺者，但也不能巨額的增高，如果忽略此種考慮，非僅徒使工作人員意氣沮喪，亦且致生不平不滿。是以此種從權的津貼，仍然應有一定的界限，有時也必須要將所已合理算定的津貼額，予以變更。

Ⅲ特殊加給——各職位任務與職責間相異的問題，本爲職位分類制上的問題，係作爲俸給的問題，來予以處理。但同一職級內的一部職員，在從事特別具有危險及困難的任務的場合，及在具有孤立的作業環境那樣的勤務條件下來工作的場合等，一般多望能另作考慮與處理。因此而產生的，即所謂特殊加給的問題。

如試乘自製的飛機作試驗飛行的技師等，即其適例；這些技師，較之於其他雖與其從事同樣的職務但不冒試驗飛行那樣危險的同僚，自應增加與冒犯試飛危險義務相侔的給與。又如在細菌學教室及病理學研究室工作的一部份職員，時有感染傳染病的危險，則較之雖與之從事同樣職務，但不冒此危險的同事，自須支取較高的給與。此外，隔絕一般社會而於特別的勤務條件下從事工作的，如觀測所職員等，自也須加給與其義相稱的特別津貼。

第九章　公務員的考績

第一節　考績的一般原理

一、考績的意義——考績者，卽對公務員成績的考核，所以亦有稱之爲效率評算（Efficiency Rating）或工作評算（Sarvice Rating），在人事行政上佔有極重要的地位。金斯萊謂『無論任何較大組織，其所遇的中心問題卽爲所雇人員的工作價值或相對效率的確定。因爲此種確定不但爲加薪、晉級、懲撤、及調遷的根據，且爲促進雇員努力及考察原來考選有無錯誤的有效方法。』（Kingsley Public Ressonnel Administration p. 314）

考績與考試顯爲二事不可混爲一談。前者在於考核在職人員所表現的服務成績；後者是在試驗或測驗一般人或求職者所具的才識。兩者雖不相同，但可相互爲用。經考試取錄的人員究竟是否稱職，有無成績，必須經過考績的手續才能發現之，故考績能以調劑考試的不足。反言之，考試時如能選得優良稱職的人員，則考績亦易獲得良好的結果，是考試紀錄復足爲考績上的參考。

考績與人事紀錄或雇工記錄亦有區別，蓋後者祇爲一種索引卡片，其上所記載者爲雇工的歷史、年齡、敎育、經驗、體格、薪額、病假、調動及升遷等。考績與工作紀錄亦不相同，因後者爲雇員服務情形及其種類數量的日常登記。考績乃長官對其部屬的定期考察，在以特別規定的方法與程序評判各雇員相對的工作價值。雇工及工作紀錄，祇爲日常的例行行政事務，不必經過長官的考察與判斷。所謂考績與上述紀錄雖有如此的分別，但彼此亦可相互爲用。紀錄足以爲考績上的參考，考績復可以檢查紀錄是否確實。

工商管理中亦有所謂考績制度的施行，但此事在政府的人事管理上則尤爲重要。因工商企業的目的在營利，管理不善必致虧本倒閉，縱使無考績辦法，經理者對雇工的服務情形亦必在日常作嚴密考察與監督，故爲害尙小。若在政府，因旣無虧本倒閉的顧慮，又多分贓瞻徇情事，若無嚴密的考績制度，以淘汰不良，鼓勵有功，則公務效率必將蕩然無存。

公務考績雖係對公務員個人工作成績作比較的評定，然其所具的意義與目的，則爲團體或集合的性質。

第一、考績足以促進各機關的行政效率。人事爲行政中的最重要因素，欲謀行政效率的增進，必先謀人事的調整；對人事欲爲有效的調整與適宜的安排，必須獲得有關人事調整的事實根據。此事實根據的獲得自須憑籍考績制度的實行。第二、考績足以充實各機關的內部組織。因爲組織就是一部工作機器，其健全充實的基礎，係建築於構成部份的優異及共同活動的合作。倘考績制度有適宜的運用，則足以免除『才能優異，奮勉努力者，莫由獎進；能力低劣，因循怠惰者，無法解免』的困難；留優裁劣，使各機關的構成份子，皆能健全稱職。政府中合作精神的產生，多基於待遇的公平與獎懲的適宜，然此又非賴於考績制度的施行不爲功。除此之外，晚近考績的制度又多著重於員工關係的加强，亦卽藉考績的實施使主管日常多加注意屬員的工作，並隨時予以改善與輔導，所以美國文官委員會指稱，考績的精神在積極的謀求人事的改善而非消極的懲罰。（見 History of performance Rating systems Before 1950, 1955, P. 1）

二、考績的作用——公務考績的一般意義或目的，本不外促進行政效率及賞罰公允。但考績制度所發生的具體作用又可作以下的分析。(1)就人事管理技術論，則提升職位，增減薪額，停職復職，調動降級，懲撤職員，品評人員及審核考試結果等人事行政設施，必須有準確及完備的事實根據，爲脚踏實地的處置，才能合乎公平原則，使當事者心悅誠服，主管者亦無所瞻徇偏袒；考績制度的作用卽在於獲得準確材料與充分事實，以爲此等人事行政措施上的根據。(2)就行政統率論，考績制度施行後，長官對於其部屬，藉此得有接近的機會，對各員的優劣長短得有瞭如指掌的明瞭，易於因才施用，相機指揮。再者，在未施行考績以前，長官對其部屬的品評不是憑其主觀好惡，私人感情，便是基於一、二次的偶然好壞印像，甚至於以貌取人，由飾觀德，爲莫害甚。有完備的考績制度後，長官乃能有眞憑實據，以爲品評的標準，不必再爲抽象的架構及主觀的臆斷。⑶考績制度運用的結果足以增進人事行政效率，憑籍考績的結果，對公務員能爲切合事實的昇降奬懲，則玩怠低劣者可因之變好，或竟被淘汰，勤勉優良者因而益發努力。職是以觀，考績制度推行後，在消極方面足以免除賞罰的不公，待遇的不平。公務員不致發生怨憤忌妬的心理，且可淘汰不稱職不努力份子；在積極方面足以吸收並保持優良勤奮人員爲政府服務；至於公務員間精誠合作精神的表現，及努力服務情緒的鼓舞，均有賴於考績的施行。⑷就考績的最後目的論，考績的則足以觀察出工作人員的優劣長短，因之，能對其藉潛能善加發展與應用，作進一步培植，使蔚成長材；對有缺點的人員，亦可針對事實，予以糾正與補救，俾能此變劣爲優。

三、考績的對象——關於公務考績究當以何物爲對象，論者意見亦頗不一致。有者主張以公務員的工作爲考績對象。因考績卽是對其工作成績的估計，而成績的具體測量自以其所做成的工作爲較準確。所謂工作當從其數量與質量兩方面估計之。例如書記的繕寫事宜應先估計其繕寫字數，再考察其字體是否工整美麗，其內容是否準確無誤。有若干工作不能用數量質量計算者，可以所費時間評判其工作的多寡。例如圖書館的借書員，倉庫看守等，其工作不易從數與質上分析，可以値班時間的長短，判斷其工作的多寡。如以工作爲考績對象，各機關對公務員所辦理的事務必須有詳細的記載及準確的統計，才能有客觀的根據爲公平的評判。以工作爲考績對象雖爲易見，然在實際上亦不無困難，因政府公務有甚多係不能以數量計算者，即所謂質量亦有無從判斷者。

有人主張以公務員的德性或品行爲考績的對象。主張此種辦法者認爲某種工作必須以具有某種德性者或品格者擔任，便有成功的把握。對政府中的各類工作先加以嚴密分析，以求得其特點的所在及需要具有何等品格或德性者擔任，然後再考核此公務員是否有此等性格。工作的性質與工作員的品格，具有至密切的關係，故工作考績的高下可於此性質與品格的相關因數求得之。譬如考核消防隊員著重機警、靈敏、勇敢等項；考核警察注重公平、正直、勤勉等項即其例。此派中人更有根本不承認個人的工作爲成績者；蓋一人的成績須從其在整個組織系統中的「相關價值」加以判斷。主張此種理論者以爲工作員乃是完成某機關所負使命的工具與手段。欲判斷其成績的高下，須從其對此使命完成上或在整個組織系統中所爲的貢獻爲如，何決不能離開組織祇從其孤立的個人工作分量作評算成績的標準。

浦洛布士(J. B. Probst)在公務評績（Sersice Rating）一書中對此曾有較懇切而具體的敍述，應略加引證，以資說明。他說：『以生產量作考績標準，其最大的優點，確能使主持考績者不受偏見猜測，及無以自持的評判力所支配。但於此有一不容忽視之點，即生產量額一項，不能視爲主要因素，用以估量工作員在其職務上各方面所應具有的價值。譬如一售品員本身的評價，並不能以其售貨總數的多寡作爲評判其成績高下的唯一標準，因爲亦許這一售品員曾故意將貨多給顧客致有此紀錄。……一打字員縱能產生大量工作，仍可能爲不稱職的工作人員，因爲他的秉性不善，待人不和，甚足以影響整個組織的服務精神，在量上足以減少大多數人的生產，在質上足以妨害各人間的合作。凡估計工作成績不能祇注意其工作數量，對促成健全組織所必具的重要條件如誠實、調協、合作、創發、忠順等尤不可放鬆。』

應用德性或品格爲考績的標準，雖有上述的理論根據，且爲現代考績上的進步主張，然在實際的運用上亦不無困難。據施克特及克洛若的意見，以德性或品格爲考績標準有下列各項困難：㈠主管長官在於領導工作，祇能於工作的成果上判定某人是否優良，並無多餘時間分析其各種品格或德性爲如何；㈡所謂德性或品格本是抽象名詞，對此欲爲具體描述與評算實非易事；㈢各長官對抽象的德性或品格易受偏見及好惡的影響，於有意無意中爲不公平的判斷；㈣任何人都易於不知不覺之中受其心理喜惡及一二印象所影響，對人的評論致失於眞切；㈤所謂品格或德性乃極空洞，難爲具體確定的比較；及㈥各長官對所謂某種品格或德品的觀念或內涵並不相同，難期標準統一。（見 Scott & ceothier,pesonnel Management, PP, 174-176）。

除上述兩項主張外，更有提倡以學識爲考績的對象的。蓋學識爲能力所自來，學識充足則能力優良，所謂「知識卽能力」。欲考察某人的工作成績如何，可從其學識是否優良上間接判斷之。特別是與職務有關的學識足爲成績考核的可靠標準。若用學識爲成績考核的標準，則足以鼓發公務員求學上進的志趣。求學好進的精神，足以促進公務員的朝氣，雇員的活躍，及效率的增進。學識與成績雖有相當的關係，然並無絕對的關係，所以用此爲考績因素之一則可，若以此爲考績的唯一根據則過。

第二節　考績的實際設施

一、方法——考績卽在考核工作的成績，工作原有不同，故所用的考績方法自亦有所不同。常有人不明此意，每以爲一種的考績方法便可適用於各種不同的工作，實爲錯誤觀念。吾人若參看中外考績史實，或因技術的演進，或因目的的不同，或因工作的有別，曾經應用的考績方法爲數甚多。玆就中引述若干以見其內容與優劣。

I臆斷考績法（Judgment Rating）——此係由負責長官憑個人的臆測及判斷評定其所屬職員的工作成績。主張此種辦法者以爲直接長官與其所屬職員朝夕共處，對其工作勤怠，品行及性情的優劣自易有瞭若指掌的認識，故由彼負責辦理考績事務自甚爲合理並較易切近事實。況考績本爲純粹行政性質的事務，爲確定行政責任計亦應由負責長官考核。不過這種方式爲考績制度中的最簡陋者，具有不少的缺點，現已遭人拋棄。第一、這種考績辦法因無客觀的確定的尺度與標準以資遵循，自難望其準確。第二、各負責長官的習性不同，主張不一，在考績時必有此寬彼嚴之弊，不能建樹統一一致的標準，結果必與公平的原則相違背。第三、負責長官因受私人好惡，偶然印象，及主觀成見的支配以評定屬員的成績，所得結果自不甚可靠。

Ⅱ人與人比較法（man-to-man comparison Scale）——此法係美國陸軍於歐洲大戰時所應用者，故亦名軍士比較法。此制度較前法已大有進步，其特點有三：第一、此制確定五種因素，即體格、智力、領導能力、品行，及對職務的一般貢献爲考績的對象或目標，已非前此漫無標準者可比；第二、每一因素各分爲優、良、中、次、劣五等，以爲考核的尺度易爲較準確的比較；第三、在實施時先就同級軍士中選出若干人按所定標準分爲優、良、中、次、劣五等，即以此等軍士爲具體標樣，以與他人比較。譬如經選定結果，趙大的體格爲優等，則與趙大體格相似的某甲亦當定爲優點。又如王七的智力爲中等，則與王七智力相似的某辛亦當定爲中等。不過這種比較法在實行上亦有兩大缺點：㈠所謂體格、智力等因素均爲概括籠統的名詞，在各考績員心目中所代表者必爲各不相同的事務；㈡所謂優、良、中、次、下亦無客觀標準，在考核員中此人認爲優、良者，他人亦許認爲祇是次、劣、出入甚大。人與人比較考績表之內容與形式如後：(Scott and Clothier, Pessonnel Management PP. 202-208)

因素	內容	等次	代表	分數
體格	體形，外觀，在勻，聲音，精力，耐勞。	優	趙大	15
		良	錢一	12
		中	孫二	9
		次	李三	6
		劣	周四	3
智力	精確，學習能力，能以迅速的領會長官之意志，能發布切要之命令，善於推測時局應付危機。	優	吳五	15
		良	鄭六	12
		中	王七	9
		次	馮八	6
		劣	陳九	3
領袖能	創發力，魄力，自信力，果斷力，機警，主持紀律與鼓勵部屬之能力，忠實與合作。	優	褚十	15
		良	衛十一	12
		中	蔣十二	9

力		次	沈	十三	6
	耐勞，可靠，忠實，負責，不	劣	韓	十四	3
品	欺罔、不自私，合作之能力與	優	楊	十五	15
	意識。	良	朱	十六	12
性		中	秦	十七	9
		次	尤	十八	6
		劣	許	十九	3
對職務一般獻	專門知識，技術與經驗，指揮	優	何	二十	40
	與管理方面之成效，工作之能	良	呂	二一	32
	力。	中	施	二二	24
		次	張	二三	16
		劣	戚	小	8

Ⅲ卡片淘汰法——此法係將各受考人姓名分別書於所備的卡片上。由主持考績的人員一一加以判斷，就其工作成績的高下，品行的優劣分爲上、中、下三類。次就各類的卡片再以此法判斷分爲上、中、下三類。繼續如此分別評定，直至將所有卡片分盡爲止。各員應得的分數係於每一類中按百分比率法計算得之。此制雖較臆斷考績法稍有進步，然其最大缺點亦在於漫無標準，考核者的主觀成分過

多，不足以獲得確實公平的結果，故應用此方法者今日已遂見稀少。(J. B. probst, Sevice Rating 11-14)。

IV因素臆斷法（Judgment Rating to Factors）——個人臆斷法係憑主管長官的一般或概括認識以考核其所屬職員者。此法則係先由負責長官或人事行政機關規定出所欲考核者的因素或對象後，再交由直接主官依照之以作考核。實行考核時，先就一個因素以衡量受考的全體所屬人員，按其高下優良的結果依次計分。其他因素的考核與評算亦係以此方法求得之。將各因素所得分數相加，卽得各該員考績上所得的總分。此種的缺點亦在長官的主觀成分過多，無客觀尺度以資測量。

V因素級評法（Rating According to Factor-Ranking）——使用此法者係先規定其考績對象或因素，然後再就每一因素分爲優良中劣等級或甲乙丙丁戊五等級。前者稱爲因素四級法（FourStep Ranking）。因素及等級決定後卽依此製爲考績表後，考核員便可按此表內所規定的因素與等級去估量或測度各受考人員。如受考人工作成績屬於優等卽在優字下作一記號，如其可靠程度屬二等者卽於此行下寫乙字。無論甲、乙或優、劣等字均可爲若干分數的代表，故考績的總結果可以數字計算得之。這種辦法在表面上雖似已有客觀標準，然實際上受考人的優劣高下仍爲考績者的主觀意見所支配，自亦不能被認爲完善的方法。因素級評法表式如後：

因素五級法　（考績表）

等級／因素／姓名		能力	耐勞	品行	工作量	工作質	可靠	適合	其他
趙	一	甲	乙	丙	甲	丁	乙	戊	乙
錢	二								
孫	三								
李	四								
周	五								
吳	六								
鄭	七								
王	八								
馮	九								
陳	十								
褚	十一								
魏	十二								

因素四級法　（考績表）

姓名　張　三	優	良	中	劣
康健（體格）		V		
勤　怠			V	
品　行	V			
工作（質與量）		V		
對組織之價值			V	

考核人（簽蓋）＿＿＿＿＿＿

VI圖表測度法（The Graphic Rating Scale）——此爲考績方法中使用最普遍者，先創行於施克公司（The Scott Company），繼推行於其他工商機關，其後行政機關採行者亦多。此測度表式係由兩大部分所構成：㈠被考核的各特性或因素，此係就工作性質所需的成功條件用主觀分析而決定者；㈡對每一特性或因素用特定的語詞作程度高下不同的描寫。測度圖表分爲反正兩面，正面備評定，反面供說明。考核人就表內所列各因素依次分評，認爲受考人具有何程度，即於此因素後所附尺度的適當地點上作一記號若√。如此評定完竣後，再用所另備的計分尺，以計量所評記號，取得其分數，各因素所得分數相加的和，即爲受考人初步計算所得的分數。測量圖表及計分尺的式樣如後：

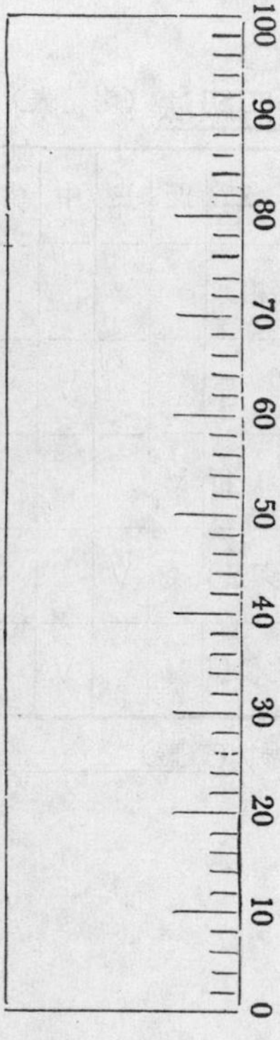

計分尺

有監督權 ____________
無監督權 ____________（祇填一個）

圖表測度考績表

（參看反面說明）

職務	等	級

（姓名）____________ （機關）____________

記號	職務因素	評級記位（祇評前端有記號者）					分數（不填此行）
□ 1	準確無誤及判斷能力；	最準確	很細心	尚留心	不細心	常錯誤	
□ 2	可靠服從指示．確定準確；	最可靠	很可靠	尚可靠	不可靠	否靠	
□ 3	工作精緻並有秩序；	最精緻	很精緻	尚精緻	不精緻	太粗亂	
□ 4	速度完成工作，打破困難；	最速	很速	尚速	稍慢	太慢	
□ 5	努力，勤勉，注意，魄力，集中；	最勤	很勤	尚勤	似懶	太懶	
□ 6	知識，處指工作之臨時知識及專門技術；	最优	甚好	尚可	不足	缺乏	
□ 7	判斷力，把握局勢，判斷是非之能力；	完全	很好	尚可	不確	缺少	
□ 8	人格感化力，情緒鎮靜力；	最能感人	很能感人	尚能感人	似能感人	不能感人	
□ 9	合作能力及精神；	最能合作	很能合作	尚能合作	不易合作	不能合作	
□ 10	創發力，思考力，追溯力，吸引力；	最能追溯	很能追溯	有前進精神	少有發現	須切實指導督監	
□ 11	執行力及貫徹始終之精神；	完成指定工作最快	很快	尚快	稍慢	費時過多	
□ 12	組織能力；	最有組織	很有組織	尚有組織	計劃不足	無效率	
□ 13	領導能力；	最能領導	很能領導	尚能領導	不得信仰	為下反對	
□ 14	用言語啟發及指示工作之能力；	最能啟示	很能啟示	尚能啟示	不能啟示	使人惟誤	
□ 15	工作數量	產量最多	產量很多	產量尚多	產量不多	無產出量	

就全部觀之，考核員對受考者之工作行動及態度是否滿意？________（是或否）______

總分________
最後評級________

考核人____________ 審查人____________ 日期____________

圖表測度表使用說明

行爲評述

（若前頁對受考人之行爲態度爲否定之答復時應於此欄評述其行爲不能令人滿意之各點）

考核人……………………………………………

考核人注意

1. 此表每人一頁，將表頭塡就後，對其應評測職務因素前之□內副×記號，所有被測因素均作同一記號。
2. 考核人對受考公務員，應依人事分類機關分類標準，塡入在上角之等級格內，測度時先自最低級公務員作起。
3. 考核人於評測之前，應將各職務因素詳切瞭解，不僅明瞭每因素之某項，應瞭解其全部，各因素之切實意義，不得變更。
4. 對每級公務員爲評測時，考核人對本級所在同等公務員，確定一合理行本標準，較高等級者應比較低等級者爲嚴格。但 1, 2, 3, 4, 5 各項不在內。
5. 第二項因素之定義，並無正直或高尚者，若其人不合於第一項卽選第二項。
6. 對每項因素之評測，其結果於後附之尺度上表示，作√號記之。此記號不必一定置於說明文字上，任何地方均可，要以考核人之估計而定。
7. 先宜用鉛筆劃記號，於一切公務員均受評測後，應就各人而比較之，應改正者改正之，最後用墨水筆記定。
8. 評測或考核每六月一次，或止於五月十五日，或止於十一月十五日，任職不滿三月者應註明。

9. 關於行爲態度問題用『是』或『否』作答；若答『否』者則應就上欄中說明。

10. 表格塡就後應註明日期，考測人親自簽名，送交審查人。

審查人注意

1. 審查人應就其負責審查所有表格混合分類整理，務求評測標準統一，評測計算確實，不僅可以對個人評測加以改正，有時對塡表人估計，得爲全部改正。
2. 改正符號仍爲√，但爲紅色，原考核人所記符號，仍予保留。
3. 審查完竣後，應於各表上註明日期，並親自簽名，再送交覆核機關。

依上表及測尺計算出受考員應得之總分數後，再依第二步手續推評其所居等級。全體受考人總分爲五等，最優等佔一〇%，優等佔二〇%，中等佔四〇%，下等佔二〇%，最下等佔一〇%，按照各人所得分數及此比例分等法卽可推得受考人考績後所居之等次。按圖表測度法通常係由二個或三個長官核算之，各長官若所評算等級不同，可用平均法作最後決定。若差別太大，可會商決定之。此項考績法具有若干優點爲前述幾種辦法所不及者：㈠評等時有較確定之範圍與具體描述，可資遵循；㈡分數計算不完全操縱在長官之手，可免瞻徇與舞弊；㈢最後評定採計算方式，易期公允與準確。但此考績法亦有其不少缺點：㈠應用此法時須一類工作擬定一表，不易爲一般之廣泛運用；㈡表內各項因素之確定，期其完全合適亦非易事；㈢表內成績描述預爲規定，考核員受有限制，眞實意見或難表現；

㈣計算分數雖不在長官之手，但各表記號已定，計算者亦無從更改；㈤表內成績形容亦不免失之空洞。

Ⅶ浦洛布士考績法（The Probst System）——此為近世考績法中之最進步者，為考績專家浦洛布士（J. B. Probst）所發明者因以得名，現時各人事行政機關採用者亦頗衆。發明者並不注意過去所謂尺度評測之觀念，而另定一百個行為動態或特點替代之，此動態與特點係以客觀方法求得之。其中多為浦洛布士所謂『顯明動態或特性，』卽在平均數以上或以下者。因用此種因素作為考績標準時，考核人易於作確定答復，不致心存猶豫。此種考績法之考核程序亦與其他方法不同。考核人祗須指出受考人有無此特點或因素，並不必估計其程度之高下。考績時由三個長官擔任之，直接長官作第一次考核，上級長官作第二次考核，最上級長官作第三次考核。

浦洛布士自謂其方法具有下列各優點：㈠考核者對受考人之動作及特點不是作籠統抽象之評算，係對特定事實作肯定之答復；㈡關於受考人之事實及特性等描述方式，不用字母代表或百分數計，而以普通思想為之；㈢表內所提供報告之事項，皆經過縝密研究與多次試驗所得之結果，皆有充分之理論根據；㈣表內所列因素甚多，考績長官可擇自己所明瞭熟悉者塡報之；㈤考績長官對於各受考人所具特性之高下程度如何，則無庸考慮；㈥考績人塡表時無需顧忌如何調整計分之等級與結果；㈦考績長官縱不肯細心塡表，但事實上彼必須作確定與明顯之答復；㈥此表之內容簡單明瞭，能使受考者相信其公平可靠；㈦此表能適合一般長官之普通心理，如不願指出屬員缺點或放詞誇贊。在消極方面更可免除長官成見支配，記分不公，標準不一及考核複雜等流弊。蒲洛布士考績表之形式如後：（參考J. B. Probst, Service Rating, 原用表八吋半寬，十一吋長）

在此表內所記之事實與判斷以科學程序及公式計算之根據所記項目求得數字結果與等級

(受考人姓名)

(官 銜)

(所屬機關)

蒲洛布士考績表

此表用以考核警察，消防隊員及學校教員以外之各公務員及官吏之服務成績。

(供六個月期間用)

至……年……月……日止

說 明

蒲洛布士 {版權所有

(在美國及加拿大) 1932

等 級

1. 此表用以報告上述公務員服務價值，除非另有規定，以六個月之期間爲準。
2. 在本表所列各項如認爲足以作該公務員之適當形容者卽於前作×記之。不得猜度！除非確看此人有此現象時不可妄加×號。決定25項左右是頗容易，亦許十數項不易發現於若干公務員身上。所作×不可太大須位於□內。不可改換所載文字。
3. 此表內三位長官獨立檢報之，所作×號須在一行(各人)，且兩頁者須同在一行。最低級長官最先檢評，然後由次上及最高長官檢評之，所作×號各佔一行。

4. 有若干項目『如對工作有良好之技術訓練』『在緊急事變時有良好頭腦』等，祗有若干特別職務始須考量。

格一

在此期間此公務員共請假若干日？
(a) 病假，仍支薪，……………………日
(b) 病假，不支薪，……………………日
(c) 因私務請假……………………………
(d) 無故不到幾次…………………………
(e) 其他請假處罰及獎勵等………………
……………………………………………

下列兩格內各項祗須各擇一項作答。所考慮之事項不僅此公務員之日常工作報告，且包括辦理特別指定工作，遵守時間，答復招呼等。

格二

評報行次	
1 2 3	
□ □ □	總是遲到
□ □ □	時常遲到
□ □ □	偶而遲到
□ □ □	決不遲到

考績長官證明所評報之行次		
行 1	行 2	行 3

格三

□	總是早退
□	早退爲常
□	時常早退
□	快下班時常看時鐘
□	偶而早退
□	決不早退

注意評報項目

（公務員簽字）

說明　本頁內所列各項目如認爲足以爲該公務員之適當形容者卽於前作×記號於□內。不得揣度。認爲確定時再檢答。

行次 1	2	3	項目
□	□	□	懶惰
□	□	□	動作遲緩
□	□	□	活潑敏捷
□	□	□	年紀太老
□	□	□	身體稍有缺陷
□	□	□	身體有重大缺陷
□	□	□	不感興趣
□	□	□	說話太多
□	□	□	言語唐突
□	□	□	妄自尊大
□	□	□	頗能合作
□	□	□	不善合作

行次 1	2	3	項目
□	□	□	怨言與批評
□	□	□	與人爲敵
□	□	□	應注意對人
□	□	□	態度和善
□	□	□	甚有禮貌
□	□	□	性情怪僻
□	□	□	常似不滿意
□	□	□	好出怨言
□	□	□	判斷不良
□	□	□	判斷應加改善
□	□	□	判斷尚好
□	□	□	判斷甚佳

□□□　不盡職守
□□□　喜作容易事
□□□　告而後作
□□□　工作稍落後
□□□　需要督促
□□□　工作能依時辦完
□□□　工作出產量異常之多
□□□　多時是快工作員
□□□　在工作上甚為緊張
□□□　不接受責任
□□□　接受責任
□□□　總不願意接受命令
□□□　太好至他人處
□□□　需要切實監督
□□□　無需監督工作甚妥
□□□　善於自制甚少動氣
□□□　易於發怒
□□□　好作喧鬧
□□□　缺乏自信力
□□□　太不認真
□□□　學習新工作甚慢
□□□　學習新工作甚易

□□□　對指示易於明瞭
□□□　時常願意工作
□□□　對工作特別有興趣
□□□　應注意條理
□□□　甚有條理系統
□□□　善忘
□□□　不留心工作
□□□　常多錯誤
□□□　準確
□□□　甚少錯誤
□□□　精確
□□□　工作有專精
□□□　不甚可靠
□□□　尚可靠
□□□　甚為可靠
□□□　活躍強堅
□□□　活躍而不強堅
□□□　不修衣履外觀
□□□　注意衣冠
□□□　聲音儀容和悅
□□□　與公共交涉甚是機警
□□□　對工作之技術訓練不良

□	□	□	對工作有良好技術訓練	
□	□	□	在偶然事變中頭腦不敷用	
□	□	□	在偶然事變中善用思想	
□	□	□	常被指派作重要工作	
□	□	□	常被指派作高級工作	
□	□	□	有時毀壞物件	
□	□	□	飲酒常爲其主要敗事原因	
□	□	□	願意工作但非領袖人才	此格祗供考評有監督權之行政官吏用
□	□	□	計劃不甚良好有效	
□	□	□	有計劃而不能施諸實行	
□	□	□	甚有計劃良好組織者	
□	□	□	決定迅速而準確	
□	□	□	怯於執行紀律	
□	□	□	善於維持紀律	
□	□	□	缺乏決斷	
□	□	□	異常善於應付困難情事	
□	□	□	不善向顧主說話	此格專供評售品員或其他應付顧客者者用
□	□	□	善對顧主說話	
□	□	□	總使人喜悅	
□	□	□	對顧客多所惠賜	

□	□	□	不注意顧客	付顧客之公務員用
□	□	□	言語清楚	
□	□	□	售量最多	
□	□	□	善於消除反對	
□	□	□	售量在常數以下	
□	□	□	聲音太大	
□	□	□	貨物佈置甚好可作廣告	

如果認爲有其他項目可作此公務員之適當形容者塡入下列空白格內

□	□	□	
□	□	□	
□	□	□	
□	□	□	

附註

當上項考績表經三級長官檢評完竣後，卽交由第三者以特製之計算器估計其分數。此考績計算器亦爲浦洛布士所發明，有專利權。（每隻價一百金元，若不購器，另定有代算取費辦法，其通訊處爲J. B. Probst, 1843 Ashland Ave., St. Paul, Minnesota, U. S. A）此計算器係由一計算尺及附形

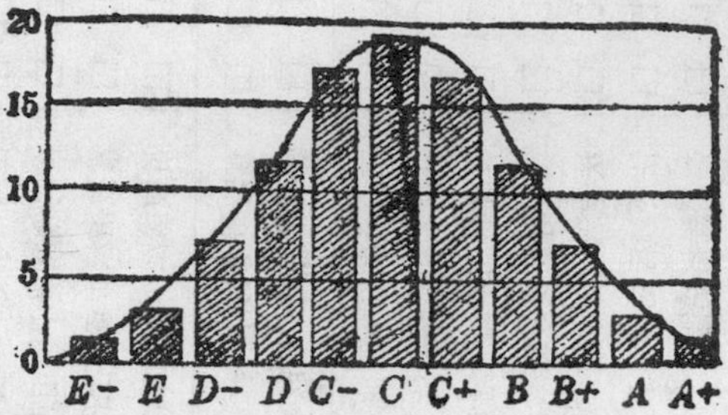

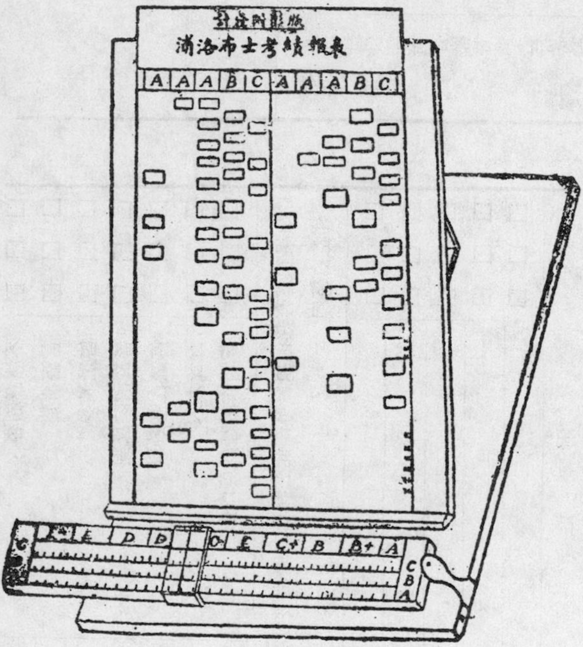

版配合而成。計算器前後移動，附形版則顯示一定評報記號於考績表上，然後再依公式轉變爲數字分數。此器之使用不甚複雜，平常之公務員均易學習。分數之分配辦法係依正當或生物曲線（Normal or Biological Curve）而定，其高低次序爲A.+ A. B.+ B. C.+ C. C.− D. D.− E. E.− A佔百分之五——七，B佔百分之十四——十七，C佔百分之四十九——五十七，D佔百分之十七至二十四，E佔百分之四——七。浦洛希士之分數分配曲線及計算器樣式各如上圖所示：

浦洛布士考績法雖有其精深獨到之處，但亦有不少缺點值得研究。第一、考績表所定因素係爲一般應用，對特種性質之職位，並無特殊之規定，用同一表格與方法考核多種之職務未免於實際不相符合。第二、考績人與受考人對計分方法皆不知曉，且運用不免太機械化，故難得一般公務員之信仰。第三、考績結果，以百分小數之差判斷各人之優劣，實難公允準確，且人各有特長，不可以平均方法作爲論斷。第四、各人所具特性，須在當時之適當環境中方能表現，各長官對受考人所表現之行態本難一致，事隔多日再作想像之回憶，自不甚可靠。第五、各機關長官之立場及寬嚴態度難期一致，以同樣之表應用於兩個以上之機關，則考績結果自不一致，標準不同，焉得公平？第六、在人數衆多之機關，長官對各屬員不能個個接近全般明瞭，此制實難於應用。第七、表內所列，各特性或因素，俱無事實證明，未免抽象與空洞，且對工作成績一項未列入，亦失考績之意義。

Ⅷ歐特偉氏考績法——此係歐特偉（S. H. Ordway）及蘭芬（J. C. Laffan）二氏所擬定者，亦考績實施上專家之最近發明。此種辦法亦規定每半年舉行考績一次，考績表分甲乙兩種。甲種考績表供特殊之用。在半年中，長官對某公務員認爲有特殊貢献時塡用之，或塡此提供考績委員會作注意審查。乙種考績表係供一般考核之用。塡寫乙種考績表時祇須照表上所列項目作一記號卽得，而甲種考績表的塡寫須提出具體事實與經過以爲證明。甲種表所載共有十六個項目，其中積極性質（好）與消極性質者（劣）各佔半數。表經塡就後交由考績委員會計算，將積極與消極項目兩相抵對，如所餘者爲積極項目，則作正數計算，若爲消極項目，則作負數計算。乙種表內共分二十項目，其性質亦分爲積極與消極兩種。惟積極項目，僅作參考，消極項目，方始計算分數。凡祇適用乙種表的受考人，倘無消極項目者，考績委員會自動增加半分，如有一消極項目者則不予增分，若多至三項時則扣減半分。

凡初任職人員皆以七十分爲合於本職位的基本分數，每次考績所增分數共至百分爲止始可升職。凡每期祇賴乙種考績表增分者的受考人，增多十五分時始能升職。經升任新職後，以前考績所增分數卽行取消，回至七十分的基本分數。各考績表均於六月十五日或十二月十五日前送交考績委員會。各受考人如有自行呈送甲種考績表者亦須於此時辦妥。考績委員會卽分類整理，詳加審查，並調查事實。考績結果公佈後十日內，受考人如認爲有疑義時可提出聲訴，考績委員會卽定期召集當事人重行審查作最得決定。同職的人均可聯請參看他人成績報告，在可能範圍內，考績委員亦允諾其請求。甲種乙種考績表的形式如下：（參考 Approaches to the Measurement and Reward of effective work of indiviiual government employees, 載 Supplement to the National Municipl Review Oct. 1935, Vol. 24, No, 10, PP. 595-601.）

甲種考績表

（此表祇用以證明該受考人之特殊行爲或勞績）

說明：第一先審檢表內所列各項目中何行爲或事件，曾經爲該員在本期內所實現者。如該員並無表中所列之事項，卽改用乙種考績表。

第二在塡畢表內所列某項目後，於此頁之背面並詳述與此有關之客觀事實，以便爲考績之具體根據。敍述一件事務祇塡一個項目。

時期自……年……月……日至……年……月……日

受考人姓名……………………組別……………………

職位……………………級次……………………日薪……………………

（第一組。凡在本組內塡報一個或兩個項目以上並標明客觀事實者，該受考人在本期內將增加或減少百分之二的分數）

□ (1)曾由自己創發新而適用之制度或計劃　　（事實詳述背面）

□ (2)在行爲方面曾損害公共之福利或財產　　（事實詳述背面）

□ (3)於自己本分職務外曾表現偉大行爲　（事實詳述背面）
□ (4)因怠職結果曾損及公共利益或財產　（事實詳述背面）
□ (5)曾自動表現具有偉大價值之工作　（事實詳述背面）
□ (6)行爲不忠實玩忽職務不服從指揮　（事實詳述背面）
□ (7)在工作之質與量方面造成最高紀錄　（事實詳述背面）
□ (8)因私自離職而損及公共福利或財產　（事實詳述背面）

（第二組。凡在本組內各項目塡報一個或兩個以上並註明客觀事實者，受考人在本期內將增加或減少百分之一的分數）

□ (1)曾完成一己之自修或工作而有益於本職務　（事實詳述背面）
□ (2)因行爲不愼或立意錯誤而損及本職務　（事實詳述背面）
□ (3)在例行工作之外曾努力進行責任重大之工作　（事實詳述背面）
□ (4)工作未能完成　（事實詳述背面）
□ (5)曾作超過辦公時間以外（助他人）之工作未受報酬　（事實詳述背面）
□ (6)在環境異常困難中進行分內工作曾有傑出之表現　（事實詳述背面）
□ (7)時常請假或遲到阻礙工作進行　（事實詳述背面）
□ (8)因縱情，使性，反抗不守紀律之結果，致損及職務　（事實詳述背面）

（請用此頁背面詳述上所塡報之項目）

乙種考績表

受考人未用甲種表者適用此表（此表用以評述十個以上之受考人在同等職位及級次之工作情形）

說明：——將本表內所擬提出報告之受考人姓名，分列於下：

	姓名	組別	職位	級次
1	……	……	……	……

2 ……………………………………………………………………………………

3 ……………………………………………………………………………………

4 ……………………………………………………………………………………

5 ……………………………………………………………………………………

6 ……………………………………………………………………………………

7 ……………………………………………………………………………………

8 ……………………………………………………………………………………

9 ……………………………………………………………………………………

10 ……………………………………………………………………………………

請查照上列各位受考人前之數目。下表冠有受考人數字之每一行，用以指明該受考人在工作方面所具之特性。如認爲某一特性與該受考人之情形確相符合者，卽在該行內作一記號。此表並非用以比較各受考人之成績。凡該員未有不良特性之評定者，在每一考績期內，皆可增加百分 1/2 的合格分數。請評下述各項目；

受考人／記號／項目	1	2	3	4	5	6	7	8	9	10
可靠										
有時不守紀律										
機警										

常遲到										
易於學習										
合作										
工作遲緩										
粗心										
公平										
精確										
外表不整										
有創造力										
態度漠忽										
搗亂										
多才										
完成甚多工作										
判斷力不良										
能鼓勵他人										
具有可貴經驗										
無進步										

此項考績制度就其利弊言之有數點應予論述。第一、甲種考績表所提出的事項，多係以調整機關組織的利害爲範圍，以整個的團體福利爲考績目標，可謂爲扼要中肯。第二、關於成績事實的敍述，一方由長官提出，一方准受考人自行提訴，易昭公允，而免怨言。第三、各項目所涉及個人的特性，均多與其工作有直接關係，是雖以品格爲考績對象，然對工作亦有間接評定。第四、績考的兩組分數預爲限制可防止考績人的任意增塡，且計分方法明顯，長官不易贍恩徇私。第五、考績辦法較爲簡單易行，易於免去揣測使人信仰。

二、組織——考績方法的應用，已略如前述，玆進而檢討辦理考績時的組織問題。考績事宜的進行究當由何人或何種機關負責主持？關於這一問題的答案，論者並不一致。有人認爲考績事務爲純粹行政性質，應由主管長官負責辦理，且各職員的工作勤怠，品行優劣等唯有其主管長官有切實的考察與準確的明瞭，故考績事宜由主管長官辦理最爲適宜。但主管長官易受私人感情及主觀好惡所支配，難期公平，故有人主張考績事宜由三級長官共同辦理之，用期相互牽制，而防贍徇。爲防止長官的贍徇計，有人主張由第三者或人事行政機關負責辦理考績事宜。但人事機關常評於技術設計，而昧於行政事實，對考績問題難於爲設身處地的措施。有時在職長官常固執成見，對人事機關所定辦法置不遵守，或敷衍了事，故以人事機關辦理考績亦有其困難。爲補救上述的弊害計，乃有人主張所謂委員會或第三種辦法者，此卽係組織臨時考績委員會專辦此事。委員會有者由機關首長指定高級長官若干人組織之，有者由機關首長人事機關所派人員混合組織之。惟委員會在考績結果未公佈前應完全保守密祕，不可宣洩未定成績。

至於考績因素及表格之擬定權力者亦應加研究。若由人事行政機關負責決定之，對理論與技術自甚周到，然對實際情形則恐有不明瞭與不符合處；若由行政長官負責決定之，對實際行政狀況雖能顧及然於人事行政原理常多背謬。最完善的方法，宜先由人事行政機關擬定原則與計劃供行政長官之參考，據此再爲較具體切實之決定；或先由行政長官擬定草案送交人事行政機關加以研究作最後之決定；如此，則合理論技術與實際情形於一爐，對考績的進行自易事半功倍，獲得圓滿的結果。

考績人員是否盡責勝任、亦爲組織上的一大問題。在施行考績時，各機關長官對此事多不能作負責認眞的執行，率皆敷衍塞責虛應故事。喜則放寬標準一律評優，怒則從嚴考核，全體稱劣。如此對整個的考績制度實發生至不良之影響，此應設法補救者。對此應明白規定考績長官的法律責任，如妄評優劣或敷衍將事，則須受應得的裁制。惟彼究竟是否盡責，具體考查亦頗不易。考績人員縱使肯盡心職務，若使能力不足，認識不明亦足發生錯誤，故欲有健全的考績組織對考績人員須施以統一與充分的訓練，使考核人對技術運用，因素定義，應取態度，及共同標準皆有正確的認識，能爲熟練之適當措施，則考績組織始能健全，考績結果方能完滿。

第十章　公務員的考勤與動態

第一節　考勤的實施

考勤是考察公務員在日常工作時間的勤怠及進度等。綜觀其實施內容，計有三端。

一、值公——值公者，卽工作員依照規定的工作時間與地點，準時準地工作，不遲到不早退。職員是否按時值公，對於一機關的工作進行有密切關係，不可不特別注意。職員到公，退席的時間應有詳細與準確的記載，如有遲到、早退及缺席等事宜，應切實分析其原因內容，以謀補救。此事似甚瑣屑，但是這是考勤上最低要求。若此而不能作到，其他可想而知。現代行政分工至細，所需於密切聯繫者至深，卽一人遲到早退，亦足影響於全體工作；最低級職員或高級長官陷於停頓，卽使全盤受到影響。一個機關的工作精神，卽可由這值公情形表現出來，如軍隊的步伐不整齊，決無作戰能力。促進值公的方法，最普通者爲簽到簿，不過現在各機關的簽到簿多等於虛設，有人今日簽明日之到，或上午簽下午之到，而且每一人皆簽的八時到公十二時退公，表面觀之似乎步調齊一，而事實上決不如此，早到者不表示早到，而遲到者更不好簽遲到。値公簽到本應由機關首長負責考核，最好由主管親自監督，否則亦應派定專人辦理，在長官監督之下，或可按時簽到，簽到簿亦由主官按時收發。其次用點名或報名方法，每日按時點名，或由各單位向主管首長報告到公人數，如紀念週卽用此法。第三是一種構造較複雜的到公鐘，於各人的簽到片上可以印出到公時的實際時間，準確無欺，不會如用簽到簿時所發生的舞弊情形。第四、工廠中則多用到公牌，每人給予方圓大小不同的各種形式的牌子。另外設置一到公櫃，櫃上開有孔，各櫃所開之孔，形式大小各不相同，牌子形式恰與櫃孔一樣，每日八時置某種櫃孔，祇能放入某種到公牌，到八時零十分又換置另一種號的櫃孔，祇能投入另一種的到公牌，如此每隔十分換一號櫃。第五是名牌稽查法，卽將各職員的姓名各書於一名牌上，掛置於大板上，懸於監督長官可視及的處所，各人的到退則以捲翻懸牌行之，在長官監督下，每人不能代翻。職工的遲到早退，須詳細調查與紀錄，並分析其遲到的原因。此種原因在個人方面者，有家庭的困難，私人事務的羈絆，過度的疲勞，本身的疾病、起床甚遲等。在社會方面者，或因交通困難，或因住宿處環境不良，夜裏不能使之睡覺，或者辦公處環境不好，使之生惡。要促進值公情形，第一須消除其遲到原因，解決其困難。第二依照規定執行賞罰。第三作家庭訪問，以查明其不到公或遲到根據的理由是否屬實，並可知其家庭狀況。有人研究到公早遲與年齡有關係，年齡愈大，到公愈早，愈守時間，年齡愈輕，到公愈遲，愈不遵守時間，此說也許青年人喜歡活動，不喜歡坐辦公室之故。至值公與婚姻的關係，據美國之統計，已結婚者較未結婚者爲遵守時間，此種統計大都以工人爲對象，也許已結婚之工人比較安心工作，未結婚者常感婚姻煩惱而延誤時間。又男女到公之比較，男子較遵守時間，女子到公較遲一點，也許女子愛生病，有家事覊絆。

二、給假——人無永不間斷繼續工作的能力，所以有休息請假事宜的發生。實在說來，休息或休假，即是創造繼續工作之能力。西文消遣或休息爲 Recreation，即再創造的意思。假使欲支持長久的工作，必須再創造或休息，所以休息並不是浪費，是整個工作過程中不可少的階段；休息就是恢復工作力量。給假應分例假、事假、病假三種。例假所以恢復工作精力，星期例假及休假等屬之。公務員因家庭上社會上關係不能沒有私事，除例假及星期辦理外，事實上非請假不可者，應給以事假，但理由必須確實正當，且須主管長官核准，每年不能逾一定的日數。病假者，因疾病給假，以資調養。其實給病假是合算的，若有病不請假，使之勉强支持，工作既因此而懈怠，病勢亦因此而延長，若初病即休息調養，一天兩天即可恢復工作。如機器壞了一點即修理，很省金錢和力氣，若壞了很多才修理，已不可使用。抱病作工，不僅對個人不利，並會影響全體工作效率。病假須有醫生證明，或巡廻醫生或護士的訪視。

三、工作紀錄——職員每日所工作的數量及性質如何，不能憑主管的好惡而定勤怠，應有詳確的紀錄，以爲考查勤怠與工作成績的根據。此項紀錄更可用爲編製行政報告的資料，以檢點一機關自身的優劣。此項紀錄的形式與內容應力求其標準化與一致。考勤要點略有數端：第一爲工作報告表，每一工作員皆須有確定工作。第二是辦公規則的厲行，任何機關皆須有辦公規則，中央至鄉里均多有此規則。規則不成問題，所成問題者，在於已定的規則能否嚴厲實行，行之是否始終澈底，若不嚴厲實行，規則等於官樣文章，工作效率亦可隨規則而趨於蕩然了，故須厲行辦公規則以維持工作效率。規則中應規定者，如在辦公室內不准抽煙，不准看報，不准私人會客，不因公事不能使用電話，不准在辦公室打盹；總之，主官應依當時當地情形臨時規定，並須嚴格檢查處罰。第三是工作分配表，每人的姓名及所任工作，均須列入此表，以便檢查時紀錄或分別問詢。第四是工作進度表。第五是工作種類的分配，此是時間及工作分配，檢查時看表即知各工作進至如何程度。第六是成績比較表，即所以供工作競賽之用。於表上用統計圖線表示出各人成績的優劣，工作的多寡，使各人檢查，自警自惕知所奮勉。第七是工作紀錄卡片，將各個人的所有資料與事實紀錄之，彙爲一卷，隨時均可加以考查。

第二節　公務動態的認識

一、**公務動態的意義**——一機關人事行政效率如何，可以其公務動態或人事新陳代謝率測量之。

所謂公務動態者，即欲維持一機關的工作力量時對去職離職人員的補充。此問題在人事行政上的重要性可自兩方面觀之。第一、公務員的委用及離去有相互之密切關係，昇遷機會及可能即係以公務動態爲轉移，每年公務員之死亡、休退、辭職、及撤職數與各該機關公務員總數的比例率，亦吸引一般人至政府工作重要因素之一。第二、若自另一方面觀之，公務新陳代謝率過高時，則爲人事行政上的不良現象，因此不但爲雇傭關係不適當的測驗，即在行政費用上，亦爲甚大的消耗。

公務動態在人事行政中並非一種孤立現象，乃由各種因素所混合形成的結果。人事管理者的責任，一方面在於免除公務上之沉悶暮氣，不使陷於呆板固着之境，一方面又不敢使之過於活躍，變動太多，產生不安定無秩序的危險。換言之，公務員不可無變動，但亦不可太變動，即在保持適當的公務動態率；然此亦並非易事。原夫公務員之補充，實由於公務員的去職，至公務員去職的原因爲何？歸納之不外三類：(1)由於公務員自己發動者，(2)由於雇主或政府方面發動者。及(3)發動力操於自然造化者，如疾病死亡等即屬於此項。

公務動態之意義雖如上述，至於此動態率之計算，則又另有其方法。公務動態率的計算方法，各家之主張並不一致。茲引述一二以見一斑。

公式(一)

$$\frac{S\text{（一定期間之去職人總數）}}{N\text{（此期間平均每日工作人數）}} = T\text{（動態率）}$$

公式（二）

$$\frac{\text{R（補充人數）}}{\text{M（餉冊上平均工作人數）}}=\text{T（動態率）}$$

公式（三）

$$\text{L（去職數）}=\frac{\text{(M+U)}}{\text{A（雇工平均數）}}=\text{T（動態率）}$$

M＝調職數　U＝自然死傷數

公式（四）

(a) $$\frac{\text{S（去職人總數）}}{\text{F（雇工總數）}}=\text{T（發展中之機關動態率）}$$

(b) $$\frac{\text{H（雇入人數）}}{\text{F（雇工總數）}}=\text{T（緊縮中之機關動態率）}$$

公式（五）

$$\text{R（勞働動態率）}=\frac{\text{A+S}}{\text{W}}=\frac{\text{（雇入人數）＋（去職人數）}}{\text{（雇工全數）}}$$

公式（六）

$$\text{T（動態率）}=\frac{\text{S（去職人總數）}\times 100}{\text{M（餉冊上平均雇工數）}}$$

（註）——所謂公務或勞働動態率者除非另有說明，普通皆係指一年之人事頻動率而言。

（一）Recommended by the Committee of National Employment Managers Conference at Rochester, 1919;

（二）Recomended by P. H. Douglas, in Bulletin of Taylor Society, Ang. 1919;

㈢ Recommended by Danniel Bloomfield in Industrial Management, Aug. 1919;

㈣ Recommended by Baris Emmet in Turnover of Labor, bulletin of Federal Board of Vocational Education, Nov. 1919;

㈤ Recommended By P. F. Brissenden & E. Frankel in their Labor Turnover in Industry;

㈥ 爲美國大多數工廠所應用之公式，參考 J. E. Walters, Applied Personel Administration, 1931

公務動態率或勞働動態率究應爲若干，殊不易爲確定數字之答復。此不僅與人事政策及雇傭狀況有密切之關係，且須視各該政府或工廠的歷史長短，工作性質及發展情形等因素而轉移。因之，各政府的公務動態率距離相差有3.8%——35.3%及4.8%——65.6%之鉅；（Mosher & Kingsley, Public Pessonnel Administsation p. 287）至於各工廠內之勞働動態率則較大，且其距離亦較遠，少者有40%——198%，多者有173.7%——352.8%，成績優者爲25%，劣者達600%（參考 J. E. Walters, Applied Personnel Administsation pp. 213 & 216）

二、公務動態的由來——公務動態者，卽公務員的離職與補充兩事所構成之變動情形。補充者卽對離職所生空缺的塡入，故公務動態的由來實基於離職事件之發生。而離職之原因歸納之不外三類：㈠原動於自然勢力者，包括因死亡開缺，因年老休退，及因疾病去職等；㈡原動於公務員者，普通所謂辭職，其原因不外⑴不滿意於現在之工作環境與待遇，⑵希望於他處獲得較好之職位或工作機會，

(3)不適宜於所在地之環境，爲情勢所迫勢須他往者，(4)不願再繼續服務，欲返里休養或料理家務；㈢原動於政府或雇主者，此中可分爲停職或解職及撤職兩項，前者的由來不外縮編及裁人，後者的產生多由於公務員之不稱職，枉法失職，及貪贓舞弊等。

若自人事行政立場觀之，公務動態之由來尙可以其他因素解釋之。第一、爲甄拔任用之不當，在公務員選拔時因無適當的方法與制度，使無能力者僥倖被錄，不稱職者濫竽充數；公務員任用時不經職務分析與個性分析，致使人與事不相適合，難於人盡其才，此均足使公務動態率高大的重要因素。第二、爲待遇及給酬政策之失宜，政府所定薪額若過於低微，致不足以維持其適當生活，或者給酬實施違犯『同工同酬』原則，使人感覺待遇不平，其他如工作環境之不良，工作時間之不適等均足以促成公務動態的增長。第三、爲考績昇遷實施之不良，欲使政府雇員安心職務，促成公務的永業化，端賴準確的考績與公平可靠之昇遷，若對此事無適當的措施，公務員將不能視其職務爲終身職業，必隨時尋求其他較好的工作與機會，結果自必增多人事的變動。第四、爲人事關係之欠調整，欲促進勞働力或公務員之安定，人事行政者及行政長官應力謀工作員間的和諧、合作、及協調，若對此不能獲得適當的成功，彼此間必發生隔陔、衝突、感情破裂，及相互傾軋的現象，揆之『合則留不合則去』之常情，公務動態自必因此而增高。

三、**公務動態的耗費**——政府或工商機關因人事變動所生的耗費，爲數亦不少。據研究在工商機關每僱用及訓練一個新僱員所需的耗費少者亦需三十美元。多竟至於三百金元。(Mosher & Kingsley, Pnblic Perronnel Administration p. 294) 瓦爾特氏在所著應用人事行政學中及亞歷山大 (M. W. Alexander) 在美國工業會議委員會席上對人事變動上所需用的耗費項目曾列表詳載，玆引述於左以見其內容：

人事動態耗費項目表

(載錄 J.E.Walters, Applted Personnel Administration, P. 221).

Ⅰ　雇傭費用：

1. 雇傭科之辦公費，　2. 身體檢查費，　3. 招工廣告及郵費；

Ⅱ　訓練費用：

1. 訓練科之費用　2. 監工及工頭所費時間精力；

Ⅲ　額外勞力費用：

1. 每件工資外之費用，　2. 以時間爲本之較高生產成本，　3. 促進新工效率所需之人力，

4. 生手工人所多耗之時間；

Ⅳ　額外運作費用：

1. 因出產減少多耗之動力，　2. 因生產減少多耗之擦油，　3. 因出產減少多耗之燈光，

4. 因生產減少多耗之爐火，　5. 因出產多少多耗之工役　6. 機器上之較多耗費與損壞，

7. 因手生所作壞之工作，　8. 在學習期間所生危險事件；

V 額外之投資費用：——包括利息貶價保險捐稅因生產量減少所需之各種修理費；

VI 營業上所生損失：——因生手所作出品之不良所產生營業費用上之損失；

VII 各項費用之估計：

1. 生產上之損失(準備去職，際改去職，及去職後與雇入間)……	$58.00
2. 雇傭科之薪工費用……	$ 5.62
3. 衛生科之身體檢查費用……	$ 1.10
4. 會計科之薪工費用……	$ 5.00
5. 工場中所需之費用……	$ 2.00
6. 辦公文具所增之費用……	$ 0.50
7. 訓練上之費用……	$10.00
8. 物料上之損失……	$ 5.00
9. 所需較多之監督指導費用……	$ 7.00
10. 電燈，爐炭、及房租等(雇傭科)……	$ 1.00
11. 醫藥費用……	$ 0.25
總計……	$95.47

勞工動態費用分類表

(Bv M. W. Alexander, 轉錄 Walters. op. cit. p. 222)

勞工之種類	雇傭費	教導費	消耗費	生產費	毀壞費	總數
高等熟練機器匠	$0.50	$ 7.50	$10.00	$20.00	$10.00	$48.00
需要一二年訓練之細工	0.50	15.00	10.00	18.00	15.00	58.50
包件半熟練工人(若干月之訓練)	0.50	20.00	10.00	33.00	10.00	73.50
普通勞働工人	0.50	2.00	1.00	5.00	—	8.50
文書工作人員	0.50	7.50	1.00	20.00	—	20.00

四、公務動態的審計——公務動態所發生的影響與耗費既如此之龐大，故應設法減低人事上不必要的變動，使至於最低限度方為上策。然欲如此，必須先對公務員或雇員之離職原因及雇傭或勞働情形加以詳密之分析，為對症下藥之補救。此種分析普通卽所謂勞働審計(Labor Andit)。勞働審計者卽對一組織中有關雇傭關係（雇主與雇工）工作情形（工作員與其工作）的事實及力量底有系統合理的完全分析與描寫，其目的在謀增進此組織之社會的人類的生產量額，並提高其經濟效率。(Tead & Metcalf, Personnel Administration, p. 267)

所謂勞働審計並非雇傭事實之照例記載與報告，而在對此事實爲鞭闢入裏之分析及有系統有意義之描述，即在於檢查現行之人事行政政策及制度，思有以適應客觀需要而改善之。服務精神之不振，生產量額之低減，及出品成本之高漲皆雇傭關係不適當有以致之。勞働審計之作用即在發現檢查所以致此之原因，並謀所以消除之道，而提高服務精神，生產量額，並減低出品成本。由此足見勞働審計在人事行政中所佔之地位確十分重要。

不過對勞働審計之欲爲有效之實施，尙有賴於若干之必要條件。第一、負責長官及公務員對勞働審計，須有切實之明瞭與認識，肯忠實完全底將各種勞働情形與雇傭事實報告於擔任審計之人員；第二、擔任勞働審計之人員須有充分之訓練與高明之技術，審計人員不宜以本機關之職員擔任，應由超然地位之人事行政機關派人或局外之專家充任之，以期用公平態度爲客觀之分析。第三、所採用之勞働審計方法須合理有效，使能以獲得完全之材料，並能爲有系統有意義之分析檢討；第四、須規定有標準化合理化完備的勞働審計檢查表以供應用。

勞働審計員於實際辦理其事務時應向各機關之負責長官，主管長官，及公務員作詳切之訪問與面談，以搜集各種有關事實並發現其雇傭問題之所在；對於各機關之各項會議亦須擇要參加，以期獲得較眞切之觀察。此外應儘量檢查各機關之有關紀錄與印刷品。其重要者包括：(1)不幸事件發生之原因、次數、及損失，⑵疾病請假之數量、種類、及耗費，⑶職業疾病發生之原因、數量、及耗費，⑷工資與產額，工作時數與出產數量，勞働動態與生產量額之相關因數及記載，⑸雇工之任期長短及請假之期間，⑹薪給之數量及種類，⑺人事變動如辭職停職及撤職等紀錄，⑻缺席及遲到登記簿，及⑼行政報告與各部分之工作報告等。

在勞働審計之實施上，勞働審計檢查表之應用實至為重要。茲將各工商企業機關普通所應用者抄錄如後，以見其綱領，並資參考：(Tead & Metcalf, op. cit. pp. 281-2)

勞働審計檢查綱領

I 雇傭：

1. 來源，　2. 選擇，　3. 委派，
4. 新工調劑：　5. 調動，　6. 昇遷，
7. 撤職，　8. 停職，　9. 辭職，
10. 雇傭紀錄，　11. 人事變動紀錄；

II 待遇：

1. 工資數額與種類，　2. 工作時數　3. 間接報酬，
4. 團體保險，　5. 疾病保險，　6. 失業保險
7. 認股計劃，　8. 分紅辦法，　9. 撫卹養老

10. 生產標準，

III 衞生：

1. 衞生科之組織，　2. 醫務記錄，　3. 火災傷亡，
4. 肇禍傷亡，　5. 空氣流通與溫度，　6. 光線，
7. 清潔，　8. 飲水，　9. 衞生設備，
10. 會客及休息室，　11. 更衣室及盥漱室，　12. 聲音震動
13. 工廠外部及環境；

IX 安全：

1. 安全科之組織，　2. 安全事件之紀錄；

V 訓練：

1. 經理之訓示，　2. 監工之訓示，　3. 職務說明，
4. 昇進訓練，　5. 視察及檢查　6. 建議辦法，

VI 福利：

1. 飲食設備，　2. 儲蓄辦法，　3. 住宅情形，
4. 消遣設備，　5. 合作購買；

VII 研究：

1. 職務分析，　2. 職位描述，　3. 勞動審計
4. 醫藥研究；

Ⅷ 調整：

1. 會議方法，　2. 勞工代表制度，　3. 勞働組合及集體雇傭；

Ⅸ 管理：

1. 生產組織，　2. 推銷組織，　3. 財務組織，

4. 人事組織，　5. 各部調節，　6. 經理及股東之經濟信仰；

Ⅹ 外延：

1. 勞働團體，　2. 勞働組合，　3. 勞働立法，

4. 工廠法之執行，　5. 交通運輸，　6. 社會教育，

7. 公共衛生。

上述之勞働檢查綱領殆涉及全部之人事行政問題與設施，欲對人事行政爲整個之改進以期減低人事變動或勞働動態率（亦名代謝率）。不過對此普遍檢查亦有持反對意見者，以爲雇工之去職係生於特殊之原因，無須爲一般之檢討，以期簡便，而省精力、時間、與金錢。因此，有人主張祇須對去職之事實與原因作特定之記載與分析，卽可爲對症之補救。辦理此項事務時，宜使用後列各項報告表以記載人事變動之原因，用謀補救之方。

各部人事變動報告表（19——年……月份）

（錄自 J. E. Walters, 前書 P. 224）

職員姓名	索引號數	委用日期	離職日期	任期		所任職務	性別		辭職																			撤職									解職	
									自動之原因															不可免之原因														
				年	月		男	女	工作環境	監督管理	人事政策	薪資數額	生活進益	工作時間	較好位職	住宅問題	交通問題	住宅遷移	自辦事業	回校求學	請給休假	料理家務	其他原因	疾病	婚嫁	告老	死亡	不用心	不忠實	不稱職	不服從	產品少	犯規則	好搗亂	不到公	體格差	短期工作	實行裁減
總計																																						

本月份開始時之職員總數……………………

本月份月底之職員總數……………………

薪餉冊上平均職員人數……………………

人事變動之百分比率…………%…………

	本月份	上月份	上年同月份
辭職率	………	………	……………
撤職率	………	………	……………
解職率	………	………	……………
離職總率	………	………	……………

編報者（機關）………………

（職銜）………………

（姓名）………………

日　期………………………

各部人事變動總報告表

部別	辭職者		解職者		撤職者		總計	
	人數	比率	人數	比率	人數	比率	人數	比率

日期……　編造者……（機關）……（職銜）……（姓名）……

職員去職原因分報表

（轉錄 Mosher & Kingsley, op. cit. p. 299）

離職者		報告表		任期	
姓名	職務	姓名	職銜	任用日期	去職日期

離職人員應否復被雇用？……　說明……

直接長官報告離職人員之去職原因：——此人去職之主要原因於下列各項前用×標出

□改就他業	□由於疾病	□毫無進步	□工作太少
□離居本城	□薪給不滿	□職務不宜	□不服指揮
□因爲結婚	□因爲減薪	□疏忽職責	□到公不準
□不悅所職	□休退告老	□行爲錯誤	□遲緩懶怠
□另有好事	□裁員解職	□專好搗亂	□不忠職守

除採用勞働審計及人事變動報告兩種方法以分析去職原因，以謀補救外，尙有第三種方式所謂離職面洽（Exit Interview）者，亦可用以完成相同之使命。在職員離職（辭職及撤職）前，先由主管及負責長官分別予以切實之面談，以發其離職之眞實原因。離職面洽之紀錄爲人事變動問題調整上之可貴材料。據工商機關採行此面談之結果，欲離職之人員中因此而留職者達4.5%之多（見Metropolitan Life Insurance Co., The Exit Inter-View, p. 19）離職面洽之重要功用計有三種：第一、藉此發現雇員去職之眞實原因，以謀補救，因切實面談方易獲得眞相。關於此種原因之分析，宜有完備之分類及標準化之記載，前列去職原因分報表可資應用。第二、管理人員與雇員可以藉此切實交換意見與事實報告，用便爲人事之調劑，對人員爲合適之調換，以期事得其人，人盡其才。第三、因去職面洽足以使去職者對此機關得到良好之印象，散出良好之宣傳，建立此機關在社會上之信用，同時在職人員之服務精神亦可因而改進。

第十一章　公務員的紀律及懲戒

第一節　公務紀律的理論

一、**紀律意義**——公務員的考績考勤及昇遷，乃爲促進服務精神與增加工作效率的良好方法，然同時必須有嚴格紀律的執行，採取申誡、記過、減薪、停職、免職等方式，用資督策，始能收完全的效果。因爲人性萬有不齊，性格不同的人，必須用不同的方法以管理。具有自尊自愛熱心上進者當以實行考績昇晉的實施，以促進其工作，滿足其慾望。而自暴自棄不思奮發者自應以執行紀律懲戒，以消除其怠性，促進其努力。

在人數較少組織簡單的機關，祇憑私人感情與獎勵的方法，便可維持；若在人數衆多，組織複雜的團體，則非有嚴格的紀律，不足以促進其工作。各部關係的調整，彼此工作的合作，服務精神的促進，工作標準的維持，均有賴於嚴格紀律的執行。紀律者爲任何團體必不可少的維繫物，亦卽將散沙變爲「水門汀」的黏合物。任何機關若欲其健全有效，必須有優良人員健全組織及嚴格紀律。足見紀律乃團體構成上三大要素之一。不特此也，若一機關一團體將其工作目標及使命確定後，尙須以嚴格的紀律督察之，監督之，使在整齊步伐下，共同努力。組織卽力量，紀律者在規範指導此力量向旣定目標爲和諧一致的發展。

所謂紀律嚴格者，並非指負責長官的「喜怒無常」「寬猛不定」或「過分殘刻」而言。此爲專制時代「朕旨卽法律」的無理嚴厲及人治主義。今日的紀律有一定標準，並經預先公佈，使人遵守。在執行時必須以客觀事實及旣定標準爲根據，亦卽所謂『綜核名實信賞必罰』之意。執行者決不能憑個人感情上下其手。紀律乃『團體意旨』的表現，並用以增進團體的福利。是以現代的紀律乃團體的而非個人的，民主的而非專制的，法治的而非人治的。因此，亦足見所謂紀律乃現代的產物，爲中古封建社會及上古酋長政治社會所無者。

昔者紀律執行的意義多偏於消極的作用，在於懲戒，在於將不稱職不守法的份子排棄於組織之外，但今日的觀念則更進一步，使紀律的執行，變爲積極性質，其目的在糾正或改正他人錯誤，具有敎育的意義，此又團體紀律觀念的演進。不過在工商企業機關多尙不肯立卽接受此新觀念，因爲他們的目的在營利，自不願擔負這社會敎育費用，致增加其生產成本。若在政府機關，於推行新觀念的紀律，則困難較少，事實上亦應擔當此社會責任。

二、懲戒的效用——紀律的執行，多以懲戒的方式出之。懲撤與昇遷爲維持人事效率的「双鈎」或兩大武器。不過在實際的運用上，昇遷影響之所及殆爲全體的公務員，而懲撤問題所波及者則僅爲少數違法枉職的人員。雖如此，但我們並不能因此而忽視紀律與懲戒問題，因其實際效果在人事制度中實佔有同等重要的地位。質言之，二者乃一物的兩面。昇奬爲積極方法，懲撤乃消極作用。二者相互爲用，其目的同在於促進或維持各公務員的工作效率。前者在利用人的競進心以鼓發其勤奮；後者在利用人的畏懲心以嚴律其職守。昇奬的意義欲使公務員竭其全力達於最高限度的成績。懲撤者在於强迫各公務員維持其最低限度的服務效率及工作標準。

在政府機關中，懲撤作用尚不僅在於維持工作標準。政府機關的工作人員往往是背景複雜，利害不一，易於引起各種的衝突與傾軋。若有有效的辦法以裁制之，自足以消除或減少此項衝突與傾軋而促進公務員間的協力與合作，並造成公務界和睦穩定的良好現象。現代公務的性質日趨複雜，分工的程度益爲精密，因之所需於協力與合作者亦益爲迫切，所以今日各機關對紀律與懲撤的實行均須爲切實的注意。

再者政府官吏與工商企業機關的私人雇員不同。官吏者政治組織或主權機構的工具。在法律範圍之內，他們的職務具有强迫性及最高性。「有權者必濫權」乃勢所難免。爲防止政府官吏的濫權違法計，自須有官吏懲戒的規定。政府的設立，原在保障人民權利，增進社會幸福，倘政府工作人員有濫權枉職的行爲，則人民權利及社會幸福必受危害。爲保障政府成立的原始目的及完成其根本職務計，亦不能不有官吏懲戒及撤黜的實施。

第二節　公務紀律的運用

一、紀律執行的權力者——政府機構懲戒不良公務員時的執行權力者，綜計不外三種，一種為執行行政懲戒的行政首長，二為主持準司法處分的監察權力者，三為辦理司法處分的司法機關。茲分述於後：

I行政首長——自人事行政學的觀點而論，對公務員執行行政懲戒的權力者應為各該機關的負責長官。換言之，即行政機關的首腦對其所屬職員應行使其懲戒權。各機關的負責長官對其所轄部務負有政治上及法律上的完全責任，推進其職務時自須握有此項懲戒的權力。其次為促進工作效率計，負責長官亦須握有此項權力，因此為鞭策職員努力服務的有力武器。負責長官對所屬職員能否作指臂運如的指揮，全視其有無決定孰應懲獎昇降的大權。公務員中亦許有能力健全而工作不力者，亦許有工作努力而行動不忠實者。行政首長對工作不力，行為不忠的人員自須有裁制或懲戒的權力。否則，統率者無法統率，工作者可以放棄工作，政府公務安得不日趨敗壞。

負責長官不但在理論上法律上應握有此權力，且在實際上對此權力應有切實的運用。遇有應當懲處的職員，當毫不姑息，決無遲疑的依法予以嚴厲的懲處。否則，行政首長僅有懲戒的權力，而不能就實際情形為具體的行使，則政府紀綱將莫由振作，工作效率將無從提高。不過行政首長行使此種權力時，須依照國家的吏治法規，根據充分的理由與證據，不得憑個人的喜怒好惡而為武斷不公不平的處置。不過這種權力，在各國人事法規上多有限制。揆其原因，乃起於對主管濫權不信任而起，由於這種限制使得主管失其懲戒的利器，缺乏有效指揮監督的作用。這種情形正如美國胡佛委員會所指出有責而無權，將無法獲致效果，為了要使主管有權行使懲戒，必須在法令上有所規定。事實上美國聯邦政府對於其受分類法管轄下的職位，依照 Lloyd-La Follette 法案，除了在程序上有所規定上，對於主管行使懲戒之權可謂沒有限制，這樣才符合今懲戒指施上所謂快捷堅定與統一的要求。（詳見 Lloyd La Follette act of angust 24. 1912,）

Ⅱ監察機關——紀律的執行及懲戒權的行使，應由行政首長辦理已如上述。但在這種辦法之下，也有流弊。因為行政首長得以藉此大權與武器以排除異己，建立私人黨羽，培植個人勢力，結果乃形成行政獨斷的專制局面。紀律的設立原在促進服務效率，但行政首長反可藉此操縱把持，作威作福，致影響及全盤的人事行政效率。為補救此弊害計，有人主張另設獨立及超然機構專司公務紀律的執行及公務員的懲戒。孫中山先生在五權憲法中對此意義闡發極為深刻，主張特設監察機關專司公務員的彈劾。

以獨立的監察機關職掌公務紀律的執行與監督，自易免除行政首長的專制操縱，並收公允與平等之效；立法機構亦不能再挾持彈劾大權以要挾控制行政首長，使立法部與行政部的衝突減少，趨於協調。不特此也，凡一種制度或實施能否發生眞正的效果，不僅要有嚴密的條文規定，同時對此條件並須爲脚踏實地的雷厲風行。政府機關若祇有紀律條文，而無條文的執行機關，則所謂條文者亦等諸廢紙。今有特設組織專力監督紀律條文的實行，自可使規定的條文發生實際的效力。行政長官對其部屬再不能亦不敢敷衍因循，偏私蹭徇。

就理論言固如上述，但在事實的運用上亦不無困難。若此監察機關的權力過大，則足以破毀行政首長的責任，致演成監察機關與行政機關的衝突；若監察機關的權力過小，勢必不能發生何等作用。我國的監察院卽因權力不足，對失職枉法的官吏，徒見其以彈劾始以彈劾終。官吏在職，各有其私人援引及背後勢力，內有奥援，有恃無恐，故敢妄自非爲。迨彈劾案提出後，其强有力的靠山爲保持其自身的政治勢力或黨羽計，便起而爲百般的庇護或包攬，務使監察院的彈劾案至於不能發生實際效力而後止。另一流弊，在於若懲戒之權俱由監察機關爲最後決定，輾轉費時亦易失去當機立斷的作用，發生過分保障的不良後果。此外爲保障公務員的利益與地位，及防止當權者的武斷懲戒，有人主張應另有其他獨立機關掌有一種審核權以審理公務員的申訴，以視懲戒行爲是否違法，有無不合理或不公平之處。此項審核權在美國則由獨立人事機關行使之。因此組織爲公務員的甄拔、考績及銓敍機關，且多數的人事法規亦由此機關頒佈施行，所以得以根據各種人事法規以審核行政長官所爲的懲戒處分是否合法。如無不合，此項處置當繼續有效。如有不合，該項懲戒卽不能成立，被懲戒的職員應恢復其原來的地位。不過若使此人仍回轉於原來的服務機關則與其主管長官必不能有融洽的感情，對工作進行必發生不良的影響。爲防止此弊害計，被懲戒的職員宜調至其他機關的同級地位服務。

反對此項辦法者，亦以爲如此則足以破壞行政責任。狡黠的職員將可以藉端恣睢，故肆擾鬧，結果不但負責長官無從負其責任，卽政府的工作效率亦無從增進，辦事秩序亦莫由維持。況刁風一開，狡黠者將相率效尤，因之人事紛爭將風起雲湧，政府從此多事矣。持此說者，雖多爲高級負責行政長官及其代表，其立論自不無相當的色彩，然就純理論的觀點而論，此項主張亦不無相當的根據。因爲主管長官對其所屬職員，若不能有效的行使其懲戒權力，則在事務推行上頗難爲雷厲風行的指揮與統率。頹靡不振的工作情形將因之而起，於此而言效率與振作難矣。

Ⅲ司法機關——行政長官對其部屬所爲的紀律執行或懲戒乃純粹行政性質，卽在職務與工作推動立場上而施行處分，手續甚爲簡單。監察機關爲督策紀律的執行所爲之彈劾，人事機關爲防止公務員的被懲不公所爲的復審，在保障人事法規的忠實運用，爲準司法性質，手續較爲鄭重。爲嚴厲公務紀律的實行及救濟公務員的無端被懲，司法機關亦爲公務紀律的執行權力者。公務員如有違法失職行爲，其情節較爲重大，非減薪降級停職等行政處分所可了事時，涉及刑事責任須交司法機關如普通法院依法懲處。公務員對行政長官所爲懲處如認爲無理，對人事行政機關所爲的復審亦不服時，亦可提向司法機關請求救濟。

司法機關處理此等案件時，亦依照一般的正式訴訟程序。對起訴偵查訊問答辯及判決等步驟均不能簡忽。司法機關辦理此項事件時，因自身無直接的利害關係，自易期其公平無所偏依，且亦不致感情用事。惟司法程序繁重，轉輾需時，迂迴遲緩，對行政事宜不無牽制。況司法機關所受理的普通訴訟案件甚多，對此種案件事實上亦不能爲捷便迅速的處理；而且普通司法機關的根本目的多在於保障個人權利，而行政作用則在謀求社會幸福，司法機關多相信個人主義與放任主義，而行政權力者則崇尚社會主義，與統制主義。兩者的信念與立場既不相同，故以司法機關處理行政案件，不但有隔靴搔癢之感，且易生南轅北轍之弊。補救之道，在於專設行政司法機關審理此類案件，使政府的行政政策不致感受不良的影響。英美兩國的傳襲雖一向以普通法院辦理行政司法事宜，然近因社會關係的複雜，行政政策的演進，亦漸有放棄傳統因襲的趨勢，使行政司法事宜脫離普通法院的管轄。

二、紀律懲戒的諸形式——前所述者爲執行紀律的機關，玆當進而論述因執行紀律對公務員所爲的各種懲戒形式。紀律懲戒的項目雖多，然歸納之不外兩種：卽㈠行政懲戒及㈡司法懲戒。玆分述如次：

I行政懲戒——由負責的主管行政長官查明所屬各個職員的過失或枉法失職事實，自行予以相當或應得的處分者，是爲行政懲戒。這種懲戒所涉及的事項多爲行政法規或命令的違犯問題，多不涉及普通法律的違犯事項。此項懲戒純粹屬於行政範圍或行政性質。有者僅以非正式的形式出之，有者須經過正式的手續。行政懲戒的最輕微者爲申誡，卽由主管或直接上司對有小錯或不甚努力的屬員加以譴責之謂。此項申斥有個別或秘密及當衆或公開兩種方式。兩者各有利弊，當視所對之人與事的性質，酌量情形爲因事制宜的運用。不過所謂申誡並非漫罵，應予以切實的說明及誠懇的教誨，使之奮發。

比之申斥稍重者則爲警告。警告又可分爲口頭警告及書面警告。前者亦卽申誡之意。不過所謂申誡者，重在譴責與教誨，所謂警告者，重在促進其有意識的注意及悔改，否則跟之而至者卽爲正式的處罰。被警告者於接到斯項文書時，可另具呈文申辯，有時可晉謁長官爲口頭的解釋。申誡多由直接上司爲之，警告多由直接上司轉請主管長官爲之。

行政懲戒中的其他較輕微而普通的形式爲工作調換。調換後新任職務的等級較之原任職位並不降低，其所領薪額亦不減少，惟在實際上此新調職務地位並不若原來者的重要。在表面上雖非懲戒，然實際却暗含有懲戒的意義，蓋在寓懲於調。關於工作調換則須由主管長官轉請負責長官辦理之。行政懲戒的較正式而嚴重者則爲記過。此種懲戒須以書面文字正式通知被懲戒者，有時並以公佈或傳知的方式出之，俾衆曉喻，用資警惕。記過懲戒普通尚有大過與小過之分。三小過等於一大過。受記大過處分達於三次者，卽當受停職或撤職的處分。主管人員對受記過處分的職員應有詳確的記載。在正式的記過文書上應載明其犯過事實及所違的紀律條文，以昭公允，而服人心。

減俸亦爲行政懲戒中甚爲普通者，對有過失或不努力的職員，雖不降低其職位，減輕其責任，然減削其所領薪額以示懲戒。減俸的變相懲戒則爲暫停增薪。公務員服務達於一定的期限或表現有何種成績時，本應受增薪的待遇，然因過失或枉職可剝奪此項權利以示懲戒。暫予停升亦爲行政懲戒之一。政府機關如採按年晉制級時，凡達於一定年限卽予升級。若爲被懲戒者，屆時而不予以昇級的權利。

倘公務員所擔任的工作爲特別者，亦可酌量情形予以罰金或賠償的懲戒。降級亦爲普通行政懲戒之一種，此爲懲戒中的較重者，較之停昇處分則更嚴一層。行政處分的更爲嚴重者則爲停職（免職）

及撤職。前者的處分僅在於解除其職務並不含有其他懲戒的意義。至撤職一項除解除其職務外，常另附有其懲處的意義，故普通常以撤職查辦之文字出之。此外尚有停止任用的行政懲戒。嚴重者爲永不敘用，較輕者爲暫時或定期停止任用。

Ⅱ司法懲戒——公務人員如有違犯普通法律或行政法規時應受法律裁制時，得經過司法程序予以法律上應得的處分。關於公務員司法懲戒的實施，世界上計有兩種制度：一爲英美制，一爲大陸制。前者適用普通法的理論，以爲官吏乃人民的公僕，其地位並不高於人民，故應與人民同樣受一種法律的裁制。公務員如有違法行爲應與人民同樣的受普通法院的管轄，適用同等的法律，經過同樣的程序。官吏與人民在法律之前，一律平等，並無絲毫的高下。這種制度的理論基礎完全建築於個人主義上。

大陸制係以羅馬法的精神爲基礎，並以國家主義爲骨幹。歐洲大陸的德法等國多採此制。主張此說者以爲團體或國家的利益，重於個人的利害。官吏者國家的工具，其責任在於保護公共利益及增進社會幸福，故較普通人民具有特別的地位與尊嚴。爲保障並維持此種地位與尊嚴計，官吏在執行其職務的範圍內，如有違法犯罪行爲應由特別法庭經過特別司法程序審判之，不當受普通法院的管轄，我國現行者亦近於大陸制，官吏懲戒事宜由特設的機關辦理之。至於公務員所犯罪過不涉及其行政職務，而爲個人性質或普通罪案者，自仍應受普通法院的裁判。

公務員的司法懲戒可由下列幾種方式提起訴訟：(1)由於受害個人直接提起控訴者，(2)由於代表國家利益的檢察官提起公訴者，(3)由於監察機關的彈劾而交付懲戒者，(4)由於主管行政長官交付懲戒者。此種權力者依規定辦法提起訴訟後，司法機關卽依法律程序進行審判。凡此皆就紀律的執行而言，爲防止行政長官濫施紀律並保障公務員的權利計，被懲處的公務員亦可依法向司法機關提起訴訟，以謀救濟。

第三節　紀律表現及內容

一、紀律張弛的表現——紀律的執行權在於主管行政長官。質言之，紀律本爲統率監督及指揮問題，卽在首腦的領導下，使各工作員爲向心力的團結，向共同目標作積極一致的努力。是以在紀律嚴格緊張的機關中，必能表現出一種極良好的工作精神與氣象。這種精神與氣象的具體流露則爲熱心、忠實、緊張、合作、盡職、守分、振作、迅速、有序。我人若欲判斷一個機關的紀律張弛如何，全視此等現象的具體表現爲如何。團體紀律緊張嚴格者，各公務員工作迅速，精神奮發，同事間亦少衝突與怨尤。反之，在紀律廢弛的團體中，則工作遲緩，精神頹唐，同事間亦多衝突與怨尤。

紀律的張弛乃決定一機關成敗的重要因素。有良好的紀律，且能爲認眞及公平的運用者，必能戰勝各種困難，完成其所負使命，獲得最大的成功。否則，未有不慘遭失敗者。現代的團體紀律旣具有法治精神，故良好的紀律，應爲成文的，宜有完備明確的條文規定。有此完善條文後，尙須有賢明認眞的長官，對所規定紀律能爲切實的執行，兩者具備，方能收紀律嚴明之實效。

所謂紀律張弛，亦無絕對標準，祇爲比較的程度問題，頗難爲確定的界限。不過於此可舉兩例以爲紀律張弛的具體代表。在紀律緊張的機關中，所表現的具體情形則爲：(1)絕對按時值公，並無遲到早退等情事。(2)如有遲到或早退者依法懲戒，並扣除其考績分數。(3)主管長官如司長科長等亦必須按時值公，如有遲到早退等情事與其部屬受同等的懲戒。(4)在下班前各人辦公桌上的案卷文件在須處理清楚。(5)在辦公時間內錄事、辦事員、科員、等不准來往或接談，高級職員亦非因工作不得如此。(6)辦公時間內非因公不准會私人賓客或與外處通非公務之電話。(7)在辦公室內絕對不准吸烟、看報、讀書、或寫私人函件。(8)爲防止談話計，於辦公座次的分配上，使好言者與寡言者相隣，相熟友人不使並棹工作。(9)主管長官隨時來往辦公室各處巡查，視各職員有無工作怠慢與不力者，如有發現立卽予以懲處。其空氣緊張，精神振作，生氣勃發，爲積極上進的現象。

反之，在紀律廢弛的機關中，則表現出暮氣沉沉，頹唐萎靡，零亂無序的情況。工作員或者遲到早退，或者無故缺席，在辦公室內，展閱報章者有之，閒看小說者有之，或品茶以消遣或吸煙以解悶，交談來往，縱橫議論，形形色色，不一而足。補救之道，固在於增加工作分量，裁減官員，及增進工作興趣。然同時須規定嚴密的工作紀律，由負責長官認眞執行，以打破此頹靡現象，而提高工作緊張的空氣。

二、機關紀律的內容——機關紀律的範圍與內容，頗爲廣泛。凡有關公務員的職務推行及個人行動，自瑣細的吸烟談話至重大犯罪枉職，無不可規定於團體紀律之中。效率的積極增進，弊害的消極防止，均可包括於紀律範圍之內。不過所謂機關紀律的內容與形式，不但各國不同，卽一國內的各機關亦並無統一的標準。且都零星散見於各條例中，甚少有以一種文書爲完備而有系統的規定者。卽以我國的情形如例。除公務員服務法及公務員懲戒法外，各機關均尙有不少自訂的其他服務規則，均具有機關紀律的性質。機關紀律的條文與內容雖儘有不同，然究其根本則不外工作效率，命令服從及團體公平的維持與促進。機關紀律普通所禁止者可歸納爲四類：(1)政治活動(2)犯罪行爲(3)不道德事宜及(4)不守服務規則事宜。美國密爾瓦基市（Milwaukee City）文官委員會頒佈有較完全的公務紀律，芝加哥西方電氣公律（Western Electric Co.）亦施行有詳細的工廠辦公人員的服務規則。茲譯錄於後，以資參考，並見所謂機關紀律的內容。

密爾瓦基市府公務紀律

本市府中分類公務人員如有左列情事者，構成其撤職停職，或降黜的原因：（自然除左列情事外，其他原因亦可使之受撤職、停職、或降黜等懲處）

(1)因刑事或不道德行爲受法律裁判者。

(2)有犯罪及不道德行爲者，但此種行爲未經文官委員會審訊並由大陪審官或法院確定其判決者，彼得請求繼續供職或延期審訊，然彼須擔負延審期間的各項應擔費用，並須保證隨傳隨傳。

(3)非在法律範圍內或爲必須的自衞行爲，或爲保護他人生命，或爲防止合法看管犯人的逃逸而故意，或錯誤對其同居者，監獄犯人，及合法看管犯人有殘酷毆打的犯罪行爲者。

(4)故意違犯人事法規及文官委員會所頒佈的規律者。

(5)對本市各機關官吏有不適宜處置致罹犯罪行爲者。

(6)違犯合理合法的政府規則及命令者，或不服從上級長官的指導，致構成違抗命令或破壞紀律的罪名者，或足以使本市蒙受重大損失者。

(7)在執行其職務時有酗酒荒亂行爲者。

(8)有重大惡疾或身體缺陷，文官委員會認爲不宜於擔任市公務者。

(9)在執行職務時或退公後有抗上及不名譽的犯罪行為者。

(10)對本市官吏雇員或公衆有荒謬的言論與行為者。

(11)對所任職務的推行不克勝任或無效率者。

(12)依照文官委員會所規定條例，其平均工作效率不滿七十分者，此記數所據事實並經文官委員會查明屬實者。

(13)對市有財產有疏忽或不愼密的行爲者。

(14)不能依約償付其債務，致擾及其上司或演成公務受賄行爲者。

(15)使用或企圖使用個人或政治力量而謀達到其升級、請假、調職、換位、增薪等目的者。

(16)引誘或企圖引誘本市公務員或雇員作犯法違規行爲或收受費用餽贈，或其他有價物品，予贈送者較一般市民爲特優的待遇者。

(17)引誘或企圖引誘在執行職務上對個人商店或公司有直接接觸的市府官吏或雇員給與引誘者與市府共此生意來往的新戚或故舊以工作地位、物質恩賜或其他特別待遇者。

(18)本紀律經公佈後尚充任政治團體或組織的職員者，或爲選擧競選事務所的工作員者，或散佈擁護或反對本市官吏候選人的宣傳品者，或擔任編輯此種性質的文字或報章者，或爲政治活動目的捐輸款項者，或對本市官吏選舉作熱烈嚴重的成敗鬪爭與競爭者，接受爲市選舉官吏的候選人，此種接受經文官委員會認爲足以妨礙其職務影響其工作效率者。

美國西方電氣公司辦公人員服務規程

（一）總則

(1)爲指導本公司各雇員的工作與行動，特頒佈本規程，以資遵守。

(2)本規程經公佈印刷後張貼於各辦公室內，並發給雇員各一份，俾便熟悉。

(3)凡接受本公司的雇用者卽須遵守其一切規則，不得違犯或藉口不知企畫逃避。

(4)「佈告處」爲公司與其雇員的正式交通方式，凡與雇員有關的事件於此處公佈之。

(5)本公司深盼全體雇員努力認眞服務，並切實保持其工作的知識與技能。

(6)除非獲得主管人的許可，不得在本公司內銷售票劵、出版物、或其他物品。

(7)在本公司的工作地點內不得設立任何商品代理處或經理處，關於此等事宜的決定由工業關係處主任全權辦理之。

(8)本公司雇員服務達於一定年限者得享受傷害、疾病、死亡等撫卹及退休養老待遇。

(9)除非經特別允許者在本公司各地不得攝取像片。

（二）工作情形

(1)除有特別規定者外，本公司各雇員的正當標準工作時間如次：

星期一——星期五　上午八時半至十二時半

下午一時至五時十五分

星期六——　上午八時半至十二時半

(2)工作號令（汽笛或搖鈴）規定如左：

預備信號

一長響　上午八時二十五分

下午十二時二十五分

工作開始信號

兩長響（如前之規定）

工作停止信號

一長響　上午十二時半

下午五時十五分

(3)各雇員須按照規定時間工作，如因故不能遵守者須依照規定辦理請假手續，以憑考核。

(4)前條所規定的工作開始及停止時間，係以本公司各部辦公鐘的確實時間爲標準，在規定的時間內各雇員須在其工作地點工作。

(5)擔任某種特別職務或工作者，另有特別標準工作時間的規定。

(6)領薪雇員除在規定時間外另有額外工作者，每達二小時或一小時半者給以七角五分的報酬。

（三）請假辦法

(1)凡雇員欲請假者須經各該部主任的核准。

(2)凡因事不能依時到處工作者，須預先辦理請假手續，如時間迫促，至遲亦須於請假日的早晨報告各該管部主任。

(3)如雇員離職四日而無報告或辦理請假手續者，即作爲解除雇傭。

(4)無故不到公達兩次以上者，即予以解雇的處分。

（四）禮節態度

(1)全體雇員須按時值公並保持適當的態度，遵守規定的禮節。

（五）時鐘記載

(1)所有本公司雇員每日須於到公時鐘作四次的登記：1.早晨到公時，2.中午下班時，3.中午上班時，4.午後完工時，如作額外工作者，亦須將其上班及下班時間再作登記。

(2)在工作時間內，各雇員如因個人私事出外者，亦須用到公鐘在到公片上將其出入時間加以印載。

(3)各部主任應指導監督其所屬雇員對到公鐘爲適當的使用。

(4)每缺一次到公登記時，卽於其工作總時數內扣去一小時半，各雇員的工作總時數，由各該管部主任簽證通知之。

(5)凡遲到或早退者最少扣去其一刻的工作時數，卽一分以一刻計算，十六分以半小時計算。

(6)到公卡片應放置於規定的地點，在登記期內不得攜帶身邊或放置傍處。

(7)使旁人或代旁人搖到公鐘印記時間者均予以解雇處分。

(8)所有雇員非經留作繼續工作者於放鳴散工信號後一刻鐘內須一律離開其辦公或工作地點。

（六）工資發放

(1)本公司雇員的工資按週發放，其日期由各該部主任通知之。

(2)第一次工資包括該雇員自工作開始之日至第一星期六止。

(3)除非特別情形，不得於工資發放日期外請領工資。

(4)凡前三日通知公司希望去職者，其最後一次工資於停止工作之日發給之；其他情形下，最後一次的工資於所規定工資發放期的次日發給或依照所留通訊地點滙給之。

(5)凡作包件工作者，其最後一次的結算工資，由主管部份計算清楚後，依其所留通訊處滙發之。

(6)非經主管部主任的許可，工作在半日以下者不給工資。

（七）團體紀律

(1)雇員進入公司的建築後，非經主管部主任的指揮須直接進入其工作地點，不得逗留或闖入他處。

(2)在本公司的房舍內不得辦理非本公司的事務。

(3)坐於窗前甚爲危險，實行禁止。

(4)凡上級職員決不得向下級職員或雇員有借債或其他類似的行爲。

(5)禁止指定薪資作抵押借款之用。

(6)未至下班鐘點不得洗卸或作其他的下班準備。

第十二章　公務員的訓練及教育

第一節　現代公務與訓練

一、**訓練與教育的重要**——人事行政的目的在於增加政府的工作效率及增多素質優越的公務人員。但欲達到這種目的的先決條件，卽在於提高或增强公務員的工作能力與技術。工作技能的改進自非憑藉於訓練與教育不爲功，是以公務員的訓教問題在人事行政上實佔極爲重要的地位。在公務選拔前若無良好的敎育爲國家政府培植多士，用供選擇，縱有最科學最完善的考試方法，亦不能獲得優良稱職之輩加入政府盡力服務，此蓋「凡事預則立，不預則廢。」無敎育無培養而欲選擇濟濟英士，是「不事耕耘奢望豐獲，」徒遭緣木求魚之譏，天下寧有是理?!政府既不能選拔眞材，擔當公務與國事，則所謂考績、昇遷、考勤、紀律、及懲戒等人事行政事宜，均成爲舍本逐末之舉，未有不嘆徒勞無功。

經考選任職的公務員若不予以繼續的訓練，則其結果必演成環境不適，難以應付，或社會進步，技能落伍。因爲就技識的增長論，確如『逆水行舟不進則退，』就技識的保持論，頗類『日裏冰山有減無增。』爲保持工作效率及促進技識補充，繼續的訓練，乃構成其盡責稱職上必不可少的重要因素。且人事行政的目的不僅在對公務員現有的技識爲完全的利用；尤在於對其內在的所有潛能爲最大的發揮。這內在潛能的發揮與利用，須得力於訓練與教育的適當運用。現有技識對工作有實用效能，內在潛能對事功具無窮價值。現有技識的保持，內在潛能的發展，均須假借教育與訓練的力量以維繫之引發之。

所謂公務訓練與教育的意義如何？簡言之，卽在推行公務上的良好實施方法及技識，由有實際經驗者以有系統有計劃的方式傳授於新任職者的人員及未具有此種經驗者。教育與訓練卽在以有效力的方法使人獲得或使用某種技能以處理事務及適應環境。自學習者或被訓教者的立場言之，這是極適宜的辦法，有莫大收獲。因爲若無訓練與教育，則新任職者及無經驗者祇得在暗中摸索作錯試學習，不但費時費力，甚不經濟，且錯亂百出，犧牲重大，對組織上工作上及金錢上所造成的損失將不可以數計。若有切實的訓練及教育後，這種損失卽可完全避免，因技識的提高，工作效率更可大見增進。

再者，現代公務因科學的發達，知識的進步已日趨專業化技術化，所謂副業精神已爲專業精神所替代，所謂常人公務已被專家公務所奪取。對今日的公務欲爲有效及成功的推進，公務員必須具有推進其職務的專門技術與知識。非有完備的訓練與教育，必難以使一般公務員獲得應具的特殊技識。往日的公務簡單平常，瞭解容易，縱使無此訓教亦可運轉自如，不至發生嚴重影響。而現代的公務則非以有專門訓練者擔任之，必難勝任。況現代公務關係複雜，錯綜極甚，除需專門技識以推動外，公務員尚須具有高度的適應能力與合作精神，因孤立不謀各自爲政的活動必致衝突迭至，重複叢生。這適應能力與合作精神的養成又更非籍力於訓練與教育不爲功。

二、訓練與教育的區別——政府所擧辦的公務訓練與教育，在人事行政上雖佔同等重要的地位，但二者各具有其特別的意義與功用，不可不加辨識。就範圍論，教育的領域較廣，而訓練的園地則較狹。擧凡立身處世各種事理方法的學習與傳授，莫不可歸諸教育的範圍內。至所謂訓練，祇爲某種特別事理方法的學習與傳授；故教育爲普通的一般的，而訓練則爲特殊的部分的。就性質論，教育在使人獲得其謀生入世的知識及能力，故教育學家多以爲「教育卽生活」或「教育爲生活的準備」。可見教育的性質在指示如何爲人；至於訓練則在傳授其職務上所需的技術與知識，其性質在指示如何作工。前者着重於社會價值，後者則注意於個人效率。就目的論，教育者在養成各人對社會的合作對環境的適應能力，偏重於人格品德的修養及思想行爲鍛鍊，其目的在對人事能爲成功的應付，對問題能爲順利的解決。訓練者在傳授各人對職權行使，工作推動上特別智巧，偏重於專門技術及知識的灌輸，其目的在對職務能爲成功的完成，對工作能爲有效的進行。

有人認爲公務員在考選前所受知識傳授與學習謂之教育，至於任職後的傳授與學習則爲訓練。但徵諸事實，此等解釋尙有不妥。常見社會上有林立的專門學校技術學校及職業學校，在予人以職務知識及工作技術的灌輸，實質上應屬於所謂訓練的範圍，不當以普通教育目之。卽公務員任職後政府機關對之尙有補充教育及業餘教育的設施，以講授一般的生活知識並培養其適應能力。此爲明顯的教育性質，不可以其施行於任職之後而一概謂之爲訓練。在公務員未任職前所習受者究爲教育抑爲訓練，恒視政府所採取的考選政策及人事制度的性質而有轉移。在英國的制度下，任職前（特別是行政級的公務員）所受者多偏重於教育，任職後所受者則多偏重於訓練。至於美國的人事實施情形則正與英制相反。有人以爲普通學校所辦理者爲教育，而政府機關所施設者爲訓練。然此種界說亦欠完妥。

三、公務訓練的問題——在現代人事行政上公務員的教育與訓練佔有極重要的地位固如上述。但徵諸政府實施，對此或漠然置之，認此爲浪費多事或胡亂運用，徒嘆功效不鴻。此均現代公務訓練與教育上的重要問題爲我人所當特別注意者。政府機關對公務訓教所以不能爲切實有效之運用者，其主要原因要有三端：一則是機關首長不能深切認識訓練之重要，對行政效率無甚關係，不予舉辦。二則他們認爲訓練是耗費金錢、時間，而並無切實效果的工作，徒勞無功，得不償失，不如不舉辦訓練之爲愈。三則訓練因有不少機關長官藉訓練與教育以爲造成其私人勢力的手段，用作相互傾軋的工具，致使訓練變質。

公務訓練與教育的實施，非求徒有其名與形式，要在能使之發生實際的力量與效果。欲達到這種的目的，對公務訓練及教育的實施必須先確定其所希望的目的與範圍，再按實際環境與需要，擬先完備周詳的計劃，實行時須由有經驗負專責的人員以主持之。各機關間及各種的公務訓教實施須取得適當的聯絡，以免衝突與重複。凡此諸端，均爲公務訓教實施時必須遵守的重要原則。

公務訓教時間或期限的長短，須視訓教材料的多寡，工作的難易，及預期程度的深淺而定，未可一概而論。公務訓教的實施需用各種的費用，因訓教人員、設備、及手續等固需支出，且公務員在受訓教期內亦不能從事正式工作自亦爲消耗。故訓教時期似以愈短爲愈經濟。但也不能過於短促草率致無濟於事，總須以養成其平均生產能力，能保持其標準效率所需的時日爲限度。因不如此，無效率的雇員將永爲機關的損失及事業的虧累。

公務訓教的實施不可一成不變，應隨環境與需要爲因勢制宜的調整。因訓教的對象與目的在於謀工作效率的增進。故訓教計劃須以工作方法爲根據。但這種工作方法與技識常因種種關係而起變化。是以訓教的內容與方式，及運用等亦不能不隨之而謀改進。至於環境及方法的演變約有三大因素：(1)由於科學的進步及機械的發明，工作技術生變化，(2)由於人員的增減及組織的改造，及(3)由於管理設備及方法的改良。

公務員推進其職務時，既須有專門的技術及知識，故擔任訓教的人員必須先具有此特殊技識方易為成功的傳授。且公務訓教一事的本身亦為一種專門的事業，非對此有特別的經驗及智巧者不易擔當此種事務。易言之，訓教者不但對工作方法與技識須有透澈明瞭，且須具有良好的教學方法始能保障訓教的成功。因此，擔任公務訓教工作者應由特定的人員擔負之，以專責成而增效率。

第二節　公務訓教的種類

政府對公務員所施的訓教種類甚多；就訓教內容論，可分為普通訓教與特別訓教兩種。前者為一般及抽象的訓教，在使之瞭解機關的歷史、組織、活動、地位、關係等並促進其忠心、合作、守序等精神；後者為特定及具體的訓教，在使之熟練工作的方法、程序、知識、及技術。就訓教方法論可分為講授訓教與實作訓教。前者在以口頭及文字傳授職務知識，普通訓練則易採用此種方法；後者係使公務員由親自操作的經驗，熟練其工作技術，特別訓教多適用之。就訓教組織論，可分為個別訓教與團體訓教。前者係按個人程度與性情為個別的指導，後者在對若干程度相若的學習者為同時及集體的傳授。就訓教程序或先後分為考選前的訓教及考選後的訓教兩種，分加申論如次：

一、考選前的訓教——關於考選前的公務訓教應從普通學校，考試機關及特別學校三方面的關係作如下的檢討。

I普通學校與公務訓教——在分職制下固不足以言公務訓教。卽談功績制者，亦率皆自公務員的考選論起，對於公務訓教事多不爲切實的注意。殊不知在人事制度上，此項訓教工作實佔特別重要的地位。因爲訓敎者乃是考選的準備工作。前者的目的在於養士，後者的目的在於取士。「凡事豫則立，不豫則廢，」「種瓜得瓜，種豆得豆，」其中自有靈爽不昧的因果關係。倘使平時對養士工作毫無進行，則考選取士的目的，亦必隨之而歸於失敗，因世上決無不耕耘的收獲或臨時抱佛脚的靈驗。

我國在科學時代，讀書的目的爲作官，故當時的學校殆全爲訓練或製造官吏的場所。當時的訓教方式及目的雖多可訾議，但考其用意則至當。迨停科舉興學校後，教育的作用不在於訓練或製造官吏而在於培養應付實際生活者各項農、工、商、醫等職業人材。然事實上一因傳統思想的支配，一因社會環境的壓迫，今日出身學校者仍多以「作官」爲出路。結果，政府方面不能選得其所需要之材，個人方面不能應用其所學之識，以致演成今日「用非所學，學非所用」的不經濟無效率的不合理現象。

國家興辦學校的目的，除在普通方面養成人民營謀公共生活的意識、方式、習慣以達其共存、共生、共進、共榮的目的外，實在於培養各項專門職業人材，以謀改進社會生活，充實社會生活，豐裕社會生活，而促進人群的進化及社會幸福的提高。公務員應祗爲專門職業的一種，普通學校應負責培養訓教此項人材亦正與其應負責培養訓練其他農、工、商、醫、等專門職業人材的意義相同。

今日的各大學，雖亦多有設置政治系或政法系者。但考其內容及所習科目則偏於普通知識者多，關於特別技術者少，偏於理論檢討者多，關於實際應用者少。此與訓教專門公務人材的意義相去甚遠。為培植此項專門人材計，各普通學校應設置關於行政上的特別科學，授以專門的學科，予以實地的學習，以為培養此項專材之用。譬如政府會計、公務統計、租稅行政、人事行政、財務行政、檔案管理、物材管理等。公務工作非有經特別訓練的專材，不能為最有效最經濟的推行。所以各大學應酌量設立此種切於實用的特別科學及研究所，以造就此種專門人材，他如外交領事事務在政府行政及國家經濟利益上亦極關重要，非有專門訓練及技識者決難勝任。

Ⅱ人事機關與公務訓教——公務員的訓教與考選本為一事之兩面，不可截然劃分為二。今日我國的人事機關只着於考選工作的本身，對於公務訓教事項未曾注意實屬不妥。雖在考選工作上獲得圓滿成績必須於訓教上痛下功夫。人事機關應與教育行政機關及各學校取得切實的合作與聯絡，共同規劃公務訓教的實施，以期收先後銜接，彼此輔翼之效。

人事機關對於公務員的訓練應與教育機關取得合作與聯絡者約有三種方向：第一、人事機關應根據政府方面的事實需要，及人事方面的實施方案而擬定公務人員所應受的訓練標準或條件等商同教育機關參照施行，或適應事實需要由人事機關會同教育機關辦理各種特別公務人員訓練學校的設置。第二、人事機關對於教育機關所培養出的各種專門人材應有詳盡的調查與明瞭，務期於政府考選此項人材時，能有盡量吸收的機會，而於多數參加考試者中獲得最優良的選擇。第三、人事機關應借助於教育機關以考察應選者的平時操行與品格。一個健全善良的公務員，不僅要有考試時的書本知識及特別技術，且須有高尙的節操與端正的品行。這種操行非於平時及長久期間不易考察。人事機關在考選的短期內不能爲此，故須借助於擔任平時訓練者的教育機關。

有若干種政府中的特別技術工作與私人企業機關者並無一致。譬如政府機關所需用擔任公共衞生或檢驗員與私人醫院所需要者並無根本之不同。國有兵工廠所需用的機器師與私營軍火製造廠所需要者亦自無別。工商機關所需用的打字員與政府機關所需用者亦自爲同等的性質。擔任此類工作的公務員，在訓練上應與他種公務員有別。事實上無須另設專科，以特別培植此項人材。關於此點，人事機關應與擔任此項私業訓練的教育機關取得適當的合作，以備政府機關隨時的考用。

Ⅲ公務訓練與特別學校——祇由普通學校擔任公務員的訓教工作，實尙不足。此外，政府應按照實際需要設立特種學校，以養成政府機關所需用的特別人材。國家爲適應軍事或國防的需要計固常設立陸軍軍官學校，海軍軍官學校、兵工學校及空軍軍官學校。爲適應警務上的需要亦曾辦設警官學校。爲養成關務及鹽務人材，我國政府曾設置稅務學校及鹽務學校。本此意義與實施而推演之，政府機關自應參照實際要求而設立特別公務學校以養成各項專門的公務人員。法國今日設立國家行政學院，專門訓練政府的高級行政官，這種措施，亦可作借鑑。

二、考選後的訓教——公務員於考選後或任職後仍應施以繼續的訓練以保持其效率，增進其能力。考選或任職後訓教的意義及實施與考選前所辦理者自不相同。茲略申論如次：

Ⅰ考選後訓教的意義——在私人企業機關於其雇員既雇之後，未正式任職之前，常施以各種特別的訓練及指導。爲促進公務員的工作效率及增進其服務精神計，這類實施極關重要，故政府機關應倣效工商企業機關的辦法，於公務員既經考選之後而未正式任職之前，予以各種有系統的實際指導與訓練。在考試時考選機關僅能規定一種整齊一律的標準，以爲取士之客觀條件。凡有合乎此標準與條件者便被錄取。但在此多數被選者中各個人之間尚有種種技能上與趣上性情上的不同。選後訓練者即思在此期間發現各被選者間的這種差異。待各個人的特別性情，與趣，技能等完全明瞭後，方能具體決定其應行擔任的職務。如此而後，則能人事相宜，各得其所，而收人盡其才，事當其理之效。西諺云：「方孔容方物，圓隙塞圓釘，」亦即此意。

被考選的公務員無論其事前所受訓教如何，因係得自普通學校或特別學校的集體傳授，其性質總不免普通及籠統。當被選者到達其實際服務機關時總不免與在校時所學習的情形有所出入。他們遇到具體的工作應付時，亦不免與課室內所學者有所差別。情形生疏，諸欠明瞭，若遽然正式委之以特種職務，不是枉費勞力，便是錯誤倍出。爲免除這種浪費及流弊計，自應由熟悉這種實際情形及有特別經驗者的舊時人員對此新被考取者施以實際的訓練及具體的指導，經此訓練後，新任公務人員自能得心應手，而順利迅速的處理其職務。我國於古時卽「有舊令尹之政，必以告新令尹」的提倡，蓋亦含有此意。

Ⅱ考選後訓敎的實施：公務員考選後的訓練，又有稱之爲在職訓練者（In-Serirce Training）。在職訓練有其一定實施的方法及步驟，玆分別述敍如下：

1. 鑑定訓練需要：鑑定訓練需要乃各級管理人員及主管訓練工作人員的集體責任，亦卽決定何種訓練爲機構之所必需，從而根據這些需要來決定訓練的目標、內容與方式。美國各級政府曾分別組成委員會，由各階層主管人員及人事人員組成來擔任這種工作。其最主要的問題，就是根據組織上所發生的問題，機構的實際狀況，工作人員的表現以及其潛能等作詳盡的分析來瞭解訓練的需要。當然有些訓練需要是非常明顯，諸如新到職的員工，必需有始業訓練（Orientation Trainig），員工新調，對所派予的職務不知所措，工作方法有新的改變，或者整個機構的目標或體制有新的轉換等，這都些需要卽時舉辦訓練。但是有些需要，並非如此明顯，必需經由(1)詢問的方式：包括工作人員、主管、高階層人員以及幕僚人員等；(2)觀察的方式：包括觀察工作人員的工作、工作的流程、員工的工作關係等，或(3)研究的方式；研究多種紀錄及報告、公共對員工服務的反應、組織結構、工作方案等而獲致下列的問題：(1)什麼狀況或問題存在驅使我們必需採取某種行動；(2)什麼是這些問題或狀況形成的原因；(3)我們所希冀達成的是什麼；(4)目前的狀況有些什麼；(5)什麼是短缺的部份；(6)那些短缺是最需加以補救者，(7)我們應如何作法，訓練是一個解決的途徑嗎。有了最後的結論，亦卽決定了訓練的需要。

2.達成訓練需要：當訓練需要經確定並獲致同意之後，進一步便需準備訓練的內容，形式與方法：茲簡述如次

(1)訓練的內容——訓練內容，隨所欲達成的目標而異，一般言之，下述各種乃各機構所最通常舉辦者。其一是爲始業訓練（Orientation Training），此爲促進新進人員對機構目標政策及一切法令規章的瞭解，並能熟悉一切工作環境，以增强其團體意識而加深其適應能力；其二是爲工作智能訓練，針對各種工作上的不同需要而舉辦，譬如爲促進文書處理速率而有文書人員訓練；爲舉辦職位分類而有工作人員訓練；爲保防安全措施而有保防訓練；爲原子科學進步而有原子能訓練；因事故之不斷發

生而有工作安全訓練等；其三爲主管人員訓練；主管人員爲領導之核心，影響工作人員的效率至大，是以各國但曾舉辦主管人員訓練。主管人員所需技能，凱氏（Rohert L. Katz）曾有三大基本技能的劃分——技術能力（Techinical Skill），人性瞭解能力（Human Skill），理念能力（Conceptual Skill）——並可根據這種劃分，而繽繹成各種實際的內容，用以增强各級主管領導他人，協調群體關係及綜合各種生產及工作要素的能力；其四爲專業人員訓練，乃適應各級高級管理及技術人員的需要，就人才的培植方式作通盤考慮，首需決定未來所需人才數量，次需劃分專才領域並決定基本資格要求，而後愼加考遴，最後嚴加培植與考核，使能逐步升遷以符機構及個人双方需要。美國聯邦新進人員考試及培植計劃屬此類。

(2) 訓練的形式：訓練的形式種類繁多不勝枚擧，籠統言之，可分三大類別，一爲工作崗位的實習或指導，此包括主管隨時的指導，以助手或學徒的方式學習，參與各種計劃與會議，工作的輪調制度以及基於主管的授權而獲得增進的學習機會等皆屬之。二爲機構內的正式訓練：此項訓練率爲機構爲各項業務所需所自行擧辦者，大凡一個機構人員數目較多，業務較爲繁雜者，皆有設班擧行訓練，甚至成立正式訓練機構以滿足自身訓練要求者。三爲機構外的訓練，此包括派遣員工，參與職校、大學、專業性學會等所擧辦的訓練，選修學分，甚至爲業務所需，亦可進一步攻讀學位者。有時中央人事機構，爲謀求訓練的經濟有效，亦有就各機構同性質的需要舉辦訓練，此種訓練亦可歸於機構外訓練之範疇。

(3)訓練的方法：訓練的方法很多，其中無論是主管口頭的指導、會議的召開、實務手册的散發以及課堂的講演，討論曁示範演作等，均可用做訓練，所以說「工作就是訓練」，機構實是無時無地不在訓練之中。但爲瞭解上的便利起見，玆將訓練方法歸之兩類，類並擧例以代說明：

1. 個別訓練方法——包括工作指派，示範教導，閱讀資料之散發，函訊教學等方式。

2. 集體訓練方法——包括講演，會議或團體討論，個案研究事件程序 (Incident Process)，角色扮演 (Playing Roles)，小組討論，座談會，示範，收文匣練習 (In-Busket exercise) 工作展覽，刋物出版以及圖書館之設立等。

總之，各種方法採用，隨情況及需要而定，不過根據研究最有效的訓練方法乃爲由受訓者實踐而學習 (Learning by doing) 左圖所示，可表明各種訓練方法的效果。

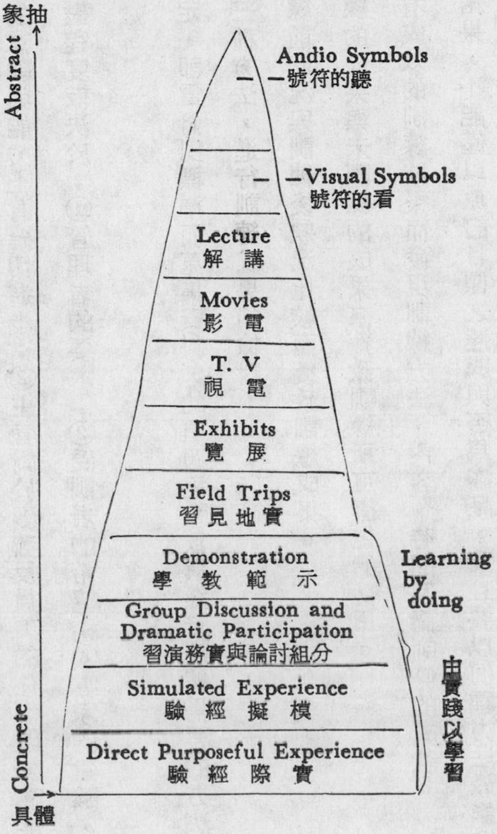

III考評訓練成果；考評訓練成果者，乃以追踪研究方法，檢討訓練所獲致的成果，藉以作為改良或採取其他措施之依據。自來對於考評訓練成果，各機構並未重視，亦有認為訓練成果本身甚難具體認定，考評在執行上實際上將有困難。惟考評本身非僅限於成果之認定，乃含有檢討與改進之意。打字員訓練，本以每分鐘六十字為目標，而實際執行結果，僅能達成五十字，此項結果可能顯示原訂標準之偏差，而需加以修正。因而訓練成果考評本身正如其他考評相似，應以原訂目標為依據，循計劃執行、考核而再計劃，再執行再考核之順序進行。

由上所述，可知考評訓練成果首需針對目標，亦卽針對目標建立考評標準，而此項標準又以愈具體愈佳，諸如打字的速度，處理公文時間。但有些標準却無法以數量、時間、素質或準確度來表示，於此際，似可建立較抽象準則，諸如主管人員訓練，可以大多數受訓者表示，受訓對於處理或瞭解員工之作上有甚大幫助等。但是這種籠統標準，若認爲有進一步詳盡需要亦可再行細分，諸如：①主管在聆聽屬員意見的意願與能力上有確切進步；②主管對於影響及員工的任何改變，能率先曉知屬員等。總之標準的詳盡程度取決於；①管理者的要求；②受訓者的希望；③專家的建議，以及④綜合上述各種情況而定。

當然標準既定，卽雷針對標準而蒐集資料，此項過程大致與鑑定訓練需要的方法同。不過除此以外，尙可藉下述三種方法，進行訓練成果的檢討：

其一、藉訓練前狀況與訓練後狀況比較而獲致訓練成果。

其二、藉訓練的成果與未訓練的成果來獲致訓練所可產生的功用。

其三、藉著有成效的訓練結果而發現訓練方法、內容、時間及講師等的成就。

總之，檢討結果，不能僅以原訂目標之達成與否爲滿足，尙且要以何種方法最能滿足機構有效運行爲重心。如此，任何檢討中的發現足以改進現行方法，但望不斷改善，以臻至善之境。

第十三章　公務員的義務及權利

第一節　服官箴規及政治活動

公務員依法執行其任務，應盡一定的義務，同時亦享有一定的權利。若就社會、司法及政治等關係上檢討公務員義務及權利的內容與實施，有服官箴規、政治活動、行爲責任、權利保障及權利救濟等問題。這些政治、法律問題與人事行政制度有着密切的關係，不可忽視。茲就這些問題分別申論之。

一、服官箴德——在專制時代官吏雖是統治君主的爪牙，生殺予奪，具有無上權威，但同時他們的活動及措施，亦不是絕對的，除受法律的限制外，尙受有道德的約束。道德的約束，即社會的裁制力及輿情的監督力，同時爲官作吏者因所受教育的陶冶及所習捘的薰染，亦於內心有所信奉與約束，形成所謂服官箴德，以爲其行爲的準則。昔日的官吏常以淸愼勤三字爲其服官箴德。此外如惜民命，省刑罸，薄稅斂，使無訟亦均是過去官吏所奉爲座右銘。「視民如子」，「澤及枯骨」爲昔日的理想官吏；「一片冰心，兩袖淸風」亦他們的鮮明標榜。

現代公務員爲人民公僕，責任重大，具有影響及領導社會的偉大力量，其一切言行，應足爲社會及人民的表率，始能建立政府的信仰，便利行政的推動。換言之，公務員亦必須具有良好道德，奉行完善官箴，始足以言盡忠職守與工作效率。自然，因社會的進步，思想的轉變，現代的公務箴德與昔日的服官箴德，自有區別。現代政治及行政已由消極而積極，已由放任而干涉，故今日的服官箴德除「明禮義、知廉恥、負責任、守紀律」外，尚須具有「堅苦絕卓」「努力奮鬪」「不怕死，不愛錢」的精神，去「苦幹」「硬幹」「快幹」「實幹」。

服官箴德的地位既不在法律的裁制範圍內，亦不屬政治關係，具有重大的社會意義，並偏重於個人修養，此乃屬道德。爲官吏者若違反其時代的服官箴德雖不必卽受法律的裁判，喪失其政治的地位，然究必不能逃過社會的指責及輿論的唾棄。歷史上雖亦有「笑駡由他笑駡，好官我自爲之」的無耻官僚，然畢竟是少數，一般人固不能抵抗此「衆手所指衆目所視」的社會裁制。道德與法律爲規範人類行動的兩大武器，相互爲用，缺一不可。

二、服務規律——所謂規律具有强迫性質，公務員有遵守的義務，如有違犯卽須受法律的懲處，據現代人事制度的實施，公務員應遵守的服務規律包括有下列各端：(1)服務命令。在不違背憲法或法律規定的範圍，並爲其份內的事時，職員對其長官的命令必須服從。(2)盡忠職守，公務員辦理其職務，須絕對忠誠，須以最誠信最公平最謹慎的態度赴之，不能顧計個人的私利。徇私、舞弊、等行爲均須受法律的裁制。(3)公務員不得有不正當的私生活，以保持公務的尊嚴地位，如賭博、宿娼、酗酒及其他卑劣行爲，普通均爲法律所禁止。如爲財經人員更不得作投機事業。(4)公務員除因法律或長官的許可不得兼任其他官職或職業，(5)公務員應絕對保守公務機密，不得洩漏消息。(6)對長官及同事必須恭敬，不得傲慢或侮辱。

設置服務規律的意義，在使公務員對國家或政府的服務具有一定標準，國家及政府對公務員的責成亦有確定的準繩與範圍。服官箴德在以道德的方式規範公務員的行動，服務規律係以法律的力量，確定公務員的責任。此外尚有籍宗教的儀式，養成公務員的信心。有不少國家，均規定官吏於就職時須履行宣誓手續。這乃是欲藉神秘的宗教力量，以統制公務員盡忠職守的精神，藉宣誓的方式能以造成公務員的特殊信念，使之確信國家或社會的利益爲神聖不可侵犯。無論在物質上或精神上均不能加以損害。公務員必具有這種神聖信念後，方不致有假公濟私之舉，方能收盡忠職守之效。

三、政治權利——公務員的政治權利，普通包括有參加政黨活動，公民投票及充任議員競選人。在民主主義的政治下，這是人民不可剝奪的政治權利，公務員亦爲公民，自當享有並行使這種政治權利。惟因事實上的種種關係，他們對這種權利的行使常受諸般的限制。自十九世紀以來各國公務員均照例行使其投票權，因一則此爲其應享的政治權利，一則無論政府黨或在野黨皆願拉攏這大批公務員以增厚已黨的勢力。公務員均為具有投票資格的選民，且因職業關係對政治具有濃厚興趣，每屆選舉多不肯輕於放棄其投票權。若在官治主義的國家，公務員威勢特盛更易左右選舉，因此，在政黨政治下公務員的投票權遂少有主張剝奪或限制者。這種情形在法、德、美均為顯着，惟英國為例外，因自一八三二年以來，英國對此屢加限制，致公務員的投票權在實際上並不發生重大作用。

主張天賦民權及民主政治者雖認為公務員的投票權不當剝奪，不應限制，然事實上公務員施行投票的結果，亦足以演成各種的流弊。第一公務員行使投票權時，對政府或當權黨確有極大的利益，因他們為現政權下的食惠者，為保持其地位計，常恐政局變動，以維持現狀為滿足。第二現代政府職能擴張，公務員的數量亦因之大為增加，他們常運用其選舉於議會中，把握其代言者，以保障或謀求其自身利益。此實為腐化民主政治的不良設施。第三公務員因投票的行使，便不能不參加政治活動，易淪入政治鬪爭與傾軋的漩渦，致不克安心處理其所擔任的公務。因此現亦有人主張對公務員的投票權加以限制或完全剝奪。倡此說者認為投票權並非人民固有的自然政治權利，乃國家或政府為完成其目的時的便利設施或人民的社會職能，故政府可以按照實際需要隨時加以限制或取消。

公務員應否參加政黨活動擔任政黨工作一問題的答案，亦視各國的傳統及時代的演變而有所不同。自十八世紀末民權運動掀起後，一般民主主義的篤信者及採行政黨政治的國家，多高倡所謂「政黨責任」，『職位的分享者應屬於選擧之勝利者』諸說。公務員的進退以所屬政黨的勝敗爲轉移。在此分贜制的民主主義下，公務員以政黨爲護符，政黨以公務員爲鬪士；公務員的政黨或政治活動自無所謂限制。此種情形在法國大革命後，及美國甲克生總統當權時最爲明顯。

公務員自由參加政黨活動，易言之，卽分贜制度的別名。分贜制度有造成政局不安，吏治敗壞，效率低減等流弊，已爲吾人所深知。爲減少或消除這種弊害計，自十九世紀末以來。吏治改革運動者漸主張對公務員的政治活動加以限制，各國政府亦相繼有法律規定，禁止公務員參加有妨礙行政任務的政治活動，如運動選擧，辦理黨務，爲黨宣傳，爲黨籌款等事，公務員均不得擔任。英、美、法三國均有此類的規定，公務員爲政治理由被停職或撤職者亦屢見不鮮。惟第一次世界大戰後，蘇俄高揭共產主義的旗幟，勵行「無產階級專政」及，「以黨治國」等政策，非共產黨員不得充任政府官吏，是公務員的政治活動不但不受限制，且以必須具有政治色彩爲作官的先決條件。墨索里尼在義大利倡法西斯主義，組「棒喝黨」，行一黨專政的政制。希特勒在德意志，倡國家社會主義，組納粹黨，行「黨國合一」的獨裁政制。均以黨員佔服官的優先權。公務員完全是政黨的工具。

公務員的政治權利如投票權及參加政治活動等，自理論上觀察之，應與一般公民同等享受，然在事實上各國對此均多少沒有限制。其理由約有兩點，第一公務員的地位應爲超然的或中立的。卽不在圖謀某一階級或某一部份人的利益，而在增進全體社會及一般民衆的幸福，不得有所偏私，若公務員有投票權並參加政治活動最易失却其公平立場，不能保持其超然地位，成爲一黨派一階級的御用工具。第二國家公務是永續性質，無論政治如何混亂，社會如何變動。公務活動不能停頓，否則國家及政府的基礎將發生根本動搖，爲防上這種事件的發生自須建立永業化專業化的公務制度以保障公務活動的延續。若使公務員自由參加政治活動，因爲政變及政爭，甚易使政府事務瀕於停頓或中斷。

第二節　行爲責任及權利保障

公務員代表政府行使治權，權勢頗大，對此權力若不加以適當的限制，則「有權者必濫權」，將使人民的自由與權利失却保障，而蒙受重大的損失。因此，公務員在推行其職務時一面享有「權力」，一面受有「限制」。這種限制，就是公務員在其行爲上所負的法律責任。換言之，即公務員的行爲若損害及人民利益時、是否擔任法律上的賠償責任？如負法律責任其訴訟手續如何？與這些問題有密切關係的另一面於此時亦被映現，即公務員受有法律的嚴格約束，對長官的命令與措施以服從爲天職，若公務員的應有權利被其長官或他人武斷剝奪的或侵害時，他們可採取何種有效步驟與程序，以謀救濟而資保障。對這些問題的解決辦法各國的措置並不相同。概括言之，其解答情形可分爲英美派與大陸系兩種。茲略加申述如次：

一、英美派的實施——在施行普適法或習慣法的英美兩國，公務員若因行使其職權致侵害及人民的權益時，不負法律的責任，人民亦不得控訴，這種實施自有其理論基礎。英國政治仍不脫封建色彩，相因襲『國王不能爲非』，『國王超居於法律之上』學說。國王旣『不能爲非』，『超於法律』。則其所委用官吏自亦不能爲非，並超於法律，故其行動縱侵害及人民權益，亦不被控告。美國雖不奉行這種封建政治哲學，然流行『主權高於一切』，『國家非經同意不受控訴』等說，認爲官吏乃『主權』或『國家』的代表。主權或國家旣不受法律的裁制，故其代表亦不被人控訴。

所謂公務員不被控告或不負法律責任的意義，是就公務員的官吏身分或職務地位而言。受害人對公務員的個人身份仍可依法控告，請求賠償。審理這種案件的機關仍爲普通法院，其訴訟程序及適用條文均與一般的私人訴訟相同。施行這種辦法的英、美認爲公務員不應形成一種特殊階級，故應與普通人民受同一法律的裁制，同一法院的管轄，用符民治主義的精神，及法律平等的原則。經審判結果，如確定公務員經已構成侵害行爲卽由其個人負賠償責任，政府或國庫不能代爲償還。

至於地方自治的政府，在英、美均被認爲公共法團，在法律上係義務與權利享受者的主體，具有控訴及被控訴的資格，居於完全法人的地位。自治團體與其工作人員乃爲雇傭關係，並非政治性質。

這些團體及其雇員的一切行為，均處於法律責任的地位，受害人得依法控告，請求賠償。惟地方自治政府或公共法團常受主權的委託執行國家行政事務，在這種場合下，則此機關為中央政府的代理處，其雇員亦因之取得官吏的身份。若因執行國家委託的行政事務致人於損失，這機關則不負法律責任，受害人祇能控告執行此職務的個人要求賠償。

英美兩國的施設有人認為係善良制度，因如此則足以促進公務員執行職務時的特別謹慎，不致粗心，使人民的生命財產遭受不當的威脅與損失，實保障人權與自由的良法。惟這種觀點乃係以個人主義為骨幹，這種理論應否再繼續施行於今日的複雜社會，殊亦大成問題。公務員過分謹慎的結果，即流為怯弱遲緩，為顧慮一二人的損失不敢有所動作或不能及時動作，常致大多數人蒙受重大損失。況受害人縱能控告公務員個人，而個人因限於經濟財力，公務員敗訴後亦無力賠償，政府亦祇能予以免職的處分。結果，所謂個人負責賠償者亦徒有其名而已。至於以普通法律審理公務案件亦屬不妥，因法院熟於審理私人訴訟的條文，囿於保障個人的理論，對社會化的現代公務的意義及公務員的立場，每不能有適當的明瞭，所為判決常致損害社會幸福祇圖保障個人利益。不過最近英美兩國在賠償責任上亦有政策上之轉變。美國於一九四六年頒行行政程序法 (Administsative procdureAct) 及聯邦賠償法 (Federal Tort Claim Act)；英國於一九四七年頒行皇家訴訟法 (The Crown proceeding Bill)

，先後允許人民控許國家，並由政府賠償人民損失。惟範圍限制甚嚴，應用不廣。

英、美公務員因執行職務不負法律責任，故同時其應享權利亦比較的無法律保障。這亦與大陸系的德、法各國顯異其趣。英國政治仍保留濃厚的封建色彩，相信「國王不能爲非」之說。因此，國家與其公務員並非普通的契約關係或雇傭關係，王權或國權係絕對性質，君臣間乃主僕及從屬關係，非立於平等的地位。國王對其臣僕的權利與地位有隨意予奪的自由，不受何種限制。依據相同的理由，代表國王行使統治權的大臣對其所屬職員亦有絕對的懲戒權，被懲處的職員縱認爲寃抑，亦無處無法請求救濟。低於部長的行政長官若有不當懲處，當事職員可以申訴於部長，然部長的不當處分則仍無法請求救濟。

美國雖非若主主政體，然其法律內容及精神却多脫胎於英國的因襲，對公務員的權利保障及救濟，較之英國者亦並不進步。政府對公務員的免職及懲戒係絕對的，此於梅雅士控聯邦政府（Mayers Vs. U. S. A.）一案的判詞中可以明白看到。惟此長官的絕對懲戒權常易成爲分贓制的獲符，年來因吏治改革運動的影響及功績制的採行，公務員的地位及權利已漸獲得法律的保障，非依人事法規的規定及充分理由不得撤免。公務員如對其長官的懲戒認爲失當時，得向文官委員會請求救濟。若對文官委員會的處置認爲仍有不服時，可依法向法院控告請求賠償。即在英國，近年來對行政長官的懲戒權亦漸加以限制，以保障公務員的權利。此乃是一種轉變的新趨勢。

二、**大陸系的制度**——公務員的行爲責任及權利保障兩問題的解決方法在大陸系的法、德與前述的英、美頗不相同。法國的政論家或法理家認爲公務員者乃國家或政府的代表，即替國家服務者，若因執行職務致予人民以損失，應由國家賠償，公務員個人不負行爲責任。惟公務員的行爲責任被分爲兩種：一爲個人過失，一爲職務過失。前者的案件由普通法院審現，後者的事端歸行政法院管轄。在大陸系的法、德認爲國家與人民可以於法庭審訊前對辯曲直，因而有所謂行政訴訟的成立。辦理行政訴訟的機關因與審理普通訴訟者不同，即其手續與程序亦較爲簡易。

公務員的職務行爲由國家負責，其個人行爲則由個人負責。其理由至爲正當，界限亦甚明晰。公務員的個人過失，長官或政府不能以命令代爲卸其責任。若因某種關係必欲如此時可以兩種方式出之：一爲使此訴訟變爲國家訴訟交由行政法院審理。一爲使普通法院加以考量決定其可否。所謂國家代公務員負責者即因個人過失應負的損夫賠償由國家或政府代爲償付。蓋如此則受害人的損失賠償保障較爲確定，不致因個人力量不足，使賠償落空。至於因職務過失對人民有所侵害，經法院確定後，由國庫出資償付之。

德國對公務員的行爲責任及對受害人的賠償辦法與法國的皆甚相類似。惟德國有政府訴訟代理人制度，此又其特色。國家既可與人民或人民團體對薄公庭，是政府亦具有法律人格，為義務及權利的主體，有控訴及被控之權，故不能不有常設的代表，替政府辦理各種訴訟案件，以保障其利益。公務員因忠實執行職務或公權，致予人民以損失時的賠償責任由國家擔負，係明白以法律條文規定。至公務員的個人過失則仍由個人負責。至於因執行公務所發生的刑事責任亦由個人擔負。

大陸系的設施，有人認為足以造成公務員對職務的疏忽與猛浪，殊不知政府另有法律嚴格拘束公務員的行動，如有疏忽，自不能逃法律的裁制，故他們亦不能妄自非為。在德、法的制度下，受害人的賠償較有保障，因國庫有較充裕的財力可資償付，不致如在英、美制下，因公務員個人無力擔負，使應得賠償淪於無着。一方面因有嚴格的法律裁制，公務員不敢疏忽猛浪，一方面因國家擔負償付全責，使受害人所求賠償不致落空，況訴訟程序較簡單，人民對要求賠償亦易為有效措置，故實質上大陸系確較英、美制優良。此外行政法院專管轄涉及公務的訴訟案件，這種訴訟與普通訴訟的性質截然不同，因前者以「社會幸福」為依歸，後者以「個人權利」為鵠的，在行政訴訟獨立制下，社會福利不致因保障個人權利而受犧牲。

至於公務員的權利保障及救濟，大陸系法，德的情形亦不相同。法國對公務員的權利保障承認有兩種原則：即(1)公共權力者若有侵害他人權益行為，可以為訴訟當事人，與其他一造對質公庭，勝敗聽諸法律的裁判。(2)任何人的既得權利若爲國家或其代理人所侵犯，得以普通訴訟同等方面的手續向國家特設以辦理行政訴訟的平政院或其同系統的行政法院提出控告，公務員的應得或既得權利若被侵害，即可依據此原則，向具有管轄權的行政法院提出控告請求救濟。

各級行政長官對其屬員的懲戒，在法國必須正式向公務員懲戒委員會請求審議，否則，懲戒不能發生效力。即行政長官對公務員的考績書，亦不能過分秘密，必須予公務員以監察的機會，以防偏袒與操縱。公務員的權利保障既較周密，若對此制度另無適當的限制，亦易於因救濟公務員而影響及社會利益，及減低行政效率，破壞國家體制。因之法國行政裁判上又承認其他兩原則以資防範：即(1)平政院及其他行政法院須確定公務訴訟的性質，非眞切合於保障公務員權利的法律規定者，不得提起訴訟。(2)凡屬行政性質的法規及命令，公務員不得籍口權利保障提出反對。

官僚制度或官治主義，在德國有較長的歷史及鞏固的基礎，故對公務員權利保障的施設亦頗完備。公務員既得的權利不能侵犯，在憲法及公務法規中皆有明白的規定。如任期、邺金、昇遷等權利均不得非法剝奪。不過所謂「既得權利」亦得因情勢的轉移或憲法的修改而生改變，不能過於固執，致妨礙及公衆利益。德國對於公務員職業及經濟的保障亦頗爲廣泛周密。關於保障此職業及經濟權利的訴訟，雖係由普通法院管轄，但所應用的法律既非普通私法，亦不遵行普通民事訴訟程序，而是依據確定公務員與國家關係的公法。這公法的性質在保障公衆利益，故法院對公務裁判時不能忽略此項公衆利益。這種觀念爲英、美法院所不注意。不過公務爭議於提向法院訴訟之前，必須先經過最高行政長官的裁判。

公務員所受較輕微的懲戒如申誡、記過等，則由主管長官自行裁決之，如受懲者認爲不合時得向較高級或最高行政長官提出申訴請求救濟。若較重大的懲戒如降級，減薪，停職等則須提交公務員懲戒委員會辦理之。

提付懲戒者經將被懲戒的犯過事實及懲戒的理由爲詳明的敍述。總之，政府對公務員的懲戒總期公平公開，根據充分理由與事實，不得爲秘密武斷的決定。至於更嚴重的懲戒則須經司法程序裁判之。公務裁判雖可由普通法院管轄，然其所應用者並非普通法律及並通訴訟程序。公務員若同時觸犯普通法及公務員法者爲兩罪俱發，其裁判程序則先依普通法裁判其私人法律責任再作公務裁判。

第三節　公務員的權利救濟

公務員爲國家服務爲政府工作，因具有特殊身分與責任，爲保障公衆及社會的利益計，其行動及自衞權常受有種種的限制。若無適當有效的救濟辦法，公務員將受到過分與不當的限制及干涉，使其應得權利遭到侵害。如任此等情事發生，則必使公務員不能安心服務，致全般的行政效率降低，影響於國家政府使命的完成。各國爲保障公務員的應得權利計，在大陸系各國有所謂行政裁判制度的施設，在英、美亦以普通法院掌理此事。除此司法性質的救濟方法已於前節敍述外，尙有其他方法可資應用。其重要方式，有(1)立法及行政救濟，(2)公務員自組團體，及(3)設立代表機關等三種。玆分別申述如次：

一、**立法及行政救濟**——頒布法律規定公務員權利被侵害時的救濟，自爲極有效的方法。例爲公務員地位保障法，便是顯例。又如中國之公務員懲戒法，雖名爲懲戒，實際上亦所以保障公務員權利，因非依此法之規定，公務員不受懲戒。不過議員們所注意者爲把握多數選票的大衆利益，對於少數公務員的利害常以冷淡態度置之，並不十分關切。無論在何國家的議會中皆表現有相似的情形。公務員爲保障其利益計，亦常設法組織團體或運動議員以直接間接影響國家的立法，有時公務員爲作有力的影響，常發動聯合的大規模的要求運動，以促進國會的注意。法國公務員行動委員會(The Comite` d'actoin des Fonctionaires) 及公務員工團同盟 (F'ed'eration des Srndicats de Fonctionaires) 的成立，卽在强迫議員注意公務員的幸福問題，並以宣佈姓名的方法，裁制反對公務員利益的議員。在美國亦曾有公務員藉群衆運動的方式向國會要求改良待遇者，但事實上並未能發生何等重大效果。

除經過議會用立法手段以保障公務員的權利及規定其救濟辦法外，尚可以行政機關的主持，採用行政手段用資保障公務員權益或圖謀救濟。此種機關，概括言之計有兩種：一為財政部，一為人事行政組織。英國的財政部實際上握有人事行政的大權，藉編核預算等財務統制方式對公務員的薪給、郵金、陞遷、降黜等皆能作有效的決定。但英國的財政部向以「小口錢袋」著稱，處處求經濟，故對公務員的利益保障及生活改善均無有效施設。惟自第一次世界以後因物價高漲，生活艱難，及提高行政效率運動等因素的壓迫，財政部的人事司（Establishmont Department）對於公務員的生活改善及權利保障等問題亦加以注意。近年來，英國財政部人事司漸知從事較積極的人事行政工作，對公務員權益保障，已知努力。

至於法國財政部對公務員的權利保障及救濟，比諸英國者尚遠不及。因法國財政部實際上受制於國會中的預算委員會，而國會對公務員的利益又不甚注意，所以財政部對公務員的任用，給薪、獎勵等問題及保障，甚少有效的施設。美國各州政府採分權制的組織，各行政部別對人事問題多能自行決定，財政機關力量薄弱，對公務員的經濟問題及生活待遇等均不易為充分的改進。聯邦政府在預算局未設立之前亦有相同的情形。而今日的預算向亦祇有調整各部間的財政關係，對公務員的權利保障及生活改善並未顧及。

爲促進人事行政效率及適應事實需要計，現代各國多有文官委員會及其他相類人事行政機關的設置。此等機關對公務員權利的保障及救濟常有各種的措施。第一、本人材主義爲政府甄拔優良公務員。以摧毀分贓制而確立功績制的基礎。第二、頒佈人事法規保障公務員的任期、地位、及其他應得權利。第三、對公務員的薪給、考績、及昇級等問題爲隨時的改進與注意，以防止行政長官的操縱武斷。第四、公務員對於其行政長官所給予的處分，如認爲無理由或不服時，得向此人事行政機關請求救濟。

二、**公務員自組團體**——前述的立法及行政手段，對公務員的權利既不足以爲有效的保障與救濟，公務員乃被迫而謀自行組織團體以加强其自衞的力量。近三四十年來，公務員組織的團體紛紛成立，有如兩後春筍。美國的聯邦公務員同盟及法國公務員工團同盟等卽爲此等團體的著稱者。公務員團體逐漸增加的原因，綜計有下述三端：第一、干涉主義已代放任主義而興起，政府職能已大爲擴張，因以公務員的數量大見增加，數量增多後，易於養成其團體意識及觀念；且人數較多其利益亦較具體而明顯，自組團體不但有必要，且較爲容易，並發生較大效力；第二、在現代大規模生產的資本主義社會，工商企業的經濟組織中致形成勞資對立的尖銳現象，勞働者常組織工會、同盟、及勞働組合，團結其力量，以爲保障權利，改良待遇的工具。國家經營的企業如鐵路及郵務業等雇工便首先受此影響，成立雇工團體，其後普通公務員亦漸受傳染，相繼仿行成立公務員團體；第三、權力國家已漸演變爲服務政府，國家與其雇員已非從屬或主僕關係，而成爲契約立場下的雇傭關係；易言之，政府之與公務員亦猶企業中廠主之與勞働者，工人既可組織團體以取得雇傭平等，公務員自亦可如法泡製。

三、代表機關的設立——政府爲和緩公務員的集團行動聯合要求並滿足其慾望計，有者准許公務員推舉代表與政府派員共同組織團體，商討各種有關保障公務員權利及改善公務員生活等事宜。此等由公務員代表及政府派員所組織的機關具有仲裁及顧問兩種地位。德國政府對公務員的罷工權雖不允許，然不論中央或地方的公務員均可有代表會的組織以爲其意志表示機關。德國的議會並頒佈有法律，承認公務員的請願權，其範圍限於待遇問題及生活改善，但不得干涉公務員的懲戒事權。

德國中央及各邦政府的各部中，皆有公務員委員會的設立，此種委員會係由公務員方面選出代表組織之，經法律承認爲公務員的正當代表機關，在部長司長及其他長官的決定下以保障並圖謀其利益。對委員會間亦得相互聯絡採取一致的行動。對拒絕請假、推薦醫生、分配住房、兼薪等問題均可貢獻意見。部中例行事務，工作時間，工作環境及其他與公務員利益有關的事，行政長官亦常向委員會徵求意見。此等委員會的地位純粹爲顧問性質，祇能提出正確的意見與理由以影響其長官，如長官不採納時亦祇能再作一度的陳述爲止。

公務員委員會的責任及權力，分析言之計有下列四項：⑴委員會不得制定直接拘束公務行動或改善待遇的法規；⑵委員會應努力促進公務員的責任觀念及公務員與長官間的互信，並維持公務員的義務與信譽；⑶委員會有權聽取、討論並貢献意見於其長官，但其範圍須限於一般性質的公務員福利問題，並有權建議改革行政，消除誤會及陳訴困難；及⑷委員會得與其行政長官合作，樹立關於人事行政的改良施設，經關係人的請求得調查部中所發生的意外事件、强迫退職、通知免職及拒絕請求等事的實在原因。

為和緩勞資衝突及解決勞資糾紛起見，英國於工商企業中曾由勞資双方推舉代表合組機關期以公平方法解決的困難問題。此項辦法原為應付臨時事件而設置者，因具有相當成效，遂改為常設機關。一九一七年，英國政府組織惠德利委員會（whitley Council）考察此等問題，其報告為勞資双方所接受，在政府監督下各企業中遂正式普遍成立双方代表所組織的仲裁機關，即普通所謂惠德利委員會。當時有不少公務員團體亦要求政府仿照企業中的辦法成立由政府及公務員双方派員組織代表機關。於是一九一九年亦有各部惠德利委員會的設置。

除各部惠德利委員會外，尚有全國惠德利委員會。後者的任務在討論及注意全體公務員的問題及利益，而前者則專注意各該部職員的利益，且亦有權向全國委員會提出意見用供討論，委員會祇居於建議或顧問地位，自身並無執行權。因爲不如此，則足以破毀各部部長的行政及政治責任故也。因此，政府方面的委員在會議中實佔較優越的地位，其不願應允的問題均可以行政或內閣責任推延之。委員會的決議必經双方主席簽字後始能發生效力。

惠德利委員會制度自成立以來，在英國人事行政的改進上，不無相當貢獻。對於昇遷、懲戒、待遇、及指導等事宜，各部委員會常能擬定切實可行的計劃與辦法使之發生實際效力。全國委員會對昇遷及養老等重要人事行政問題亦曾經有重要改革方案的成立，對靑年公務員補習教育並有切實有效的施設，頗具成績。惠德利委員會因限於權力，雖不能爲重大的改革，發生驚人的力量，所解決者似爲不關鴻旨的細事，然政府與公務員的關係因之改善不少，彼此間所發生的糾紛與誤會亦消解甚多，此種功能實不可抹滅。

法國政府中亦有與英，德相似的公務員代表機關。一九二〇年，政府看到公務員的聯合行動風起雲湧，爲先發制人，弭亂於未然計，乃於各部成立行政委員會（Administrstive Council）以謀調劑而免糾紛。委員會由各級官吏代表組織之，代表係由部長指派。對公務員的權利保障及生活改善有貢獻意見之權。此外，亦有中央委員會的組織由政府委員，法院委員，各部代表，及由總理指定的有關代表組織之，有權參議有關人事行政及公務員待遇等問題的法規訂立事項。美國雖亦有與此類似的公務員代表機關，但規模較小，亦不普遍，影響尚不甚爲人所注意。

第四節　公務員結社及罷工

公務員究竟應否享受或行使結社權及罷工權，對此問題，因立場的不同乃有反正兩面的對峙主張。有人認爲現代的公務員亦爲勞働職業的一種，彼與政府亦爲勞働契約及雇傭關係，爲保持其經濟利益及改善其社會地位計，他們自亦可與其他勞働者同樣享受組織工會或聯合會的權力；當其經濟權利與政府發生嚴重衝突時，或爲援助其他勞働團體計，亦可採用同盟罷工的手段以資對付。反對此種主張者以爲公務與其他職業不同，具有延續性及獨佔性，關係於國家安危人民幸福者至深且鉅，倘准公務員組織團體對抗，採行罷工以資抵制，則公務將無法推行，其擾亂國家，貽害於社會者將不堪設想。況政府與公務員的關係係依最高權力者國家的意志（法律）而決定，乃權力與服從的統制性質，並非平等契約的雇傭關係，故不能與其他勞働職業者同日而語。茲將各國對此問題的爭辯理由及經過事實略加申敘，以見其梗概。

一、法國的事由——當十九世紀的末葉，法國人事行政情況極爲惡劣，公務員待遇不良，缺乏保障，攀援勾結，漫無標準，政府對公務員的宗教信仰及政治活動，限制亦甚嚴，公務員已不堪其苦。

當時因社會思潮的鼓盪，工團運動的熱烈，國會於一八八四年通過結社法，允許各職業工人組織團體，以保障其經濟利益。公務員中的小學教員及鐵路工人均相繼援例成立團體作保障利益的聯合行動，均遭政府的干涉迫令解散。鐵路工人的結社權，直至一八九四年始經政府承認。然爲此問題，爭議甚烈，運動熱潮亦無法抑止，皮里雅（Casimir-Perier）內閣且因此而解體。

代表急進政策的盧梭（Waldeck-Rousseau）內閣成立後，開始解除公務員組織團體的限制，小學教員、郵政、電政、電話等工人均獲得組織團體的權利。惟政府的原意在使此種團體協助政府，並非爲自衞工具，以與政府相對抗。事務性質的公務員及警察等亦准成立團體。一九〇一年國家頒佈新結社法，承認公務員的結社權，但不得享受一般工會的罷工權。此時工團主義的思潮亦乘機活躍，認爲公務員團體亦應享受參加管理政治及行政的權利。

自然，當時反對此種主張與辦法者亦大有人在。其所持的理由約有下述各點：第一、若允許公務員的結社罷工權，則國家必遭破壞，至少亦能使政府基礎動搖。勞伯（M. Loubet）曾謂『在政府不曾撤銷其合法權力前，是不允許任何部別的公務員成立同盟組織的，因此，團體的本身蘊藏有一種力量，去反對合法權力。』巴頓（M.Barthou）亦云『倘公務員團體能依據結社法而實現其利益，則是國家在反對其自己，反對全國人民的共同利益，反對國民主權，且這種團體事以從事鬬爭爲能事。』

第二、公務員的地位具有絕大權力與威嚴，受有法律保障，與普通工人不同，故不能不有其應盡的義務，且其薪給來自强迫性質的稅收，與普通工資亦不一樣，故不能與其他勞働者享受同等的結社及罷工權。斯普萊（M. Spullor）曾謂『公務不是職業，公務員的薪給亦非工資，……其薪給係由法律規定者，除法律以外任何力量亦不能變更……公務員不能在法律範圍以外，有所活動，亦不能以强力對待國家，使之陷入困難的境地。』

第三、公務活動的性質係獨佔的繼續的，若允許公務員的結社及罷工必致形成政府行動的中斷的停滯，這種現象一發生，猶如一人的生活失却中樞神經的統制，社會必起絕大的紛亂，致影響及國家政治的安定及個人權利的保障。

這種理論雖爲行政長官等所極力主張，但終於不爲大衆輿論所擁護，致不能發生實際力量。公務員仍繼續以聯合行動及組織團體等方式，以保障並增進其經濟利益。情形緊張日甚一日，結果竟演成一九〇六年及一九〇九年的驚人大規模郵政罷工。當年白里安（Briand）內閣乃提出結社法案，嚴加限制以謀鎮壓，將公務員團體的罷工權完全剝削，並詳定懲戒辦法。這種提案雖未經大多數國會議員的通過，然下列原則則爲政府所確認：(1)公務員有結社權，並得組織聯合團體或同盟。(2)公務員不得享受罷工權。(3)公務團體若想要糾正行政決定，應向平政院申訴，及(4)公務團體不得與其他職業勞働締結同盟及作聯合行動。這些原則，在今日的法國依然如前時的被承認，被應用。

二、**德國的情形**——在帝國時代，德國對勞働工人的組織取嚴厲禁止政策，對公務員團體的罷工更爲政府所不許。至第一次世界大戰後共和政府成立，新憲法的精神採取進步主義，在百三十條規定『公務員的結社自由及政治意見自由均受法律保障，』百五十九條亦載明『爲保護及增進勞働條件與經濟利益的結社自由，無論何職業何人均予以保障。』在各邦的憲法中亦均有相類似的規定。憲法條文祇承認結社權，對於罷工權因恐影響及社會秩序，故不爲法律所許可。

在帝制時代，德國所持反對公務員結社及罷工的理論，可於某名法律家的言論中見及。他說『公務員的責任及地位與他種職業者不同。公務員於任職之初須舉行宣誓的隆重手續，正式表示盡忠職守的決心與義務。藉誓詞加重公務員責任中的道德要素，以補法律的不足。……是無論在法律上道德上，公務員均不得藉結社或罷工手段以違背其誓約。』持此理論的人們堅持國家具有絕對的威權，政府具有强迫性，公務員祇有服從的義務，決無抵抗的權利。

似此專制主義的論調於革命爆發後當完全被催毀無遺。公務員的結社權經政府無條件加以承認，各種公務團體乃得紛紛成立。惟公務團體的罷工權則未准予享受，其所持的理由約有三點：卽(1)一般的社會經濟利益高於任何團體的經濟利益，公務員不能爲自身而犧牲社會；(2)公務員所擔負的職務具有繼續性，其工作絕對不能中斷，若准公務員罷工，公務卽有中斷的危險；及(3)公務員儘能用和平手段方法達到其目的，並不必採取罷工的激烈行動。一九二〇年普魯士邦政府在禁止罷工令中曾謂：『所謂罷工權與結社權，並無不可分離的關係，公務員欲改善其經濟狀況，罷工非良好方法，亦非唯一方法。』德國最高懲戒法院對罷工權的判詞亦云：『國家所依賴於公務員者在於繼續不斷處理行政，因之，公務員罷工縱屬善意亦不能允許，罷工自由與公務員義務不能同時並立。』

三、英國的處置——英國政治向具自由色彩，不重理論而尚實際，必待自由放任產生出重大困難時始設法解決。關於公務員結社及罷工問題的處置，亦表現有相同的趨勢。在十九世紀之末，工會及其他職業團體風起雲湧，紛紛成立，大有長足的發展，行政級以下的公務員亦相繼組織公務員同盟，郵務工會，自由職業公務員協會等團體，並常與一般工會取聯合行動。公務員團的罷工權雖無明文禁止，一般人認爲當然可以享受。一九二六年大罷工發生時，公務員遂亦作同情的援助運動，於是一般政治家對此問題始加特別的注意。

當年的罷工事件發生後，一般輿論及政治領袖，均認爲政府公務不能須臾中斷，國家自不能容許公務員與其他工會作罷工行動。公務應居於超然或中立的地位，在政治上不得存政黨的私見解及偏袒的行動。政府於一九二七年乃頒佈工會法對公務員團體在第五條作如下的規定：『公務員不得參加以增加工資及改善雇傭條件為目的的組織或為此等組織的會員、委員、或代表；其所能參加的團體，祇限於在王權下服務人員所組成者。……公務員團體不得具有政治目的，亦不得直接間接與政黨或其同類團體發生關係。』這種理論與原則仍適用於今日。

四、美國的形勢——美國對公務員的組織團體類似英國，一向採取自由放任主義。在一八三〇年學校教員即開始組織教育協會，其後郵政工人、郵務員、國企營業的技術人員，亦相繼組織團體。直至今日，美國各級政府公務員所組成的團體眞所謂星佈棋列，觸目皆是。一九一七年曾成立大規模的團體曰聯邦公務員聯合會（National Federation of Federal Employees）。政府認為這種團體的功用，在於保障私人權益，為法律所允許，故不加禁止與干涉。當第一次世界大戰時，公務員團體曾與一般工會作聯合行動，認為違害公衆利益，政府於一九一五年乃下令禁止教員參加工會組織。教員團體當時雖控訴於最高法院亦告失敗，遂成為公務員不得參加工會的先例。

美國現行的法律已正式承認公務員有組織職業團體或結社的權利，並得參加工會聯合會的組織，但不准享受或行使罷工權，亦不得直接向國會請願。美國勞工聯合會(American Federation of Labor)雖亦極願將公務員團體羅致入彀，相互援助，然社會輿論及政府態度對此尚多疑慮。故至今尚未完全成功。縱使公務員團體與美國勞工聯合會發生連繫關係，其所負義務亦與普通工會不同。參加後祇交會費及特利捐，罷工費則全免，每次大會派遣代表出席參加討論，勞工聯合會不但不得引誘公務員罷工，即同情罷工的事亦所禁止。

公務員所組織的團體固然有許多不贊成加入美國勞工聯合會者，即在國會中亦有不少議員抱定反對的意見。其理由約有四端：即(1)美國勞工聯合會曾經援助鋼鐵罷工及煤礦罷工，乃顯明的反政府團體，故公務員不得參加；(2)美國勞工聯合會乃階級性質的組織，公務員為保持其中立地位，不應加入；(3)美國勞工聯合會曾經熱烈反對國會，公務員加入後恐亦將有同樣的舉動；及(4)公務員參加此等組織後將藉以壓迫議會通過保障其私利的法律。這種意見雖未經通過成為法律，但於此亦可窺見其思想之所在。

第十四章 人群關係

第一節 人群關係的基本原則

人群關係此一問題，自早卽已存在，但有系統的研究，乃起自近年。根據研究最早使用人群關係(Humau helations)此一名詞者，乃美國人事協會（The National Personuel Association）於一九一八年在紐約所擧行的首屆銀灣會議（The First Silver Bay Conferənce）。該會的目的，卽在專門討論工業界中的所謂人群關係（見 Hamoan Pelatius at work, by Keith Davis, McGraw-Hill book Compauy, 1962）。其後，由墨友（Elton Mayo）等在理論上的闡揚；而於第二次世界大戰之際普遍地受到管理界的重視。

所謂人群關係，簡言之，實卽研究人們的行爲與工作之間所產生的相互關係。我們瞭解，人是有思想、有情感、有慾望的，而這些思想、情感與慾望俱將影響於工作效率。人事管理旣關係於機構工作效率的促進，自不能不關心及影響此工作效率人之行爲。人類行爲與工作成果相互間的關係，第二次世界大戰後基於心理學、統計學、人類學及社會學等的進步，已建立了許多可資適用於管理上的準則，並確證在管理上有其不可漠視的效果。因爲根據學者研究，人畢竟是人，管理者不論科學化到如何程度，決不能將人與機械用同樣方法處理，事實上科學管理進展到今天，並未能解決機構中所有的問題，其癥結乃因任何機構，爲人所結合，最後成功關鍵，乃在如何藉群體的奮發努力、熱誠、創思，而後才能發生效果。因此近代的管理已進入『人性管理』階段，要在藉科學上對人類本身的發現善自運用，而後人力才能得到最大發揮，機構業務運行亦從而得到最大效果。

人群關係，既是極受人重視的課題，而且在學者的研究裡，它的作用與影響，可以說是貫穿於管理的每個領域，管理上的任何措施不能不注意及人性因素，因此人群關係所研究的內容極爲廣泛。但是我們若將這些內容加以分析，即可瞭解，近代的人群關係實即建立在下述的四大基本概念之上：

一、相互利益——所謂相互利益是指良好人群關係的建立，非但能促進工作人員工作上的滿意感，促進其工作的意願，而且對管理當局而言，亦能增多公司的利潤，加多生產而減低成本。

科學的研究指出，在一般的工廠或辦公室中，人們平均僅用出三分之一的能力來從事生產，事實上的調查亦顯示出，在有良好人群關係的機構或工廠中，其生產力要較一般機構或工廠提高十倍之多。這也就是說，管理人員應注意及科學上對人性的發現，知道在什麼樣的工作環境，以什麼樣的監督方式，能够促進工作人員潛能作最大的發揮。例如，一九三〇年在芝加哥西方電力公司胡桑工廠(Hawthorne Plant)就燈光對工作之間的關係，加以研究。試驗結果指出，人們對於燈光的反應遠不如對於管理人所表示的關切來得重要。關於這項試驗，在初期以加强燈光來觀察工作的反應，工作的效率確顯着的提高，但是再以減低燈光觀察，工作效率亦顯著的提高，由於這種結果，學者指出，物質的環境並非影響工作效率的直接因素。主要的是由於工作人員體認到管理當局對於工作環境所作的重視，激發了他們的工作情緒，因而改變了工作的態度。再者，美國密西根大學亦從事了許多研究，指出在生產高的單位，主管人員是以員工爲中心而不是以工作爲中心的，亦卽說明，注意有參與工作計劃的機會，使他們有一份表示意見的自由。由於這些發現，推翻了十九世紀泰勒等的看法，認爲改善工作方法與環境是促進生產的主要因素，同時也改變了管理當局的態度，知道工作人員並非僅爲生產的工具，而必須關切與和善而贏取合作與忠誠。

二、個別差異——個別差異是心理學上的發現，說明人乃各不相同的。我們若相互注視，可以發現人在外型上有其差異，高度、面貌、肥瘦等。但這僅是表面的差別，究其內心亦復如此。學者們指出，人因先天的遺傳及後天的素養，在智慧、性向、氣質、體力及喜好與趣上各不相同，而這些不同又將對工作產生極大的影響。

第一、就智慧而言，所謂智慧係指人們適應環境及解決各種問題的思考能力。這種能力隨工作之不同而有不同的需要。一般講來，智慧高者，適於擔任較高程度的工作，而智慧低者僅能擔任程度較低的工作。將智慧低者，置於須用智慧高的工作，正如將智慧高者置於須用智慧低者工作，同樣的不合理。因爲後者固易因工作之過於簡易而致意志消沉或憤世嫉物；但前者亦將因工作負荷過重而憂鬱苦惱。因此一般先進國家往往是將工作上所需要的智慧予以分類，並以所謂智力商數表示之，大凡一個工程師的智力商數一定比一個低級的文書員要求的高。當然介於其間，還有不同的等級，端視工作情形而定。

第二、就性向而言，所謂性向係指人們先天具有學習某種工作的潛能。我們常說某人精於書算，某人善於言詞，馬戲團中的空中飛人，手同脚的協調能力特別重要。使一個善於言詞而拙於書算者擔任文書或數字上的工作，這種人的前途發展是可慮的。心理學家亦將性向分類，並可以所謂性向測驗探測之。性向表示一個人對某一行業發展的可能，同樣的訓練對於不同性向的人有顯著差別的效果。這對機構與個人而言，俱有重大的影響。

第三、就氣質而言，所謂氣質亦可簡稱之爲一個人的性格。我們常說某人冷酷，某人熱情，某人性格內向，某人外向，有的人神經過敏，有人麻木不仁。這些都代表一個人的特質，也容易看出行爲的傾向。神經過敏者易妬善嫉；麻木者渾渾忽忽；外向人重視現實，追求成功愛好活動，實行家多如此；而內向人計劃未來，固執自己的觀點，富於想像，思想家多類此。

第四、就體能與愛好興趣而言，各人亦復不同，有人力起千斤，有人手無縛雞之力，況且體力狀況亦將影響工作情緒。喜好興趣影響人對事物的觀點，社會心理學家說，人有多種不同身份，除了父母妻子兒女之外，人又有黨派，宗教及各種俱樂部的份子，這種份子的形成因有多種原因，喜好興趣爲最主要的一種。因爲這種喜好而結成的團體，往往影響一個人對事物的偏愛從而影響及一個人在組織中的行爲。

上述的這種種特質形成一個個不同的個人，也就說明了管理上不能將屬員作一律看待，而應各個瞭解的道理。學者指出，人類的行爲有其一定形成的過程。這過程通常以左列表示(見 Maier Normar, Psychlogy in Industry, Boston, Houghton mflin company 1955, P. 21)

S —— O —— B —— A

S代表一種刺激或一種狀況，O代表各人的情形，包括一個人先天或後天所形成的智慧習慣態度等，B代表行爲，A代表行爲後的成果。這就是說明，一個人的任何行爲，通常都是基於某種刺激，或者某種狀況的存在，但是這種刺激傳達到各個人的神經系統內，基於其生活狀況、智識背景、身體情形，以及情緒作用等而有不同的解釋，因解釋之不同其行爲或反應自有差別。舉例來說：

例一：

食物（刺激相同）→ 某甲飢餓 / 某乙患病（狀況各異）→ 取食 / 厭惡（行爲有別）

例二：

畢加索印象派圖畫（刺激相同）→ 毫無藝術素養者 / 藝術家（學識背景不同）→ 一堆亂草 / 人物（反應有別）

例三：

工作上的某種建議（刺激相同）→ 某甲情緒良好 / 某甲情緒惡劣（情緒不同）→ 虛心接受 / 發生爭吵（結果有別）

這些舉例都在說明行爲形成過程中，因各人的情況或背景之不同會有各種不同的反應或行爲。所以要想改變一個人的行爲，其可行的措施有二，一爲改變各人的內在狀況，二爲改變外來刺激。改變內心非短期間可奏效，改變外在刺激因而就非常重要。

三、激勵原則——歐文（Rohert Owens）早在一百五十年前，卽曾體認並運用到激勵的法則。他用四種不同顏色的木板，分別表示工作人員的習性，黑色代表惡劣，藍色代表漠視，黃色代表良好，白色代表優秀。僅以這種顏色懸之於工作人員的近處，就能產生激勵作用。因爲工作人員在工作上常仰賴於主管，而主管公平賞罰之權，常爲員工行爲或不行爲的主要因素。

心理學家指出，人類每種行爲都有原因亦卽源於需要。譬如小孩哭代表要吃奶或尿布濕而有不舒服感覺，屬員頂撞上司代表某項要求之未得滿足。因此要想激勵員工，一定要瞭解員工的需要。但是，非常不幸，我們常常注意到行爲的結果，而未重視到行爲的原因，若某項措施未針對原因予以消滅，其結果將是事倍功半得不到要領。所謂針對原因，亦卽從人性因素的瞭解，注意及員工的需要，藉此種需要與有待滿足的兩種心理，用以激發其工作情緒。需要的種類，雖然甚多，且亦將因人而異，但要不外兩個基本的原則，卽是：一爲激勵須有目標，用以確立行爲的規範；二爲激勵伴有賞罰，用以誘導員工的行爲。藉此兩者，可知民主領導是從瞭解須要上着手，而非壓制所可竟其功。往昔以强制手段剝削勞工已形過去，代之而起者，乃以更多瞭解，贏取更多的合作。

四、人類尊嚴——人類尊嚴，固起於民主的觀念，但實含有道德與倫理的價值，亦卽說明人類文明本以創造人類幸福爲鵠的，因而企業或機構的管理措施亦應設法滿足這種倫理的基本要求。再者人類尊嚴亦寓有「人定勝天」的觀念，說明今日文明實卽人類努力的結果。我們管理人員，目睹今日人類文明的成就，嚮往西方科學的進展，孰不知這些成就俱爲人類心智的結晶，但是由於觀念上的錯覺，往往是倒果爲因，重視資金設備的獲得而忽略對人員應有的重視。這種情形，根據實際調查的結果是一種極普遍的現象。學者們指出，在一般工廠中，當機器設備上不能適應或私人產生某種問題，常常是視若無睹，甚至因心理上的威脅，工作人員常掩飾其原因，試想這是多麼可悲的事實。因而瓦爾特（G. E. Walters）指出，管理人員應瞭解人類的尊嚴與價值，因爲人是管理的基礎，是所以須要管理的原因，是管理的憑藉亦爲管理的目的。同時法蘭斯（Clarcme Frans）亦提出，管理人員可以以金錢換取人的時間與體力，但極難換取熱誠，忠心與創思。這兩句話說明了人的重要亦指出了管理的基本精神，沒有人的創思與熱誠，無法孕育出文明的成果；沒有人類文明的需要，人類亦將無須管理，基於這種看法，人群關係形成了整個管理的軸心亦貫穿於管理的各個領域。

第二節 激勵法則的實際應用

十九世紀初葉，甘特（H. L. Gantt）亦曾指出，人可智馭而不可力取的道理。所謂智馭以現代人群關係的名詞來講，便是激勵員工。激勵員工，是有效領導的法則；但談激勵，又不得不從人類下意識的行爲談起。

學者認爲，人類任何下意識的行爲都有其原因，所謂原因亦即是某種需要，因需要而產生願望，由願望而採取行動。其歷程如左圖所示：

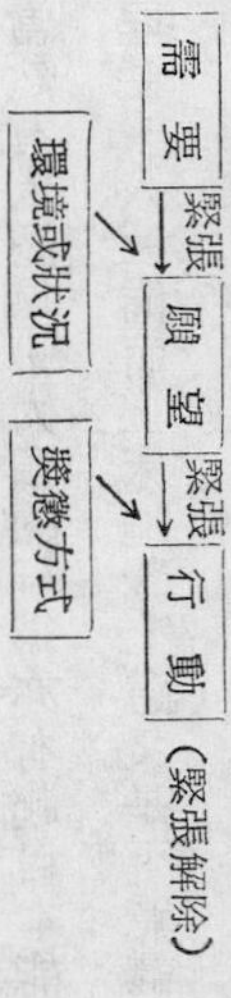

當然有人認爲，人類的行爲亦有起自本能者，如頭髮的生長，疲倦的產生等，但是若以頭髮長而想到理髮，人疲倦而上床睡覺，這又是下意識的行爲。所以由這種歸納，幾乎人類所有的行爲都是下意識的行爲，都可以上述的方式來表示其歷程。舉例來說，人因肚子餓，胃部抽搐而感到有吃飯的需要，由吃飯其生理器官感到某種緊張解除。但是在這樣的一個歷程中，其中最値得研究的兩個因素：一個是環境或狀況在由需要轉變到願望中所產生的影響；另一個是在願望與採取行動間，獎懲方式所發生的作用。

我們常說，人是生存於社會之中，換句話說，每個人都受所生存於社會的約束與影響。中外人士都有吃飯穿衣的需要，但因需要而轉變的願望，因文化傳統等因素而有不同，中國人肚餓想吃飯，外國人肚餓則願吃牛奶麵包，中國女人穿旗袍，外國女人穿洋裝。諸如此類的事實說明人的環境與狀況可影響及一個人的實質願望。高生活水準的人由需要而產生的願望水準高，一般人的需要也許僅止於溫飽就於願已足。這就是說任何一個管理人員，都必須在他力所能及的範圍內建立一種生活方式的標準，這種標準也可以說是滿足需要的準繩，每一個人若以布衣素食而安之如飴，就不會有非份之想。再者，相反的，若團體內個個份子，都有現實環境所不能達成的願望，管理上的問題卽將層出不窮。再者，從願望到行動之間，獎懲是一個有力的指導因素，因爲人用來滿足願望的方式很多，要在這種方式是否能有效達成其目的。管理者因能瞭解這種心理趨向則必須建立各種目標，亦卽行爲的準則。凡行爲之能朝向這種準則進行者予以獎勵，也就是給予其所希冀的願望；否則其行動將無助於其原訂目標的達成，甚至將遭受到懲處。

一、人類基本需要——激勵既爲針對人們心理上的各種需要，以獎賞方式，來刺激其符合管理者的行爲。因此人類基本的需要爲何，首先有待瞭解。人類的基本需要，約而言之，計有二大類別：

Ⅰ生理需要：爲人類基本生存之所需，有全人類之一致性。諸如食、衣、住、行、呼吸、性慾等。這些需要有兩種最基本的特質，一爲要求激烈，二爲彈性較小。大凡人類飢者食，渴者飮，若此等需要不得滿足小者欺詐偷竊，大之挺而走險，俱將發生嚴重問題。但若一旦獲得滿足，其需要固有水準高低之別而彈性相對較小。一個人一日三餐，無論其爲山珍海味，所需者乃有限度，逾此卽感無法受用。

Ⅱ心理需要：通常起自內心發自心靈；人人有好勝之心，榮譽之感；人人喜好受人尊敬，人人亦不願受群體所排斥。這種榮譽心，同屬感，成就慾等都歸納入心理需要。心理需要，表面上雖不如生理需要來得如此激烈，但亦具有下述的二種特質；一爲隱藏於心；二爲彈性至大。人類俱有這種心理上的需要，若不得滿足，生活上將感甚大痛苦，但是這種需要，很少顯然表示於言詞者，因此也很難受人注意。同時這種需要所包含的內容與其所可發生的作用層出不窮，無日或止。君不見，某人若奮發有爲受人重視，其造詣與成就與日而增，這就是內心的滿足，亦即人群關係所稱的工作滿意感。

二、需要的優先次序——人類既有其心理的生理的需要。這兩種需要，亦可加以細分，例如馬司婁(A. H. Maslow)，便將之區分爲五種：即1.基本生理需要。2.安全感——經濟上的或身體上的。3.愛慾及社會活動。4.自尊心，榮譽感。5.成就慾。

並且說明這五種需要是逐項遞增的，如左圖所示：

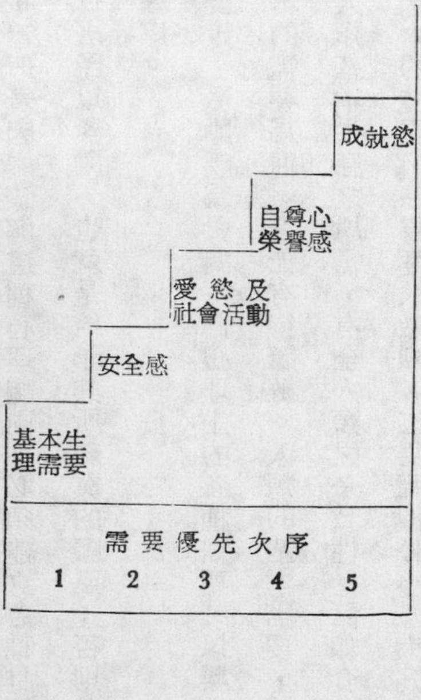

這種情形，正與我國古人所謂，衣食足而後知榮辱，倉廩實而後知禮義的道理相似。大凡人類衣食溫飽之後，才會念及職業及身體上的保障，而後逐級昇華至成家立業，留名後世等。但管理者所重視的，應該瞭解人類不僅爲飲食男女，更有高級慾望，這也是人類文明所得以不斷進化的原因。而且人食不過三餐，衣求其禦寒，除此之外人有更多的目的，這些都可以說是心理上的需要，管理者若適當運用，其效果是無窮的。相反的，管理者，若漠視這些需要，過度重視物質而忽視精神的需求，一方面可能因酖溺於安樂反易於消失工作朝氣；他方面，缺乏心理上的獎賞，亦無法滿足人類基本的要求。

三、工作上的願望——談人事行政，一方面要注意到人類的基本需要；同時也要注意到人類採取各種行爲來滿足這些需要。工作通常爲人類滿足需要的最重要手段，因此工作中人們有着什麼樣的願望，此爲管理者所亟欲解答的問題。根據美國許多著名的調查研究指出，員工在工作所存在的願望爲：

1. 工作的保障與安定。
2. 良好的工作環境。
3. 情投意合的工作伙伴。

4. 開明的主管。
5. 晉級的機會。
6. 優厚的報酬。
7. 發揮才幹的機會。
8. 學習新工作的機會。
9. 合理的工作時間。
10 輕鬆愉快的工作。

這十種願望，在美國各工廠調查統計的結果顯示出，工作的保障與安定，最爲員工的重視。一般講來，對報酬的關切，乃在第五位或第六位之間。當然，這種結果並不能反映我們的事實。因爲人們的需要是經由環境或狀況的影響而形成願望，中國的環境是否影響到員工工作願望上的次序排列，因爲未曾有過客觀的調查，無從分析。但是根據他人的調查報告，至少告訴我們一件事實，亦即經一單位工作成果若要通過員工的努力而有效的達成，則與員工工作上的願望是否能適當的滿足有重大的關係。同時在這些員工的工作願望中，心理的與生理的同有其必需，而在主管與員工的日常關係中，前者有時比後者運用的機會更多亦更有效。心理學家研究出，每一個人都有其『自我』意識，而在這種複雜的自我意識中，受人尊敬與稱讚乃爲最基本的內心需要。我們常見到工作人員因工作之受到漠視或無理的批評而感到沮喪。由此可知，主管人員在日常中所給予工作人員的稱讚，常爲最有力的激勵因素。

四、有效激勵的法則——激勵就人群關係而言，就是針對人們各種需要之有待滿足，藉各種生理上或心理上的獎賞，誘導工作人員的行爲朝向積極性或建設性的方面進行。由此可知，要激勵員工，不能不瞭解人類行爲的動機或工作的願望等。但是除了上述的一些瞭解之外，有經驗的專家復歸納出若干有效激勵的法則，可供參考：

1. 激勵要有目標：所謂目標，亦即各級管理人員所希冀達成的努力方向。這種努力方向可能存在於工作說明書中，或是主管臨時的工作指派上，但是無論如何，主管要使屬員充份瞭解所做何事，同時樹立一定的工作標準，隨之而有固定的獎賞方式。

2. 激勵必需形成風尚：心理學家指出，人們的行爲常受制於團體。人們有時爲附和群體的意見而放棄一已主張。因此團體的約束較個別的懲罰更爲有效。聰明的主管，應隨時利用時機，激發團體意識。而其最有效的方法，便是讓員工有儘量集體參與工作計劃的機會，並有充份表達意見的自由，如此所產生的結論，自當爲團體內各份子所遵守。長久行之，必能形成風尚而發揮工作效率。

3.激勵必須要有效傳達：「傳達」的本身，包含有許多應行注意的要點。人類因智識、情緒及其他種種的原因，常對相同事務有不同瞭解。管理人員對本身意見的傳達，應針對屬員本身的背景而採用不同的方式與態度，亦即儘量求其瞭解。所用文字宜求明確，態度務期中肯。舉例言之，專家們建議，於指示屬員時，儘量少用否定字眼，最好能說明理由。因爲否定字眼既易引起反感亦易遭受誤會。理由的本身就包括了各種的作法，在意義上較爲明確，在感覺上亦易使人心平氣和。

4.激勵必須簡單了當：人們對眼前的或較近的獎賞其反應較大，而對遙遠的或預期的利益易於失去興趣。這說明，管理人員應即時給予獎賞，有時一句口頭的讚譽較年終的優等考績更易收效。任何的激勵要能即時採取行動，切不可遲延。同時對於任何種獎賞的方式，亦應顧及這種人類的心理。

5.激勵必須調和個人與組織的需要成一整體：管理最高法則，在於調和組織與個人利益的一致。管理人員既不能不顧人類行爲的基本動機，亦不能忽視機構目標之有待達成。如何將兩者調和，此有賴對本身所負職責之清晰認識，員工屬性、知識、品格等之瞭解，而後妥善分配工作，公平執行賞罰。

6.激勵必須伴隨有達成激勵目標的條件：工作人員從事工作必須確切瞭解工作的方法，具有適當的工具設備等。管理人員於指派作業時，應顧及此等條件，否則其任務將無法達成。而且各級管理人員負有訓練與教導員工的責任，若於屬員之一工作中未能適時給予必要的指導，任其摸索而行，極易產生錯誤，其結果將爲管理本身的過失而不能歸咎於員工。

第三節　身心疲乏的消滅

工作人員工作至相當時間後，每致有疲乏現象的產生。疲乏者，係指生產量能的減低，不快感覺的增加。前者爲生理疲乏或客觀疲乏，係原於身體組織內燃料供給不足及廢物滯積過量。後者爲心理疲乏或主觀疲乏，係原於對工作缺乏興趣及注意力不能集中。人事行政的目的，旣在使各人的內在精神能得到最大發揮，故吾人對公務員在工作上所生的不必要疲乏應設法消除淨盡或減至最低限度。這種目的的達到，人事行政上應用各種科學方法的實施，以作消極的補救，與積極的改良。兹就此提出數端重要者，略加申述。

一、**技術調整與設備**——工作速率與工作效率，並不一定有正比例的相關，且不需要的過度加快反易增加錯誤與疲乏，所謂「欲速則不達」。眞實效率的增加基於良好科學方法的採用。並非由於過量的加速。爲減少不需的疲乏，有從減少工作上不必要的動作着手，如打字、編號、裝訂、公文傳遞等活動均可用攝影繪圖等方法先作動作研究或分析（motion study）。經此研究後，卽可求得推行某種工作時所必需的最低動作與最短路線，定為標準，普遍運用。此不必要動作與距離的減少，即有效無疲工作時間的加長。

不適宜的工作姿勢，亦為不必要身體疲乏產生的原因。就電車司機為例，繼續站立開車，必不耐久易疲困，若能間歇坐息，自易增多工作時間，從容支持。如用無背靠的櫈子較有依躲的椅子則易致疲乏。若辦公棹過高過低，或用品，文具、工作，材料等佈置不適宜，致取移需時，均為增加疲乏的原因。語云：「工欲善其事，必先利其器」，足見工作人員所用工具是否銳利有效，與其治事成績實有密切的關係。若使用不適用無效力的工具，則疲乏易生，效率亦隨之低減。他如工作地位不足或過份擁擠，及工作空氣與步調的不融洽啣接，亦足以促成工作人員身心上的疲乏。人事行政者，對這些不良不適的方法與習慣，均應本專門技術，特別經驗，各予以合乎科學管理的調整與補救，減除不必要勞作及精力浪費，以增長其有效、無倦、不誤的工作時間，增加生產量額與品質。

二、工作環境的改善——人類行為即其身心對周圍環境所來的刺激而起的反應。反應的強弱當失，均係以環境刺激的強弱當失為轉移。若欲減少個人因不需及不當反感而起的疲乏，自應從改善環境着手，減少環境上所予的不需及不當刺激。所謂工作環境包括至廣，與身心疲乏最有密切關係與直接影響，並應加申述者，當推光線，空氣及溫濕度。

人不能在黑暗中工作；縱使黑暗中有能作的事，爲數亦極少。吾人欲有所治事與活動自不能不假借天然及人爲的光亮。光亮雖爲工作所必需，但過强，過弱，分配不當均足以減低工作效率，增多身心疲勞。工作光度究當爲若干，須視工作地點與種類而定，未能一概而論。茲就工作地點及種類將所需光度表列如後：（參考 H. E. Burtt' psychology of Industrial Efficiency. p. 225）

工作地點	呎燭（光度）	
	最低限度	適當光度
路上、院中、大道	·○二	·○五—·二五
走廊、室內、夾巷	·二五	一—二

呎燭或光度 (Foot-Candles)

等級	工作種類	最低限度	適當光度
粗工	搬放物品、煤炭傾移、泥沙磨碾、及其他粗笨工作。	〇·五	二—五
優工	銅鐵鍛鍊、長機工作、普通團體工、粘着管線等。	一·〇	二—五
良工	粘捲紙煙、模型鑄造、機器工作及其他較細之機上工作。	二·〇	五—一〇
精工	工具製造、帶彩絲工與毛織、樣品製造、旋盤細工。	三·〇	五—一〇
細工	鐘表製造與修理、雕刻繪圖、刺繡等。	五·〇	一〇—二〇

光度强弱對於工作的關係有如此者，至光度類別及其分配放射情形，與工作效率及身心倦否均有密切關係。普通言之，自然光優於人爲光，直接光則遠不及間接光。據傅爾利（C. Ferree）研究的結果，在直接光下讀書兩小時後，效率減低百分之三十七，若在間接光下則僅減少百分之十。茲將其研究的結果列表如次，用資比較（參考 C. Ferree, "The power of the Eye to Sustain Clear seeing Different Condition of Lighting 載 Journal of Educational psychology. Vol 8, PP. 451-468)

光線類別	讀書效率所減低之百分率	
	三小時後	兩小時後
日光	六	五
間接光	九	一〇
半間接光	七二	三四
直接光	八一	三七

至於空氣對工作人員的身心影響較光亮更爲重要，因無光度雖難工作，尚不礙生存，若無空氣則有立時斃命的危險。爲消滅工作人員的身心疲勞及促進其服務效率，在工作處所，須有充足流通的新鮮空氣。所謂充足者係指每分鐘每人須有四十五立方呎的供給而言。所謂新鮮者係指空氣成分有氧21%有氮78%有二氧化碳 0.3%而言。空氣的溫度與工作關係亦甚切，最適宜的是華氏表六十八度。過熱過冷均足以減低工作效率，增加身心疲乏。空氣若過於乾燥或潮濕，對於身心亦足以加多其疲乏與不快。其適宜的濕度普通以50%爲標準。

公務員宜工作於幽僻淸靜之處，若有雜亂聲音的侵擾，則難使精神集中，且引起較多的不必要身心反應，致起疲勞與困倦，據拉里德的研究，以打字爲實驗對象，在幽靜處工作所耗熱力每分鐘增五十一加拉里，若在吵雜處則增加七十一加拉里。就速度論，在吵雜處較幽靜處減低百分之四十，而所費力氣增加百分之十九，茲列「打字及熱力消耗表」如後，以資比較。（參考 D. A. Laira Experiments on the physical Cost of Noise," Joual of industrial psychology, Vol 4. PP. 251–258)

打字每分鐘增耗熱力(加拉里)

主體	幽靜處	吵亂處	在靜僻處增加之速率
甲	64	65	%
乙	54	75	1%
丙	47	65	4%
丁	58	80	7%
平均數	51%	71%	3%

三、工作時間及間歇——舊時觀念皆認工作時間愈多愈長，則生產數量亦必隨之而有增多。殊不知人的精力有定，工作時間的長度亦不能無一定的限度。倘使過分勞作，沒有充分休息，以疲乏的身心治事，縱不錯誤倍出，亦必速率低減。反之，若工作時間酌量縮短，使人獲得適當的休息，恢復其精力，則重來工作時，自能以有力有效的身心，作事半功倍的努力。考之實際，英國有一軍火工廠在

戰爭時，每週使雇員工作六十八小時，工作雖有愛國熱情的驅使，然亦終不能維持其生產標準。其後工作時間每週減為六十小時，而生產量額反增加百分之八。柏爾特亦曾就軍火工廠作此研究，茲將其所作記載，引述如左，以見工作時間與生產量額的相關情形。（參考 H. E. Burtt, psychology & industrial Efficiency P. 107）

工作	平均每週工作時數	每時相比對之出產量
五十男工搬動溶體	五八·二	一〇〇
	五六·五	一二二
	五一·二	一三九
八十女工攪翻溶體	六六·二	一〇〇
	五四·八	一三四
	四五·六	一五八
四十女工起螺絲釘	六四·九	一〇〇
	五四·八	一二一
	四八·一	一三三

工作時間長短，與身心疲乏及工作效率固有上述的顯明關係；至於間歇或休息時間的分配，其影

響於工作人員的身心及生產者，亦復有如是的重要。照一般理論言，凡疲乏愈甚，精力原狀愈難恢復，故休息動作宜在過分疲乏未產生前舉行。且工作時間愈久，所生疲乏愈深，卽繼續治事兩小時所生產疲乏，較治事一小時所生者並不止二倍。若欲有同等的恢復，所需休息時間自亦較多。由下表（參考 B. Museio, Lectures on industrial psychology, p 63）所示，足見繼續工作的時間較短或單位較少時，所需的休息時間亦愈短愈少，而全日的出產數量反多。

繼續工作時間或單位	需要休息時間	每日生產量
三〇	二小時	一二〇
一五	半小時	二四〇
一	十秒鐘	二、四〇〇

第四節　工作興趣的促進

一、工作興趣的意義——上節所論多偏重於生理或客觀疲乏，本節所論者，爲如何消滅公務員所發生的心理或主觀疲乏。此種疲乏發生的主要原因卽工作興趣的缺乏。工作興趣，簡言之卽工作人員在推行職務時所有服務的自動喜好精神及繼續不斷的注意態度。若欲使工作人員產生並保持此種服務精神與態度，必須使工作人員在推行所任職務時有自我表現及自我滿足的機會及可能，因此爲人類共有的根本慾望。

所謂某人對於某項事有興趣，換言之卽指是項工作能使人自動喜好或繼續注意。其所以能致此的理由，或因工作本身有相當困難與艱鉅，工作人員認爲此工作的推進與完成足以訓練其才智或其能力；或因工作人員認爲其所擔任的工作有極大的社會價值與重要，或因是項工作的完成能够得到社會上的推許與獎勵，或因此工作具有奇怪危險性質，或因此心生愉快。杜威（John Dewey）曾說「凡吾人有趣與或肯注意之處，必因此事件具有奇怪危險性質，或因事件的結果對於個人有密切的關係與重要」。大凡工作與趣的產生總係以這些因素爲基礎。使無這些因素存於工作人員與工作之間，工作與趣便趨消滅而成爲索然無味的事務，致疲倦易生，效率低減。

任何一種工作，若成爲過於「照例」的、「習慣」的、「機械」的，其推動幾淪爲自動或反射作用，不需有意義的注意，自難有興趣可言，因此中無自我滿足的機會與可能，遂覺枯燥異常。枯燥者，是指生機與發展的義意已經消除。固然，工作的重複性亦常爲工作興趣缺乏的由來，但此尚非其根本原因，主要的原因，因此足以杜絕自我表現機會與出路。

工作與趣，原非由於工作本身所產生的問題，實爲工作人員與其所任職務間關係調整問題，卽兩者間密切吻合。因工作的內容及性質，必須與工作人員的個性相吻合，方能增高服務效能及工作興趣。後者包括個人的知識、才能、訓練、性情、志向、習慣及嗜好等。前者指工作技術、內容、動作及性質等。有人認爲所有辦公室內的工作皆屬枯燥無味；但此究不免是無事實根據的武斷結論。吾人若將公務員現時所認爲枯燥無味的事務，加以嚴密的分析，足以發現有不少地方需用個人判斷並饒有興趣。且單獨就工作或個人本身言實難以論斷其有無興趣。全視此二者之間配合與運用的情況而定。

二、缺乏興趣的原因——工作興趣的濃度與工作進行的效率係正比例的相互關係，故工作興趣一事在人事行政中實佔極重要的地位。然而考諸吾國各級公務員的服務狀況，多缺乏濃厚的興趣，分揣其心境，不是「得過且過」的「自了漢」，便是「不得不然」的「混飯者」。他們對於繕寫、打字、編號，檢卷等機械工作固是味同嚼臘；即對擬稿、編纂、審查諸事務亦未見津津有味；甚至高級官吏對開會、宴會、會客等應付，亦認爲是不得已的敷衍故事，其所以致此的原因，當屬甚多，玆分述其重要者如次：

第一是用非所學，致人未能盡其才。在科舉時代，學校的功能專在培養官吏，至於其他農、工、商，醫等項人材的造就則用學徒制以培養之。科舉廢後，學校的作用，不僅在爲政府製造公務員，並爲國家社會訓練許多農、工、商、醫各項專門人材。國家的教育及學校功能雖已改變，但社會經濟機構並無一番根本鼎革，一般人民思想亦少貫澈改變，致使學校所培養出的人材，在社會上缺乏用其所學的機會，均想鑽入政府充任公務員。實際上這些公務員在校所學習的與現時所用的並不一致，即公務員今所擔任的工作多非其所能勝任，非其所自喜好，非其所願擔任。情勢既是如此，自難發生濃厚興趣，造成高度工作效率。

第二、是待遇菲薄與不平。值此非常時期，政府財政困難，力不從心，不能依公務人員的生活需要，給予較高的俸給或待遇。經濟狀況不甚充裕，身心自不易快愉。公務員爲生活費用所愁苦，服務精神趨於不振；工作興趣自因之而告低落了。卽使在待遇菲薄的情形，若使能本「有苦同吃」「有難同擔」，實行公平合理，而無待遇懸殊的現象，大家亦可能本安貧樂道，過其淸苦淡泊的生活。但是在實際上各機關的待遇是大有差別的。在有收入，有財源機關服務的人員，就得到較優厚的待遇。反之，在其他機關服務的人員，俸給收入則遠不及之。在待遇不平的情形下，大家不免心存憤懣，工作興趣，亦因之而趨於低減。

第三、是賞罰欠公平，使忠勤者灰心，狡怠者倖進。任何一機關或團體，若欲其所屬人員努力工作，積極服務，其可用的有效方法總不外賞與罰。論功行賞便能激發鼓舞積極的工作精神，按過施罰卽可防止舞弊怠工等危險。賞與罰者實乃促進工作效率的兩大武器。惟施行賞罰的唯一先決條件便是公平。賞罰所用的根據應為客觀的工作記載與成績，主管長官不得存絲毫的私人喜怒或好惡，不如此決不足使人心悅誠服。在我國現行的人事制度中，雖亦有賞罰的規定與施行，但事實上因缺乏客觀的標準，與公平的原則相去尚遠。因工作人員的工作結果多無詳確的記載與考查，賞罰上無可依據的客觀標準，主管長官乃能隨私人好惡親疏上下其手，致演成賞罰不公的不良現象。結果，忠實勤勉者因不獲上司的推許與獎賞，便亦灰心失望減退工作興趣。狡黠怠惰者因無功可以要賞便益行不努力於分內工作，愈加狡肆，專作蠅營狗苟的奔競。因而工作上演成滯阻鬆弛的現象，同事間亦產生憤怨讒嫉的心理。工作興趣的具體表現為忠實努力，熱心合作及緊張等現象。今茲的情形如此，工作興趣自必蕩然無存。

第四、是層級節制過嚴，公務員缺乏自我表現的機會。我國歷代的人事制度皆表現充分的集權制與官僚制的色彩。官僚制的組織特色是由上而下由內及外的層級節制的集權精神，一切發動皆出自上級的負責長官。下級職員多處於被動的地位。甚少使用個人判斷及自動自發的機會。我國現行制度受過去的影響甚深，所以一般職員都抱「等事做」的被動態度，缺乏找事「做」的自動精神。一般人對其工作所以發生興趣因有自我表現及自我發揮的機會。在被動的控制的制度下，工作變為機械式的，因無感情上的奮發及意志上的鼓勵，失却自信與自重，濃厚的工作興趣便歸於消滅。

三、促進興趣的方法——若欲增進公務員的工作興趣，提高行政效率，自須先將上述的各種原因完全剷除。除此消極的補救外，尚須採行各種有效的積極設施，方足以達到增進工作興趣與效能的目的。根本言之，此種設施幾涉及整個人事行政制度，並非簡單問題。於此特舉述若干要着，以爲努力的目標。

第一、爲選用方法的改善。促進各公務員工作興與效能的首要原則爲知人善任。惟知人確非易事，非賴於良好的選用方法不爲功。對政府公務若欲求事半功倍的推進，第一要須先甄拔眞正能以稱職勝任的人材。如欲收知人與得材之效，勢必須有客觀的精確的選材方法。普通所用的選材方法約分四種㈠試用法，㈡觀察法，㈢選擧法，及㈣考試法。試用法在實施上頗爲困難，實際上亦甚浪費。觀察法雖亦甚爲有用，但運用上易受個人感情及主觀見解的影響。選擧法祇可用以推選人民的政治代表，決不適宜於甄拔政府行政上所需用的專門人材。選拔人材，自仍以考試法爲宜。

考試固爲甄拔人材的較合適可靠的方法，但現時我國所施行的考試制度，能否擔當知人與得材的重任，尚有問題。若欲使人盡其材，必須有方法發現各人所具備的各項材能。目前所施行的作文式考試方法，甚難以憑答卷，作爲判斷各人材能的客觀標準。長於作文富於書本知識者未必能順利推行公務，因一公務員所需用的條件甚多。除知識外，其性情、體格、品行、智慧、興趣、意志、感情等，皆與其所任工作有密切關係，對此且須有適當的方法爲可靠的發現。爲使公務員的人與事之相調適，提高其興趣與效能，對現行的考試技術須力加改進，根據現代心理學上的最新發明與應用舉行較可靠的各項心理測驗、智力測驗、動作測驗、技術測驗以考察應試者的眞確個性。此外尙須考查其在學校時代的一切經過及活動，以補救考試的不足。如他已有作事經驗，還應向其原服務機關考查其工作興趣與成績，以便與考試結果相對照。

第二、須切實作職務分析的研究工作。人事行政的最高原則，是在人盡其才事當其理。要人盡其才，便須有完備的考試技術去發現應試的才能。欲事當其理，當作職務分析的研究工作，明瞭各種工作的內容，認識何種工作需用何種人材。職務分析與精密考試爲一事的兩面，彼此相輔而行，相互爲用。兩種工作皆完備後，才能使「方物塞方孔，圓物塡圓洞」，彼此吻合無隙，自能以達到「人盡才，事當理」的目的。職務分析者，簡言之，卽對各種職務或工作的內容、特點、性質，及所需知技與其他一切有關事實與因素，爲有組織有系統的調查、整理及描述。工作或職位者，卽一人所須擔當及處理的一組責任、活動、事務等。職務分析的記載必須經過一番科學的調查與整理工夫，才有價值。職務分析工作所得的結果，對於公務員的任用、考核、待遇、升遷及改進機關的組織，與促進工作的興趣，皆有極大的關係。我國人事行政機關，對此類的研究工作，尙未有滿意的推行計劃與成績，是以公務員的工作效率亦因之大受影響。

第三、要切實估計公務員的工作結果。換言之，卽須採用嚴密的科學考績制度。一個工作人員須有機會隨時估計比較其工作結果，才對其所任工作感覺到較濃厚的興趣。運動員因有成績紀錄，故肯拼命競爭。若將公務員的工作紀錄或結果，使之與個人過去的及同事的現在成績相比較，自足以引起其競進心，對所任工作發生濃厚的興趣。工作成績或結果的記載，應有三種：一爲質量的紀錄，在說明工作的優劣或有無錯誤。二爲數量的紀錄，在於說明工作所費時間單位及速度。三爲經濟的紀錄，在於說明或比較同樣工作所用公費或成本的多寡。此等紀錄應爲公開性質，使各工作人員，能隨時明瞭其所處的地位，以期奮發競進。各人的工作紀錄不妨在各該機關有關的刋物上隨時揭載，引起其競進心理及奮勉精神，藉以增進其工作效能與興趣。這種辦法，在大規模的工商企業機關已多所採行，但在各行政機關中尙少實行，此亦是研究如何增進公務員工作興趣與效率時，所應特別注意者。

第四、須採行科學的升遷制度。我國現行公務制度中雖亦有昇級與加薪的規定，但實際上不是憑主管長官的私人好惡或特別關係，便是採用呆板的按年晉級辦法，並不根據工作成績或其他的客觀標準。似此不公平無標準的昇遷制度，自足影響工作興趣。爲掃除此種弊害，須建立完備的科學的昇遷制度。這種制度須以客觀的工作結果與紀錄爲晉級加薪的標準，不容私人好惡或不公待遇存於其間。

如祇有考績制度而無昇遷制度，則考績亦失卻其意義與作用，不能引起工作人員對此辦法的重視。如祇有昇遷制度而無考績制度，則所謂昇遷並無客觀的公平的事實根據，自亦發生不良影響。所以考績制與昇遷制係相輔爲用的。科學的昇遷制度爲對公務人員工作上積極鼓勵，因有昇遷的希望與可能，各人必樂於有所表現，以期獲得報償。

第五、應建立有效的公務員退休制度。欲使公務人員對其所任工作發生濃厚的興趣，肯安其所業，樂其所事，不僅靠眼前的待遇情形，尙須視其將來的利益保障如何。政府若能建立適宜有效的退休制度，規定養老金辦法，公務員因將來在生活上有穩固保障，必肯安心任事，視其所任事務爲終身職業，願將其畢生精力貢獻於所任工作。他們因有退休養老的保障，必能集中精力，心無旁騖，努力服務，政府的行政效率，自必增加。在消極方面，因退休制的建立，不致因人情體諒關係使他們服務已久，年紀高邁，業經失却高度工作能力的人，在公務員隊內濫竽充數。

第五節　調適個人與工作

一、人與事調適的重要——在人事行政上，雖早有「知人善任」與「因材施用」的原則，但因無「認識人」與「分析事」的科學方法與技術致所標揭的原則未能實現，終成爲空論與理想而已。其後因心理學生理學統計學科學管理等技術的進步，使認識人與分析事的實施日漸有效，於是知人善任，因材施用的理論乃能逐漸成爲事實。美國於歐戰時，徵兵入伍，職務種類極繁，報名參加的人亦很多，於是以「何人任何事」？乃成爲最嚴重的問題。因若使配合不當，無論大才小用，或小材大用均足影響工作興趣，減低服務效能，致遭軍事失敗。當時遂成立人事部，延聘心理學家，對各人做各種測驗，發現其確實個性與能力，對各種工作作嚴密的職務分析，以明瞭每一工作所需的人才。將此兩種發現作無隙無間的密切扣合，使各得其所各當其分，終能產生驚人的良好結果，自此而後，個人與工作的密切調適問題，在於人事行政上乃益佔重要的地位。因此不僅是良好的理想，且爲有方法實現的目標，更有事實證明足以產生極好的結果。

二、人與事調適的觀念——世人的性格能力萬有不齊，政府的工作性質亦各有不同。兩者間必須適當配合才能人盡其才事當其理，達到人事行政上所希求的目的，否則，人有妄亂安揷，事令隨意擔任，必生扞格不入，枘枘相違之弊。同爲一事，使甲任之或許興致勃然。令乙當之，亦許索然無味，錯誤百出。工作人員與工作的不相調適，將足以使全般的人事制度歸於失敗。人與事的調適，係指工作者的個性與所任工作的特質相吻合無間。

不特此也，人與事的調適，非祇靜態的組織關係，且爲動態的相互演變。個人能改變其所任的工作，工作亦足以影響於個人，故人與事者，其自身固爲自立的單位。譬如同爲一人，由科員升科長後，他對其工作的反應自與以前不同，所任工作對他所生影響，亦有變化；於是前者的人與事調適單位因以消滅，而新單位便又產生。人事管理者的責任即在使此單位，成爲最有力有效之物。爲達到此目的，吾人應注意三種因素，一爲才具（capacities）包括工作人員的各種能力、訓練、技術、經驗、性格等。二爲與趣（Interests）包括工作人員的各式慾望、要求、志趣、本能、衝動等。第三爲機會（opportunites）不僅指昇遷機會，尤指發揮或行使其才具，滿足其興趣的可能的與機會而言。這三種因素必須得到完全的平衡與調適，始能建立起完全有力有效的工作單位。下圖所示即此平適的單位（參考 S. Clothier, personnel management, P. 19）

三、人與事調適的問題——人與事相調適的有力有效的單位的建立雖極爲重要，但在事實上，各人事行政者常因種種原因，難於達到所希求的目的。若工作人員的來源或供給不足，則難於選拔優良勝任者至政府服務，其才具因以不足。縱使來源充足若考選技術不精良，反足使有才能者落選，不肖者倖進，其所生流弊與供給不足正相同。結果使才具低劣不足以與興趣及機會相平衡，致人與事失調，有如下圖A所示。政府選得公務員後若不知各種職務的特別內容與性質，及各公務員特別要求之所在。而妄加分配，致短材長用，大才小用，必致其興趣與才能不能相並發展，有如下圖B所示。縱使各公務員的才具、興趣均與所任工作相適合，若使前途無甚希望，對於自我表現及自我滿足的機會不足，難於發展其才具及不易發揮其興致，亦爲人與事失調的主因，致難以建立有效的工作單位，有如C圖所示。

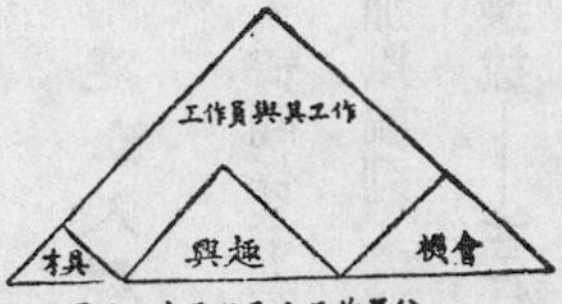

圖A 才具不足之工作單位

圖B 興趣不足之工作單位

圖C 機會不足之工作單位

第六節　建立人群關係的方策

以上各節已對適用於人群關係中若干重要論題加以討論。本節所敘者，乃就當前歐美各國所普遍採用的若干人群關係方案加以論列。玆簡述如左：

一、**注重監督人員的選拔**——在任何機關中，最重要的問題當爲主管與職員間的關係。人事部門或行政首長可以決定各種政策，甚至亦可發佈命令，但就人事管理而言，係由直接的監督人員推動一切的工作，所以主管是「實施管理的焦點。」如果監督人員的選拔僅根據其服務年資或某種工作的技能以及其他類似的理由而予以任用，則人群關係將可能產生問題。

良好的人事行政是任何一個機關所必需的，在此類機關中，每一工作人員均負有與其他人員密切配合並指導他人工作的責任。人事行政並非少數專家的工作，而是每一與他人共同工作的職員，特別是領導他人工作之人員的工作，而在一切人員之上，監督人員更需使自己成爲善於協調的工作。

儘管上述係明顯的眞理，而目前在政府機關亦與企業機關無異，通常選拔監督人員的辦法，仍以其對於專門事務的能力爲主，而不注意其領導能力，但僅注重專業訓練是不够的。許多行政首長具有觀察他人對人的關係有無調整力的秘訣，當他們補充監督人員的位置時，便避免任用那些凡事顧慮不易作決定的人，亦不任用那些易於激動的人，亦不任用那些認為對發生錯誤及不够理想的工作人員必須加以懲罰的人。總之，要避免選拔監督人員所犯的最大錯誤，必須就非監督性工作人員中，對可能選用的人員加以其品德與個性的審愼衡量，必須具有主管人員所必須的若干特質始予以任用。

二、鼓勵職員參加業務改善——在任何相當規模的工作組織中，均應採用一種有系統的方法，以鼓勵工作人員發表他們的意見，並使他們的意見能被加以重視。有若干公司久已採用一種提供意見的制度，以求達到這種目的。由他們的經驗證明這種方法可以吸收職員的意見，而這些意見往往對於改進工作程序及工作狀況有其眞實的價值。如對這些意見加以採用並給予適當的注意，將可顯著地增進工作人員對工作的合作感，並可意識到其個人的價值。

一位此種制度的權威人士，曾指出採用該制度所能獲得的利益，可分為兩大類：(1)由於採行適當的建議獲得效率上的改進，是為屬於技術方面的利益；(2)由於工作人員興趣的增加，感到與企業的利益相一致，並感覺他們的怨懟憤懣的心情庶有藉以申訴的途徑，因而對於工作情緒的改善殊有裨益。此外從人事行政的立場而論，尚有若干其他的利益。我人瞭解社會上的一種悲劇，即對於人們所有的潛在能力未能有所認識，因而造成人材的浪費。一種運用妥善的建議制度，對於發現工作者的能力，並由調任與升遷以圖才盡其用，將有實質上的貢獻。此外，提供意見的制度及實施，又可被運用成為很有價值的教育與訓練手段。

最初，提供意見制度所最通用的辦法，係於辦公室或工廠房屋內合宜的處所設置意見箱，並着重於匿名投書，或對於監督階層加以抨擊。其後在工業機關及政府機關設置了管理委員會以檢討關於建議的實行是否可能。許多提供的意見的制度缺乏成效或可歸咎於這些方法的未盡妥善。最近若干年來，便逐漸注意使一般意見的提供，必須經由正規監督的途徑。庶可確使有關人員得以全部參加意見的提供。而且，在第二次世界大戰期間以至戰後，許多機關均已設置了生產委員會或建議委員會，這些委員會則係由管理當局及職員工會雙方的代表組成。該委員會曾以各種方法致力於鼓勵、研究、並採用有關企畫改善工作的意見。

在美國各行政區域中，除聯邦公務機關外，有正式建議者尙不多見。早在一九一八年，國會授權海軍部部長，對於建議案給與現金報酬，海軍部遂於一九一九年開始建立了「有獎建議制度」，聯邦其他各部亦先後陸續被授權建立特別獎勵辦法。一九四六年，國會更授權各部每年度每部得支用二萬五千元，用以對已經採用的「有價值的建議」因而使該機關的業務可獲改善或節省公帑者」，給予職員現金獎勵。現在許多聯邦機關正在運用此種權限，然所獲效果則頗不一致。

三、採用對職員商談方式——美國西方電器公司霍桑工場的研究人員曾獲得一個結論，認爲當工作人員發現有人關心他們時，其產生能力便可增加。在試驗的集團中，經與每一工作人員反覆作澈底而可靠的面談，因而進行了大部份的實驗，故從人的關係研究的重大實驗中，發現了一個現代人事管理上，即普通所稱的「對職員的商談。」

實際上，「商談」一語並非很恰當的名詞，因爲此語常被誤解爲含有積極指示之意，實則其原意所指，乃是一方面對於面談人員的人格給予心理上支持的方法，一方面在使職員了解他們偶有任何不滿的原因，以及在實際可能範圍內他們自行有所作爲的方法。這包括創造一種氣氛，在此氣氛中，他們自身可有所作爲。其技術則近乎精神的分析，由巧妙的面談與機敏的傾聽，設法使各個職員對於工作情況，眞正在其內心所蘊結的情緒吐露出來，並協助其分析何以有此感覺。

對職員的商談，已發展成爲人事管理的一個重要工作。爲從事於準精神分析的目的，由個人以全部時間專任面談的工作已漸次發展而爲一員工關係專家的工作，他運用非命令式及顧問性質的商談，以爲他的一種工具，並配合着其他計劃，以期建立良好的人的關係，或補助監督者對他們的部屬運用指導的技術。

一如對於人的關係問題的其他解決途徑一樣，人事商談不是萬能的治療法。羅斯里士柏格（Roethlisberger）與狄克遜（Dickson）亦承認這一觀點：「我們可以說，霍桑研究所的研究員及管理員均以人事商談尙在實驗階段，不能認爲可用以解決一切職員關係問題的萬應藥。」

四、鼓勵團體的活動——有十二個工業機構及政府機關，最近曾試作一種團體心理分析的研究，其中包括一部份在人事商談所應用的相同的方法。他們承認儘管對於適當的監督方法有任何深切的「研究」，通常恐未必能使庸劣的監督者一變而爲優秀的監督者。正如其所屬職員一樣，監督者的行動係受着他自身的衝動、安全感的程度，以及對於組織是否密切相關的感覺所支配。少數機關已聘用精神病學家，召集高級行政主管與監督人員舉行小組討論，致力於診斷與處理人群關係的問題。關於這些實驗，在團體會議中並無固定的討論主題。除以有關「在職」的問題爲限外，各人可談論他被鼓勵提出的任何經驗或問題。居於領導地位的精神病學家，從而激勵每人就其對於所陳述的事態的自身反應，盡情吐露。於是可鼓勵團體中的每一份子，與參預者暢談若干問題，而這些問題的目的係用以吸引他對於該事項在內心深處蘊藏的感想。這些集會的結果，包括有對於若干問題處理更爲妥善的例證，諸如屬員的曠職問題，他們本身過度地加班工作之問題，以及對授權於部屬與獲得業務的改善，從而心理上所有的感覺等問題。

五、進行態度調查——與上面所討論有密切關係而值得特別提及者，爲職員態度調查的技術。正如商談一樣，關於職員態度的正式訊問書或面談調查，大受霍桑工廠的研究所刺激。由態度調查可藉以發現職員所思考者爲何，使他們激動者爲何，他們所困惑的是什麼，在他們的工作上從何方面他們獲得最大的滿意。此爲人事人員的診斷工具，用以作爲促進業務組織，改善人群關係與從而增進生產奠定理想的基礎。這種方法已經在較大工業組織及政府事業機構以至軍隊廣泛地採用。第二次大戰間，在軍隊中曾設置心理學家特別小組，專從事於調查一般士兵對於每一事項——如炮火、伙食、營舍、紀律、制服、娛樂、醫療、供給品、裝備等項所持的態度，並向最高幕僚說明；對軍中文職人員亦曾施行廣泛的調查計劃。現在美國軍隊態度調查部，正對於入伍的人員繼續進行此類之研究。若干其他的聯邦機關亦往往進行此種調查。

許多專家主張態度調查應爲定期舉行的工作，而不應用以代替其他的計劃，如由職員參加促進工作的改善，人事商談，或監督者的訓練等項，但爲對於一切進行情形附帶的檢討。每有業經採用態度調查的機關，未能持續不斷的舉行調查，以致失去了該項計劃充分的連續性。或者在許多場合，因爲由於調查所發現者，顯有令人驚異的惡劣情形，於是在無意之間趨於避免反覆的調查。但在其他情況之下，進行繼續不斷的調查確屬頗有裨益，往往可顯示曾於前次調查後所改變的情況。

調查的主題範圍除了與所涉及的個人及組織有關者外，並無理論上的限制。調查的對象也許屬于特殊的問題，如物質的工作狀況，或雇用關係的全部，包括薪給、監督、晉陞、健康、安全、技巧與生產的素質、設備、勞動時間、休假，及可想見的影響職員對於他的工作與組織的態度而一切實際事務。

在許多調查之中，有一種驚奇的結果發現，即無關重要的刺激竟對職員的工作情緒發生莫大的影響。在許多事例中，困難問題的發生不是關係薪給或工作時間甚至關於「監督者」等事項，而是由於細微的煩擾而忽略，因而諳示着管理者對於機關內人員的福利漠不關心。數年前，聯邦精神病醫院的看守人員，經常深感憤懣的一種原因，即由於被騷動的病人撕毀了襯衣，或擊破了眼鏡及其他私人物品之損失，未能獲得補償。當該機關的高級當局所施行的態度調查，顯示此一因素實爲職員憤激恚恨的主要原因時，最高管理當局竟能毫無困難地獲得國會的核准給予補償。

六、促進意見交流——意見交流亦作意見溝通。在政府組織或企業機構，意見交流與有效管理極爲密切。西門教授（Herber A. Simon）曾謂「意見交流是一項程序。藉此程序，機構中之一份子，將其決定的意思傳達與另一份子」。由此可知，現代組織，由於員工數量衆多，欲其上下一心，合作無間，共爲同一目標而努力者，必有賴健全意見交流制度。

意見交流制度的改善，一般除藉主管人員訓練，使其領悟傳達命令可能產生之若干阻礙外，同時在制度上亦採用各種方法，以減少大機構中意見交流的困難，譬如爲縮短機構地區的距離，若干機構採用電話會議，定期工作會報，分支機構的述職，總機構的巡視訪問以及編印各種通訊公報等。再爲減少上下階層地位的隔閡，主管應如何虛懷若谷，寬大容物，鼓勵員工發表意見，同時儘量採用双線交流方式，使一方發表意見，對方提出答覆。遇有疑問，即可詢明。如有困難，即可商討解決。主管的意見，指示既可以表達，而員工的疑慮問題亦得提出，上下的情感交通，中間的隔閡自可消除。不但上下之間，宜有雙線的交流，同級的員工之中，機構與機構內外之間，亦宜注意雙線交流，其情形如附圖所示：

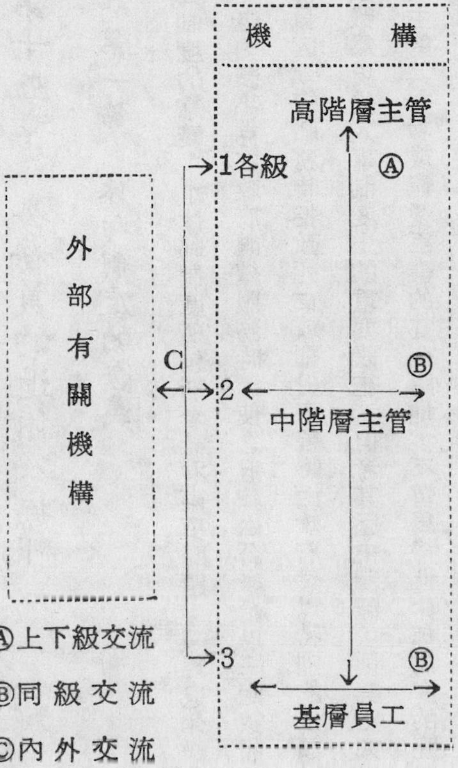

Ⓐ上下級交流
Ⓑ同　級　交　流
Ⓒ內　外　交　流

第十五章 公務員的退休及撫卹

第一節 休卹制度的含義

一、休卹制度的意義——休卹制度所包括者計有兩項問題：一為退休辦法，一為撫卹實施。前者指公務員因年老力衰不克在政府繼續服務時，使之退職由公家給以一定數額的養老金，藉能終其餘年。後者指公務員因執行職務時招致死亡或罹受傷害時由政府付以特別的金額以贍養其遺族或醫治其傷害。這種辦法雖為現代人事制度上的重要設施，但考其歷史淵源，則其由來亦頗為悠久。就我國的事實論，專制君主對其有功或寵愛臣僕的賞金賜地，不啻為後世休卹制度的胚胎，漢魏後『致仕富祿』的規定，儼然今日退休制度的雛形。

考之歐洲各國上古時代的君主及中古社會的諸侯對其臣僕亦均有賞賜與撫卹的史實。不過昔日的觀念皆認這種撫卹乃君主或國家對其臣僕的特別恩惠，為自願的慈善性質。但在今日看來，休卹制度的實施並非政府對其雇員的恩惠或慈憫事業，實乃政府對其雇員所應負的責任，亦雇員向政府應求的權利。且就人事行政的立場觀之，這休卹制度不僅是政府的責任與義務問題，實為不可不辦且為有利有效的明智政策。

現在仍有不少的行政長官對休卹制度的意義與重要，未有深切的認識，以爲這種辦法甚不經濟，乃一種不必要的浪費。殊不知這是人事行政上最重要因素之一，缺此則影響於全局。所謂健全的人事行政，其全部過程係始於甄補，終於退休。若無適當的退休及撫卹制度，則所謂甄補、分類、薪給、考績、昇遷、紀律等問題必不能獲得圓滿的解決。所以，魏麥鼎 (L. Wilmerding) 謂『休退制度的目的在於使公務員至其職業終止時的離去，亦須猶如其開始擔任此一職業的有秩序與有條理』。(Goverment by Merit, P. 202)

退休制度不僅在人事行政上爲不可缺少重要因素之一，且其影響所及對於政府、雇員、及人民三方當事者均有直接的利害關係。政府爲雇主爲管理者欲藉此制以獲得良好工作人員，並順利推行其活動。公務員爲雇工在求得良好的待遇與保障。人民爲租稅擔負者，在使政府減少其不當支出，節省民力。此三方的利害自表面觀之似有衝突，不能調和，然爲確實的分析後，此三方面的人實具有一種共同的目標，即在改進政府工作員的品質，使之樂於努力服務，並減少政府中的不當薪資支出。

二、休卹制度的功用——採行休卹制度後，究能發生何等的功用？關於這一問題，馬儒謨 (L. Meriam) 在所著公務人員休退制度理論 (Principles Govering the Retirement of Public Employee) 一書中曾有詳細的敘述。根據他的意見，退休制度的施行足以發生下列功用：(1)使服務已久年紀高邁已失却工作能力者，不致濫竽於公務員之間；(2)因早年疾病或意外事件身體遭受損失不能奮發努力者，亦不致永廁身公務致影響行政效率；(3)保持其他有能力有效率的工作員不至於向其他地方另尋求出路；(4)鼓勵公務員專心致志的工作；及(5)吸收較高尚及有能力的人員至政府工作。但若就人事行政的立場以觀休邺制度的功用尚可從下列四點分述之：

I 提高工作效率——休邺制度採行後的重要功用實足以提高工作效率。政府工作能否獲得最高的效率，全視公務員對其職務是否安心樂業，即是否以其所任工作爲其終身職業。公務員肯否安心樂業，不僅靠眼前的待遇情形，且視其將來的利益保障如何。倘使政府無養老及撫邺的規定，政府職員自難竭其精力與心思以爲政府服務。或者向私人企業機關之有休邺金者另謀出路，致政府機關不能保持有能力有效率的人材。或者抱『當一日和尙撞一日鐘』的消極心理，得過且過，以混差事領薪金爲目的。或者趁『一朝權在手』即大肆搜刮，以爲他日飽暖作準備，致形成貪汚恣橫的惡劣現象。在此情形上，自無從講究工作效率。

政府建立適當有效的退休制及撫邺制後，則所有公務員因其將來生活有一定的保障，即使因公受傷罹病亦可享受一定的特別報酬，自必安心任職樂其所事，視所任事務爲其終身職業，願以其畢生精力犧牲於所任的事業。對所任公務爲專心致志的努力，盡心竭力爲之辦理。爲獲得其養老及撫邺的待週計，各公務員自必悉心遵守紀律，努力表現成績。如此而後，方能使公務員精神集中，心無旁馳，且可因此而吸引及保持有能力者在公務界繼續服務。結果政府的工作效率自必隨之而見提高。

Ⅱ促進吏治道德——人類的行爲多半受其所處的環境或所遇的經濟條件而決定。吾人如欲使公務員皆遵守人事法規，增進服務精神，皆保持高尚的吏治道德，必須先行建立所以致此的條件或原因。否則僅爲揚湯止沸之舉或舍本逐末之求，必難望有所期的效果。無恒產者無恒心，處急困者不暇擇。政府若不採行退休制及撫卹制，對公務員的晚年生活及經濟擔負，預爲長久及穩當的打算，公務員於壯年在職之日，將及時貪歛，收受賄賂，敗壞官聲，致所謂吏治道德者完全趨於掃地。

爲消除這種貪汚現象，促進吏治道德，建立休卹制度實爲優良的有效方法。因爲政府對公務員有養老金及撫卹金的規定後，他們以其將來生活有所保障，經濟負擔有所着落，心目中有絕大的希望，精神上得無限的安慰，則必兢兢業業奉公守法，向所希望的目標作積極的努力，不必似昔日的以非法或法外的手段謀求搜刮。休卹金確定穩固，爲份所應得，貪歛賄賂險迷不定，乃法所禁止。公務員自必趨安避險，守份循法，因所獲得生活保障及經濟收入相同，而所遭遇的險夷與善惡則殊。人非至愚，孰不趨夷去險，舍惡求善呢？夫如此，官箴自必修明，吏治自必澄清，公務道德未有不因而改進者。

Ⅲ消滅政府浪費——有人認爲休卹金的規定爲浪費，實則此乃表面觀察，爲皮相之談，非鞭闢入裏之論。殊不知未有休卹金的規定者，確甚不經濟，構成政府支出上的絕大浪費。因政府無此規定時，對服務已久的老年雇員及因公務傷疾的出力人員不忍卽行使其離職，致令受失業之苦，使生活衣食上發生嚴重問題，勢必曲予優容，令仍在政府中繼續服務，以示體卹。此不但是人類的常情，亦必然形成的結果。常見不採休卹制機關中的服務人員，白髮絲絲，耳聾目昏者有之，彎腰曲背力難搏鷄者有之。但這種人的工作精力幾乎完全消失，其所作的工作決不足以償付其所領的薪額，是政府的此項支出並未購到其應得的服役，工作無效率，經濟有浪費，乃極明顯的事實。

不特此也，現代公務的性質日趨複雜，分工合作的程度益爲密切，工作員彼此間的協調關係愈趨重要。年老或有疾公務員的留用，因不能有效的擔負其職務，勢必影響於其他各員的工作，致使全盤關係失却協調，整個工作減低效率，其所演成的浪費與損失，將有不堪計算者。政府若採行適當的休卹制後，自不必再有此姑息優容，充數濫竽，朽爛棟柱，完全換除，則樂歌可期調諧，機構可望堅實。年紀高邁及失却工作效率的人員，在休卹制下能循自然的程序及合理的規定離去公務，使在政府工作者盡爲有能力能勝任之輩，則昔日政府所蒙受經濟損失與浪費自可完全消除了。

Ⅳ利便人事管理——休卹制度採行後，政府機關對於人事管理的運用可以獲得莫大的利便與協助，對一切實施易爲貫澈的推行，造成圓滿的結果。有養老及撫卹金的規定後，足以吸引並刺激多數有能力的人員參加公務考試。應試者的人數既多，則選拔的標準自可提高，能以使政府根據其理想與需要以甄錄其希望的人員，所謂公務員甄拔的意義與效用，得以圓滿貫澈。

休卹制的採行不但對於公務員的甄補有莫大的協助與利便，同時對公務考績及昇遷的施行亦易使之得到圓滿的貫澈。因無休卹金的規定時，任職已久，年紀已老，效率已減，能力已失的各職員，必不易使之早日離去其職務。這些人既繼續佔據其職位，新進有爲努力邁進之輩亦不易依次遞補，使昇遷之路爲之阻塞。在此情況下，縱有昇遷制之名，必不能發生實際效果。考績的目的卽在於依各人的工作成績爲公平的昇降，今昇遷路線既因此而阻塞，則所謂考績者當亦因之失却其根本意義。政府若建立休卹制度後，則年紀老能力減的人員均經自然程序離去職務，所遺空缺可令新進而有成績的人依次昇補，於是昇遷及考績的運用乃能以發揮其眞實的效用與力量。

第二節　退休制度的實施

一、養老金的籌措——退休制度的內容與實質，簡言之卽養老金的給付。政府對供職已久，年紀已高的忠實職員，既不能曲予優容使之繼續服務，致減低團體工作效率，又不忍刻薄寡恩，斷然裁去致使之罹凍餒之苦，於是有養老金的給付，以維持其暮年的生活。但養老金亦並非政府對其雇員的恩惠，實可謂爲雇員所應領的延付薪資。退休制度實施時，首要的問題即爲養老基金的籌措。關於養老基金的籌措，就方式論有一次籌足及逐年儲存兩種；就擔負論有個人籌措與政府擔負兩種。此四種若爲混合之運用，則又可分爲(1)現金交付制，(2)年金儲入制，(3)個人籌措制，(4)政府擔負制，(5)間接補助制；及(6)負債累積制等六項。茲依次分述之：

(1)現款交付制（Cash Disbursement）——在這種制度下，係由政府或公務員現時徵收或籌集一定的現款，撥入於總管理機關，以供支付現時依法退職公務員的養老金額。總管理機關所存餘的金額，以能應付現時的經常支出爲已足，不必有固定的存儲金額。易言之，即當年所需支付的養老金額，於當年設法籌措之，並無預先的儲積或固定的基金。採用這種方法時，政府方面應擔負養老支付金額的最後責任，以備支配應用；因公務員的捐款或薪金扣入，爲數有限，不可依恃。若由公務員籌款，則是以現任職的張三所捐納的現款，用以支付已退休者李四所領的養老金，於理既欠公允，於事亦有困難。

現款交付制的唯一優點即簡單安全，在收款籌款時既不用極複雜的方法以計算每人應交付的現款數目，又不必組織複雜的機關辦理投資事業。到需用款項時則向政府或公務員捜積之，捜積得即時交付各退休人員領去，故不致因基金的管理不當發生何等損失。此制自表面觀之，似甚經濟利便，一般淺識者頗贊成。但考之實際，此確爲浪費不經之擧，缺點甚多，已爲人事行政學者所唾棄。其可供指責者有下述幾點：(1)不合乎經濟及商業的原則，大嫌浪費；(2)倘遇政府財政困難及社會經濟不景氣時，頗難籌得當年所應支付的養老金額；(3)養老支付金無確定基金，基礎不穩固，退休制隨時有中斷的危險；(4)不合乎公平原則，因先代的享受者不負財政責任，而後代則加重其經濟擔負；及(5)對壯年早死亡，自動辭職或因故去職的公務員，並無任何利益。

(2)年金儲入制（Actuarial Reserve）——爲免除上述現款交付制下所有的各種弊端計，現代的養老金的籌措辦法，多漸採行年金儲入制，即由政府或公務員預先逐年撥儲金額，專款生息以供將來退休或離職時支付養老金之用。這種制度係應用極精密的科學計算方法，根據人壽保險的年金計算原則，決定政府或每人每年應行儲入的數額。將來養老金的數額係以其薪額爲比例，故此時交付年金時亦以薪額多寡爲標準。距休退時期較遠的少年職員因交儲年金次數較多，故所交的數額較少。將來休退時各人不但逐次領還其昔日所交付的儲金，並得還其所生的複利。

譬如政府經規定六十五歲爲强迫休退的年齡，在此制下的第一步驟卽須根據各種生命統計資料，計算出六十歲後各人仍可繼續生活的平均年數，此數視各國人民的體質及衞生設備而有不同，或許十年或許十五年。第二步再依照政府規定，計算出各人退休後每年所應領的養老金額，以此金額乘退休後的平均生活年數，卽得各人退休後至老死時所應領的養老金總額。第三步則調查各員距退休時的年數，將養老金總額分配於此年數內儲存，每年逐次儲入之款均按複利計算，至退休時，所儲入的款數恰足以供給休退後支領之用。

反對這種辦法的人以爲這種計算方法太複雜不宜處理。且對這大量儲存款額，若無適當的保管與投資，不但難以保持其一定的利息，且可發生賠損的危險。此制的計算確如論者所述有相當的複雜，但此手續究有其重大代價，祇圖簡易，不能發生效力，解決問題，雖易何濟？反之，事若能濟，功可完成，雖繁何害？至於款項保管不易或易生危險一節，亦因噎廢食之論。在嚴密的管理制度下亦不致發生任何危險。自然政府對養老基金應有完善計劃作極穩固的保管及最安全的投資，才可保證無虞。

據司徒頓斯基（Paul Studensky）的意見認爲此制具有五大優點：(1)此制合乎『概不拖欠』的原則，將來領受養老金的個人或擔負支付此數者的政府，卽於現時平等的經濟的籌儲，並不爲他人立下債務，這一代人的經濟義務由這一代人自行擔負，不留給後代；(2)退休制本在淘汰失效率的雇員，但欲爲此淘汰必須有相當的代價：亦可謂爲公務員工作能力逐年消滅時應受相當的貶價，年金儲入制正與此種觀念相切實吻合；(3)所有養老金的所需費用或擔負，此時已完全確定明瞭，爲參與人的財政能力所能擔任者，所有一切誤會、不安、懷疑、不均等問題均可消滅；(4)養老金制的運用及維持隨時在支付裕如的狀態下，決不至發生產不抵債的情形；及(5)因投資利息的生產每年的管理費用因以低減。Pensions in Public Employment, National Municipal Review 1922 P. 105)

(3)政府籌款制（Non-Contributory System）——在此制下，係由政府機關完全負責或獨立籌措養老金的用費，並不由公務員自身爲若何的捐納。政府的籌款方式不外；(1)一次籌足基金，(2)逐年籌儲若干，(3)每年籌款供每年的支用。不過退休制或養老金制係政府與其雇員互利互濟的事業，若祇由政府擔任，在理論上亦未免不合。況祇由政府一方籌措此鉅款，力量不足，事實上亦甚有困難。縱使政府能籌得此鉅款，公務員不但莫由知悉其將來應得金額，且在經濟管理上政策決定上亦甚少參加的權利與機會，因款項全由政府籌措，將有類慈善事業，他們自不易爲理直氣壯的干涉。

現代各國如德、法、美、英等多採行政府與雇員合籌制。英、比前雖採政府獨立籌款制。現亦依社會保險原則由政府與官吏，合力籌措之。政府籌款制雖有前述的缺點，但其本身亦有其優益。第一、籌款之責由政府完全負責時，行動迅速，管理實施簡單易行不受牽制。第二、在此制下，公務員無經濟擔負與存儲，心理上自十分快愉，於制度的推行上自十分便利。第三、養老金額完全由政府負責時縱使在實質上能使公務員的薪給減低，但在表面他們尙感覺這是政府所給予的實惠，因此易於鼓舞其服務精神，促進其工作效率。

(4)個人捐款制(Contributory System)——此制係由公務員自己捐款或儲款以籌措全部的養老金額。在此制下政府機關不過僅爲公務員所捐籌款項的保管員或經理人。惟養老金額全由公務員自己籌措因限於經濟擔負能力，恐難籌得充裕足用的數額，此實爲個人捐款制的重大困難。此外個人捐款制尙有下列各缺點：(1)在會計上簿記上頗爲繁雜，故行政及管理費用所需極多；(2)政府對養老金額既無所貢献，故在管理上統制上頗少揷足的理由；(3)府府不予以經濟協助，公務員必認政府無推行退休制的誠意，對公務員並無實惠，自難以促進其工作精神。

若將政府籌款制與個人捐款制合併應用而成一種混合助款制最爲適宜。此種混合制實包括有下列各項的優點：(1)此項制度較爲經濟且易實行，在政府方面不致於太爲加重稅額，在公務員方面亦不致感覺捐款的奇重；若(2)完全由政府籌款，要求養老金者的數量必大多，其所要求的養老金額亦必太高，混合助款制則可以挽救這種趨勢；(3)雇工與雇主在此項養老用費上爲分配的擔負，合乎公平的原則；(4)公務員及政府機關均得派員或選舉代表參加養老金的管理事務，爲相互商酌的合作進行；(5)雇主與雇工平均擔負其責任不致引起一方的怨言；及(6)在長久期間雙方享受相互滿足，相互蒙利的結果。

(5)間接捐補制(Indirect Contribution)——政府機關與公務員合籌養老金數時，其方式頗多，此間接捐補制，卽其方式之一。無論在個人捐款制或政府籌款制下，總宜保存有大量的養老基金，由此基金在一定利率下產生子息，以規定應付的養老金額。倘因事故，原有基金並不能產生所原希望或原定的利率，結果必發生不敷支付的虧空，此時即由政府擔保撥款補塡其虧空，不使退休制的運用感受何種影響，是所謂的捐補制。此外，養老基金由公務員籌措，關於基金的管理費及行政費均由政府擔負，亦可謂爲間接捐補制。有人謂公務員籌養老基金，由政府擔負其利息，亦謂之間接捐補制，實在說此時的政府猶如一銀行，其所付利息爲公務員所應得者，故不能謂爲補助制。

(6)負債累積制（Accrued Liabilities）——當養老金制最初施行發生效力時，所有達於一定年齡的公務員即須退休，並依照規定領取其一定的養老金額。但前此公務員既未爲捐款的儲蓄，政府機關亦未有專款的籌措。此時所需的鉅量養老金額當無從立即支付。政府方面即取此數爲自身累積的債務，自行設法償付。至於償付的方法亦有多種：如政府財力充裕，民力富庶可增高租稅額一次籌足償付；政府若積存有餘，或其他款項即可挪撥支付；政府可發行公債籌足此款以付養老金額，所負公債再分期清償；政府可視應支領養老金額的公務員爲債權者，定於每若干年內逐一償付清楚，並給以應得的利息。

二、**養老金額的規定**——凡公務員因年紀高邁已失工作效率勢須退休，或因公殞命或遭受傷害而不能勝任者，應由政府酌量情形而予以相當撫卹金或養老金。當規定此項金額時，所適用的原則及所根據的條件，恆視所採取的政策及所遇的情形而有不同，不可一概而論。本節先論述退休金或養老金(Superannuation)，次述撫卹金。

養老金的適用範圍雖為公務員全體，但究竟何人於何時能開始享受此項待遇；確為一重要而具體的問題。普通的說，凡公務員因年紀高邁，工作能力或效率依次低降而不能維持其最低限度的標準者，即當依法退休而享受養老金的待遇。惟關於年齡或退休情形的決定實非一簡單問題。若由政府全權自行決定某人應當退休，某人應當繼續，因無確定標準，易引起公務員的反感與敵視。若規定凡公務員達於一定年齡或服務達於一定年限者可自動休退，則年老無力者必仍多繼續在政府服務，不肯退休，政府工作效莫由保障。政府若規定凡達於一定年齡或服務達於一定年限者即須受強迫的休退，則有少數年老而精力技術猶昔者亦同在被排除之列。折衷之道在於稍留伸縮餘地以便為因勢制宜的適應。現代各國的休退實施，多規定一定的年齡如六十或六十五歲為退休年齡，屆時即須退休，不得戀棧。但有確實特別情形，經人事行政機關的特許時，亦應酌予變通。

惟因各種職務或職業性質的不同，工作效率或能力與其年齡高下當不能一概而論，譬如充任消防隊員及警察者至四十歲以後，其效率則大見低減，若擔任文書、或保管職務者四十歲時仍可勝任如昔。因職業與職務的不同所定退休年齡便不當整齊劃一。紐約市府為適應此種事實需要計，經規定文書人員的退休年齡，機械工作人員的退休年齡爲五十九歲，勞働工人的退休年齡爲五十八歲。職業與年齡具有密切關係，這是決定退休年齡時所當特別注意者。

除以年齡爲退休的條件，尙有以服務年限爲退休的根據者，即公務員在政府中繼續服務達於若干年數並具有成績者，於退休後始得領受養老金額。採行此項辦法者的理論根據，認爲養老金乃對忠實有功工作人員的特別報補或恩賜，故必須服務達於一定年限，且具有相當成績者始能享受此養老金待遇。惟以服務年限爲退休及養老的條件時，則彼於中年後或較老時始加入政府工作者，則雖至年紀高邁工作效率已失時仍可繼續服務，是與退休制度的目的不相吻合。現代實行退休制的新理論新觀念是以淘汰濫竽者及改進工作人員品質爲依歸，賞忠報功的觀點已成過去。有者規定公務員爲國家服務超過一定年限後，若以身體孱弱而不克勝任者，得由政府予以休養年金的待遇。以身體孱弱爲給予養老金的條件，自爲公務員所歡迎，但在政府經濟方面未免太不合算。且身體孱弱一語不易爲具體的規定，頗易發生流弊及引起濫用，故論者多反對此項辦法。

決定何人何時在何條件下應享受養老金的待遇後，其次的重要問題即當決定各人所領的年金數目應爲若干？關於此問題應加以討論的地方也不少，首先就是個人所領的養老金額是否與其領薪額發生一定的關係？對此問題的答案，因主張與觀點的不同而不能一致。有人謂退休公務員所領年金數額應須一律相等，不必視其薪額多寡而有不同。主張此說者以爲薪額高者與薪額低者的生活標準與需要雖有不同，但前者因所領薪額多在平時已有相當積蓄，不必全靠養老金以維持其暮年生活。惟採此種辦法時問題尚多。若在個人捐款下，勢須薪額低者平時反須儲存較多之基金，於理有不當，於事有難行。若在政府籌款下，是不啻使薪給平均化或一律化，自與『同工同酧』的原則相違背。由此足見養老金額之一律化甚多不便，未可採行。

完善合理的實施應使養老金額與與其所領薪額發生一定的關係。所謂薪額可從三種形式來觀察：⑴以在職期間各年的平均薪額爲比例規定年金數目；⑵以在職時最後三年或五年間的平均薪額爲比例，規定年金數目；⑶以退休時當年實支薪額爲比例，規定年金數目。在第一種辦法下，自可減少不平等不準確的可能，且其不幸與僥倖的機會亦較少。惟其計算較繁難，且此制對在職較短而退休的人員並無重大吸引與刺激，難以因此而促進其工作效率，因所領年金總數爲年數少所得不多故也。

若採用第二種辦法則較爲合適，因第三種辦法亦有其困難與缺點。以退休時當年所領薪額爲決定年金的基礎時，在年金儲入上實有甚大的困難。若干年前對某雇員的生活年齡及退休時的可能薪額須爲預先的估計。未來薪額的估計甚不可靠，其變化的因素過多，並不能以過去的薪額及其增加率而定出有把握的計算。即自公務員的立場觀之，此種辦法亦甚不公平。譬如有甲乙二人現爲三十歲，年薪均爲兩千元，按百分之二捐儲養老基金，每人年各儲四十元。因甲較乙工作努力，至四十歲時年薪增爲四千元，每年即儲八十元，而乙仍交付四十元之數。如此薪額，二人繼續供職至六十四歲，但此時忽有空缺，乙薪增爲四千元，此年捐儲八十元。至六十五歲時二人同退休，因是年二人薪額相同，故領同數的養老金額。但實際上甲曾儲入二、四〇〇元，而乙祇儲入一、四四〇元。怎能稱之公平。實質上說，第二種辦法殆祇程度上的差別而已。不過以退休前十年或五年薪額的平均數爲基礎時，其不可靠與僥倖的成份較少，其不公平的情形亦較輕；並因此亦稍足以促進其對昇遷的興趣。職是之故，現代的政府機關及工商企業團體對養老金的決定多以其雇員退休前最後若干年的平均薪額爲基礎，因此爲三者中之較完善者。

當確定養老年金與雇員薪額的關係形態後，即進而規定養老金對最後薪額或平均薪額的百分比率數。計算此數時須如前述應用生命統計表及複式利率表。普通規定，養老年金數等於各雇員的平均或最後薪額二分之一或四分之三。此祇就大概的情形而言，若考之各機關各團體的實施，彼此的差別甚爲懸殊，少者不及其薪額二分之一，多者有等於其全薪者。不過養老金額不可過於低微，因過於低微勢必不能維持退休人員的生活。至退休時仍想繼續供職，既不引起公務員對退休制的熱烈擁護，又不能完成退休制的應負使命。其薪額之二分之一或三分之二即相當。

三、養老基金的管理——關於養老基金的管理，應特別組織基金管理委員會或董事會主持之。養老基金若完全由政府籌措者，則此管理機關全由政府方面派員組織。若此基金內有公務員所繳付的捐款或年金，則應由公務員選舉代表參加此項組織。其所選舉的代表名額應視其所捐付款項的多寡而定之，不過在公務員中於代表分配時尙應以其人數多寡爲標準，務使薪額較低的公務員亦有平等參加的機會。

基金管理委員會或董事會，應具有決定政策及管理方針的權力。至於實際的執行事務及技術工作應雇用有專門知識及技術者擔任之，基金管理上的最重工作在於決定投資的事項。對現時的基金額値須隨時估計，以便決定年金的儲入額。這種事務應由管理委員會或董事會決定。至於現款的保管應交由有管轄權者的財政機關或金庫擔任。基金的管理費或行政費雖亦有採政府與雇員分擔的辦法，但究以由政府全數擔任爲較合適，因爲爲數無幾，若由雇員擔負徒增惹其反感。

基金管理委員會或董事會的組織及地位極爲重要。基金的投資是否得當，及能否獲得較高的利率，全視這管理機關的判斷是否得當以爲轉移。倘使這管理機關的決定有不愼或不當之處，則整個養老金制度將受其影響而發生動搖。爲保障養老金制度的前途不致發生危險計，對於管理委員或董事的人選標準應特別愼審。充任此項職務者不但須有高尙的品格，且對此事務應具有深切熱心及特別經驗或知識。政府機關對此管理人員應有適當的控制權，以備於必要時爲臨崖收韁之擧。管理機關對養老金制的性質、條件、範圍、金額等亦有規劃的責任，其行動對公務員及政府方面的經濟利益實有直接影響。

第三節　傷疾死亡的撫卹

一、傷疾的撫卹——前節所論年金的運用乃對服務已久或年紀高邁公務員的撫卹。總觀前述各種理論，對於因傷害疾病已失工作效率的公務員亦應予以相當撫卹金使之去職。因爲若無此規定便不易淘汰這不稱職的人員，致予人事行政以不良的影響；即自慈善或恩賜的立場說，這種撫卹金的規定亦屬必要。矜孤獨卹廢疾對一般人已屬政府職責，對其工作人員的傷疾更不能以秦越視之。傷疾撫卹金，即『政府對其工作人員的特別償付，此人員未屆退休年齡或不合其他退休條件因意外事件遭致身體傷害或因疾病纏繞致使能力衰弱，不宜於繼續在政府服務』。由於撫卹金的給予，可以使此不稱職的去職，以促進人事行政的率效。

公務員傷疾的由來，約可分爲兩類：一爲因推行其職務時而直接招致的傷疾，一爲在其職務的推行外而發生的傷疾。前者謂之因公傷疾，後者謂之普通傷疾。傷疾撫卹的目的雖同，然其招致原因不一，自應作分別的討論與觀察。施行傷疾撫卹的目的亦正與退休制的目的相同，不外(1)提高一般的工作效率，(2)淘汰濫竽充數的不良分子，(3)改進公務員的品質，(4)促進服務精神，及(5)減低政府浪費等。因執行職務招致傷疾的撫卹問題，在工商企業團體雖仍多爭論，但在政府機關中此問題並不十分嚴重。因意外傷害及職業疾病在公務界並不若工商界所發生的次數多。

政府機關所遇的重要問題，在於普通傷疾的撫卹。關於這一問題的解決，所使用的方法及原則與應用於養老金自不相同。傷疾撫卹金的數目不可過少，因過少則不易於淘汰此不稱職的人員；但此撫卹金的數目亦不能太多，因太多則懶惰狡黠之輩將設法作討巧及欺蒙的運用。撫卹金的數目應否與受卹者的薪額及服務年限發生一定關係，應視此撫卹金的籌措方法而規定。若採政府與其雇員的聯合助款制，則雇員的儲入數目與其薪額及年限自有密切關係，故撫卹金的數額決定亦不可忽略此等因素。此制具有政府與其雇員的相互保護或合作觀念。撫卹金額應以其儲入金額及其年齡為基礎而規定。

有人以為傷疾撫卹金的籌措應完全由政府擔負，不必再由其雇員分擔。不過若採用此種辦法時，是不只政府單獨負責防止或減少公務員的傷疾，公務員自身反而可袖手旁觀。傷疾的防範來自雇員本身，決不能放棄其責任。他們擔任一部分撫卹金的籌措時便可促進其注意，加重其責任。此項撫卹金的籌措宜仿照養老年金的籌措辦法，實行按年存儲。關於撫卹金的管理與支付應雇用忠實合格的醫生主持。傷疾情形須經醫生切實檢查，證明確實合乎受撫卹的條件與程度者始能領取撫卹金。如係繼續支領的撫卹金，對領受者的傷疾應舉行定期繼續的醫生檢查。傷疾輕減可以辦理較輕易的工作時卽當減少其卹金數，若其傷疾全愈卽應停止其卹金的支付。現代各國政府對公務員的傷疾撫卹，多採醫藥保險辦法以行之。政府與公務員於平時儲入相當的保險金，以爲發生傷疾時之支用。

二、死亡的撫卹——公務員的死亡撫卹對政府所發生的利益與功用並不若其他撫卹及養老金的直接而顯著。在此項撫卹上對所謂淘汰濫竽者及不稱職者一事並無關係亦無庸討論。不過政府若施行死亡撫卹後，自可促進公務員的服務精神，並可藉此吸引較多的優良份子至政府工作。這是雇主方面因死亡撫卹而獲的利益。死亡撫卹對公務員本人自亦無所裨益，受其實惠者乃公務員的遺族。撫卹並不在慰死者於地下，是以藉此使其生前無所顧忌而奮勇從公。

公務員的死亡亦可分爲兩種：一爲執行職務所招致的死亡，一爲因普通疾病所產的死亡。此二者的性質不同，其撫卹的辦法當不能一律。普通死亡的撫卹金，應由公務員自己擔負之，其卹金的最低限額卽等於所捐儲數額及其利息。此類卹金的性質頗似人壽保險。除此最低限額的卹金外自可另多償付，其數額以一年或半年的薪額總額數爲度。所增付的卹金可由政府單獨擔負，或政府與其他雇員共同擔負。

至於因公殞命的死亡對國家及政府的意義與貢獻較爲重要，其撫卹金的籌措責任自應由國家或政府擔負，且其卹金數額亦應較普通死亡者爲豐厚。此類的撫卹金應分爲兩部：一係死亡者生前的儲納及其利息，一爲政府方面所籌付的數額，因公死亡卹金的總額恒視其殞命情形，服務年限及支領薪額等因素而決定，並無一定的標準。除金錢的撫卹外，對其遺族子女尙可有其他的優待，如以免費或公費敎育其子女卽其一例。卹金的支付有以一次爲限者，有以三年或五年爲度者，有繼續性質者，至其寡妻死亡或改嫁後或俟其子女成年時而停止。

三、卹金的退還——由前節的敍述，足見撫卹金的籌措，多來自公務員多年的儲蓄，公務員若因事辭職或因故撤職，此項儲蓄金額及其利息應全數退還各該工作人員。凡完備的撫卹制度莫不有此規定。蓋若不如此，則公務員必憚於參加撫卹制度，對撫卹金的儲蓄必裹足不前，恐將來因故去職時，其儲蓄之數將歸入犧牲。若有儲存卹金退還的規定，此種弊害可免，政府在行政管理上亦當感受莫大的便利。

四、卹金的選領——爲促進公務員對休卹制度的熱心參加並吸引較多有能力的人員至政府工作起見，對於撫卹金及養老金的支付方式不妨爲若干種的規定，使公務員得以按照其個人志願及環境，選任其中的一種或兩種。採行這種辦法，亦並無何種特別困難，不致增多管理費用。譬如以養老金的償付爲例，至少可分配爲下列三種形式：(1)養老金按月支領，退休雇員至死亡時即停止支付，(2)退休人在其生活期間支領較少的年金，至死亡後，其未領的原儲額及利息由其繼承人或指定人繼續支領之，及(3)將養老金額分配於兩人支領，其中一人死亡後未領完之數，由其他一人支領。惟不論採取何種形式的休卹制度，在管理上應切實遵守集中統一的原則以免紛歧並節經費。

第三編　中國現行人事制度

第十六章　人事行政機構

我國現行人事行政機構，始於民國十七年，國民政府完成五院建制，以考試院主管全國人事行政，並設銓敍部及考選委員會，掌理考銓事宜。但考試院設置初期，尚僅建立中央人事行政主管機構，至於各層人事機構尚未普遍成立，其間中央部門容或有設立人事單位者，或隸屬於秘書室，或隸屬總務處，職掌不清，權責不明。迨至民國二十八年，　總統蔣公在國民黨中央黨部紀念週會上特別指示應實施考銓制度並健全人事管理，同時並希望：「各界負責同志，今後應切實注意培養人事管理人才，健全人事處科之組織，已設立人事處或人事科者，應力求改進，未設立者應迅速設立」。自是中央及地方各機關相繼設置人事機構。但眞正對於人事機構設置問題開始籌劃者，開始於民國廿九年銓敍部所擬具的「各機關人事管理暫行辦法」，以及民國卅年軍事委員會委員長侍從室第三處會同銓敍部及銓敍廳所擬具的「黨政軍各機關人事機構統一管理綱要」。後者明白規定黨政軍人事行政機構的設置與統一管理，並責成制定人事機構統一管理實施辦法。在政府機構方面，銓敍部乃是人事機構的統一管理機關，曾於民國卅一年制訂各機構人事管理條例，由國民政府於同年九月二日公佈，其中除明示五院及其直屬之各部會署各省政府及院轄市設置人事處或人事室外，並規定了人事管理機構的職掌以及人事人員的官等。同年十月十七日考試院並依據人事管理條例第十條之規定公佈了人事管理機構設置規則。俱由國民政府令自民國卅一年十一月一日起先由中央施行。嗣後復由於實施成果良好，國民政府乃於民國卅二年通令適用於地方機關。這是我國人事行政機構的設置的大致經過。不過抗戰勝利之後，國民黨還政於民，正式依憲法而實施憲政，一切法律則需依照憲政體制重新修定，現行考試院組織法便是於民國卅六年三月卅一日由國民政府公佈，同年十二月二十五日修正，並由國民政府明定自卅七年六月二十四日依憲法任命考試院院長之日起施行。玆爲便於讀者瞭解我國現行人事機構的組織，職掌及其運行起見，爰根據上述各種法令規章，分就中央人事行政組織及各機關人事管理機構敍述之。

第一節　中央人事行政機關

我國最高人事行政機關爲考試院，此爲憲法第八十三條所明示。同時基於本條條文以及第八十七條之規定。考試院關於所掌事項，得向立法院提出法律案，亦顯示出考試權同屬國家治權之一，與行政、立法、司法、監察有相等崇高的地位。我國考試院現行組織，係依照憲法第八十九條而制訂，而其職權亦可就憲法第八十三條以及其他有關條文獲得瞭解。茲分述如下：

一、考試院的組織——現行考試院的組織，具有左列幾點特色：

Ⅰ採委員制度：憲法第八十四條規定，考試院設院長副院長各一人，考試委員若干人，由總統提名，經監察院同意任命之。依考試院組織法第五條規定，考試院院長副院長及考試委員之任期為六年。第七條規定，考試院設考試院會議以院長副院長考試委員及考選銓敘兩部部長組織之，決定憲法第八十三條所定職掌之政策，及其他有關重大事項。由於這些條文，可知考試院院長因依法賦有綜理院務並監督所屬機關之權，並於考試院會議時擔任主席。但在重大政策的決定上，實取決於會議的議決。同時基於憲法第八十八條『考試委員須超出黨派以外，依據法律獨立行使職權』之規定，考試委員的地位亦愈顯其重要。

至於考試委員的產生，考試院組織法第三條明定為十九人，其資格並須符合左列條款之一由總統提名，經監察院同意任命之。

1.曾任考試委員聲譽卓著者。

2.曾任典試委員長而富有貢獻者。

3.曾任大學教授十年以上聲譽卓著有專門著作者。

4.高等考試及格二十年以上曾任簡任職十年，並達到最高級，成績卓著而有專門著作者。

5.學識豐富有特殊著作或發明或富有政治經驗聲譽卓著者。

Ⅱ設兩部治事：考試院組織法第六條規定，考試院設考選部銓敍部，其組織另以法律定之。考選部掌理全國考選行政事宜，銓敍部掌理全國文職公務員之銓敍，及各機關人事機構之管理事項，俱爲實際推行考試院政令的機構。

在組織方面，兩部各設置部長一人，特任，綜理部務，政務次長常務次長各乙人，簡任、輔助部長處理部務。其幕僚人員則設有參事、秘書、專門委員、視察等。並有會計室、統計室以及人事室，分別辦理歲計會計統計等事項，此外兩部爲執行業務，又各依其需要，分別於組織法中規定成立各司：

考選部分設四司，以第一司掌管公務人員高等、普通、特種等考試事項。第二司掌管專門職業及技術人員之考試及檢覈事項。第三司掌管高等及普通檢定考試事項及各種考試之試務事項。第四司掌管總務，各設司長一人及科長，科員等若干人。

銓敍部設六司及銓敍審查委員會。第一司爲職位分類司，掌管公務職位分類事項。第二司爲甄核司，掌管公務人員任免升降調轉，考成、敍級、敍俸等審查事項。第三司為獎邺司，掌管公務員獎勵、退休、撫邺、進修、保險等事項。第四司為典職司，掌管人事機構設置及變更之審查，及人事管理人員任免考核之擬議等事項。第五司為登記司，掌管公務人員調查登記等事項。第六司為總務司，則掌管總務事宜。各司各設司長一人，科長科員等若干人。銓敍審查委員會，掌管有關各司銓敍案件之覆審事項，以次長、參事、司長及有關科之科長組織之，由政務次長為主席。

Ⅲ省設考銓處：我國幅員廣大，各省區的考銓事宜，如果統由考選銓敍兩部直接辦理，殊有困難，故考試院組織法第十六條規定，考試院得於各省設考銓處，並分別受考選及銓敍兩部的指揮監督，掌理有關公職候選人，專門職業及技術人員考試之籌辦及試務事項，以及委任職公務人員資格，級俸考績，升遷轉調與獎邺退休等銓敍事宜。事實上，考試院早在民國廿九年即成立湘粤、贛浙閩、豫陝冀晉魯皖及甘寧青四銓敍處。三十二年擬於各省設考選處，三十三年擬增設十二省銓敍處，均以國庫困難，經費無着未能實現。三十四年抗戰勝利，淪陷地區收復，考銓業務益形繁重，考試院遂呈請國民政府合考銓處為一處予以增設，經准設十處，其原有四處卽倂入考銓處。三十八年大陸淪陷，各處自均無法再行活動。其中的閩浙考銓處於政府播遷來臺後始行裁撤。

Ⅳ各省成立銓審會——銓敍部於各省銓敍處未成立前，得將委任職公務人員的任用、俸給及考績等審查登記工作，委任各省政府組織銓敍委任審查委員會辦理。委員會的委員定爲七人至九人，由省政府委員，秘書長、高等法院院長及審計處處長組織之，以省政府主席爲主席委員，會得酌用秘書、科員、辦事員等辦事，其人選由省政府人員中調充之，不另支薪。

銓審會辦理銓敍事宜，以左列各機關的委任職公務人員爲限：

1. 省政府各廳處局所屬各縣分機關。

2. 行政督察專員公署，縣市政府設該局及所屬機關。

銓敍部對銓審會有指導及監督之權，對審查事項亦有通知再審查報部等規定。

V 各種委員會：依據考試院組織法第十五條，考試院得設各種委員會，此種委員會，如高考普考及特考典試委員會得依需要成立外，現行考試院已設置的委員會有二，一爲考試技術改進委員會，係由卅九年組織的考試技術研究委員會改組而成，設委員九人至十一人，由院就考試委員及有關人士聘任之，並就其中聘任主任委員副主任委員各一人，其工作範圍爲檢討現行考試制度及方法，研究各國考試制度及方法，釐訂改進考試制度方案，研究一般心理測驗標準，設計各項特殊能力測驗，品格測驗及學術測驗等項。會中並設主任秘書一人，組長、專門委員、秘書、組員若干人辦理事務協助研究。二爲銓敍研究發展委員會，係四十八年二月成立，其前身爲職位分類督導委員會，該會設委員十一人亦由考試院就考試委員及有關人士聘任之，並就其中聘任主任委員副主任委員各乙人，其職掌爲就現行人事政策及法規，公務職位分類實施程序，公務人員保險及福利等從事研究以及搜集及選譯有關銓敍資料等事項。會中亦設主任秘書及專門委員專員組員等，辦理事務協助研究。

二、考試院的職權——依憲法第八三條：「考試院爲國家最高考試機關，掌理考試，任用、銓敍考績、級俸、陞遷、保障、褒獎、撫卹、退休、養老等事項」。第八十五條「公務員之選拔，應實施公開競爭之考試制度，並應按省區分別規定名額，分區舉行考試，非考試及格者，不得任用」。又第八十六條：「左列資格，應經考試院依法考選銓定之：㈠公務人員任用資格，㈡專門職業及技術人員執業資格」。再第八十七條：「考試院關於所掌事項，得向立法院提出法律案」。基於上述各規定，考試院職權，可列舉如下：

1.最高考試之權，2.銓衡官等之權，3.獎懲考核之權，4.保障人事之權，5.管理人事機構之權，6.提出主管法案之權，7.自定院內規則之權。

第二節　各級人事管理機構

人事管理機構爲各機關辦理人事管理業務的單位，其名稱是由現行人事管理條例而來。依照該條例的規定，我國現行人事管理機構具有下述的三點特質：第一是一條鞭的管理系統，由銓敍部統一指揮監督之。第二是人事機構爲各機關的幕僚單位，秉承各機關長官，依法辦理人事業務，但不得割裂機關長官人事之權。第三是人事機構的超然性，人事人員的任免，由銓敍部依法辦理，以超然地位維持人事法規的有效執行。茲本此瞭解就我國現行人事機構的設置，人事管理人員的組成，以及人事機構的業務敍述如左：

一、人事機構的設置——人事機構的設置，依其等別來分，有人事處，人事室及人事管理員等。至其設置標準，按有關法規的規定如左：

Ⅰ總統府，五院及直屬的各部會署，各省政府及院轄市政府，設置人事處或人事室。

Ⅱ總統府各處局，各部會附屬機構，各省政府廳處局，各縣市政府，設置人事室或人事管理員。

Ⅲ國立省立中等以上學校，按其班級的多寡，業務的繁簡，分別設置人事室或人事管理員。

Ⅳ公營事業機關各視業務需要，分別設置人事處、甲、乙、丙等人事室或人事管理員。

各級機關人事機構的設置，變更及撤銷，均得經銓敍部核定。依人事管理條例第七條的規定，人事處室的設置及其員額，由各該機關按其事務的繁簡，編制的大小，與附屬機關的多寡，酌量擬訂，送由銓敍部審核。但必要時，得由銓敍部擬定之，人事管理員的設置亦同。我國現有人事機構，截至民國五十二年十二月底止，中央及地方的人事機構，共有一、二二一個。中央部份，現有二二四個，計分人事處（組）十五個。人事室一〇二個。人事管理員一〇七個。地方部份，現有九九七個。計分人事處一個，人事室，三二四個。人事管理員六七二個。

二、人事人員的組成——人事人員依現行法令的規定，可分為人事主管人員及人事佐理人員兩種。人事主管人員指各級人事單位的處長、主任、人事管理員等，至人事佐理人員列為各級人事單內的科長、視察、秘書、專員、股長、科員、辦事員、助理員、雇員等。各級人事人員的等級依人事管理條例第五條的規定：「人事處長為簡任，人事室主任為薦任或委任，人事管理員為委任」，至公營事業人員的職等，因公營事業人員任用條例尚未公佈，目前係比照援用公務人員任用法的規定，依簡薦委派用。茲就人事人員的任免、考核，及服務等項分述之：

I人事人員的任免——人事人員的任免，依人事管理條例第八條的規定：「人事主管人員之任免，由銓敍部依法辦理。佐理人員之任免，由各該主管人員，擬請銓敍部或銓敍處依法辦理」惟自民國卅八年，銓敍部基於事實需要，於同年五月另訂頒銓敍部授權中央及地方主管機關人事機構實施程序一種。至民國三十九年九月，部份予以修正，依照此項授權程序的規定，各級人事人員的任免程序如次：

甲、中央機關人事人員的任免。

1.總統府、五院及各部會處人事主管人員，由銓敍部直接依法任免。人事佐理人員，由各該人事機構擬請銓敍部依法任免。

2.各部會處附屬機關人事機構薦任職以上人事人員的任免，由各該主管機關人事機構擬請銓敍部依法辦理。

3.中央駐在地方各附屬機關人事機構委任職人員的任用，主管人員由其上級人事機構，佐理人員由其主管人員，層請各該中央主管機關人事機構派代。由各該省市區之最高機構人事機構，檢具各項證件，送該區考銓處依法審查會核後，再由中央主管機關人事機構報請銓敍部頒發委任狀。免職時，由各該中央主管機關人事機構報請銓敍部備案。

乙、地方機關人事人員任免。

1.各省政府及院轄市政府人事主管人員的任免，由銓敍部直接依法辦理。佐理人員，薦任職以上者，由各該人事機構擬請銓敍部依法任免。委任職者，由各該人事機構先行派代，送各該區考銓處依法審查合格後，報請銓敍部頒發委任狀。免職時，由各該人事機構報請銓敍部備案。

2. 省政府及院轄市政府各附屬機關人事機構薦任職以上人員的任免，由各該地方主管機關人事機構擬請銓敘部依法辦理。

3. 地方各附屬機關人事機構委任職人員的任用，主管人員由其上級人事機構，佐理人員由其主管人員，層請各該地方主管機構派代，逕由各該區考銓處依法審查合格後，報請銓敘部頒發委任狀。免職時，由各該地方主管機關人事機構報請銓敘部備案。

至於人事人員遴用標準，依照人事管理人員遴用原則的規定其要求如左：

(一)中央，或地方，依考試法規定舉行之人事行政考試及格者。

(二)考試及格，並具有人事行政學識經驗者。

(三)中央或地方訓練之人事管理人員，並經銓敘合格者。

(四)曾在本部及各人事機構從事人事行政工作，並經銓敘合格者。

(五)有人事管理著作(以出版者爲限)並經銓敘合格者。

(六)各級佐理人員之任用，如無上項資格人員任用時，得任用考試及格中各類行政人員。委任人事佐理人員，並得就具委任職任用資格之各類行政人員中，暫派代理三個月，其成績優良者，予以正式派代。

三、人事人員的考核——人事人員的考核，依照「銓敍部授權中央及地方主管機關人事機構實施程序」的規定，係採任免權與考核權一致的原則，亦卽人事人員任免權在銓敍部者，其考核權亦在銓敍部，其任免權在部會及省市政府者，其考核權亦在部會及省級政府。惟銓敍部爲加强考核並實施分層負責起見，特又於四十年十二月頒發「人事管理人員考績考成辦法」一種，爲辦理人事人員考績的共同依據。依該辦法的規定：

甲、中央機關人事人員的考績考成：

1. 其屬中央主管機關人事主管人員，由銓敍部直接辦理考核。各該所在機關長官，得以浮簽在考績表中，加具意見，提供銓敍部參考。

2. 其屬中央附屬機關薦任以上人事人員的考核，由各該主管機關人事機構初評，銓敍部最後決定。

3. 其屬中央主管機關暨駐在首都附屬機關委任人事人員的考核，由各該主管機關人事機構核定。

4. 其屬中央駐在地方委任人事人員的考績，由駐在各該省市（院轄市）區最高級人事機構核定，並將考績表册彙送該區考銓處辦理。

5.其屬中央駐在地方最高級人事機構爲委任級者，其主管人事本身之考核，由各該管主官機關人事機構核定。

乙、地方機關人事人員的考績考成。

1.其屬地方主管機關人事主管人員，由銓敘部辦理考績。各該所在機關首長，得以浮簽在考績表中加具意，提供銓敘部參考。

2.其屬地方附屬機關薦任職以上人事人員的考核，由各該主管機關人事機構初評，銓敘部最後決定。

3.其屬地方附屬機關委任人事人員的考核，由各該主管機關人事機構核定，並將考績表册，送該區銓敘處或銓敘委託審查委員會辦理。

四、人事人員與服務機關的關係——人事人員一面爲各該服務機關的幕僚，他方面亦與人事管理組織有直屬系統的關係。因此經受雙方長官的監督指揮，但兩者命令有所不同者，何所適從，常爲一項問題。依現行法規講，在人事系統上，人事人員當以人事主管長官的命令爲準。當然，所在服務機關長官，自可對其人事主管的工作表現，表示意見或提供建議，但就行政權的統一觀點論，此不能不謂是我國現行人事制度的一種缺點。

人事主管在服務機關的地位，應爲各該機關人事業務方面的幕僚，自應善盡職責爲配合機構需要對所有工作作最有效應用。由此，人事人員的需要與各單位密切配合，深刻瞭解機關實際需要與情形，因而「人事管理機構辦事規則（三十一年十月十七日考試院公布）第三條規定，人事人員得出席所在機關有關其職掌之各種會議；同規則第五條規定：「人事主管人員對於所在機關人事管理之改進，得建議於所在機關長官及銓敘部採擇施行」。至於人事管理機構的職掌爲何，人事管理條例第四條規定如左：

（一）關於本機關人事規章之擬訂事項。

（二）關於本機關職員送請銓敘案件之查催，及擬議事項。

（三）關於本機關職員考勤之紀錄，及訓練之籌辦事項。

（四）關於本機關職員考績、考成之籌辦事項。

（五）關於本機關職員撫卹之簽擬及福利之規劃事項。

（六）關於本機關職員任免、遷調、獎懲、及其他人事之登記事項。

（七）關於本機關職員俸級之簽擬事項。

（八）關於本機關需用人員，依法舉行考試之建設事項。

（九）關於機關人事管理之建議，及改進事項。

（十）關於所屬機關有關人事案件之依法核辦事項。

（十一）關於人事調查統計資料之搜集事項。

（十二）關於銓敍機關交辦事項。

五、人事行政局的職責——行政院依憲法動員戡亂時期臨時條款第五條『總統爲適應動員戡亂需要，得調整中央政府之行政機構及人事機構……』的規定，於民國五十六年七月廿七日公佈人事行政局組織規程，爲統籌行政院所屬各級行政機關及公營事業機關之人事行政，加强管理，並儲備各項人才，特設人事行政局。該局設局長一人，綜理局務；設副局長一人至二人，襄助局長處理局務。人事行政局處理有關考銓業務，並受考試院之指揮監督。因業務需要，該局得設置各種委員會，聘請專家爲研究委員或顧問。行政院所屬各級人事機構組織、編制、人員派免由該局核定後，報送銓叙部備查。人事行政局內部除設有秘書室、人事室、安全室、會計室爲局之幕僚單位外，設有四個處以爲處理人事行政與管理的功能單位或業務單位。玆依人事行政局組織規程之規定，將各處的職責，開列如後：

第一處掌理：㈠綜合統籌各級行政機關及公營事業機關之人事管理。㈡人事政策及人事法規之研議及建議。㈢行政院所屬各級人事機構設置變更之擬議或審核。㈣行政院所屬各級行政機關及公營事業機構內人事人員之派免、遷調、考核、獎懲之擬議。㈤戰地及收復地區人事制度之規劃研擬。㈥各項人才之儲備。

第二處掌理：㈠各級行政機關簡任以上人員派免、遷調之研議審核。㈡各級行政機關組織法及編制員額之研議審核。㈢行政院所屬各公營事業機構首長及董監事派免、遷調之審核。㈣行政院所屬各級行政機關需用人員之統籌分發擬議。

第三處掌理：㈠各級行政機關考核制度之規劃及增進工作效率之擬議。㈡各級行政機關現職人員之調查、考核、統計、分析。㈢各級行政機關考績、獎懲之核議或審核。㈣各級行政機關及公營事業機構之政績、業績、考核資料之整理。㈤各級行政機關公務人員職前訓練、在職訓練、工作講習、公餘進修、公費考察之規劃擬議。㈥各級行政機關請頒勳獎，榮典及褒揚案件之擬議。

第四處掌理：㈠員工待遇、獎金、福利之規劃及擬議。㈡各級行政機關公務人員保險業務改進之建議。㈢各級行政機關公務人員退休、撫卹之規劃擬議。㈣人事資料之調查、統計、保管及分析運用。㈤人事簿冊、卡片之編製登記。㈥人事業務研究發展及有關刊物編譯出版。

人事行政局於民國五十六年九月十六日成立後，即推行三考三卡制以促進公務人員之按時值公，努力工作，加强人事考核。三考者指勤惰考核、工作考核及品德考核。三卡者卽就此三項考核紀錄於卡片。自五十六年起高等考試、普通考試、特種考試及格人員，由人事行政局設置訓練班，施以爲期四週之訓練。訓練結業，考核及格，由局分發行政院所屬各機關任用，以實現「考」「用」合一的目的。五十八年八月立法院適應國內的客觀環境與需要，修正有關公務職位的各項法律，人事行政局乃據以於五十九年二月起積極推行職位分類制度，使行之六十年的簡、薦、委的品位分類制而爲新的科學化的職位分類制所替代。

第三節　現制的改善

一、關於組織之改善者——健全的行政組織應以合理與有力兩原則爲依據。但揆之我國現行人事行政機關的組織，與此兩原則似尚有未合。考試院爲全國人事行政最高機關，而所謂人事行政固不僅考試一端，是則以『考試』命名，似不無應加斟酌之處。固然此項體制係遵行　國父遺敎，但　國父當年心目中僅着意於考試權，後來既然將吏部職掌亦兼容並包，囊括了人事行政的各方面，似卽應另行定名，初不必膠柱鼓瑟始爲忠實奉行遺敎。其次，考試院設考選銓敍兩部，而各項職掌歸銓敍部主管者十逾其九，不僅在表面上業務輕重失衡，而且在實際上人員經費亦未適當編配，致影響工作之推行。爲求其合理與有力，考試院除原有的考選部外，似應就銓敘部職掌予以調整，另設公務員福利部、訓練委員會及保障委員會等機構，期對人事行政，能作較爲積極的開展與運用。其三、考試院所設的考試技術改進及銓政研究發展兩委員會，均屬研究機構，在各院尚不多見，但研究人員甚少，很難獲致重大成果，亟應予以充實，庶免有名無實之譏。其四、在人事管理機構的設置與人事人員的組成上，現制亦不無缺點。我國現行人事管理機構，銓敘部爲最高主管機構，舉凡人事人員的任免遷調及指揮系統，在法令上有最後決定權。但此種規定，實際的行使上固有困難，在理論上亦未盡合理。此蓋機關長官擔負該機關最後責任，本行政權一致化原則，自應對其所轄人、財、事持有完整的管轄指揮權，今以人事獨立，在整體業務的推動上將有失臂之感，其間若涉及人事主管機構與服務機構意見不盡一致之處，更將形成人事主管的困難，而生進退失措之窘境。因此，以筆者所見，人事人員應由主管機構任免，受各該長官之命綜理人事業務，而中央人事機構應僅負責標準的制訂與乎有關人事法規章則與技術的研擬，對人事業務應僅有查核與糾正權，而不必事無巨細管轄到底，其結果是集事太多，不但影響了公務的有效推行，而且在管理上亦將因涉及太多而無法澈底。第五、現代人事行政既已日趨專門化技術化，如職位分類、考試、考績、保險、訓練等均其著者，而各級人事機構中此類專門人材尚少，各大學培養者亦不多，除應由各大學增設或充實人事行政科系及課程多予培養備用外，應由考試院針對需要，對現職人員儘量施予有效訓練，以使人事行政達到眞正的現代化。

二、**關於體制之商榷者**——我國的中央人事機關的考試院處於獨立超然的地位。這和英、美兩國文官委員會的地位相似。考試委員超出黨派之外，以獨立身份行使考試權。這和英、美兩國文官委員會委員不得有過半數者屬於同一政黨的用意很相似。獨立制下的人事行政機關能以以客觀公平的態度與政策，行使其職權推行其業務，不受行政機關之干擾是其優點。但人事行政機關獨立於行政系統之外，對各機關的實際情形與需要，多不甚明瞭，所爲措置，未必能切合事實，未能對症下藥不免隔靴搔癢。這是獨立制的一大缺點。且行政機關對人事機關，因係局外機關，事不關巳，常抱不合作的態度，或予以消極的抵制，致使人事機關的業務，得不到有效協助，無從作貫徹之執行。這是獨立制的第二缺點。如何促進考試院與行政院之間溝通聯繫，使二者能切實合作，共同有效的推行現代的人事行政業務與制度，實爲當務之亟。

英國的文官委員會雖處於獨立的地位，但是他的職掌，僅限於公務員候用人之考試、資格審查及身體檢查。至於其他人事行政事務如考核、俸給、升遷、訓練、編制等則仍歸行政機關的財政委員會（財政部）所主管。這一機關的首長由內閣首相兼任。人事行政業務在政府首領（首相）的主持之自易於作切合實際的推行，且不分割各機關行政首長職責。這種設計確是十分合理，對我們給予重大的啓示。考試權、資格審查權、體格檢查權應使之獨立，以免行政首長任用不合格的私人，並防止政黨干涉國家用人。這是很對的，很應該的。但其他人事行政業務如訓練、考核、待遇、升遷、編制等乃是行政首長的職責，不應將之割裂，致削弱了他們的領導權與監督權。根據這種理論與觀點來檢討，考試院的組織與職權，未免管轄太多了。除考試及公務員資格審查仍應留歸考選部銓敍部主管外，其他人事行政業務，如考核、訓練、俸給、保險、升遷等均宜劃歸各行政機掌管之；而於行政院設人事局以爲統一之掌管。

第十七章　公務人員的考試

考試制度在我們素稱完備，國民政府於北伐完成建都南京後，遵行　國父遺敎發揚考試制度之旨，乃於民國十七年考試院成立後，隨之擬訂考試法十八條，經國民政府於十八年八月一日公佈，是爲我們行憲前最初的考試法。溯自民國二十年舉行第一次公務人員高等考試以來，迄今已逾三十年，幾無年不舉行若干次考試，選拔人材至衆，功能已有高度發揮，其所適用的各項法規歷經修訂，亦漸臻完善。行憲之後，爲加强考試用人的國策，憲於第八十五條更規定：「公務人員之選拔，應實行公開競爭之考試制度，並應按省區分別規定名額，分區舉行考試。非經考試及格者，不得任用」，卽爲上項優良制度的保留與發揚。惟現時所適用者，主要的有四十三年修正的考試法，五十年修正的典試法，三十九年公布的監試法等。就各項法規所定及歷年考試觀察，我們可知現時考試除保留舊來的傳統外，實熔合了英美兩種制度於一爐。明確言之，卽一、考試與學校敎育配合，着重敎育成就，類乎英制，而考試類科析分細密應試科目分別規定（近年美國相當於我國高等考試已不分類科），又仿美制；二、考試方式採論文式同於英制，但近年已在普通考試採用心理測驗，並以其一小部學科改採客觀式考試，（卽新式測驗法），則正趨向美制。

第一節　考試的範圍

一、**應經考試之人員**——我國憲法第八十五條明定：「公務人員之選拔……非經考試及格者，不得任用」。是以公務人員一詞，先需確定。按我國現行法規，對公務員解釋不一，範圍最廣者爲刑法第十條之「稱公務員者，謂依法令從事公務之人員」；其次爲公務員服務法第二十四條：「本法於受有俸給之文武職公務員及其他公營事業機關服務人員，均適用之」；再其次爲公務員懲戒法，凡屬簡、薦、委任或相當簡、薦、委任之公務人員，均適用之；範圍最狹者，爲公務人員任用法所稱之公務人員，只包括機關學校組織法規中定有職稱及職等之文職人員，且政務官及民選人員除外。在這些條文之中，無一對適用考試用人的範圍加以明確界限。不過從考試法的本身加以研究，其所謂公務人員是與任用法規相結合，亦即凡欲取得任用資格的人員都必須經過考試，反之沒有法定任用資格的人員就不必經過考試。因此政務人員、民選公務員等都可不須考試。至於必須經過考試的人員，則規定於考試法施行細則第二條中。條文是「本法第一條所稱以考試定其資格之公務人員，謂左列各款人員：一、行政、司法、考試等機關事務人員；二、立法、監察及省、市、縣各級民意機關人員；三、自治行政機關事務人員；四、公營事業人員；五、其他依法應經考試（亦即有法定任用資格）之公務人員。前項規定，於依法不受任用資格限制之人員不適用之。

二、不經考試可以任用人員——至於那些人員依法可不受任用資格的限制呢？依照我國現行法規研究，左列人員當屬例外，不過我人需加注意者，考試一詞，嚴格講來，實包括學歷審查等方式在內，因此這些人員的任用，既都有一定資格的限制，從廣義講，亦可謂考試的一種。但是我國憲法第八十五條規定的是要「公開競爭考試」，而且「應按省區分別規定名額」。因此在任用程序上非不是不曾公開招考，依成績錄取而任用者，就不屬我國考試法內所稱的考試。由此根據有關法規的推斷，將左列人員列入憲法用人原則的例外。

1. 行憲前已銓敍，或政府遷臺後業已登記人員——法律不溯既往，行憲前已在政府機關任職，且已銓敍及格人員，自可不再經過考試的階段，以保障這些公務人員的已得權益。至政府遷臺後，追隨政府來臺之忠貞人員，爲給予報國的機會，特於一定期間辦理登記，經登記合格者亦得免予考試，以勵忠貞。

2. 技術人員——技術人員爲現代國家政務日趨專業化所必需，爲便於羅致此項專才起見，特另定技術人員任用條例一種，凡合予此條例的技術人員，均可由政府直接遴用，再依上項條例檢證送審。無需再參加考試。

3.聘用派用人員——依照聘用派用人員管理條例及其實施辦法，凡未具有考試及格之人員，而具有與實施辦法之規定資格，或以特殊專門著作送審經通過者，只可擔任簡派、薦派之職務，委派職務則具有高中畢業學力即可充任。

4.衞生事業人員——衞生事業人員任用條例，規定衞生事業人員分為技術、業務、與總務三類。採資歷位置評分辦法，凡具有大專或高中初中學力人員即可評分，擔任各等職務。（共為四等）。

5.主計人員——主計人員指主計官，及會計統計人員而言，其任用依「主計人員任用條例」辦理。

6.警察人員——警官亦分簡任、薦任、委任三級，其任用依「警察官任用條例」辦理，照目前在臺任用情形，必須曾受各省警察教育，中央警官教育者始能擔任警員或警官之職務。

7.美援機關工作人員——美援機關以辦理美援業務為職掌，其待遇遠較一般機關為優厚，尚未納入人事行政體系，故其人員任用，由美援機關自行規定辦理，有時亦舉行公開考試，招致所需中下級人員。

8.機要秘書——依修正後公務人員任用法，擔任各機關機要職務之秘書，得不受資格限制，即可准予任用，但未銓敍合格者，其職位不予保障，須隨長官進退。

9. 雇員及臨時人員——各機關之繕寫、打字、管理人員充任雇員，可不經考試。又機關因臨時業務需要而雇用之臨時人員，亦不受考試及格之資格限制。但各機關不乏巧立名目，以任用私人者。

10 政務官及民選官吏或民意代表等——政務官隨政黨的政權或政策爲進退；民選官吏或民意代表則當選與否取決於人民投票，皆不受考試資格的限制。爲奉行 國父遺敎，近年省縣市議員，或縣市長候選人，須經審定合格後方得參加競選。

第二節　考試的類別及應考資格

依照考試法第二條第九條及第二十三條的規定，公務人員的考試可分爲普通考試、高等考試、特種考試（考試法第二條）、檢定考試（考試法第九條）及升等考試（考試法第廿三條）等五種。再依同法第五、十六、十七、十八、十九及公務人員升等考試法等之規定上述各種考試俱有其資格上之限制。茲分述如左：

一、消極的資格——考試法第五條規定：「中華民國國民具有本法所定應考資格者，得應本法之考試，但有左列各款情事之一者，不得應考：

1. 犯刑法內亂外患罪，經判決確定者。

2.曾服公務有侵佔公有財物或收受賄賂行爲，經判決確定者。
3.褫守公權尚未復權者。
4.受禁治產之宣告未撤銷者。
5.吸食鴉片或其他毒品者。
6.專門職業及技術人員考試應考人，除依前項規定外，並應受各該職業法規所定之限制。」
前述各項限制要在提高因考試而服公職人員的素質並維持法規的尊嚴。對所有各種類考試的應考人俱適用之。又專門職業及技術人員考試，所稱的各種職業法限制，係指如律師考試係受律師法第二條，或會計師考試須受第三條等之限制等。

二、各種考試的應考資格：

甲、高等考試——高普考試，乃國家掄才大典，依考試法第八條：「高等考試，普通考試，每年或間年舉行一次，遇有必要得臨時舉行之」。不過從等次上區分，高等考試爲正規考試中最高的一種，同時爲配合教育制度及考試程次的序列起見，其資格有如左的限制：

1.公立或立案之私立專科以上學校或經教育部承認之國內外專科以上學校相當科系畢業者。

2.高等檢定考試相當類科及格者。

3.普通考試及格滿三年者。

乙、普通考試——普通考試爲我國考試等第上最低的一種，歷年以來報考人數最多，因此亦極受重視。依照現行考試法的規定，有如左的資格要求：

1.具有前條第一款第二款資格之一者。

2.公立或立案之私立高級中學校畢業者。

3.普通檢定考試相當類科及格者。

丙、檢定考試——檢定考試係爲不具備法定學經歷應考資格而有志應高普考者而設，乃現行考試制度特色之一。經普通或高等檢定考試及格，分別取得普通或高等考試應考資格。凡具有高級中等或專科以上學校畢業同等學力者，得分應普通或高等檢定考試。現每年舉行檢定考試一次，其基本法規爲考試法及檢定考試規則。

丁、特種考試——特種考試乃用以補高普考的不足，而適應各機構特殊的需要。依考試法第二條第二項規定，特考分甲、乙、丙、丁等四等。

所謂特種考試中之甲等考試，即一般人所謂高於高等考試的考試，近年已舉行多次。從考試法第十八條所定資格條件中瞭解，其舉辦當爲延攬學驗豐富的人員，用以符合國家考試用人的政策，並期以吸收高級優秀人才。其應考資格如次：

1.在公立或立案私立大學研究所，或教育部承認之國外大學研究所，得有博士學位，並任專攻學科有關工作三年以上成績優良有證明文件者。

2.在公立或立案私立大學研究所，或經教育部承認之外國大學研究所，得有碩士學位並任專攻學科有關工作五年以上成績優良有證明文件者。

3.曾任公立或立案私立專科以上學校教授，或曾任副教授滿三年經教育部審查合格成績優良有證明文件者。

所謂特種考試之乙、丙、丁種考試，乙等為相當高等考試之考試，其應考資格條件，依考試法第十九條的規定，亦與高考所要求者同。丙等則為相當普考之考試，其資格條件亦與普通考試要求者同。至於丁等考試，目前亦未舉辦，其應考資格亦經考試法十九條規定，由考試院另定之。

上述各種特種考試中，乙、丙兩種為目前我國時常舉辦者，所適用對象與類科極為繁雜，諸如司法人員、電信郵政人員，以及應各機關之要求，隨時舉辦者俱屬之。茲就民國五十年十月起至五十一年九月底止，一年間考試院所舉辦之特種考試共有十一種。其中包括警察人員考試、中國銀行辦事員考試、司法行政部調查局調查人員考試、第五屆衞生技術人員考試再試及第六屆衞生技術人員考試初試、外交領事人員考試、軍法官人員考試，臺灣省鄉鎮區縣轄市村里自治行政人員考試、臺灣省山地人民應山地行政人員考試、臺灣省建設人員考試、國軍退除役軍人轉公務人員考試，合計報名三四、二一九人，錄取一、〇九一人。（見考試院五十一年工作報告第八頁。）

戊、升等考試——升等考試爲便利各機關在職的低級人員不合於考績升等的規定者，得有晉升的規定者，得有晉升的機會。按我國官制，分簡、薦、委三級，公務人員由委任升薦任或薦任升簡任，通常依考績配合年資而晉等，但經升等考試資格者，亦可賦予任用資格，惟僅限於雇員升委任及委任升薦任（公務人員升等法於第二條）；至於薦任職升等簡任職者，目前尚未舉辦。

第三節　考試的機關與組織

我國考試制度素極隆重，且因考試爲國家掄才大典自應謹愼嚴密，杜絕一切弊害，是以主持考試的機關及組織甚爲重要。按我國舉辦考試，向來分爲試政、試務兩部門辦理。試政從廣義講，包括考試制度，考試政策等事，由考選部秉承考試院決策而行事；其狹議是指典試，職司選拔人才，所謂掄才大典，古稱「內圍」，又稱「內廉」，在典試法上稱爲典試事宜，由典試委員會主持，主要的共有八項：(1)考試日程的排定，(2)命題標準及評閱標準之決定，(3)擬題及閱卷之分配，(4)應考人考試成績之審查，(5)錄取最低標準之決定，(6)彌封姓名册之開拆及對號，(7)及格人員之榜示，(8)其他應行討論事項（如主持口試等）。試務古稱「外圍」，又稱「外廉」，典試法上稱爲考試事務，由主辦試務機關主持，主要的共有九項：(1)文書之撰擬、繕校及收發，(2)典守印信，(3)會議紀錄，(4)布置試場，編配坐號，(5)繕印及分發試題，(6)試卷之印製，彌封、蓋印、收發及保管，(7)點名，監場及核對照片，(8)分數之核對及登記，(9)庶務及其他事項。試務之中與試政有關係者，如會試紀錄、試題繕印、閱卷分配、分數核算等事項，應受典試委員長的監督。此外，在舉辦考試時，爲樹立考試制度的威信，尊重監察權的行使，更於監試法中規定，凡組織典試委員會辦理之考試，應咨請監察院派監察委員監試。由此可知，我國舉辦考試，除考選部爲正式組織外，尚有典試委員會組成，試務小組的成立以及監試委員的指派等臨時性組織。玆簡述如左：

一、**典試委員會的組成**——根據典試法的規定，依考試法舉行的考試，除檢覈外，俱應組成典試委員會（以各該項考試名稱）。典試委員會均由典試委員長一人，典試委員若干人（人數由考試院按需要而定）組織之。典試委員長由考試院院長提經院會決定後，呈請　總統派任之（典試法施行細則第三條）；且規定高等考試或相當於高等考試之特種考試之典試委員長特派。普通考試或相當於普通考試之特種考試之典試委員長簡派（典試法第三條）。典試委員長派定後，典試委員則由考選部商同典試委員長擬具名單報請考試院院長核提院會決定後呈請派任之，俱為簡派（典試法施行細則第四條）。至於典試委員長，典試委員的資格，於典試法四、五、六條中均有明白規定。

二、試務小組的成立——舉行考試時，依典試法施行細則第十四條的規定，由考選部或委託辦理試務機關承辦試務；其有關會議紀錄、試題繕印、閱卷分配、分數核算，及其他典試事宜之必要事項，應受典試委員長的指揮監督（典試法第十四條）。至於試務小組的組織，通常分六組：(1)機要組，辦理試題的繕校印發；(2)卷務組，辦理各場試卷試題的分發與點收；(3)場務組，高普考試通常各分四考區先後舉行，每區監場主任一人負責，設巡回監場主任二至三人擔任聯絡和取發該區試題的職務；(4)測驗組，因需要而設立；現時普考加考心理測驗，因為封裝點收題本和一般試卷的交接，保管不同，所以另設一組以負責任；(5)會計組，主辦考試期間一切經費的開支；(6)總務組，主辦文書、事務等事宜。

三、監試人員指派及其工作——監試人員由考試院或考選機關分請監察院或監察委員行署派員擔任。其工作，依監視法第三條的規定如左：

㈠、試卷之彌封。

㈡、彌封姓名册之固封保管。

㈢、試題之繕印，封存及分發。
㈣、試卷之點封。
㈤、彌封姓名之開拆及對號。
㈥、應試人考試成績之審查。
㈦、及格人員之榜示及公布。

第四節　考試的程序

考試的程序在我國隆重而嚴密，單就試政與政務而論，從開始到結束也需三五個月時間，其中所包括的事項，除了前節所稱的各種事務外，還有許多重要工作，如公告舉行考試，審查應考資格，改良考試方法，頒發及格證書等都由考選部秉承考試院辦理。所以舉辦一次考試，在試前、試中及試後都要經過籌備、實施與結束等事項。茲將其中較重要者，依序簡介於後：

一、徵求意見決定類科——考選部爲配合各機構實際需要，通常於考試之初，向各機關學校團體分送調查表徵詢考試類科，需用人數以及各類科應考資格及應試科目的意見。因爲根據考試法的規定，考試的類科、應考資格與考試科目，均應由考試院於考試前訂定之，所以當舉行考試之前，考試主管機關，應根據各級機關之需要，先確定應考類科，決定考試範圍。關於考試之類科，在決定之程序方面，定期舉行之高等普通考試與特種考試不同，前者由考試主管機關斟酌需要自行擬定後呈請考試最高機關核定。後者則考試主管機關多係根據用人機構之申請，經審核後轉請考試院會議決定。至於考試科目，各種考試除普通科目外，均按類科性質分訂專業科目。在普通科目方面，高等及普通考試原均爲　國父遺教、國文、本國史地、及本國憲法等四科，四十八年加以調整均減爲三科。高考爲　國父遺教、國文，及本國憲法（普通行政人員行政組設考中國近代史），而普考爲三民主義，國文，及本國史地。至專業科目，高考原均爲七科，普考原均爲五科，四十八年起亦各減一科，因類科性質各異，科目之數累計，每屆考試恆達數百，無法列擧。其在特種考試方面，考試之普通科目與程度相當的高等或普通考試相同，專業科目除類新增須另訂外，多與程度相當的高等或普通考試同類科者無大出入。自四十五年起普通考試增加心理測驗一項，不及格者，筆試成績不予計分，又自四十八年起普通考試有一小部學科改爲測驗題，二者均爲公務員考試技術上的革新。

二、考試的公告及報名——依考試法規定，公務人員考試應於考試前三個月由考試院公告（第二十條），內容包括考試種類、科別、應考資格及科目、區域、地點、日期、錄取名額等；報名日期於考期前二個月開始，一個月前截止。但特種考試不受以上限制（施行細則第七至十條）。不過關於錄取名額應按省區分別規定，此爲憲法第八十五條所規定，因此考試法第廿一條本此精神而規定「……：其定額標準爲省區人口在三百萬以下者五人，人口超過三百萬者，每滿一百萬人增加一人」。每次考試，考選部照例向內政部查詢最近的人口調查統計資料，依各省區人口核算錄取定額標準。沒有新資料的省區，照三十七年第二次高普考時業經核定的各該省區錄取定額標準辦理。所以十年以來，只有臺灣省人口有新資料，因而臺省的錄取定額常有增加，其他各省區只好照舊標準計算了。以上是定額標準，在每次考試時，由典試委員會斟酌考試成績及實際需要，依上列定額標準，按比例增減錄取之。（如三十九年照五分之二錄取，是爲按比例減取，四十八年照定額標準加七倍錄取，是爲按比例增取）。關於各種考試的報名手續多與一般考試相同，其應呈繳之證件有：(1)報名履歷書，(2)保證書，(3)應考資格證明文件，(4)本籍證件，(5)選科登記卡，(6)最近正面脫帽半身照片，(7)報名費，(8)體格檢驗表。其中呈繳籍貫證明文件者，因全國性高等及普通考試按省區分定錄取名額，而省區性者限本省區籍貫者參加的關係，至於榮軍應考限通訊報名，信封上須註明「榮軍」字樣，此又與優待榮軍有關。

三、考試的舉行——依考試法第六條規定：「各種考試得分試分區分地舉行，其考試方式分筆試口試、測驗、實地考試及審查著作發明等，舉行考試時，並得按考試之等別類科，酌採兩種以上方式行之……」。但政府遷臺之後，大多數類科都是筆試，只有少數類科如外交人員、編譯人員，才筆試與口試合用。關於口試，考試院依考試法第十一條訂有口試規則，其所規定的口試內容有左列各項。

1.儀表——包括禮貌、態度、動作等。

2.言辭——包括聲調、語言組織、表達能力等。

3.才識——包括志趣、見解、領導能力等。

除此之外，典試委員會認爲有必要時，得另增業科目，及實際經驗等項。

再依照考試法施行細則第六條之規定，考試得分試舉行，共有三種程序：

㈠分爲第一試第二試，第一試不及格者不得應第二試。

㈡分爲第一試第二試第三試，第一試不及格者不得應第二試，第二試不及格者，不得應第三試。

㈢分爲初試再試，初試及格予以學習或訓練，學習或訓練期滿舉行再試，其不合格者得補行學習或訓練，但以一次爲限。」高普考試在大陸舉辦時，通常選用兩種方式之一。在三十八年以前，每次分爲第一試，第二試，第三試。二十八年以後，改爲初試，訓練，再試。原來在考試法上是定爲「得分試舉行」的，在解釋上也「得不分試」，所以在二十九年舉行的普考，爲適應非常，迅赴事功起見，就合併爲一試，以應實際需要。

四、閱卷及成績計算——筆試試卷彙齊之後，由典試委員分別比照典試委員的資格，推薦襄試委員請典試委員長核准，擔任試卷評閱工作。評閱試卷係依典委會決議的時間進行，並應商定評分標準答案以資公允。各委員在評閱試卷時，考試院並公佈有閱卷規則共同遵循。試卷評閱完畢，經過初校、二校、三校、然後依彌封號數計算各人成績。關於成績的計算，高普考者考試院訂有成績計算規則，其三至七條有如左規定：

1. 筆試科目分普通科目專業科目。其成績分別平均計算，高等考試普通科目佔總成績百分之三十，專業科目佔百分之七十；普通考試普通科目佔百分之四十，專業科目佔百分之六十。筆試科目有一科成績爲零分或專業科目平均成績不滿五十五分者，均不及格。

2. 筆試與口試併同舉行者，筆試佔百分之九十，口試佔百分之十，但必要時，得視之性質由典試委員會另定計算比例。

3. 高等及普通考試之列有實地考試科目者，實地考試成績單獨計算，不滿六十分者，其筆試及口試成績不予計算。

4.初試再試及訓練成績，應各別計算，不得移補。

5.初試、再試、訓練，均經及格人員，應得其三種成績合併計算，以定等第。合併計算時，初試成績佔百分之四十，訓練及再試成績各佔百分之三十。但司法官考試初試成績佔百分之四十，再試訓練及學習成績各佔百分之二十。計算成績以總平均六十分爲及格，但經典試委員會會議議決得變更之。總平均分數在八十分以上者爲最優等，七十分以上者爲優等，六十分以上者爲中等（考試法施行細節第十七條）。

五、錄取與榜示——應考人的成績經計算完畢，典試委員會根據前項統計資料，開會審查，決定錄取標準分數，幾乎每年都在提高。十年以來，已由四十分提高到六十分，並決定分省定額錄取倍數。這是專對全國性公務員考試所採取的措施，因爲各省區應考人多寡懸殊，臺省應考人比其他省區應考人常常多上幾倍，所以臺省能達錄取分數的人也就常常多上幾倍，這些人的成績既已達到錄取標準，審查時倘若膠柱鼓瑟，都照分省定額錄取（即前文所載江蘇四十四名，福建十三名，臺灣最近爲十二名），那麼，福建就常有幾名不能錄取，臺省就常有幾倍的人不能錄取，這損失就太大了。於是歷屆典試委員會就依照考試法施行細則第二十條第二項規定「依考試成績及實際需要所定之總錄取名額，並照分省定額比例增減之。」以定額爲基數，各省及格人數在定額以內者卽予錄取，及格人數有在定額以外者，即照定額比例倍數增取，因而臺省的錄取人數，各年常較他省增加數倍，這就是各屆典試委員會依照規定所作因時因地的臨時措施。考試成績和錄取標準決定，即推定典試委員，在監試委員監試之下，開拆彌封姓名冊，核對應考人履歷書和記分表，錄取者即在名冊書表上面加蓋錄取戳記，在表上逐一填寫姓名，依照成績高低，分別等第，填入及格人員名冊，由典試委員長在底榜上署名公布。

六、呈報考試結果及頒發及格證書——放榜之後，由考選部連同有關資料向考試院報告典試經過和辦理試務情形。考試院檢查核後准予備案，並扼要轉呈總統核准備案。考試及格者應由考試主管機關發給及格證書，並登載公報，我國考試及格證書係由考試院頒發。頒發證書者，一般考試及格人員及格後即行頒發，惟司法官，外交官及人事行政人員等，須先經學習期滿考核成績及格者，始由考選部轉請考試院頒發考試及格證書。

第五節 現制的改善

一、關於考試方法與內容者——現行公務員考試制度略如上述，其中優點實在不少，但細加分析有待改善之處尚多。考試能成爲優良的選拔人才手段，須以適當方法針對職位的需要就應考人的學識技能及性向各方面加以評估，汰劣選優，足以預示中選者在擬任職位上勝任愉快，甚或尚有發展可能。但現行的考試與此尚有甚大的距離。今日的各種考試皆着重於成就測驗或教育測驗，即在於評估應考人現時已經獲得的成就，或具有的學識與技能，亦即其教育程度。關於現代考試上最有效的智力測驗及心理測驗，雖已於普通考試中試行，尚嫌未能作有效的利用，使發揮應有的功能。即以現時的教育程度考試而言。在考試技術或方法上實亦未免落伍。各種考試現在所採行的主要方法仍爲論文式的筆試。此種方式祇宜於用以測驗應考人文字表現及材料組織的能力，換言之，用以測驗其國文或作文能力則甚相宜，若用以考驗其各科的專門知識與技術則甚不足。其最大的缺點則爲缺少廣博性與客觀性。考試本係一種選樣測驗用以推斷全體，而論文式則選樣太少，殊難用爲推斷的根據，且在成績的評定上客觀的標準難定，主觀的成分過多，欲其公平合理實非易易。我們要對考試作進一步的改善，在方法上卽須除國文外將其他各科考試儘量改爲客觀化標準化的新式測驗方法，而在內容上應以一律增加智力測驗及心理測驗。此類測驗在於評估應考人與趣與特性之所在及未來身心發展之可能。人事機關必須對應考人此種秉賦及性向有切實的明瞭，方能因材任使，使其內在的身心潛能高度的發揮，在職位上有優良的表現。關於此類測驗英美專家編製試驗具有效者甚多，考試院研究部門加以斟酌修改卽可採用。但最重要者，則是今後對於考試的設計，須先經職務分析的過程，究明職位的實況，而後按其需要，確定教育測驗及智力測驗等種類及應佔比重，製為方案，據以選拔人材，如是方可達成今日考試「為事擇人」的功能。

二、關於考試制度者——前面係就考試方法及內容而言，實則在制度方面亦有應加改善之處。考試的舉行原應順應各機關任用上的需要，類科為何，名額若干，均依此而定，方屬合理。但現時高等及普通考試並非如此。以言需要，及格人員並不能完全獲得任用，其原因：一是及格人員類科，每不能完全適合機關需要，二是時間拖延太久，難應時需。而全國性高普考試錄取名額受分區定額的限制，名額多少當難以把握。即名額可設法使合於需要之數，其及格人員的類科亦絕難配合。如果現時高普考試係為光復重建儲備人才，自可置而不論。然光復大陸之後，此項制度亦必須加以改革，尤其分區定額必須變通。我們並不反對分區定額的規定，但除於考試方面保障各省區參加中央行政的權利以外，尚有其他方式，如美國聯邦文官任用分區定額制度，初非別無途徑。推源民初高等文官考試與普通文官考試，均係通才性質，不分類科。今制沿襲高普考之名，而分設諸多類科，是已成為專才考試矣，此又與特種考試無異，何須仍冠以「高等」與「普通」之失却意義的形容詞。依今制高普考為國家掄才大典，但及格者僅獲得任用資格，不得實職。而特種考試則係常制外之臨時措施，及格者反獲得實職任用，此豈能認為合理。如何改進現制，促成「考」「用」合一的實現，實為今日當務之急。

經考試及格者係認定此人現時之知能，足以勝任某種職位。若此人及格後經候用數年仍不能獲得任用，其知能是否已落伍，能否勝任，實大有問題。故考試及格者於一定期間不能獲得任用者，應喪失其任用資格。

依考試法之規定，高等考試及格人員不足或不能適應需要時得舉行特種考試。足見高考為國家掄才大典與正道。特考為國家掄才小典與傍門。然揆之近三年（民國六十五年至六十八年）高等及格者計一萬一千餘人，特考及格者三萬四千餘人，分類考試及格者僅九六五人。可得用人機關最歡迎者為特種考試及格人員。何以形成重小典輕大典，少走正道，而多傍門，反客為主的不合理現象呢？其中必有原因。效用決定存在，適者才能生存。其所以形成如此現象，實由高考制度本身有其缺失，有待改進，應放棄傳統性有似科舉時代之規制，而取現代化因事求才，即用即考之方法。

依規制規定，大學及專科學畢業生及普通考試及格考者具有報考高考之資格，考試及格者取得高級委任、低級薦任及分類職位第五職等及第六職等職位任用資格。現行考試法係民國十八年八月一日公布，其後雖有修正，但高等考試應考資格並未修正，仍係當初原條文。在五十年前，大專畢業生可視為最高學歷可應高等考試，自屬合理。但時至今日，我國高等教育，高度發展，研究院所，叢生林立，博士碩士不計其數。試問如此衆多的卓越傑出高級人才，誰肯樂意參加高考，去取得低級及中下級公務人員任用資格?!

所謂『高考』，已失去『高等』的地位，早已『名不符實』。因爲特種考試的甲等考試及格，即取得簡任職的任用資格，乙等考試相當於高等考試。高考位居乙等，何可稱高。且分類職位的第八、第九、第十職等考試及格者皆取得比高考及格者較高的任用資格。爲適應現在教育的長足發展，並配合特種考試的甲、乙、丙、丁四等考試，應將高普考試改制爲『高』、『優』、『中』、『普』四等考試，以便吸收各級教育程度的優秀人才，期能達到『教』、『考』、『用』適當配合的目的。博士、碩士、教授、副教授得應考『高等』考試，大專院校畢業生得應考『優等』考試，高級中等學校畢業生得應考『中等』考試，國民中學畢業生得應考『普通』考試。考試及格者分別取得與特種考試甲、乙、丙、丁四等考試等級相當的同等任用資格。

第十八章 公務人員的任用

公務人員的任用，是整個文官制度中重要的一環，必須要任使有方，才能達到人盡其才，才盡其用的境界。因此，各國關於公務人員的任用，都有一定的準則、程序、與條件。我國關於公務員的任用，民國十八年國民政府卽曾訂頒公務員任用條例，至廿年又另頒公務員任用法。行憲之後，本憲法考試用人之旨，乃於民國卅八年制定公佈公務人員任用法，其間復經多次修正，現行任用法，係於民國五十一年由 總統明令公佈。惟因我國法規中，所稱公務員範圍至廣，有因職務特別，無法一體適用同一任用法規者，因此在現行任用體制上，又有基本任用法規與特種任用法規之別。上述五十一年總統公佈的公務人員任用法，可以說是我國任用的基本大法，除此之外，關於公務人員的任用，尙有各種特別任用法規，其主要者，有主計人員任用條例、技術人員任用條例，警官任用條例、交通事業人員任用條例，聘用派用人員任用條例等，種類繁多，不勝枚舉。本章擬就現行公務員任用法爲骨幹加以論述。

第一節 任用法的適用範圍

一、**適用的機關**——現行公務人員任用法的適用範圍，聚論紛紜，但就任用法本身及其施行細則加以解釋，凡在⑴總統府及其直屬機關；⑵行政、立法、司法、考試、監察五院及其所屬各機關；⑶國民大會秘書處，及各省市縣各級民意機會；⑷自治行政機關；⑸教育機關及學校；⑹公營事業機關；⑺其他依法組織之機關內服務者。

二、適用的人員——在前述各機關內服務，並符合左列條件者，適用公務人員任用法：

1. 須在組織法之內並定有職稱與等級——我國各機關成立類多有組織法，其中規定有固定的編制，諸如分司設科以及規定有司長、科長、專門委員等，凡非在組織編制內的人員，俱將無法將以任用。至於所謂職稱，卽每一職位之名稱，如司長、科長、科員是。所謂等級，卽職等；等級與俸給，如薦任某級是。公務機關之組織法規，均定有組成機關之若干職稱，及每一職位之高低等階，凡依所定職稱及等階任職之人員，卽爲任用法上之公務人員。通常所稱之額外人員及臨時人員，雖有時亦有一定之職稱及等階，但因未定於組織法內，故仍不得視爲公務人員任用法上之公務人員。

2. 須非武職人員——所謂非武職人員，係指非直接間接從事戰鬥，在軍職系統中另有規定階級者，如中將，少將等。但卽使在軍職系統中，無一定軍階而擔任一般文職工作者，依法解釋，雖爲任用法上的公務員，但因目前並未納入銓敍範圍，仍由國防部直接管理，故不適用本法。

3. 須非政務官——公務員任用法第廿三條規定：「本法對於政務官不適用之」，但何謂政務官，法律並無明白規定。依一般通說，謂決定國家行政方針之公務人員曰政務官。執行既定方針之公務人員曰事務官。政務官多隨政黨之更迭而進退，事務官則受法律之保障。我國政務官之涵義如何，現尚未見規定。過去在訓政時期以黨治國，關於政務官之界說，依照中央政治會議第一九八次會議決議解釋，凡經中央政治會議決議任命之官吏，均為政務官。行憲後，中政會業已取消，上項解釋亦隨之失去時效。不過行憲後，既實行政黨政治，故凡隨政黨進退者，照一般解釋，自不適用本法。

三、不適用的人員——不過除上述條件之外，凡本法有明定除外的職位，不適用本法。茲依照有關條文敍明如左：

1. 司法、審計、主計、駐外外交領事人員及警察官。「見公務員任用法第十七條」。

2. 技術人員、教育人員及公營事業人員。「見公務人員任用法第十八條」。

3. 邊遠地區有特殊情形者，其公務人員。「見公務人員任用法第十九條」。

4. 在非常時期內，因特殊需要，在特殊地區，得對於一部份公務人員。「見公務人員任用法第二十條」。

5. 臨時機關與因臨時任務派用之人員，及各機關專司技術性研究設計工作而以契約定期聘用之人員，雇員。「見公務人員任用法第廿一條」。

6. 實施職位分類之機關或職位之人員。「見公務人員任用法第二十二條」。

但有某些職位，雖明文排外，但仍受相當限制，此在任用法第十七條規定之「司法、審計、主計、駐外外交領事人員及警察官之任用，均得另以法律定之，但不得與本法第四條及第七條之規定抵觸」。於茲我們所發生疑問者，是否其他的職位，像技術人員、教育人員及公營事業人員，可顯然違背任用第四、七兩條的限制。當然有一部份職位，像第二十條規定者，因爲性質特殊，可不必經過考試等嚴格的限制，但除了這些特殊性質者外，有某些職位並非不可適用。第四、七兩條規定，雖然我人可於另訂法律時，將四、七兩條法律精神貫澈，但在任用法條文本身上易滋引起誤會。

第二節　公務人員的等級

一、**限級任職**——我國民國四十三年一日所公佈的任用法，除將公務人員分爲簡任、薦任、委任三等外，每等又各分爲三階，必要時得設副階。查舊法設階制度，係沿襲以前三等九級的官制而來，其用意在嚴定公務人員的晉升。但實行數年來所得的經驗，流弊甚多，徒然阻碍優良公務人員的上進。因爲年考列入十分以上者，必須受三分之一的限制，而總考又必須三年總平均分數達八十分者，始得晉階。若依此規定嚴格執行，必有連續幾次總考均不得晉階者。影響公務人員的晉升，至爲重大。

且原法第十條規各機關公務人應依職務等階表之規定，按階任職，但同時又規定，如該項職務無相當職階人員可補用時，得以同職等次一階人員權理之。是按階任職之制度，已自行打破，殊失當初建立此制之本旨。現新法已應各方面之呼籲，而將設階及總考廢除。依照現行公務人員任用法第二條規定；「公務人員分爲簡任、薦任、委任三等，其等級依公務人員職務等級表之規定……」。所謂公務人員職務等級表，爲公務人員按級任職的依據。因適應各機關情形，較爲複雜，故法律授權由考試院定之。這種規定，在任用上含有限級任職的意義。任用時，必須依職務所定之等級任用具有相當等級資格的人員，譬如中央部會之科長，是薦任某級至某級，任用爲科長之人員，亦必須具有薦任某級至某級之任用資格，敍級及級俸之晉敍，均受職務等級之限制。

公務人員之分等設階，其實質之意義，並非在標明各個公務人員等階之高低，品位之尊卑，而在使各種不同的職務，依其性質、責任等配屬於適當之等階，俾於任用時，尋求具有適當資格之人員。至於副階之設，其立法之初旨，乃補救正階運用之不足，而適應各個不同性質、責任之職務之需要。因此，職務等階表之訂定，實爲非常必要。惟現行職務等階表對於各個職務等階之釐定，跨階者甚多，未能明顯指出各種職務升遷之系統，致使等階之功用，無法充分發揮。尤以副階之設，僅能發生限制作用，而其原有輔助正階之責任反晦而不彰，成爲一種贅瘤，不無遺憾！

二、職務等階——現行公務人員職務等階表共有十二種，計：㈠總統府，㈡五院暨部會處局，㈢院部會附屬機關，㈣司法機關，㈤駐外使領館，㈥警察機關，㈦省政府及各廳處局，㈧省政府各廳處局附屬機關，㈨省政府各廳處局附屬機關之附屬機關，㈩縣市政府及省轄管理局，㈩㈠縣市政府所屬機關，㈩㈡鄉鎮區市公所。至於公營事業人員，聘用派用人員及教育人員之職務等階表（或稱薪給表）視各該機關之實際需要，由考試院另行訂定之。

各種職務與等階之配屬情形，約如下述：㈠僅列一級者，如總統府之副秘書長、局長等，均列爲簡任一級。㈡僅列一階者，如總統府之室主任、副局長及院部會之署長、技監等，均列爲簡任一階職務。㈢跨列兩階者，此種情形甚多，如部會之司長、處長、參事等，均列爲簡任二階至一階職務。又如各部會之科長、室主任等，爲薦任二階至一階職務。㈣跨列三階者，如各部會之簡任秘書，均列爲簡任三階至一階職務。㈤跨列兩階但其最高階爲副階者，如總統府之室副主任及外交部駐外使領館人員之商務參事，均列爲簡任二階至一階副階職務。㈥跨列三階但其最高階爲副階者，如各部會之助理員、佐理員、技佐等，均列爲委任三階至一階副階職務。㈦跨列兩等者，如委任科員與薦任科員，薦任秘書與簡任秘書是。各機關對此種跨列兩等之職務，多於組織法規條文中，定明「委任」、「薦任」或「簡任」之字樣。

第三節　公務人員任用資格

我國公務人員任用的資格，依任用法第四條的規定，共有三種，亦卽：(1)考試及格；(2)依法考試或考績升等；(3)或在本法施行前依法銓敍合格者爲限。不過所應特別注意者，乃現行公務人員任用法，爲貫澈憲法第八十五條考試用人的精神，特於第三條二項中明定：『各機關擬任人員，於本機關以外選用時，以考試及格者爲先。無適合與擬任職務相當之考試及格人員時，以依法考績升等或在本法施行前依法銓敍合格而適用該職務需要者任用之』。由此可知，任用資格之採取，考試及格者具有排除其他兩者的優先性，玆分敍如左：

一、**考試及格**——所謂考試及格，係指依考試法規定所擧行的各類公務人員考試及格或經考試院覆核及格者而言（任用法施行細則第四條）。公務人員任用法中，將取得公務人員任用資格的考試分爲四級；(1)高於高等考試亦卽特種考試之甲等考試者，取得簡任職任用資格，(2)高等考試或相當於高等考試之特種考試乙等及格者，取得薦任職任用的資格，(3)普通考試或相當於普通考試之特種考試丙等考試及格者，取得中級以上委任職任用之資格，(4)特種考試丁等考試及格者，取得初級委任職任用的資格。其中第(1)或(2)項考試及格者，若其考試成績列中等者，亦得充以次等高級職位任用（見任用法第六條）。至於所稱高級薦任，高級委任，中級以上委任，初級委任等，任用法施行細則第七條有解釋規定。

二、**考試或考績升等**——舊法對于升等，係採考績與考試雙軌制。其經銓敍機關銓定薦任或委任最高級俸後，任職滿三年以上，總考列一等以上者，取得升等任用之資格。未經專科以上學校畢業之委任職人員升等任職時，或雇員升委任職職時，均須經升等考試。（舊法第十一條）換言之，已經專科以上學校畢業者，卽不須經過升等考試。又薦任職升簡任時，則未有規定。故名義上雖採用考績與考試雙軌制，而事實上則偏重於考績升等。現行任用法對于此條，曾作重大之修正。修正後之現行任用法，乃加强考試用人的精神，於該法第七條第一項規定：「公務人員之升等，須經升等考試及格」，但爲求逐漸推行考試用人範圍並兼顧現行環境的需要起見，除依考試法第十八條規定特種考試的甲等考試及格者取得修正後的公務人員任用法第七條第二項規定的簡任職任用資格外，仍可依同條（任用法第七條）第二項規定的資格辦理，亦卽：經銓敍機關審查合格實授敍薦任最高俸給後，任職滿三年，連續三年考績，一年列一等，二年列二等以上，並具有左列資格之一者，取得簡任職升等任用的資，不受前項規定之限制，(1)高等考試及格者，(2)特種考試之乙等考試或相當於高等之特種考試及格者，(3)薦任職升等考試及格者，(4)專科以上學校畢業者。是立法的原意，對今後各機關任用簡薦委任職人員時，原則上自以考試及格者爲主，惟對於簡任職人員之任用，如合於上述學歷條件之一者，仍部份暫採考績與考試雙軌制，以便逐漸推行。

三、銓敍合格——所稱在本法施行前依法銓敍合格者，指在本法施行前依左列法規經銓敍機關審查合格，或准予登記人員具有合法任用資格者爲限。

1. 依公務員各種任用法規及各機關組織法所定任用資格審查合格者。本項包括範圍甚廣，凡依公務員任用法（舊法）或其他特種任用法規如主計人員任用條例、技術人員任用條例、交通事業人員任用條例、警察人員任用條例及法院組織法有關任用條款審查合格者均屬之。

2. 依「現任公務員甄別審查條例」「公務員登記條例」審查合格領有銓敍部證書者。現任公務人員甄別審查條例爲民國十八、九年之間，因應各機關事實需要而訂，並舉辦全國現任公務員甄別審查，俾各機關現任人員在極寬之條件下，取得公務員任用資格。依法審查合格人員，均領有證書，以資證明。公務員登記條例，係就公務員之資格，翔實審查登記，合格者並發給證書，作爲法定證明文件。

3. 依聘用派用人員管理條例實施辦法第二條甲、乙兩款第一目，及第三條甲、乙、丙三款第一目審定，准予登記者。上述所稱各條款，簡言之，係說明曾擔任聘派人員，必須具有簡任或薦任職資格，而後其所獲得的年資在任用上始得採計，至於依聘派人員條例實施辦法其他條款取得任用資格的人員，依正式任用時不予採計。

4.經國民政府專案核准任用人員銓敘有案者；抗戰期間，對於各機關現任人員未具合法資格者，由考試主管機關，根據各機關之實際需要，專案報請國民政府核准任用，並依公務員登記條例或甄別條例予以銓敘。此項人員，亦可認為銓敘合格。

5.依其他法規審查合格認為與銓敘合格有同等效力領有銓敘部證書者。所謂其他法規，包括範圍甚廣，如依特種考試復員軍官佐轉業考試及格人員轉任文職條例審查合格者，及在行憲前依黨務工作人員資格審查辦法審查合格者，均可認為銓敘合格。

第四節　公務人員任用的限制

公務人員的任用，除須具備前節所述的資格條件外，尚須注意及有關的因素以及各種限制，茲分敍如下：

一、**任用時應注意的要素**——依照公務員任用法第二條：「任用公務人員時，應注意其品性及對國家的忠誠。其學識、才能、經驗、體格、應與擬任職務之種類性質相當，如係主管職務並注意其領導能力」。此項條文，在立法意義上甚爲重要，此蓋公務人員從事公務，直接關係國家利益，設若品性不良，甚或有不忠國家情事，影響至爲重大，因此應由任用機關於該公務員任職前切實考查，並令其呈繳現任同職等以上公務員二人以上的保證書，並隨時加以注意，其應依照宣誓條例規定舉行宣誓者並應依規定辦理。至於品行、學識、才能、經驗、領導能力等項，亦極重要，因爲我國現行任用法所規定資格乃籠統規定，所謂考試及格、銓敍合格，至何種考試及格適宜擔任那種工作，銓敍合格簡任職任用者，其過去擔任那一種性質工作並無具體說明，因此第二條所謂應與所擬任職務相當，就非常重要。否則學工程者擔任財務，學財務者亦可濫于工程之列，殊失因才器使之道。但不可否認我國目前多數機關對本條視若具文，此點不得不特予說明加以注意者。

二、**消極資格的限制**——照現行公務任用法第十五條規定：有左列情事之一者，不得爲公務人員」，亦卽公務人員應消極不具有左列各事，始得任用，亦卽：

1. 犯內亂罪外患罪經判決確定或通緝有案尚未結案者。所謂犯內亂罪，外患罪，經判決確定，不僅限犯刑法第一章，第二章之內亂，外患罪。卽犯陸海空軍刑法第一章之叛亂罪，及懲治漢奸條例，懲治叛亂條例之罪，經判決確定，亦當屬之，通緝有案，尚未結案，係指有犯內亂罪，外患罪，之嫌疑，經法院通緝，尚未結案而言」。

2.曾服公務，有貪污行爲，經判決確定，或通緝有案尚未結案者。所謂「曾服公務，有貪污行爲」，經判決確定，範圍甚廣，現未有界說。據銓敍部解釋，謂公務員犯刑法瀆罪中要求期約，或收受賄賂，或其他不正利益者，卽爲貪污行爲。如經判決確定，照公務人員任用法第十七條規定，永不得充任公務人員，（考銓月刊第五十一期任用法疑義解釋）。所謂通緝有案，尚未結案，義與前同。

3.依法停止任用，或受休職處分尚未期滿，或因案停止職務，其原因尚未消滅者。依公務員懲戒法第四條規定，撤職，除撤其現職外，並於一定期間停止任用，其期間至少爲一年。休職，除休其現職外，並不得在其他機關任職，其期間至少爲六個月。本款上半段所謂依法停止任用，或受休職處分，尚未期滿，卽係指依公務員懲戒法，由懲戒機關決議予以撤職停止任用，及休職處分尚未期滿而言。因案停止職務，其見於法令者計有三處。一、爲公務員懲戒法第十六條規定，「懲戒機關，對於移送之懲戒事件，認爲情節重大者，得通知該管長官先行停止被付懲戒人之職務。」第二項，「長官對於所屬公務員，依第十一條之規定送請監察院審查，或公務員懲戒委員會審議，認爲情節重大者，亦得依職權先行停止其職務。」二、爲同法第十七條，「公務員有左列各款情形之一者，其職務當然停止：㈠刑事訴訟程序實施中被羈押者。㈡依刑事確定判決，受褫奪公權刑之宣告者。㈢依刑事確定判決受拘役以上之宣告，在執行中者。三、爲刑事訴訟法第二百二十條，「公務員因執行職務，知有犯罪嫌疑者，應爲告發。」依本條規定，如長官對於屬員發現有犯罪嫌疑，亦得依職權予以停職移送法辦。本款下半段，所謂因案停止職務，其原因尚未消滅者。即係指依上述法令之停職，其原因尚未消滅者而言。至若停止任用，及休職之期間已屆滿，停職之原因已消滅，自不受本款之限制。

4.褫奪公權，尚未復權者。褫奪公權，爲從刑之一種。（刑法第三十四條）宣告六月以上有期徒刑，依犯罪之性質，認爲有褫奪公權之必要者，宣告褫奪公權一年以上，十年以下。（刑法第三十七條）褫奪公權者，不僅褫奪爲公務人員之資格，且褫奪爲公職候選人之資格，及行使選舉、罷免、創制、複決四權之資格。（刑法第三十六條）本款所稱褫奪公權者，不得任爲公務員，係指在褫奪公權期內而言。（見司法院解字第三六四一號）若經復權，則不在此限。

5.受禁治產之宣告，尚未撤銷者。對於心神喪失，或精神耗弱，致不能處理自己事務者，法院得因本人配偶，或最近親屬二人之聲請，宣告禁治產，禁治產之原因消滅時，應撤銷其宣告。（民法第十四條）宣告禁治產之人，在法律上已無行爲能力，（民法第十五條）自應限制不得任公務人員。

6.經合格醫師證明有精神病者。在事實上已屬精神失常，自不能爲公務效力。但依本款精神病含義至廣，是否失從事公務能力必須合格醫生之證明，否則無端剝削其從事公務權利，自屬不當。

三、迴避制度——依任用法第十三條規定：「各機關長官對於配偶及三親等以內血親姻親，不得在本機關任用，或任用爲直接隸屬機關之長官。對於本機關各級主管長官之配偶及三親等以內血親姻親，在其主管單位應迴避任用。應迴避人員之任用，在各該長官接任以前者，不受前項之限制。」本條所規定，其主旨乃在避免長官利用權勢，安插私人，以致相互攀引敗壞官常。至於此地所稱的血親，依民法解釋有直系血親與旁系血親兩種，所謂直系血親指已身所從出或從已身所出之血親。所謂旁系血親指非直系血親而與已身出於同源之血親。至所謂姻親係指血親之配偶，配偶之血親，及配偶血親之配偶而言。

第五節　公務人員任用程序

公務人員任用須經一定的程序，一般言之，所謂派代、任用、審查、任命爲必經的步驟。但在派代與任用之間，又有所謂試用、學習等階段。同時於任用送審後對銓敍機關銓定的資格與級俸不滿意，尚可進行複審。這種種程序成爲公務員任用的精髓部份。茲依其次序，逐一敍述如后：

一、**派代**——派代爲任用的第一項步驟，所謂派代，簡言之，乃具有任用權的機關長官，對於具有任用資格的人員，令派代理某種職務之謂。由此可知，派代也者應有二項主要意義，第一派代是屬於主管任免權的一種，但必須是在法令規定上具有該項權限，同時要以要式行爲爲之，口頭或非正式文書的派代俱不生效。第二派代之人員係具有任用法上的資格條件，此地所稱的資格條件，包括積極與消極兩種，所謂積極條件乃必須具備本章第三節壹項所敍述的某種條件，所謂消極條件，則指必須不具備前節所稱各種消極條款的限制以及應行廻避等事項。

不過在現行任用法另有一項新的規定，此爲過去任用法所無，亦卽：「各機關任用人員，得設立甄審委員會，就具有任用資格之候用人員公開甄審」。（任用法第八條）。本條的主要精神，在加强公開用人的制度，以避免機關夤緣倖進而昭大公。論者或謂此條規定有剝奪主管任用權之嫌。但注意條文中「得」字，可見並無拘束性，設立與否仍由首長裁決，不過由於本條的規定，提示任用上健全原則而已。

二、送審——所謂送審，係指公務人員於任用後依照任用法規所規定檢送資歷證件送請銓敍機關審查之謂。關於送審，在任用法及其施行細則上有幾點主要的規定：

第一、時間的規定——各機關對於所屬公務人員予以派代之後，應卽於一個月內塡具「任用審查表」，送請銓敍機關依法審查。（施行細則第十二條）

第二、手續的規定——公務人員送審時，應繳送有關證件，其中包括履歷表、保證書、公立醫院健康證明書以及學經歷證明文件。此地所指證明文件，依任用法施行細則第十三條規定，證明考試及格者，須有(1)考試及格證書，(2)考試及格人員分發憑照，或考試機關之證明文件，(3)其他足資證明之公文書。證明銓敍合格者，須有(1)銓敍機關審查通知書，(2)銓敍機關所發各種證書及證明書，(3)其他足資證明之公文書。證明學校畢業者，須有(1)畢業證書，原學校畢業證明書，或臨時畢業證書，失時效者(2)教育部或主管教育行政機關之證明書，(3)其他足資證明之公文書，或畢業時刊印之同學錄。證明服務經歷者，須有(1)任命（令）狀及卸職證件，(2)原機關或上級機關之證明書，(3)其他足資證明或依公務人員資歷審查證明補充辦法提出之文件。

第三、程序的規定——依任用法施行細則第十二條二項的規定「委任人員由任用機關或其上級機關核轉，薦任人員由主管院部（今處局）省（市）政府核轉，簡任人員一律由主管院核轉，但總統府及其直屬機關及國民大會秘書處所屬人員，均分別由總統府秘書長或國民大會秘書處核轉。

三、**銓敍**——所謂銓敍指銓敍機關根據任用法規就送審人員的資歷證件加以審查以銓定其資格並敍定其級俸之謂。銓敍機關於審核各該送審人員的資格時，當然是根據任用法上的規定。同時並把審查的結果，以任用審查通知書將審查結果通知送審人。不過審查的結果，除了對不合任用資格者予以退回外，尚有幾種不同任用資格的認定，這在公務員身份上具有甚大的意義。

其一是「合格實授」——合格實授代表該一公務人員具備了常任文官的地位，並完全符合擔任各該職等工作的任用要求，嗣後改任用職等的職務或其他毋庸再行審查資格的職務時，可不顧送請審查。至於合格實授所要求的條件有以下幾種：(1)曾經依公務員任用法規銓敍合格者，(2)高等考試或相當於高等考試之特種考試及格，先以委任職任用者，(3)審定試用或見習人員，試用或見習期滿，經銓敍機關審查成績優良者(4)升等任用人員得有升等待遇（即年功俸）滿一年者。

其二是「先予試用」——先予試用代表其公務員身份尚未完全確定之謂。凡具有任用法第四條所定任用資格，而係初任該職等職務者。（但高考及格任委任職務雖係初任，銓敍時爲合格實授）任用法第九條規定，應先予試用一年，試用成績及格，予以實授，不及格者由銓敍機關分別情節延長其期間，最長以六個月爲限，延長後仍不及格，得停止其試用。

其三是「准予試用」——凡依據非常時期公務員任用補充辦法二條一項核定者俱爲「准予試用」，此類人員應試用或見習期滿，經考核成績優良者始得正式任用。此類人員通常爲儲備登記的人員，如儲備登記荐任試用者，於任荐任職務送審時，即審定爲「准予試用」。

其四是「准予登記」——凡引用聘派條例送請審查者，均爲准予登記，此類人員除非依任用法正式取得任用資格，則擔任聘派職務時的年資始得計算。

其五是「准予任用」——准予任用爲對適用特殊法規而任用的人員而言，或爲各機關的秘書長以及主管機要的秘書等，此類人員並無任用法上的資格，自不得特殊保障。

銓敍由上所述，足可瞭解，乃銓敍機關對於公務員所具身份的一種確認，在法律上有很大的意義，因爲各機關所擬任各職等的公務人員，經銓敍機關審查不合格時應卽停止其試用。（任用法十條後段）

四、請簡、呈薦及委任——各機關派代的各等人員，經送請銓敍機關審定後，依任用法第十條規卽應由原機關依法分別請簡、呈薦及委任。所謂依法，此地所指的應是憲法第四十一條的規定，總統依法任免文武官員。因爲公務人員在形式上均應由　總統任命。簡任者，　總統親自選任之意。薦任者，由主管機關荐請　總統任命之意。委任者法律委任各機關委任之意。由此可知，委任人員，是由各該機關自行委任之，凡經銓敍機關審定爲合格實授者，發給委任狀，經審定爲試用或見習者，發給委令。而薦任及簡任人員，由主管院（指五院）呈請　總統任命，但未經銓敍機關審定爲合格實授者，尚須經試用階段。

五、動態登記——依公務人員任用法施行細則第十二條第三項的規定：「經銓敍合格之現任各職等人員調任，或改任同職等職務，或其他毋庸再行審查資格之職務時，應依送審程序專案送請銓敍機關辦理動態登記。」換言之，動態登記是以銓敍合格人員經改任爲同官等同性質的職務爲限，所以經銓定爲試用人員，或調任不同官等或不同性質的職務者，均不能報送動態登記，而須重新送審。但除了調任或改任職務外，有下列情事之一者，亦可塡報動態登記書。亦卽㈠升等，㈡退職，㈢停職，㈣留職停薪，㈤復職，㈥兼職，㈦死亡，㈧更姓或改名，㈨撤職、休職、減俸、降級、記過、申誡，㈩記大功或記大過，⑪卸職。

六、複審——所謂複審係指公務人員由於對銓敍機關所銓定的級俸或級俸不滿意，而依法定程序檢同有關證件，再行請求重新審查之謂。複審依照任用法施行細則十三條的規定亦有幾點限制：

㈠時間限制：聲請複審應於接到銓敍機關任用審查通知後一個月內爲之。

㈡次數限制：聲請複審以一次爲限。

㈢聲請程序：與送審程序相同。

㈣聲請要件：應提出確實證明或理由。

第六節　現制的改善

一、關於制度改進者——新公務員任用法施行後的任用制度，較諸以往確有甚大的進步。修正後的任用法明文規定公務人員考試及格優先任用，廢除設階任用制度，升等須經升等考試，機要人員不受保障，限制兼代職務等都可以說是針對往日缺點加以改進者。惟修正後任用法，囿於情形特殊，乃明定有特殊任用法之存在，此點亟應早日完成立法手續，明定考試及格者優先任用，以期法律與事實可以兼顧。其次，候用列册制度之建立，固予各機關選用公務員以極大方便，較開送合格人員名單具有彈性，然名册中所列者僅爲姓名、職等、類別，選擇之際，實同暗中摸索，而既經選定之後，於所選人員的品行學識才能經驗及領導能力，是否與擬任職務性質相當，僅憑所繳自傳考查，亦頗嫌不足。考試及格與銓敍合格人員，爲數衆多，要一一編印入册，所需人力浩大，所費不貲，亦決非銓敍部現有人力財力所能擧辦。列册徒具其名，不足以收「考」「用」配合之效。美國之開單制，較爲有效，似宜仿行。其三、除現行公務人員任用法外，特種任用條例，竟達十餘種之多，對考試用人制度不無破壞，且造成任用制度之混亂。改善之道，應亟謀廢除此等特種任用條例，並併入任用法，以期任用制度之統一與簡化。最後，關於初任人員學習或試用的規定，用意雖美，然對於學習或試用期間如何指導，期滿如何考核，並無切實有效之辦法，亦應適應需要，加以改善。

現行分類職位公務人員考試法係本爲事擇人，考用合一的考試制度，考試及格者分發各機關任用。民國五十七年十二月十八日修正公布的公務人員任用法第四條明定『考試及格人員，應由銓敍部分發各機關任用。但行政院及所屬各機關任用人員，由行政院人事行政局分發，其分發辦法，由考試院會同行政院定之。因之，『候用列册制』已經廢止，而採行『分發任用制』，實是任用制度上一大改進。惟事實上，行政院與考試院在考試用人方面，多未能密切配合，考試及格人員的種類、專長、年齡、時間、人數常不能完全適合用人機關之需要，以致分發任用發生困難，致使考試及格不克及時獲得職位，對考試制度的威信不無妨害。而用人機關亦多有圖方便，任親私，而不歡迎考試及格者，亦是一大病詬。凡此缺失應切設法，加以改進。

二、關於制度改造者——依現制，高等考試與普通考試爲國家的掄才大典，而特種考試則是適應特殊需要的臨時措施。掄才大典考試及格者祇取得任用資格，並不能獲得實際任用。而臨時措施之特種考試及格者反及時得到任用。主從莫辨，喧賓奪主，似非應採取的人事行政制度之正道。如何徹加改造，實爲應迅謀解決的要務。在行憲前，高等考試與普通考試均爲任用考試，卽考試及格者予以分發任用。行憲後二者均改爲資格考試，卽考試及格者僅取得任用資格，列册候缺，何時獲得任用，不得而知也。考試院每年循例擧行高等考試及普通考試，及格錄取者多者千人以上，少者幾百人。二十餘年來，高普考及格未獲得任用者，爲數甚多，徒失考試制度的威信與尊嚴。考而不用有失考試制度的本意。今日所以造成『考』『用』不能配合的主要原因，是由於考試院考取人才，並未完全根據用人機關的實際需要。考者自考，用者不用，遂形成考用不能合一的不合理現象。改造之道在於考試機關根據任用需要錄取人員，不可超額錄取。根據此種原則，則資格考試的高等考試及普通考試應予停辦；將任用考試的特種考試改作用人之正途。考用合一徒成口號，只有實行用考合一，方能解決問題。

憲法上雖明文規定：『公務人員非經考試及格，不得任用。然實際上，考試及格人員在全體公務人員中所佔比例，則甚少，民國六十三年佔百分之二九・二九，六十四年者佔百分之三一・五四，六十五年者佔百分之三二・四九，六十六年者佔百分之三二・八七，六十七年者佔百分之三三・七五（根據民國六十八年五月十六日人事行政局向立法院法制委員會所提之工作簡報第六頁）。因有所謂政務官、教育人員、研究人員、公營事業人員、機要人員、派用人員、聘用人員、技術人員、專門職業人員、臨時人員等均未納入考試用人之範圍內。政務官、機要人員範圍如何，應以法律予以規定。教育研究人員、公營事業人員之任用亦應制定法律予以管理。縱使有一些非常任事務官可以不經由考試，然亦應有立法規定之。決不可任令百分之六六・二五的公務人員之任用陷於長期的『無法』或『以命令替代法律』的不合理狀態，致損害『法治』精神。

第十九章　公務人員的考績

考績乃是政府對於公務人員的工作成績加以查核，用以作爲奬懲的依據。由於公務人員考績的結果，常影響及公務人員權利義務的得失變更，故必須有其法律的依據。我國公務人員考績法，常經修改。最早通用者爲民國十八年國民政府所公佈者，而現行所適用者爲五十九年八月二十五日所修正公佈，其中對考績項目，考績等次以及運用考績以加强主管人員指揮監督權上，俱有重大修正而暫趨完備。茲依據該法，將我國考績制度分節敍述如後：

第一節　辦理考績的機關

公務員考績爲考試院職掌，由銓敍部主管，但實際辦理考績者則爲各機關。而各機關於辦理考績時，又有一定程序，茲依照程序，分別說明辦理考績的機關及人員：

一、**主管人員執行考績**——考績爲主管監督權的一種，實質上亦唯有主管人員最瞭解屬員的工作，因此考績乃由各受考公務員的直接主管就考績表的項目，依其成績評分塡於表中。

二、**考績委員會執行初核**——依考績法第十一條規定：各機關辦理考績，應組織考績委員會執行初核，其委員會由五至十五人組成之，除本機關人事主管人員爲當然委員外，餘由機關長官就本機關人員中指定，並以其中一人爲主席（見考績委員會組織規程第二條）。考績委員會除掌理本機關職員及直屬機關長官副長官考績考成之初核或核議事項外，並核議關於公務人員考績法第十三條所規定之覆審案件人員及其他有關考績考成之核議事項（見考績委員會組織規程第三條）。

三、機關長官覆核——考績經考核委員會開會執行初核後，呈送機關長官覆核，如對初核結果有意見時，交回考績會覆議，覆議結果仍不同意時可變更之，但應註明事實及理由，以明責任。

四、銓敍部訂定標準並作最後核定——銓敍機關負有訂定考核細目或標準之責，但遇職務性質與規定細目或標準不適宜時，得由主管機關商請銓敍機關另定之（見公務員考績法第三條）。至於考績結果，經各機關首長覆核完畢後，即由人事主管人員依據其平時考核所定獎懲，依法予以加減，計其實得總分。此時人事主管人員即依職等分別造具考績（考成）清册，各職等考績考成人員人數統計表，依規定時限報送銓敍機關核定，但考列二等及三等人員得免送考績表，公務人員考績分數及獎懲，銓敍機關如有疑義，應通知該機關詳復事實及理由，或通知該機關重加考核，必要時得調卷查核或派員查核（考績法第十二條）。考績經核定後，須即通知各機關，並以副本抄送審計機關備查。

五、各機關轉知考績結果並執行——各機關接到通知後，應以書面將核定結果通知受考人員，列五等者須附具事實及免職原因（考績法第十三條）。至於考績結果一般均自次年一月起執行，惟對考列五等應予免職的人員，於確定後執行，但各機關得先予停職（考績法第十四條）。

六、考列四等者得申請復審——考績核列四等受免職處分的人員，依法得向上級機關復審，無上級機關者，向本機關申請。如仍不服時，得向銓敘機關申請再復審。復審應於收到免職通知書卅日內為之，而復審與再復審的決定期間均以三十日為限。

第二節　考績的種類

我國民國四十三年公佈的考績法，對於考績的種類原分三種：卽年考、總考及另予考績等是。現行修正後的考績法將總考及另予考績廢除，僅餘年終考績一項，不過現行考績法的一項特點，卽在考績法的本身加强平時考核的執行。是以考績的種類，若予大致的分類似有兩種，一為年終考績，二為平時考核。

一、年終考績——依考績法第二條規定，「公務人員任現職，經銓敘合格實授，至年終滿一年者，予以考績」。由上述規定年終考績有二項應行注意事項。其一是受考人的條件必須是任現職，並係銓敘合格實授。如非現職人員，或准予試用等人員則不得參加考績，不過任現職不滿一年的人員得以前經銓敍有案的同一職等職務，合併計算。但以調任並繼續任職者爲限。至於不受任用資格限制人員，派用人員，及其他不適用考績法人員（如公營事業機關人員及雇員）的成績考核謂之考成。派用人員的考成準用考績法的規定（考績法第十七條）。其他人員除雇員另訂有管理條例可資適用外，由各機關參照考績法的規定辦理（考績法第十八條）。而教育人員的考績則另以法律定之（考績法第十九條）其二是每年擧行考績一次，並須於年終擧行。不過這僅是正常情形，凡確有特殊情形，得由該機關長官先期報經銓敍機關核准展期補辦。

二、平時考核——平時考核，在舊的考績法中並無明文規定，僅於其實行細則中規定公務人員之平時成績，應由機關長官責成各級主官人員嚴密考核製定工作紀錄簿，詳實紀錄，以作年終考績之重要依據。但實行以來成績並不理想，同時在效力上言，不過僅爲行政命令而已，違反者亦不能謂之爲違法。現行考績法爲加强平時考核的作用，用以作爲年終考績之依據起見，特於考績法第八條規定：「各機關長官對所屬公務人員平時成績考核，須嚴密執行，每一工作人員承辦的事務，應具體記載，作長官考核的參考，各級主官應備考核手册，紀錄所屬人員的事蹟，分層負責，切實考核。」依照規定似非貫徹實行不可，否則卽屬違法。同時更於施行細則第八條中規定，各機關或其上級機關應斟酌業務情形，自行訂定各公務人員記載其承辦業務的方式，而各級長官亦當備考核手册，紀錄其屬員事蹟。如此分層負責切實考核，自不致流於形式。不過據筆者所知，銓敍部迄未訂定考核手册，頒發適用，至於將來適用結果如何亦未可預知。

第三節 考績的項目

一、考績的標準——我國往昔考績法，對於考績標準分爲工作、學識、操行三項。至於才能的優劣，則包含於工作與學識之中，並未專項列出。但工作之能達到預定標準，操行能做到奉公守法，學識能應付其本身工作，並不一定能代表該一工作人員的全部，主要的還要考核有無其他「潛能」，以爲將來升任較高職務之參考。尤其對於主管人員之領導才能，更應注意考核。考試院採納各方建議增列「才能」一項爲考績項目，是以現行考績法中所規定的項目共有四項：工作、操行、學說與才能（第三條）。

至於考核的細目或標準，本屬銓敍部的職權，故考績法規定由銓敍部訂定之，但爲適用各機構特殊性質的需要，又規定各主管機構遇職務性質與規定細目或標準不適宜時得商請銓敍機關另定之以資富有彈性。考績細目與標準，在現行考績法施行細則第三條及公務人員考績表中可見到「工作」及「操行」項目下的細目俱有四個；在「學識」與「才能」項目下則各爲二個；另於每一細目下詳細規定考績標準。

二、**項目與分等**——至於在考績上每細目所佔分數比率，工作爲百分之五十，操行爲百分之廿，學識才能各佔百分之十五。考績的等次係依總分而定，舊考績法中原分五等，現在改爲四等：(1)一等—係八十分以上者，(2)二等—係七十分以上未滿八十分者，(3)三等—係六十分以上未滿七十分者，(4)四等—不滿六十分者，(5)五等—係未滿五十分者（考績法第四條）。公務員考績等次固依考績總分而定，但各機關列一等人員依舊考績法規定：「各機關考績除機關長官應由上級長官斟酌情形合併或單獨考績外，其列一等人數不得超過同職等各該職務受考人數三分之一」。這一限制致形成列一等者輪流分配，失却考績的意義。因之新修正之考績法取消此一限制。新修正之考績法，有兩個重大的改革，是與舊考績法不同者、第一是同一官等而又同職務者，列一清册。依舊考績法規定，凡機關內同官等人員，均同列一清册，辦理考績，如簡任官等之司長、參事、秘書、薦任官等之科長、秘書、視察、科員、委任官等之股長、科員、辦事員，均列入一個清册之內，以資比較。惟依多年來辦理考績所得的經驗，深感此一辦法，難以達到考績公平的目的。因爲官等雖同，而所任職務各異。有擔任主管職務者，有擔任非主管職務者，其工作的繁簡難易及責任輕重，各有不同。如僅就其官等一併考績，殊難作公平之比較。因此非主管人員，難以獲得列一等的機會。因此爲謀補救上述的不平及爲使業務成績易於比較起見，故有該條的修正，以同官等同職務列一清册。依此辦理，其優點有四：㈠職務相同的人員，其業務內容，與工作的性質，自屬接近相同，辦理考績時，考核其成績的等次，易於比較。㈡既係以同官等的各該職務列爲一册，考列一等人員的機會較多，以往不平的事，當易於解決，同時亦合於一般公務人員的願望。㈢可激發同官等各該職務人員的工作性趣，隨之提高了工作效率。㈣可免除或減少長官評分上的困擾，引起同仁的爭議。第二是各機關正副長官的考績，可由其上級長官斟酌情形，合併或單獨列册。這項彈性規定，也是針對舊考績法缺點而謀求補救的。因爲從一個附屬單位多，其正副首長業務又近似而言，機關長官若決定將之合併列册，藉資比較自無不可，事實上亦有甚多方便之處。但若就另外情形言之，中央部會中的常務次長或副委員長，則與各該部會內同官等的司長、處長、參事、秘書等，雖同屬事務官，然其地位畢竟不同。如同列一清册考績，自不相宜，因爲常次及副委員長，由於其地位不同，故每年考績均列一等。而其他同官等人員，即減少考列一等名額的機會，故難免引起不平，這種情形下，當以分列爲宜。

第四節　考績的獎懲

關於公務人員的考績的獎懲方式，在現行考績法上依其年終考績與平時考核而分別規定，但兩者又有其密切關係：

一、年終考績與獎懲——依考績核列的等次而不同：

一、列一等者，晉俸一級，給予一個月俸額之一次獎金，已晉至本職最高俸給者，晉年功俸一級，給予一個月俸額之一次獎金，已晉至年功俸最高額者，給予兩個月俸額之一次獎金。

二、列二等者，晉俸一級，晉至本職最高俸給者，給予一個月俸額之一次獎金。

三、列三等者，留原俸級。

四、列四等者，免職。

上敍規定，僅適用在考績年度內未依法晉敍或提敍俸級者，凡在考績年度已依法晉敍或提敍俸級一級者除依考績法第八條之規定，因記大功二次而再行提敍俸級一級者外，列一等時，該公務人員僅另予半個月俸額之一次獎金，提敍俸給二級者，考列一等時，僅給予獎狀（考績法第十條）。

再現行考績法中，對於考績升等，僅適用薦任升簡任，並須具備下列二項條件：㈠經銓敍機關審定合格實授敍薦任最高俸給後，任職滿三年，連續三年考績一年列一等，二年列二等以上。㈡具有高等考試之特種考試，或薦任職升等考試及格，或專科以上學校畢業之資格者，以簡任職升用，無缺可

補時，給予簡任存記

二、平時考核與功過——依平時的工作表現與態度而決定，在獎勵方法上有嘉獎、記功、記大功三種。在懲處方法上亦有申誡、記過、記大過三種。嘉獎三次作爲記功一次。記功三次，作爲記大功一次，申誡三次作爲記過一次。記過三次作爲記大過一次，功過得相互抵銷。記大功大過人員，應報銓敍機關備案。

至於上述獎懲措施所發生的後果，依現行考績法第八、九兩條的規定，在年終考績時，發生左列非常重大之影響：

1.公務人員在考績年度內記大功達兩次，未依照規定抵銷者，應卽晉一級並加發半個月俸額之一次獎金。

2.記大過達兩次未依照規定抵銷者，應卽予免職。但免職人員得申請復核。

3.平時考核之功過，除依前條規定抵銷或免職者外，曾記大功兩次人員，考績不得列二等以下，曾記大功一次人員，考績不得列三等以下。曾記大過一次人員不得列二等以上。

由於以上證明，現行考績法與未修正前之考績法相比較，在考績獎懲方面有幾點不同：

1.晉俸可不受階的限制，但以一級爲限，並改發獎金。舊考績法原規定，凡年考列一等人員，晉俸二級，列二等人員晉俸一級。現因設階及總考廢除，如仍照此辦理，則公務人員的晉敍速度，過於快速。倘一律給予晉俸一級之獎勵，則又無由分別等次高低。再政府實行統一薪俸後，晉俸一級與晉俸二級相差甚微。一般公務人員對於獎金的給予，則希望致爲迫切。基於以上原因，故考列一等與考列二等，同爲晉俸一級，惟爲求區別而實惠起見，對於前者多給半個月或一個月俸額的一次獎金。

2. 加强長官監督之權——現行考績着重平時考核，精神上由於上述第八條規定，對於記大功達兩次的人員，予以晉級及獎金的獎勵，對於記大過達兩次者，予以免職的處分。不特加强了主管長官的行政監督權，也提高了一般公務人員的警惕性。如能切實執行，則今後各機關的風氣必可爲之丕變，此爲修改考績法主要精神之一。

3. 薦任職考績升等應以學歷爲基礎——依照舊法規定，公務人員的升等，除未具專科以上學歷由委任升薦任時，須經升等考試外，其餘絕大多數係採考績升等制度，若衡之憲法規定考試用人，自屬距離尙遠。現行考績法規定，對於薦任的升等，除以年資的累積外，並須以「學力」或「學歷」爲基礎，始能構成升任薦任官的資格。因爲今後科學日益昌明，國家政務日益繁重，社會潮流日益複雜，作爲政府薦任職的公務人員，如僅憑年資的積疊，而無基本學理爲之運用，自難負荷重任，尤無研究發展的能力，故應由具有相當學歷或資格的人員來擔任始屬相宜。

第五節　現制的改善

一、關於考績制度者——現制關於考績的辦理，規定各機關組織考績委員執行初核，主管人員考核所屬人員，在評分時應依據考績表中詳定考績項目及給分標準，同時以平時成績考核記錄及獎懲爲評定分數的重要依據，受考人對考績結果有疑問可聲請覆審，獎勵方面不以考績爲升等的唯一依據，以及廢除爲人所詬病的晉俸升階的限制等，均足顯示其優於舊法。惟以現訂考績項目及標準言，固較以往進步，究仍失於籠統，且無工作標準書之實施，於各項職務應達成之標準無可比較，而所謂平時考核尙無確實紀錄可資依據，評分之際自難免主觀臆斷甚或上下其手。關於平時考核既有翔實紀錄的規定，自應制定格式印發，切實實施。而工作標準書固向昔所無，似亦應準備擬訂。在考績方法方面，迄今以着重行爲動態或特點的浦洛布士法(The Probst System)與特殊貢獻及一般考核並重的歐特偉法 (Ordwaym ethod) 較佳，似可參考研究，加以參擇。現在考績技術已趨專門化科學化，實不容再行故步自封。

就考績等次言，原分爲七等，較美制三等，英法兩國的五等均多，殊覺過於繁瑣，運用上甚不簡便，現行的考績法已減少爲四等，反而或可增强獎勵的作用。惟考列四等者有免職的規定，而免職爲最嚴重的懲處，在考列五等前相當時期應由主管根據平時紀錄及事實於一定時間前先通知改進，並囑示有關改進方法，觀其成效，再行評定。如此始能發生所謂寓敎於懲的目的，而產生積極作用。

二、關於考績實施者——無論如何完善的制度，必須切實實施，始能發揮其效能，達成其目的。以往考績制度自有缺點，但其遭人批評由於考核之不認眞者亦佔主要部份。此次修正考績法較前改進甚多，如何再於技術上求其完善固屬應當。但應如何加强考績的執行，使主管人員破除情面認眞辦理，實亦爲健全考績制度所必須致力的。現行考績法給予機關長官以列四等及記大過兩次即可使屬員去職的行政處分權。機關長官的行政監督權因以加强了。若能依此認眞執行，當可振作風氣，促進公務人員的服務精神提高行政效率。但在實際的考績的實施上並未收到此種效果。其原因有二：㈠多數的機關長官多持因循敷衍，得過且過的鄉愿態度，無魄力，無決心，不敢雷厲風行的行使考績監督權，一律給以一、三、三等的評分。對低劣人員亦不肯列爲四等，或予以記過，致考績流於形式。㈡際此待遇非薄之時，多數公務員均情緒不佳，精神不振，不是心平氣和的狀態，一遇拂意之事，每即挺而走險，滋生事端。機關長官爲息事寧人計，亦不敢對屬員給以四等考績。如何改造政治風氣，如何加强長官的魄力與決心，期以認眞實行考績，實爲應予解決的重要問題。如在考績法規定，機關職員考績，成績列四等者，不得少於全體受考人數百分之一，亦不失爲解決之一道。年終考績應以平時考核爲依據。而平時考核應有詳明的紀錄。但各機關對工作員的工作紀錄多付闕如或甚簡畧，致失考績依據殊屬不妥。對此亦須亟加改進。

長官對部屬考績採敷衍態度，從寬給分，在美國政府亦多有此現象。美國聯邦政府公務人員考績，成績分爲三等，即優(outstanding)、良(Satisfactory)及劣(Dis-Satisfactory)。而各機關考績結果，得『良等』者竟多至百分之九十八。不是眞負責，可以想見。在抗戰期間，考績失之浮濫，考列甲等者人數甚多，失却考績意義，所以三十八年一月一日公布之公務人員考績法規定，列甲等者不得超出受考人數三分之一。長官受此限制，誰列甲等，不肯認眞，竟流爲『輪流分配』，考績徒成形式。故五十九年八月廿七日修正之公務人員退休法刪除列甲等限三分之一之限制。然固此考績又趨於浮濫，列一等者人數大增。行政院乃頒佈行政命令，限定列一等者不得超出受考人數二分之一。考績結果乃是據以實行獎懲的根據。獎懲應並重。即使重獎輕懲，亦決不可無懲。然考之歷年考績，列四等受免職處分者，幾乎未有所聞。事實上，應行考列四等者不乏其人，而係長官持『鄉愿』作風，優柔敷衍所致。今後，要整飭機關綱紀，提高服務精神，機關首長必須負起責任，拿出魄力，認眞考核，勿寬勿嚴，獎懲得宜，列優者不可浮濫，列劣者亦不可放鬆。實事求是，綜覈名實，信賞必罰，紀律嚴明，公務風氣，組織氣候，必可大有改進。

第二十章　公務人員的俸給

公務員服務國家，政府給予報酬是為俸給。俸給在理論上講，不但應顧及其工作價值與貢獻，且應足以維持公務員在社會上一定身份與地位的生活。但是我國因處於非常時期，戰禍連年，政府財政隨之支絀，公務員待遇亦因告淸苦。由於這種事實，所產生的現象，一方面是俸級制度紛岐，有關機構或另訂體系或巧加名目，待遇上差別甚大；一方面則政府為顧及員工生活，又訂頒各種津貼，如服裝費、醫藥補助費、婚喪生育及子女教育補助費、暨眷屬生活補助費各種津貼辦法，並實行食物配給制度。這在俸給理論上，都有所違背者，但以格於事實，政府又有不得不然的苦衷。是以目前討論我國俸給制度，實難規劃全貌。茲僅就現行俸給法部份扼要敘述如后：

第一節　俸給法適用的範圍

我國目前適用的公務人員俸給法，為民國四十三年一月九日，總統明文公佈者。依照該法第一條及第十八條的規定，其適用的範圍應有二類：

一、**簡薦委人員**——此項人員範圍極廣，並不以適用公務人員任用法的公務人員為限。其他適用特種任用法規而定有簡任、薦任、委任等職者，均在適用之列。

二、聘派人員——依照公務人員俸給法第十八條規定，派用人員的薪給，準用該法的規定。實際上各行政機關聘用人員薪給的核敍，亦多適用公務人員俸給法之規定辦理。所謂聘用派用人員，係依據聘用派用人員管理條例及其實施辦法所聘用派用之人員。

不過吾人所須注意者，現今公務人員的待遇，並非完全依照現行公務員俸給法辦理，民國四十二年十一月十六日行政院頒布了軍公人員調整待遇辦法，其中分爲(1)統一薪俸，(2)各級主管職務加給，(3)眷屬生活補助費：此外另有實物配給，及婚喪、生育、子女教育四項補助費。

第二節　俸給的內容

俸給法第二條規定，公務人員之俸給，分爲本俸，年功俸及加給三種。玆分敍之

一、本俸——爲公務人員的基本俸，亦卽對各職等工作人員的報酬。我國現行公務人員俸給法，爲配合公務人員職務等級表，將本俸訂爲三十七級，其中簡任本俸分九級，薦任本俸分十二級，委任本俸分十五級，另加同委任一級，各級俸額，明定於公務人員俸給法第三條之附表中。

I現行俸給表——現行俸給表採從式俸表，亦卽晉級與升等不分。所謂晉級，係指依考績而改變

待遇之所謂升等；俸表係指因職責的提高而獲得晉升，實質上兩者應分別規定，始稱合理。

Ⅱ俸給等差——職等愈低，支俸的等差愈小，職等愈高，則支俸的等差愈大。俸給中所規定者除同委任爲八十元外，委任三階各級自十五級至一級，每級遞增十元。薦任三自十二級至九級，每級遞增十五元，八級至一級每級遞增二十元。簡任二三階中之各級及一階中之二三級亦即九至二級，每級遞增二十五元，晉至簡任一級，再增加三十元計爲六八〇元。

Ⅲ俸給單位——現行俸給係以銀元爲單位，折算通用貨幣發給。公務員銓敍上的給俸額，爲銀元數，在抗戰前南京時代，即按此數額支付銀元或國幣。抗戰後，以施行法幣政策，物價上漲，按此數額發薪，不足維持公務員的生活，遂有津貼的規定。自政府來臺後（三十八年底），公務員按臺灣省公務員的薪額發給新臺幣。

二、年功俸——年功俸爲對受職務等階限制的人員，因無級可晉，爲獎勵其服務成績，在級俸上所給予特別調劑之謂。年功俸的支給，與考績法相配合，考績法第五條對考績獎懲的規定：「……已晉至本職最高俸級者，晉年功俸一級……」。年功俸的支給，均以一級爲限，而其晉敍，以晉至高一階本俸最高級之同數額爲止（俸給法第十條）。如薦任三階人員，其年功俸以晉支薦任二階五級俸爲止。不過我人尙須注意者，年功俸又與職務等級表發生關係，因爲公務員的職務都有等階的限制，而公務員職務的調整以及升等晉階都有相當限制，此等人員若已晉至各階各等最高級者，其無級可晉，亦得給予年功俸。

三、加給——加給者爲對工作性質特殊或任職地區不同，所給予的待遇。依俸給法第五條加給分左列三種：

Ⅰ職務加給——對主管人員或職責繁重者給予之。

Ⅱ技術加給——爲爭取優良人員，對技術人員給予之。

Ⅲ地域加給——對服務邊遠或特殊地區，與國外者給予之，其情形約有四種：(1)危險地區，(2)物價昂貴地區，(3)邊遠及偏僻地區，(4)國外地區等。

第三節　敍俸的標準

公務人員本俸的支給，應依規定辦法，茲依俸給法及其施行細則的規定，敍述如左：

一、初任敍俸——依考績法的規定，凡初任各職等工作而無相當職等服務經歷的人員，均自本職第三階最低俸給起敍。但又因資格的不同，而有左列規定：

Ⅰ普通考試及格者，依法可自委任二階十級起敍。但其成績列最優等者，可自委任一階五級起敍。又四十二年以前普通考試及格者，依照銓敍部解釋，可參照公務人員俸給法施行細則第十五條之規定，自委任一階四級或五級起敍。相當於普通考試之特種考試及格者，其級俸之核敍，比照普通考試及格者辦理。

Ⅱ低於普通考試及格者，以自委任三階十五級起敍。不過對雇員升任委任職者，俸給的核敍，尙可分爲兩種情形：⑴雇員在公務人員俸給法施行前升任委任職者，自委任三階十五級起敍，支有年功俸者，按原敍級俸依俸給表所列同級應屬之階換敍俸給，其數額在舊俸表兩級之間，換敍較高俸給。但其年功俸之換敍，以敍至本階最高俸級爲止。其有超過本階俸級者，再換敍同級年功俸。⑵雇員如在俸給法施行後升任委任職者，依照銓敍部解釋，其敍級有三項原則：⑴在公務人員任用法施行前，雇員已取得委任資格者，於新法施行後升充委任職時，其級俸應自委任十五級至十級起敍。其原支之考成薪，應予照支，其薪額照薪俸表同級之俸支給。⑵在新法施行後雇員取得委任職資格者，升任委任職時，其給俸應自委任十五級起敍。其原依雇員支薪考成規則所支薪額照前項規定辦理。⑶前兩項支原考成薪人員，考績時不暫加俸，俟級俸一致時，再行級俸並晉。

Ⅲ曾於高等考試及格，依法自簡任三階九級起敍。其先以薦任一階任用者，敍薦任一階一級。

Ⅳ高等考試及格，依法自薦任三階十二級起敍。其先以委任一階任用者，敍委任一階一級，並不受職務等階的限制。又四十二年以前高等考試及格者，依照銓敘部解釋，可自薦任三階十級起敍。相當於高等考試之特種考試及格者，其級俸的起敍，比照高等考試及格辦理。

二、調任或改敍俸——依照公務員俸給法的規定，公務員俸級非依法不得晉敍或降敍。因此曾經銓敍合格人員，調任、或改任同等職務時，仍依原階原俸級核敍，不受任用資格限制人員調任或改任；受任用資格限制之同職等職務時，得依原階原俸給核敍（公務人員俸給法第七條）。其具有相當資格者，此地所指銓敍合格，指其任用資格的等級經銓敍核定有案者。至所指不受任用資格限制人員卽公務人員任用法第六條規定的各機關秘書長及主管機要的秘書。此兩種人員因其階級均已敍定有案，故其改任或調任同職等職務時，均依其原階原俸級核敍。不過此僅爲一般原則，左列情形，基於本法及有關法令的規定，又須各作不同的處理。

I高階低用或權理人員——所謂高階低用，係指公務人員所具資格之階，較擬任職務之階爲高者（以高一階爲限）。所謂權理係指公務人員所具資格之階較擬任職務之階爲低者（亦以低一階爲限）。此兩種情形依公務員俸給法第八條規定，公務人員所任職務應敍之階，無論高於或低於其原經銓敍部審定之階，均以核敍原階，支原級俸爲原則。因高於原敍之階，因不能因任高一階職務之故，而予提高，以違反晉階的規定。其低於原敍之階者，亦不能因降任低一階職務而予改敍，以阻人才下注之路。惟其他法定待遇，如職務加給等，則依其所任職務的高低，仍予照給，不受原敘之階，其原支之給俸之限制，而有所增減。因此項加給，係依職務之繁簡與地區的遠近而定，與其職階級俸無關。

Ⅱ高等低用的人員：高等低用係指具有高一職等資格，並經銓敘機關敘定俸給之人員而任低職等職務者。此種人員依俸給法第八條二項規定可核敘低職等最高階最高俸給。其原階原級，仍予保留。

Ⅲ支領年功俸及晉敘的人員：關於年功俸的給予及晉敘，現行公務人員考績法第五條中明白規定。亦卽依考績法結果分別核定其應支領的俸給。但除此之外，尙有兩點應行注意：其原支給年功俸者，升等晉階的核敘問題，依公務員俸給法第十一條規定，升等晉階任用人員原敘年功俸者，應予換敘同數額本俸，亦卽其新支本俸數額，應與原支年功俸數額相同，如某甲任委任一階最高級職務，因考績列一等，而支年功俸二四五元，其後以薦任三階升等，卽應敘本階十二級支俸二四五元，其本俸數額，正與年功俸相同。二爲試用改實晉敘的人員，依俸給法第十三條規定，試用人員改爲實授者，得依原俸級晉一級又依施行細則第五條規定，試用人員合於實授已敘至本職階最高級者，不予晉敘，是爲本級規定的例外。

Ⅳ依法降敘的人員——經銓敘機關敘定的俸級，降敘應有法律規定，此爲俸給第十四條所明示。不過此地所指的法律規定，基本上講應有兩種，一爲公務員考績法，一爲公務員懲戒法。公務員年考列四等者依考績法四款規定，予以降級得另調職務，或另調單位工作的處分。公務員因違法失職時，依懲戒法第五條規定，予以降級處分者：受降級處分的人員，依其現任之官級，降一級或二級改敍，自改敍之日起，非經過兩年不得晉敍。受降級處分而無級可降者，比照每級差額減其月俸，其期間爲一年。至於降級人員改敍的方式，依俸給法第十五條規定降級人員，改敍所降之階最高俸給。降級人員，在本職等內無級可降時，以應降之級爲準，比照俸差減俸。降級人員依法應予晉級時，自降敍之級起遞晉，其無級可降比照俸差減俸者應比照復俸，給予年功俸人員應降級者，自其年功俸起降。

第四節　俸給的管理

依照俸給法及其施行細則的規定，我國俸給管理可資說明者有左列各項：

一、**規定俸給的機關**——依俸給法本身研究，規定俸給的機關應爲考試院及行政院。規定俸級依憲法規定原爲考試院職權之一，但有關俸給於必要時得減成或加成支給以及各種加給支給的辦法等，俱與國庫支出及預算有關，故應與行政院會同訂定。惟訂定此等辦法的主體爲何，時有爭辯，事實上行政院掌管國庫，考試院形成有權無實，現行各種待遇，多由行政院的規定。

二、**俸給核敍的程序**：俸給核敍有左列程序：

㈠先予借支——各機關擬任公務人員級俸在銓敍機關敍定前，依下列規定，酌予借支：⑴曾經銓敍機關敍定級俸人員，在原俸級數額及擬任職務所屬等階俸給內借支。⑵未經銓敍機關敍定級俸人員，依俸給法第六條第一、二項之規定，卽公務員俸給法施行細則第七條借支。

㈡依法敍定——公務人員俸給經銓敍機關敍定後，應照敍定之俸支給，敍定之俸高於借支之俸者，自到職之月起，按敍定之俸補給（見公務員俸給法第九條）。

㈢必要時追繳——敍定之俸低於借支之俸，或審定不予任用者，除依照公務人員任用法施行細則第十五條第一項規定期間送請銓敍機關審查者，免予追繳外，其逾限送審者，應按逾限日數，分別將借支溢數或金額繳回，聲請復審人員俸給有變更時，分別依俸給法第一、二兩項卽公務員俸給法施行細則第九條二項之規定辦理。

㈣聲請複審——俸給經審定通知後，如有異議，得於文到一個月內提出確實證明或理由，依照送審程序聲請覆審，但以一次為限（見公務員俸給法施行細則第十二條）。

㈤銓審互核——依俸給法的規定，俸給的支給程序牽涉三個機關，亦卽銓敍機關依法核定級俸，主計機關按核定級俸編造俸給，審計機關對不依照銓敍核定數額支給者，不予核銷。此實按政府機關各有的職掌，在推行國家制度及政令上相互合作以加强本法實施效力。

第五節　現制的改善

一、**關於俸給制度者**——我國公務員俸給制度，在級俸的起敍、提敍、降敍、改敍、比敍、換敍等規定上雖均有一定標準，堪稱完備，但在俸給的實質上却欠合理。一則級俸的多少，嘗與工作脫節，同工而不能同酬，再則政府人員與民營事業人員，待遇差距甚大，政府機構與機構間，人員待遇亦有差距，形成不平。最後級俸之間，最高級與最低級人員待遇幅度差距甚小，不足以激勵工作士氣。待遇不平，種類衆多。此類問題，應本『同工同酬』、公平合理之旨，加以改進，使趨於一致。惟當前在俸級上所產生最大問題者，乃在現行待遇已與公務人員俸給法脫節。亦即現行公務人員待遇中若干項目爲俸給上所無，諸如食物配給、婚喪、生育、子女教育等補助費等，而俸給法所有之規定，亦未見完全按照實施。考其原因，乃國家財政與俸給管理已分屬不同機構，行政院實質上掌管國家財政，考試院依憲法對級俸有決定之權，兩者若無法協調一致，衝突難免產生，但即使兩者力謀協調，因級俸涉及國家財政，以當前國家情況，實難做到理想。不過以筆者個人所見，待遇之最大問題不患寡而患不均，各種機構間差別待遇極應消除，變相待遇亦應化暗爲明，作全盤調整，並規定嚴禁兼差做到一人一職地步，再參酌國家財力及基本生活要求規劃待遇，並能配合職位分類的實施，樹立職務與責任俸給制度，相信上敍各種情形當可避免許多。

二、關於俸給政策者——公務員俸給上應遵守的基本政策之一，應是公務員的俸給收入，在能維持其身心康健。必如此方能以維持行政效率，使公務員安心，並吸收最優秀之人才至政府工作。但依此原則以衡量現行的俸給水準，似嫌失之太低。因爲待遇菲薄，公務員的收入，不足以維持其身心健康，情緒不佳，精神不振，工作效率大見低減。現時政風不良，貪污案件，時有所聞，恐與公務員之俸給低薄，不無相當關係。公營企業機關的人員的給與，較之行政機關者已大爲優厚。然今日公營企業機關尚遭遇有一大困難問題，即其優秀人員多有被高待遇拉至私營企業機關服務者。觀此，行政機關將如何吸收並維持優良的公務員。爲診治此弊，政府應拿出最大的魄力與決心，籌措財源，改訂俸給政策，對公務員的俸給，予以相當的提高，俾能改進政治風氣，提高行政效率。

第二十一章　公務職位分類

職位分類乃是以工作爲中心的人事管理制度，與我國以品位或年資爲中心的人事制度大異其趣。我國現行人事制度，將公務員分爲特任、簡任、薦任、委任等官等，並依其所具的資格與經歷，來確定官等的高低，再依官等的高低，來確定職務的高下，和俸給的多寡。這種制度從因才器使，積資遞升的方面言，雖無可非議，但是某一職位的職責內容如何，需要何種人員充任，以及任同一職務的人員，是否支領同樣的報酬等問題，就無從知悉，也無法解決。至於政府中的職位分布狀況如何，同類職務的考核標準是否一致等問題，更是無法獲知。這些問題都是人事行政上的基本問題，爲了達到人事行政系統化和合理化的要求，必須作一番的調查、分析、分類、整理。而這一套的工作過程，就是職位分類的工作。我國爲革新人事管理，早在民國廿五年間，即曾研擬著手推行職位分類，但並無具體結果，政府遷臺，勵精圖治，人事革新已爲刻不容緩之舉，爰於民國四十年六月組設職位分類研究委員會從事職位分類的調查研究工作，至四十年九月向立法院提出職位分類計劃委員會組織條例，同年十二月獲得通過，並於四十二年一月五日公布施行，惟該委員會以經費問題煞費籌劃，至四十三年十月始獲成立，而四十四年一月正式開始工作。該委員會工作重點在於調查及設計，經先進行全國各機關之職位調查，計經調查職位數有十一萬之多，繼卽分析評價，確定職系爲一三四個，分隸行政及技術兩大職門，其行政職門設十二職組，技術職門設十職組，各職系並劃分爲五五三個職級。該委員會並另選定七個實驗機關，調查職位達兩萬餘，確定職系爲八十九個，亦分爲兩大職門，其行政職門爲十職組，技術職門爲八職組，共二九八個職級。最後經考試院核定爲一五九個職系，一、一九二個職級，十六個職等。職系確定，職級劃分完竣以後，該委員會卽製訂職級規範，並依據規範將所有職位納入適當的職級，各項工作至四十五年十一月均已完成。該委員會同時並草擬公務職位分類法草案，由考試院送請立法院完成立法程序，並於四十七年十月三十日公布，是爲我國實施公務職位分類的法律依據。職位分類法通過之後，關於職位分類業務由銓敍部接辦，並於四十七年三月成立職位分類司，積極着手各項工作，乃於四十八年六月由考試院公布職位分類法施行細則，五十年二月由考試院公告職系說明，五十一年六月考試院備查職等標準，五十二年五月考試院公告職級規範，五十二年六月分類職位人員考試、任用、俸給、考績四法函送立法院審議。該四法經立法院完成立法程序後，總統於五十六年六月八日明令公布施行。玆根據「公務職位分類法」及分類職位公務人員考試法，任用法、俸給法、考績法與其他有關規章，將我國現行公務職位分類制度論述於後：

第一節　公務職位分類法的要旨

公務職位分類法，爲我國計劃實施及繼續管理職位分類的基本根據。其主要內容包括左列各項：

一、**職位分類適用範圍**——依照各國實施職位分類的先例，非所有公務職位俱可適用職位分類者。關於適用範圍有採概括式者，亦有採列舉式者。前者爲非列舉除外者俱適用，後者爲除列舉適用者外俱不適用之。依四十七年公務職位分類法第三條之規定：『適於職位分類之機關或職位，應經立法程序公布之』。其用意在謀審愼施行職位分類制，恐其趨於浮濫。其後，主管單位曾嫌此規定，有礙於職位分類制的廣泛推行。立法委員張金鑑等，乃於五十六年十二月提議刪除這第三條。行政院於民國五十六年七月設人事行政局，自五十八年十月開始分批實行職位分類制。行之三年，行政院認爲有若干機關及職位，因業務性質特殊，各有事實困難，不宜採行職位分類，乃函請立法院修改公務職位分類法。立法院於六十二年十月二十六日完成立法程序，將該法第三條加以修正，縮小職位分類適用範圍，該條文曰職位應依工作性質，繁簡難易，責任輕重及所需資格條件，予以分類。但左列機關得不予分類：

一、司法機關

二、外交機關

三、警察機關

四、衞生機關

五、民意機關

六、其他經立法程序不宜分類機關。

銓敍部爲實施職位分類的主管機關，爲確定職位分類的適用範圍，曾擬訂『公務職位分類實施範圍及進展方案』，其第二條規定：『左列職位不適用職位分類：

一、政務官及民選之職位

二、各機關秘書長及掌理機要之職位

三、各級學校任教及研究之職位

四、軍事機關之軍事職位

五、國家安全機關之職位

六、各機關額外或臨時職位

七、臨時機關之職位

八、公營事業機關之董事、監事及理事職位

九、不支俸給之名譽職位

十、其他經考試院核定暫緩實施或不予實施之職位。

二、職位分類專有名詞：職位分類在我國尚屬初創，其有關用語，極需明確規定，以資統一瞭解，以為共同援用的依據。職位分類法第二條，本此目的，特將職位分類主要術語規定如左：

㈠職位：係分配與每一工作人員之職務與責任。

㈡職級：係包括工作之性質、繁簡難易、責任輕重、及所需資格條件相似之職位。

㈢職系：係包括工作性質相似之職級。

㈣職級規範：係每一職級工作之性質、繁簡難易、責任輕重及所需資格條件之書面敍述。

㈤職等：係指工作性質不同，而工作繁簡難易，責任輕重，及所需資格條件程度相當之各職級所列之等。

三、職位分類基本原則——職位分類乃期建立以工作為中心的人事制度，所謂工作乃一籠統名詞，分析言之，實包括工作的性質與工作的程度。不同性質的工作需要不同種類的智識，技術與能力。不同程度的工作，其所需智識技術與能力的高下自亦有相當的差別。所以說工作的性質，工作的程度以及工作所需的資格條件為區別職位異同的最主要標準。凡工作性質，工作繁簡難易以及資格條件充份相似的職位，在人事管理上應用同一標準處理。這樣，不但能實際達到人事制度上執簡馭繁的目的，而在人事措施亦易達成公允合理的地步。我國職位分類，本此原則，乃規定職位應依工作的性質，繁簡、難易、責任輕重及所需資格條件，予以分類（見職位分類法第四條）。同時並本此原則，規定其他應行注意事項。其一、為標準的統一，規定無論在任何機關，凡職位相似者，應屬於同一職級，凡性質相似之職級應屬於同一職系（見職位分類法第五條）。其二、為關於職位歸級，職位應依下列規定予以歸級：(1)所任工作性質，屬於同一職系者，以其工作之性質，繁簡難易，責任輕重，及所需資格條件為準。(2)所任工作之性質，屬兩職系以上，而工作繁簡難易，責任輕重，及所需資格條件程度相當者，以其工作時間較多之工作性質為準。(3)所任工作之性質，屬兩職系以上，而其工作繁簡難易，責任輕重，及所需資格條件程度不相當者，以其程度較高之工作性質為準。（見職位分類法第七條）。其三、為制訂職級規範，每一職級應制定職級規範，明示職級之名稱、編號特徵、工作舉例、所需資格與專門知能，及其他必要之事項。（見職位分類法第六條）。

前項職級規範由考試院公告之。其四、為職位列等，職級應依其工作繁簡難易，責任輕重，及所需資格條件予以列等（見職位分類法第八條）。

四、職位分類繼續管理——職位分類繼續管理事項，一般包括有職位歸級的申請覆核，分類業務的查核，以及職位增設變更或減少情形的處理等。我國職位分類法，對此俱有所規定。其一、為關於職位歸級及申請覆核者；實施職位分類機關所分類之職位，應由銓敍部依本法及職級規範，歸入適當之職級，列表送達實施機關，並轉知工作人員，若此實施機關或工作人員，對職位歸級，持有異議，得陳明事實及理由，聲請覆核（見職位分類法第九條）。但職位歸級後，如歸級不當，或職位之職務與責任有變動時，由銓敍部調整之，並適用職位分類法第九條之規定（見職位分類法第十條）。實施職位分類的機關或工作人員對職位歸級之異議，應於接到歸級通知次日起三十日內備具聲請書，敍明事實及理由，並檢附有關資料，依行政系統向銓敍部聲請覆核，其歸級由被受權機關辦理者，依行政系統向被聲請機關聲請，而被受權機關對於覆核案件決定之結果，應表報銓敍部備案（見職位分類法施行細則第十四條）。假若實施機關或工作人員，不服被受權機關對歸級異議覆核之決定者，得於接到覆核通知次日起三十日內，向銓敍部提出再覆核之聲請，其由銓敍部直接辦理歸級者亦同。

五、職位分類的主管機關——職位分類為我國人事行政上的新興業務，在憲法上並無規定。惟職位分類既爲人事管理的基礎，自屬考試院職掌之一。我國自四十年設置的職位分類研究委員會爲始，以至職位分類計劃委員會，係屬我國職位分類設計階段，都直屬於考試院。現在的主管機關是考試院下之銓敍部，並依照銓敍部組織法的規定，設有職位分類司，專責掌管職位分類上的左列各事：

1. 研定分類標準：包括職系說明，制作職級規範，職等標準。

2. 職位歸級：實施職位分類之職位，應由銓敍部依本法及職級規範，歸入適當之職級，列表送達實施機關，並轉知工作人員，上列歸級工作，得予授權。（見職位分類法第四、五、六、七、八條）。

3. 調整歸級：職位歸級後如歸級不當，或職位之職務與責任有變動時，由銓敍部調整之，並適用前條之規定，上列調整歸級工作，得予授權。（見職位分類法第九、十條）。

4. 繼續管理：實施職位分類機關，因業務上之需要，須增設、變更或減少職位時，其分類應填具職位調查表，送由銓敍部依法辦理。（見職位分類法第十一條）

5. 擬訂分類法規：實施分類之職位，其人員之任用、俸給、考績、退休等，應以職級爲依據，由銓敍部主管。（見職位分類法第十二條）

但依公務職位分類法第九條之規定，行政院所屬各級機關之歸級機關則爲行政院人事行政局。

第二節　我國辦理職位分類步驟

職位分類在我國，係屬初創，考試院職位分類計劃委員會於民國四十四年開始正式展開工作，至目前擬訂職位分類有關考試、任用、俸給、考績送請立法院審議爲止，按步就班，態度至爲謹愼。茲依照順序逐項說明如左：

一、**舉辦職位調查**——職位調查爲職位分類首要步驟，用在取得有關職位職責之正確事實以爲歸級列等的依據。職位調查的進行依職位分類法施行細則第廿四條的規定，分爲調查方法，調查種類，調查對象三項。茲分述如次：

I 調查方法——調查方法有三：

1. 塡表調查：指分發調查表，由職位現任人員塡寫，或由其單位主管代塡之調查。

2. 實地調查：指分類人員與職位現任人員及其單位主管洽談，以及實地查核職位現任人員工作獲得其職責事實之調查。

3. 其他調查：指向各機關蒐集組織法規，辦事細則，組織系統圖，工作流程圖，職責分配表工作數量表，職員名册，薪餉表及其他與職責事實有關資料之調查。

Ⅱ調查種類——調查種類有三：

1.普查：指職位之普遍調查。

2.局部調查：指因分類業務需要，須舉行之局部調查或個別調查或抽查。

3.年度審查：指根據調查表，由職位現任人員與單位主管按年會同查對職責事實，報送銓敍部或被授權機關審查之調查。

Ⅲ調查對象——調查對象有二：

1.職位之現任人員及其單位主管。

2.其他熟悉所調查職位內容之機關或公務人員。

不過，我國目前的調查方法，乃以書面調查爲主，現經銓敍部調查完成者，已有十四餘萬職位。

二、區分職系——職系是將各個職位依其工作性質的不同，而加以區分。譬如電機工程，土木工程，人事行政等俱爲不同性質的工作，而其所需智識，技術、能力在種類上亦有相當差別。職系經區分後，因爲同一性質的工作易於比較工作難易程度的差異，同時也確定分類公務人員升遷的途徑。我國職系區分，係根據全國十四萬餘職位調查表及各機關組織法規等有關資料，按職位之工作性質，詳加比較整理，依照下列四項原則：(1)適應當前學術分科情形，(2)配合政府分工情形，(3)適合人事管理上的需要，(4)應爲各方面所能接受等，區分爲一五九個職系，每一職系並依其工作內容歸納成職系說明，同時爲求客觀適用起見，曾邀請各業專家一四〇人，共開會十八次，反復研討，字斟句酌，於整歸納後，始依法經考試院公告。

三、劃分職級——職級是同一職系內職位工作程度的區分，換言之，職級就是把所有同職系職位按工作繁簡難易責任輕重予以排列，並區分段落。每一個段落，就是一個職級，因爲每職級的所有職位，其工作性質工作繁簡難易，以及所需資格條件的高低均充份相似，所以在其考試、任用、俸給，考績等人事行政的措施上，可作同一的處理。不過，職責的繁簡難易及責任輕重均爲籠統的觀念，在實際比較上甚爲困難，因而必須應用若干因素作爲比較判斷的基礎，亦即區分職位高低的準則。我國目前所採用的因素共有八個。其因素名稱及定義如左：

1. 工作複雜性——指處理本職位工作時所需運用之學識技能之廣度與深度。
2. 所受監督——指上級施於本職位之監督，包括工作前之指示，工作中之督導及工作成果之考核。
3. 所循例規——指工作時須應用法令手册事例等之繁簡及使用判斷上之困難程度。
4. 所需創造力——指處理工作上所需機智審辨規劃革新及創始能力之程度。

5.與人接觸——指處理工作上與人接觸之性質重要性及困難程度。

6.職權範圍與影響——指本職位所作建議或決定之性質效力及影響程度。

7.所予監督——指本職位施於所屬之監督，包括工作前之指示，工作中之督導，工作成果之考核及所轄屬員之人數。

8.所需資格——指執行本職位工作所需教育程度、工作經驗及其他條件。

我國目前依照一五九個職系的內容，分別就其工作的繁簡難易，責任輕重及所需資格條件區分為一、一九二職級。

四、制訂職級規範——職級規範是將各職級的職務與責任，用書面予以說明，可做為職位歸級及人員考選或其他人事行政上重要的標準文件。我國的職級規範，依公務職位分類法第六條及同法施行細則第五條規定，應包括下列各項，其各項所包括的內容簡述如左：

1.職級名稱——職級名稱是每一個職級的稱謂，此項名稱可適用於該職級及該職級內所有職位。我國的職級名稱，暫定每一職級分為三部分，前部代表職等，中間代表職級，後部代表職務內容，於職等與職級之間，用短劃分開。例如初級人事行政職，列在第四等，則為四等—初級人事行政職。

2.職級編號——職級編號是代表每一職級的號數。此種號數多與職系及職組的號數並列，使人一看即能明瞭該職級是屬於那一職系。依我國公務職位分類法施行細則第十一條規定，職級上並應冠以等別，我國現行職級編號的方法，暫行分為二部，前部表示職級、職系，後部表示職等、職級，中間以短劃分開，並於職級後面以括號註明該職系之職級數目。例如初級人事行政職之職級編號為〇五〇一—〇四〇一（九）前部〇五代表職級，〇一代表職系，後部〇四代表職等，〇一代表職級，括號內九代表本職系共分為九個職級。

3. 職級特徵——職級特徵，係指專屬各該職級之工作性質，繁簡難易及責任輕重的概括敍述。職級特徵是職級規範中，特別重要的部份，其目的在正確敍述該職級的特徵，使該職級與其他職級有明確的區分，並使職級的界線明確化。所謂「該職級的特徵」，係指歸級的要素。所謂「要使該職級與其他職級有明確的區別」，就是說某職位因有這些因素，所以不歸入其他職級而歸入本職級。

4. 工作舉例——工作舉例是屬於該職級內職位工作的事例，工作舉例的目的，在解說或具體例示職級特徵的內容，例如在職級在選擇工作舉例時，應選擇該職級中最具代表性，而對表現分界，也最有用的工作。

5. 所需資格與專門知能——所需資格與專門知能，係指擔任該職級內職位工作上，必須具備之學歷、經歷、考試、訓練、及應具有之知識、技術、能力、體力、性格等。資格條件及專門知能有助於職級的決定。因爲工作的困難程度與責任的水準，可以由此反映出來。

6.其他必要事項——除上述各項外，在本職級中如有其他必須說明的事項，則在本項中說明。

五、職級列等——職級列等是把所有職級，按其工作的繁簡難易，責任輕重及所需資格條件的程度，就職系與職系間相互比較以排定其高低次序。職級的排列，原則上，凡工作繁簡難易，責任輕重及所需資格條件程度相當的各職級俱應列入一等。那麼職等的數目就至少不能少於一職系的最高職級數，我國目前的職等數，依序分爲十四。這樣區分的結果，因爲同一職等內的職責難易是相等的，因而便利考試與任用的標準，同時每一職等也就可轉換爲俸等，便利了俸表的制定實現了同工同酬。

我國目前職級列等的步驟，首先是選擇性質近似職系進行比較，而後逐漸擴大範圍。比較時先比較關健職級，再比較其他職級，必要時並從職級中選擇代表性職位比較，整個的比較過程，都是運用上述的八大因素，作爲區分的基礎。在區分的過程中並運用學經歷及年資的統計來校正職級的區分，若發現少數職級不能配合並曾酌予調整。

職級的比較，經依上述程序完成，即可據而制訂職等標準。職等標準，爲職級列等的依據，依照職位分類法施行細則第十一條的規定，該項標準應由銓敍部擬訂，呈報考試院備案。目前銓敍部已完成的職等標準，係綜合用以分析各職位職責程度的因素敍述。各職等均分爲二段，第一段包括工作複雜性，所受監督、所予監督、所循例規、與人接觸，所需創造力及職權範圍與影響七因素；第二段敍述所需資格條件。而各職等第一段關於工作複雜的敍述，凡包括有監督及非監督職位者均分爲三類：第一類說明監督職位，第二類說明非監督職位，第三類說明其他職責程度相當職位。就中監督職位係按一般行政、警政、司法、交通、郵電技術、衞生，企業及技藝九類型列舉。至非監督職位，則以「技術」或「各專業」字樣概括，以免文字重複。再者標準對於監督關係的敍述，爲求簡要，使用直接監督，一般監督、重點監督、行政指示及政策指示五種程度代表，每一程度另行規定其代表意義。

六、訂定法規——職位分類的實施，對我國現行人事制度而言係一全面革新，因而有關其實施辦法步驟等俱須詳細規定。關於職位分類的法規，包括實施職位分類的基本辦法，配合法規以及有關規章表卡等。我國公務職位分類法，係於民國四十七年十月三十日由總統公布，職位分類法施行細則，亦於四十八年六月九日由考試院公布。至於爲配合職位分類實施的有關分類職位公務人員考試法草案、任用法草案、俸給法草案，分類公務人員考績法草案等四種，亦經依公務職位分類法第十二條的規定訂定，並由考試院咨請立法院審議中。另依據職位分類法施行細則規定的必需制訂其他有關規章表，如職位調查辦法職位歸級授權辦法以及有關表卡等十一種，亦由銓敍部研擬完成。

七、職位歸級——職位歸級爲職位分類本身的主要步驟，因爲唯有職位歸級後，才能在人事行政方面的考選、任用、考績、俸給、退休等，應用同樣的標準來處理。職位歸級，依照公務職位分類法第二條五款的規定，歸級係將職位歸入適當職級。至於歸級的步驟，最先是要確定該一職位所屬的職系。確定職系當係根據職系說明的內容來核對，不過由於職位工作的內容種類較多，在此種情形，銓敍部規定了一種處理原則如左：

1.所任工作之性質，屬於同一職系者，以其工作之性質，繁簡難易、責任輕重、以及所需資格條件為準，予以歸入適當之職級。

2.所任工作之性質，屬於兩個職系以上，而工作繁簡難易、責任輕重、以及所需資格條件程度相當者，以其工作時間較多之工作性質為準，予以歸入適當之職級。

3.所任工作之性質，屬於兩個職系以上，而工作繁簡難易、責任輕重、以及所需資格條件程度不相當者，以其程度較高之工作性質為準，予以歸入適當之職級。

職系確定之後，進一步就應考慮該一職位所歸的職級。歸級依我國現行辦法研究，係採用分類法，亦即將職位職責事實與職級規範核對，經核對確與某一職級之規範所定的職務與責任充分相似時，即可逕予歸入該一職級。所謂職位歸級，至此即算初步完成。不過職位的工作人員及其主管，若對歸級結果不滿意，尚可依程序申請覆核及再覆核。

第三節　分類職位人員的管理

民國四十七年十月三十日公布之『公務職位分類法』第十一條規定實施分類職位，其人員之考試、任用、俸給、考績另以法律定之。考試院乃遵循法律規定，於積極策劃分類制度之際，亦令由考選部及銓敍部分別研擬分類職位公務人員考試法、任用法、俸給法、考績法四法草案，以備應用。經年研擬，參考外國資料，適應國內情勢，於五十二年六月完成該四法草案，送請立法院審議。原草案將公營事業機關人員亦列入四法管轄範圍內。立法院法制委員會審查結果，認爲行政機關行政人員與營業機關的從業人員性質不同目的不一，應分別立法，不便以同一法律作統一規定，提報院會討論。考試院不贊成此一審查意見，竟於五十三年十月將該四法草案撤回。立法委員張金鑑等認爲考試院撤回經審查完竣，已提報院會討論之法案，不無侵害立法權行使之嫌，乃另提分類職位公務人員考試、任用、俸給、考績四法草案於院會，仍持行政人員與營業人員分別立法的立場。考試院見此情形，於當年十二月，重將該四法草案送立法院審議。考試院法案與委員提案由院會交法制委員會併案審查，經於五十六年五月十六日完成立法程序，其適用範圍，祇限於政府機關之公務人員。

立法院本現代化科學化的職位分類制度的要義與精神，制定這四種法律，規定既較嚴格，標的亦高上，行政院認爲實際施行，不無窒礙，乃會同考試院於五十八年三月向立法院提出該四法之修正案，俾以放寬尺度，以利施行。立法院爲體念時艱，減少新政推行之障礙與困難，便完全依照所提修正案於五十八年八月廿五日完成立法程序，由 總統明令公布施行。

自民國五十八年十月實施公務職位分類制度以來，很多分類職位公務人員發出一些抱怨，認爲職位分類制與簡、薦、委的品位制未能保持平衡，前者嚴格，後者寬鬆；前者調轉困難，運用局限；而後者則調轉容易，運用靈活。二者既難以配合，又無流轉通路。彼寬此嚴，厚彼薄此，實非所宜。考試院有鑑於此，爲消弭這一病詬，乃於六十七年初對此四法再提出修正案，使兩種不同制度漸趨接近與平衡，並送請立法院審議。立法院經於六十七年十月十七日完成立法院程序，由 總統公布施行。

爲使讀者明瞭這管理分類職位公務人員四種法律的內容與要旨，特分別論述於後：

一、分類職位考試制度——職位分類係以『工作』爲中心的人事制度，應根據職位內容及工作需要，考選勝任的人才，故分類職位公務人員考試法第二條明訂：『分類職位公務人員之考試，應本爲事擇人，考用合一之旨，以公開競爭方式行之』。查『考試法』僅規定大專院校畢業者應高等考試，高級中學畢業者應普通考試。我國近年來教育發達，不僅延長義務教育爲九年，普設國民中學，且研究所亦大量設置，碩士、博士爲數甚多，故分類職位考試法，乃適應當前學制，列學各級學校畢業生之應考資格。簡、薦、委的品位制，着重『內升』的原則；所以考試祇有高考、普考兩等。職位分類制，着重『外補』的原則，廣開仕途，初任考試規定有八個職等之多。分類職位公務人員考試法第三條規定：『分類職位公務人員初任考試，依職系分八個職等舉行，其應考資格如左：

1. 具有國民中學同等學力者，得應第一職等考試。

2. 在國民中學、初級中學校畢業者，得應第二職等考試。

3. 在高級中等學校畢業，或普通檢定考試及格者，得應第三職等考試。

4. 在專科學校有關學科畢業，或高等檢定考試及格者，得應第五職等考試。

5. 在大學有關學系畢業者，得應第六職等考試。

6. 在大學或獨立學院有關研究院、所得有碩士學位者，或在大學有關學系畢業，並任專攻學科有關工作二年以上成績優良者，得應第八職等考試。

7. 在大學或獨立學院有關研究院、所得有博士學位，或得有碩士學位，並任專攻學科有關工作二年以上成績優良者，或在大學有關學系畢業，並任專攻學科有關工作四年以上成績優良者，得應第九職等考試。

8. 在大學或獨立學院有關研究院，所得有博士學位，並任專攻學科有關工作二年以上成績優良者；或有碩士學位，並任專攻學科有關工作四年以上，成績優良者；或在大學有關學系畢業，並任專攻學科有關工作六年以上成績優良者，或曾任公立或立案之私立專科以上學校有關科目副教授二年以上，經教育部審查合格者，得應第十職等考試。

職位分類制着重『外補』原則，故舊法無在職人員升等考試規定。而簡、薦、委之品位制，則可經由升等考試，由委任升薦任；由薦任升簡任。爲求兩制之平衡與比配，六十七年十月修改『分類職位公務人員考試法』時，特於第三條之一規定升等考試，文曰：分類職位公務人員之升等，除法律另有規定外，升任第二、第六、第十職等應經升等考試，其應考資格如左：

1. 任第一職等職務滿三年以上，最近三年考績，一年列甲等，二年列乙等以上者，得應第二職等之升等考試。

2. 任第五職等職務一年以上，已敍至本職等最高本俸俸階，最近三年考績，一年列甲等，二年列乙等以上者，得應第六職等之升等考試。

3. 任第九職等職務一年以上，已敍至本職等最高本俸俸階，最近三年考績，一年列甲等，二年列乙等以上者，得應第十職等之升等考試。

同法第四條規定：『分類職位公務人員考試，得就筆試，口試，實地考試及著作、發明審查等方式，選擇舉行。除筆試得採一種方式外，其他應以二種以上方式行之。

分類職位第十職等之考試準用特種考試公務人員甲等考試之規定。查舊法第四條原規定第九職等以上考試得以檢覈行之。因檢覈不符憲法『公務人員非經考試不得任用』之旨，故有本條第二項之修正。

第七條規定：有下列各款情事之一者，不得應考：1.犯內亂罪、外患罪，經判決確定者。2.曾服公務，有侵佔公有財物或收受賄賂行爲，經判決確定者。3.褫奪公權尚未復權者。4.受禁治產之宣布，尚未撤消者。5.吸用鴉片或其他代用品者。這種消極條款的規定，蓋所以防止不肖之徒混入政府，期以保持公務人員之優良素質及廉節風氣。

分類職位公務人員之應試科目，由考試院參照職級規範所定之資格條件及專門知識分別定之。應考人之年齡，由考試院依職系職等之需要定之。應考人於考試前，應受體格檢查。體格不及格者，不得應考。考試職等、類科、錄取人數應根據任用機關之需要定之，俾能實現考用合一之原則。考試時得組織典試委員會主持其事；但必要時，亦得不組織典試委員會，而由考試院派員或交考選機關，或委託有關機關辦理之。組織典試委員會時，由監察院派員監試，以昭愼重，而防弊端。對考試及格人員，事後如發現第七條所定消極資格各款情事之一或濳通關節，或僞造、變造證件情事者，由考試撤消其考試及格資格，並吊銷其及格證書。如涉及刑事，得移送法院辦理。初任考試及格人員，得視職等、職、系需要予以實習或訓練，其辦法由考試院會同有關機關定之。舉行考試時，其職等、職系、地點及日期等，應由辦理考試機關於考期前公告之。

二、分類職位任用制度——茲根據民國六十七年修正之分類職位公務人員任用法，舉述現行分類職位任用制度內容如後：人事制度重在因事以求才，因才而施用，使事得其人，人當其用，期人能盡其才，事能成其功。故該法第二條明定：『分類職位公務人員之任用，應本專才專業，適才適所之旨，升任與升調並重，使人與事適切配合』。因『內升制』與『外補制』各有其利弊，此處規定：『初任與升調並重』，卽在於對兩制之流弊，加以調劑，不使流於偏頗。

各機關分類職位的設置，每年應就其組織法所定之員額及所需各職等人數，編入預算，送請行政院核定後，並將各職等人數送銓敍機關，以憑辦理審查。公務人員之任用經銓敍機關審查合格，地位始有保障。而銓敍機關之審查須以此法定編制爲根據，以杜浮濫。

分類職位公務人員依其所任工作繁簡、責任輕重、技術精粗、教育高下，共分爲十四個職等，以第一職等爲最低，第十四職等爲最高。考試院訂有職等標準，分等以此爲尺度。職等標準的擬訂，係以職位業務性質與內容爲依據，以知識、工作、責任、技術、資格等爲評估職等高下的基礎。簡、薦、委制度下的公務人員標明職位等級的數字以少者爲高，多者爲低，而分類職位則與此相反。爲要配合職等評估基礎，各機關任用分類職位公務人員，應注意其學識、才能、經驗與職級規範所定者相符；並注意其品德及對國家之忠貞。

分類職位公務人員任用法第六條所規定之任用資格如左：

1. 初任第一、第二、第三、第五、第六、第八、第九及第十職等人員，須經考試及格。

2. 現職人員之升任，除第一職等升第二職等，第五職等升第六職等，第九職等升第十職等須經升等考試及格外，其餘各職等人員，已具分類職位公務人員考績法第十一條規定資格者，取得升等任用資格。升等任用時，須經各該機關或其上級機關甄審合格，其具有基層服務年資者得予優先任用。

3. 任第九職等職務滿三年，最近三年考績，一年列甲等，二年列乙等以上，並具有左列資格之一者，取得第十職等任用資格：

①高等考試或第六職等考試及格者。

②特種考試之乙等考試或相當於高等考試之特種考試及格者。

③第六職等升等考試或薦任職升等考試及格者。

④大學或獨立學院以上學校畢業者。

第一項考試及格人員，取得工作性質及所學相近職系同職等職位任用資格。

舊任用法並無升等考試，而使任低一職等職務者滿三年考績成績優良者，得參加高一職等之初任考試，其考試及格者便取得升等任用資格。舊法所以未規定升等考試，其用意有二：一因職位分類制着重『外補制』之原則，俾以符合『公開競爭』之精神。二因鑑於過去簡、薦、委制下之升等考試，率係『一榜及第』，流於形式化，失却考試意義。論者以為未定升等考試使升等困難，比之簡、薦、委制失之過嚴，有欠公平。所以六十七年十月修改此法，加入升等考試之規定。如此，則升等考試恐仍可能流於形式化，使職位分類制之嚴正要求又趨於鬆弛。

分類職位公務人員任用法第七條規定：依其他法律考試及格或依公務人員任用法律（簡、薦、委制）銓敘合格實授者，如其考試類科及等級或依法銓敘合格實授資格，與擬任職務性質程度相當時，得視為具有分類職位公務人員任用資格。經專門職業及技術人員考試及格，得視為具有分類職位公務人員任用資格。

查舊任用法並無『銓敘合格者』及『專門職業及技術人員考試及格者』具有分類職位公務人員任用資格。這種排除規定的立法原意如下：㈠銓敘部前所舉辦之『儲備登記』人員均被視為『銓敘合格』。然實際登記過於浮濫，品質不齊，為要保持分類職位公務人員優良素質，故予排除。㈡中國現行制度，公務人員與專門職業及技術人員分爲兩途，乃雙軌制，不能相互流通，故予排除。六十七年十月始有此『銓敍合格』、『專門職業及技術人員考試及格』者視爲具有分類職位公務人員任用資格，任用之門大開，得方便者皆大歡喜。但公務人員之素質是否因而趨於低降雜亂，固不無疑問。

分類職位考試係本『爲事擇人，考用合一』之旨，所舉行的『卽考卽用』的人力『甄選』（Selecetion）與『徵補』（Recruitment）所以任用法第八條規定：『經分類職位公務人員考試及格人員，應由分發機關分發各機關任用。其不遵照規定期間到職者，取銷其資格。分發機關爲銓敍部；但行政院所屬各級機關之分發機關爲行政院人事行政局』。

各機關擬任分類職位公務人員，得依職權規定先行派代理；於一個月內送請銓敍機關審查，經審查不合格者，不得任用（任用法第九條）。分類職位公務人員，經銓敍機關審查合格後，屬第五職等以下者，由所在機關，或其上級機關首長任用，屬第六職等以上者，呈請總統任命(任用法第十條)。初任各職等人員，除第一職等外，其未具擬任職位職務性質相當之經驗一年以上者，應先予試用一年，期滿成績及格者，予以實授。其成績特優者，得縮短其試用期間，惟不得少於六個月；成績不及格者，由任用機關，分別情節，報請銓敍機關延長其試用期間。但不得超過一年。延長後，試用仍不及格者，停止試用，不予實授（任用法第十一條）。

舊任用法第十二條原規定：『除特定職系外，第十三職以上，第三職等以下人員，在各職系同等職位間，得予調任。其餘各職等人員，其工作性質及所學相近職系同職等間，得予調任。特定職系及調任辦法，由考試院定之』。民國六十七年十月，此條經予修改：刪除『除特定職系外』及『同職等』數字，原第十三職等改爲第十二職等，原『特定職系及調任辦法由考試院定之』，改爲『工作性質及所學相近職系由考試院定之』。如此修改，則不同職等既可隨意調任，所謂工作性質及所學相近亦可由考試院自由擬定，職系界限便無確定限制；則任用法第一條所定『分類職位公務人員之任用，應本專才專業，適才適所之旨』，實已完全被否定。所謂『職位分類』者，名存而實亡。

分類職位公務人員，因職責變動而調整歸入不同職等之職級時，其任用依左列規定（任用法第十三條）：

1. 具有所歸職等之任用資格者，依規定任用。

2. 第一至第五職等，第六至第九職等，第十至十四職等人員歸入同範圍之較高職等，未具任用資格者，准於權理。

3. 歸入高一範圍最低職等，其未具任用資格，如有低一範圍最高職等合格實授資格者，得予權理。

4.歸入低一範圍之職等者，應予調整工作，無適工作可資調整時，原有人員在職期間，得暫以原職等任用。

依此規定，所謂『權理』，無異打消了任用法第六條所規定之任用，失之過寬，流於浮濫。因爲同一職等範圍包括四至五個職等，則有國中同等學力一職等考試及格之任用資格者可以權理第五職等職務。而第五職等職務則係專科學校畢業經考試及格者。第六職等合格者係大學畢業考試合格者，而可以權理博士考試及格始有任用資格之第九職等職務。權理如此寬疏，不僅否定第六條所定之任用資格，且亦破壞了考試制度。則所謂職位分類制之精神與優點，皆蕩然無存。至於高資低就仍以高職等任用，既違犯『同工同酬』之公平原則，亦不合『按工給酬』之報酬理則。這是擔任低級工作者給予高級報酬，是納稅人負擔了不應負擔的寃枉負擔。

三、分類職位考績制度——在職公務人員由長官就其一年內之工作成績，加以考核，評定優劣，以爲獎懲根據，謂之『考績』(Service Rating or Efficieney Rating)。玆依現行分類職位公務人員考績法（民國六十七年十一月二十日總統公布）論述其內容與要旨如次：

分類職位公務人員之考績，應本綜覈名實，信賞必罰之旨，作確實客觀之考核。考績分爲兩種：一是年終考績，一是專案考績。前者每年年終行之；後者於公務人員平時考核有重大功過時行之。分類職位公務人員任現職至年終滿一年依法實授者，參加年終考績；依法調整歸級，調任或升任人員，前後任同一範圍各職等職務，或高職等改任低職等職務，並繼續任職者，其年資得合併計算。年終考績除機關首長應由上級長官考績外，其餘人員應以同一範圍爲比較範圍。

年終考績應以平時考績爲依據。平時考績，應設置工作、勤惰、品德、生活紀錄。工作考核應依據工作項目，訂定工作標準，並應注意其學識及才能。勤惰及生活考核，應分訂細目或標準，並送銓敍機關備查。年終考績以一百分爲滿分，分甲、乙、丙、丁四等。八十分以上者爲甲等。七十分以上不滿八十分者爲乙等。六十分以上不滿七十分者爲丙等。不滿六十分爲丁等。甲等晉本俸一階，並給予一個月俸額之一次獎金；已敍本俸至最高階者，晉年功俸一階，並給予一個月俸額之一次獎金；已敍年功俸最高階者，給予二個月俸額之一次獎金。乙等晉本俸一階，已敍至本俸最高階或已敍年功俸階者，給予一個月俸額之一次獎金。丙等留原俸階。丁等免職。

年終考績應晉俸階，在考績年度內已依法晉敍俸階者，考列乙等以上時，不再晉敍。但專案考績不在此限。實授人員任現職至年終考績時，不滿一年，而已達六個月者，應另予考績。列甲等者給予一個月俸額之一次獎金。列乙等者給予一個月俸額二分之一一次獎金；列丙等者不予獎懲；列丁等者免職。各機關參加考績人員，任原職等職務，連續二年列甲等，或連續三年中一年列甲等二年列乙等者，除依法應經考試及格者外，取得升等任用資格。

分類職位公務人員平時考核及專案考績，分別依左列規定：（考績法第十二條）

1.平時考核鼓勵，分嘉獎、記功、記大功；懲處分申誡、記過、記大過。於年終考績時，計成績增減總分。平時考核獎懲得相互抵銷。其無獎懲抵銷，而累積達二大過者，其年終考績，應列丁等。

2.專案考績於有重大功過時行之；其獎懲規定如次：㈠一次記二大功者，晉本俸一階，並給與一個月俸額之獎金；已敍至本俸最高俸階，或年功俸階者，晉年功俸一階，並給予一個月俸額之獎金；已敍至年功俸最高階，依法不再晉敍者，給與二個月俸額之獎金。但在同一年度內再次辦理專案考績記二大功者，不得晉敍俸階，改給二個月俸額之獎金。㈡一次記二大過者免職。㈢一次記二大功，一次記二大過之標準，由銓敍機關定之。

分類職位公務人員之考績，應由主管人員就考績表項目評擬，遞送考績委員會核議，機關長官執行覆核後，依規定程序核定。但長官僅有一級，或因特殊情形不設考績委員會時，得逕由長官考核。考績委員會對於考核案件，認為有疑義時，得調閱有關考核紀錄及案卷，並得向有關人員查詢。各機關考績委員會之組織，由考試院定之。

考績結果銓敍機關如有疑義，通知原考績機關，評敍事實及理由，或重加考績；必要時派員或調卷查核。考績案經核定後，應以書面通知受考人。年終考績考列丁等或專案考績受免職處分人員，得於收到通知書次日起三十日內依下列規定聲請覆審：㈠不服本機關核定者，得向其上級機關聲請覆審；其無上級機關者向本機關聲請。㈡不服本機關或上級機關之覆審之核定者，得向銓敍機關申請再覆審。㈢覆審再覆審，認為原處分理由不充足時，得由原核定機關或通知原核定機關，撤消原處分或改予處分。如認為原處分有理由時，應駁回其聲請。㈣聲請再覆審以一次為限。

第二職等以下人員之考績，由各機關自行核定執行。第三職等以上人員之考績，由各機關初核，層送銓敍機關核定。年終考績結果，應自次年一月起執行；專案考績，應自銓敍機關核定之日起執行。但年終考績專案考績應予免職人員，自確定之日起執行，未確定前得先行停職。各機關長官及各級主管長官，對所屬人員考績，如有不公或徇私舞弊情事，銓敍機關得通知其上級機關，予以懲處。辦理考績人員對考績事項應嚴守秘密並不得遺漏舛錯；違者按情節輕重予以懲處。不受任用資格限制人員及其他不適用本法考績之考成，準用本法之規定。

四、分類職位俸給制度——分類職位公務人員俸給法於民國五十六年六月八日公布，五十七年五月九日，五十八年八月二十五日，六十七年十二月六日三次修正。玆依現行之俸給法將分類職位俸給制度的要旨及內容論述如左：

就薪給的性質與意義言之，概可分爲三種：一是身分表達制，以薪給數目的多寡，表達地位或身分的高下，昔日之所謂『俸祿』，卽是此義，俸者下者所以奉獻於上，祿者指祭祀所用之祿米。中國公務人員俸給法卽含有此意義。此法所定俸額，最低與最高相差達十倍半，蓋取物有十色，人分十等之意。二是工作報酬制，按公務人員所作職務之貢獻大小及價値多寡以定薪給數額，卽『計值給酬』的含義。分類職位公務人員俸給法卽具有這種意義。三是生活維持制，政府財政困難時，既無力言『計值給酬』，亦不必談什麼身分高下，同爲國家效力，大家應體念時艱，能維持生活就够了。我國現行的『統一薪俸』就是這種性質。最低與最高俸額僅差三倍半。因係生活維持，所以除『薪金』外，更有米、鹽、油、煤氣等實物配給及房租津貼及服裝費等。

分類職位公務人員之俸給既係『工作報酬制』，所以俸給法第二條明定：『分類職位公務人員之俸給，應本『同工同酬』、『計值給俸』之旨訂定之』。俸給分爲二種，均爲月計之：一爲本俸，指各職等俸階之幅度。二是年功俸，指本俸晉至各職等最高俸階後，依年資及功績晉敍本俸之俸階。本俸依分類職位公務人員任用法所分之十四個職等分別定之，各職等之本俸及年功俸之俸階及俸點，依左列所附俸表之規定：（採俸點制是分類職位俸給制度一大特性）。

分類職位公務人員無故曠職者，按日扣除其俸給。其依規定給假者，因公出差者、奉調受訓者、奉派進修考察者俸給照常支給。各機關現職人員經銓敍合格者，應依其職位所歸職級之職等，換敍俸階。各職等初任考試及格人員之俸給，均自本職等最低俸階起敍。但曾任同職等職位，仍敍原俸階，曾任低職等職位，如其原俸階之俸點高於所任職等最低俸階之俸點時，換敍同數額俸點之俸階。初任考試及格人員，初任低職等職務時，按其應敍之俸階核敍所任職等同數額俸點之俸階，但以不超過本俸最高俸階之俸點爲限。權理人員之俸階，按其所具職等資格核敍。

分類職位公務人員調任，其俸給依下列規定核敍：㈠調任同職等職位，仍敍原俸階，㈡調任高職等職位具有該職等職位任用資格人員，應按其所具資格核敍俸階。㈢調任高職等職位未具該職等職位任用資格准予權理人員仍敍原俸階。於依法晉敍時，以不超過原敍職等年功俸最高俸階爲限，俟取得任用時，按所任職等職務敍俸。㈣調任同範圍或不同範圍較低職等職位，具有任用資格人員，按其原敍俸階換敍所任職位之職等相當俸階，以至最高年功俸階爲止。其原敍職等之俸階仍予保留。

升等人員原敍職等之俸階，高於所升職等之最低俸階者，敍所任職等相當俸階；未達所升職等之最低俸階者，敍最低俸階。分類職位公務人員，因職責變動，而調整歸入不同職等之職務時，視其調整歸級情形，比照調任人員敍俸規定辦理。經銓敍機關敍定之俸階，非依分類職位公務人員考績法規定不得晉敍；非依法律規定亦不得降敍。分類職位公務人員之俸給，不依此俸給法之規定支給，銓敍機關應分別通知主計及審計機關不予核銷。

第四節　實行職位分類的評價

一、貢獻——我國自民國五十八年十月實施職位分類制度以來，雖然引起不少不滿反應及嚴厲的批評，但揆之實際，這是中國文官制度史一個劃時代的人事改革，確亦產生了不少值得稱許的績效與貢獻，不可全然抹殺。玆舉述其重要實績與貢獻如左：

1. 重視職務，爭取工作——在傳統的簡、薦、委品位制下，係依官位的高低定俸給的多寡。只要官位高，卽使工作少、責任輕、職務簡，俸額亦高。若使官位低，縱使工作多、責件重、職務繁，俸額亦低。因之，公務人員的願望與努力方向，只在『爭官位』、『爭升級』。而革新的職位分類係以『工作』爲中心的人事制度，公務人員的地位或職等高下及報酬的多寡，係以其所任工作的多少，責任的輕重，職務繁簡爲依據，以爲分等標準。因之，分類職位公務人員，要想歸級歸入高職等，拿到多的俸給，必須求工作多、責任重。公務人員遂漸知重視職務，爭取工作。換言之，就是以『爭事做』的觀念，替代了『爭官做』觀念。這是進步的、現代化的新思想，實是一大貢獻。

2. 揚棄官治，崇尚服務——中國有兩千多年的專制政制、官僚制度和專制政治乃是雙生子，有不可分離的關係。所以『官僚統治』的思想，根深蒂固，不易掃除。民國成立，北洋政官仍然保持『官治思想』，入仕途徑是所謂『高等文官考試』和『普通文官考試』。民國十七年，南京國民政府雖改稱『官吏』爲『公務員』，然公務員的心理，仍以『官吏』自居，認爲『官』具有高貴的身分和特殊的地位，優於士、農、工商等從業人員。『官者管也』，代表國家的統治權力，管治人民，官行令，民服從。而職位分類制則揚棄這種陳舊的『官僚統治』，建立以工作、責任、職務爲內容的職位觀念。公務員就是『工作員』(Worker)，和士、農、工、商等從業人員都是『工作』，和『職業』，地位不分高下，身分並無貴賤。分類職位的公務人員在憑自己的知識、才能、技術、品德、體力、智慧爲人民『做工』，爲『人民』服務，爲『社會』造福，爲國家謀利。再不是憑藉統治權力壓制人民的『官員』了。職位分類制促進這種民主化現代化的『服務觀念』、『工作觀念』的產生，功在國家，不可抹滅。

3. 同工同酬，計值給薪——在專制政治時代，官吏支領『俸祿』，俸者下之所以貢上也。祿者乃是祭祀神祇之祿米。俸祿的多寡用以表示身分尊卑高下。而分類職位公務人員所支領的是『報酬』，即依其所工作的價值計值給酬。貢獻大價值高，自然報酬多。反是者則報酬少。實行職位分類制度以來，政府因限於財力，在俸給上雖未能完全作到『同工同酬，計值給薪』的要求。但這種合理的新觀念已爲衆人所承認，所接受，逐漸推移，終必有成功的一日。然若就實際言之，自實施職位分類制以來，公務人員俸給與其所任工作及職責亦已有逐漸一致的明顯趨勢，是向『同工同酬，按值計薪』的目標前進。例如，原在品位制下任薦任十級的科長，工作多、責任重、職務繁而俸給較低，不免吃虧、受屈；經按其任務則歸級可歸入分類職位的第九職等，俸給即可提高。反之，另一薦任十級科長工作少、責任輕、職務簡，歸級只可歸入第八職等，則薪給便因而減低。這種實施，雖被減俸者所抱怨，所不滿。然因實行職位分類，同工同酬的待遇公平思想大有進步，大多數皆認爲此乃事理之當然。

4. 因事設職，組織精簡——以『工作』爲中心的職位分類以建立明確『職位』(Position)爲主旨。所謂『職位』係由一定的『工作』(Works)、『職權』(Authority)、『職務』(Duties)和『職責』(Responsibility)所構成。一個機關要確定編制，設立職位，必須以此爲基礎、爲依據、爲標準。如果沒有明白工作項目、足够的工作數量、確定的『職權』及確實的『職責』，便不能設定一個職位。無職位就不能任用職員。若現有職位的職員所擔任的工作、職責、職權、職務不及標準，便應裁去此職位或與其他職位合併。因之，冗員閒浮可去，駢肢單位可裁，使編制合理，組織精簡。機關中無冗員便可少生是非，組織趨精簡效率易於提高。據行政院人事行政局對第一批至第四批實施，職位分類機關有關資料之統計，在職位總數方面，由於空缺職位的裁撤，工作量過少職位之歸併，計減少之職位數，將近百分之十。職責程度與職稱不相當（高職稱辦簡易工作，低職稱辦繁重工作），工作性質與職稱不相符，（如技術職稱辦行政業務，視察職稱辦內勤工作），因實行職位分類而作職位重新組合，工作項目另作調整，獲得改進者高達百分之六十。精簡組織與編制，節省人力、財力，提高效率，實是一大貢獻。

5. 考試用人，素質提高——簡、薦、委的品位制以『內升制』(Recruitment from inside the service) 爲原則。大專畢業生可參加高等考格，錄取者可以高級委任或低級薦任任用。依逐年考績，漸次升至高級簡任。在這種制度下，那些學養高、才智強的卓越人才，多想初入仕就任高位，不願從低升晉。那由低級晉升的高級官員可能因多年案牘勞形，學業荒蕪，雖經驗豐富，而學養流於落伍，人事素質流於低降。

職位分類制的考試係本『爲事擇人，考用合一』之旨，以公開競爭方式行之，廣闢入仕門路，以『外補制』(Recruitment from outside the service) 爲原則。各級學校畢業者，皆有門路參加初任考試，及格者卽可充任適任的官職。大學畢業者應第六職等考試，得有碩士、博士學位及敎授、服務經驗者可以分別參加第八職等、第九職等及第十職等的考試，及格卽可立卽擔任相當於高級薦任職及初級簡任職，故易以吸收延攬高級人才，提高人事素質。據實際調查統計，實施職位分類的機關，其新進人員的教育程度（學歷）及才智水準（知能）皆逐漸提高；而年齡則有逐漸降低的趨勢。這些新進人員才高識廣，年富力强，精神旺盛，有上進心，肯積極努力。這是職位分類博致的蓬勃氣象。

二、批評——職位分類制的實行，誠然產生了不少的實績與貢獻，功在國家；但因執行上有偏差，觀念上欠溝通，思想上有分歧，技術欠完善亦招致很多的批評、指責及抨擊。這些不滿的反應，有者不無道理，有的則是誤解，有的是對職位分類缺少深入與正確的認識。玆將這些批評擧要論述如左．

1.不適合我國情——適合國情才是好制度。職位分類制乃是美國『商業文化』、『拜金主義』價值觀念下的產物。重利輕義，依財富評判地位的高下，不以品德衡量的貴賤。中國是禮義之邦，重義輕利。把那以『作工賺錢』爲目的制度硬要移植到中國來，那能發芽、生根、開花結菓。殊不知我國的經濟發展已逐漸擺脫農業經濟而進入工商經濟，傳統的文化價值觀念早起變化。義務與權利須相稱，取與予要一致，公平交易，合情合理。這是我們今天應該人人遵守的『價值系統』（Value System）和『道德標準』。那居高位不作事，支高俸的身分觀念不該排除麼？憑權力統治人民的舊思想，不該揚棄麼？良好的傳統固應保持，而進步的革新亦必須採行。國情固可規範制度，而制度亦所以刷新及促進國情。二者應互爲適應，才能圓通無礙，執一而論，失之固執。發生『新情勢』，便須採行『新制度』以爲適應，適存之道，在『以變應變』，那可『一成不變』?!

2.不可『以夷變夏』——著者曾看到一份，由幾位國民大會代表所撰的研究報告，反對『職位分類』的重要理由，就是『自古以來只有以夏變夷者，未聞以夷變夏者。』職位分類制是舶來品，是夷狄產品，豈可施行於華夏之邦。其實，文化與制度不必分『夷』、『夏』，只可辨其優、劣、善惡、高下。優、善、高者取之。劣、惡、下者捨之。一個國家的偉大文化必須能創造，亦能吸收。而且若不能吸收即無從創造。深閉固拒，閉關自守，抱殘守缺，是進步的致命傷，是失敗的根源。中國自古以來，所以能『以夏變夷』，主要原因是在於華夏的文化比夷狄的文化高、善、優。批評『職位分類』應從制度的本身是否優劣作衡量，不可以其非『土產』即摒棄之。譬如『牛車』、『菜油燈』是中國文化，是『華夏』產物。『汽車』、『電燈』是外國文化，是『夷狄』產物。難道我們今日可以捨棄『汽車』、『電燈』，而仍使用『牛車』、『菜油燈』麼?我們要『以夏變夷』，只有使『華夏』文化凌駕於『夷狄』文化之上一途。國父的三民主義保持了中國的優良傳統；但同時亦吸收了不少的歐美新文化。

3.歸級辦理不當——實施職位分類制，須將簡、薦、委之現職人員按其所任職位歸入新制之職級中，使之擔任新職位，是謂歸級。有人批評，歸級辦理不當。所提出的批評有以下幾點：㈠張三、李四同爲科員，爲何歸級歸入不同職等？㈡王五爲科員，趙六爲辦事員，地位高下不同，爲何歸級歸入同一職等？㈢劉七、朱八皆是一級主管爲何歸級歸入不同職等？王九資歷深，鄭十資歷淺，爲何歸級歸入同一職等？這是對職位分類制的基本觀念和精神缺乏正確認實者所發生的誤解，批評未中肯綮。張職位分類制的主旨是按各人所任工作繁簡、責任輕重、知識高下、技術精粗決定所職任位的高下。張三、李四雖同爲科員，因其所任工作不同，自當歸入不同職等。王科員趙辦事員雖職稱不同，因其所任工作無甚區別，自當歸級歸入同一職等。劉七、朱八雖皆爲一級主管而其工作繁簡、責任輕重不同，當然歸入不同職等。例如立法院議事科長職責繁重，檔案科長工作輕簡，若辦理歸級，二人卽應歸入不同職等方屬合理。自然，那檔案科長因歸級會受到損失。應知任何一種制度的革新或改變，一定會牽涉到若干人的權益增損。職位分類認工作不講資歷，資歷不同，而工作相同，卽當歸入同一職等。

前述批評雖屬誤解，然查究實際，歸級人員在辦理歸級的過程中，確曾發生不少偏差，爲人所病詬。辦理歸級的人員或因經驗不足，或因判斷不明，或受人情包圍，或因受有壓力、或以存有私心，或欲討好他人，應歸入高職等者而歸入低職等；應歸入低職等，而歸入高職等，職位應裁撤而未裁撤，應合併而未合併，應資遣人員而未資遣，既違犯歸級的本旨與精神，又引起有關人員的抱怨與不平。因此實施的偏差，使職位分類受到冤枉的抨擊。這些都不是職位分類制本身的弊害，而是執行的錯誤與偏差。

4. 考試用人過嚴——批評者認爲在職位分類制下，各職等新進人員，均需考試及格始能進用，無論高級人員、低級人員，均不能除外，使機關首長用人甚感困難，不免影響業務推行。且銓敍合格人員亦不能轉任分類職位，亦使用人之門趨於狹小，有背廣攬人才之道。加以初任考試有十職等之多，不免失之繁瑣。

這些批評或由於觀念錯誤，或由於認識欠正確，特爲之解釋如次：㈠憲法第八十五條規定：『公務人員之選拔，應實行公開競爭之考試制度，非經考試及格不得任用。』而且考試用人乃是世所公認的選拔人才最公平、最客觀、最民主的方法，可以有排除首長任用私人的「瞻徇制」(Patranage) 及政黨干擾政府用人的『分贓制』(spoils system) 的有效方法，公務員不經考試及格而任用，既屬違背憲法，又有重大流弊。㈡因儲備登記銓敍合格者失之浮濫，故舊法限制銓敍合格者不得任分類職位，旨在維持公務人員素質及考試制度，用意至當至善。因首長不願多受限制，銓敍合格者亦認爲有損其權利，多加反對，故現行法律已經修改，銓敍合格者亦可擔任分類職位。㈢初任考試原爲十個職等，今已減爲八個職等。這並非指一個公務人員一生須經八個考試，而是讓學歷高低不同者各從其可進之路進入仕版，因才開路，使各顯身手與高低，乃是取才之正道與仕途。考試及格者經任用，仍可依考績升等，上進並未阻塞。

5.職系區分太細——分類職位公務人員爲數不及二十萬人，而銓敍部按其工作性質或行業不同共區分爲一五九個職系，未免失之過細，不同職系之間不能轉任或調任，使公務人員擔任業務的幅度或範圍，大受限制，殊非所宜。況且中國現時教育的發展，科技的進步，職業的分工，尚未達於十分精密的地步與程度。職系區分太細，既不合需要，在實際上亦難適當配合，實行上大有困難。例如，現時中國各大學中尙無人事行政學系的設置。而職系區分中卽有人事行政職系、考試技術職系、職位分類職系、員工訓練職系、員工福利職系五個職系。若要招考考試技術職系人員便很難找到這類專家擔任考試委員，坊間亦難買到這種專門書籍，供應試者參閱。職系區分太細，確是一個缺點。立法院爲對此缺失予以救濟，所以在『分類職位公務人員任用法』第六條規定：『考試及格人員取得工作性質、所學相近職系同職等之任用資格』。且職系區分經立法院授權，由考試院訂定之，考試院可視需要予歸併或減少。

6.一表決定終身——批評者認爲現職簡、薦、委人員塡具歸級調查表後，依表之內容歸入適當職級職等，卽終身任此職位。彼等譏之曰：『一表定終身』。不錯，職位分類制的精神，重在『專才專業，適才適所』。換言之，就是『一個眼子一個釘，一個蘿蔔一個坑』，不能隨便移動職位。品位制是『梯階結構』，可以依次梯升。分類制是『鴿子洞結構』，各居各位。但是依現行法律的規定，歸級人員仍有兩大途徑可以升晉，並非『一表定終身』：㈠經升等考試及格取得升等任用資格，㈡年終考績成績優良，可以考績升等。

6. 職級規範簡略——職級規範在說明職位明確內容及工作繁簡、責任輕重等，以爲選拔、待遇、考核、歸級、升遷等依據，爲職位分類制中最重要之憑藉與工具。但現有職級、規範內容敍述簡略而抽象，有欠完備，不敷應用，實應大加修訂與補充。至於分等標準亦欠切實與明確，公務人員共分爲十四個職等，自最繁難之政策決定至最簡易的文書抄寫，如何明確劃分其界限，衡量其程度實非易事。要想自最難到最易，使用十四個不同的形容詞，則是極不容易的事。所以現行職等標準亦欠妥善，甚而有不當，亦應加以修訂。

7. 公務難作評價——批評者認爲職位分類制在工商企業機關易於推行順利；因其業務的工作數量、質量、價值都較爲顯明易知易見，能以作正確『工作分析』與『工作評價』，依此而爲分等定級及決定待遇的標準和根據。但是在行政機關，公務人員職務，尤其是中上級的職務，很難就其工作數與質作明確的『工作分析』與『工作評價』，便使分級定等難以合理，難得正確，則職位分類制的理想與要求便無從實現。取其名而不能得其實，不是自欺欺人的秕政麼？何爲乎而採行之!?

這種批評不無相當道理。就是最贊成職位分類制度的人亦難以完全否認。不過，吾人應知任何新制度的建立和舊制度的改革，皆難以一蹴而幾，達於理想。公務職位已漸趨科學化技術化，多數職位皆可以運用管理科學及數量方法分析之，作工作評價。縱使有少數職位，不易作百分之百的精確分析與評價，但根據其職務上所需知能與因素，亦可作大致不差的工作分析與評價，所得評分或等級可達於『八九不離十』的程度，所謂『雖不中不遠矣』；總比那漫不講工作數質、責任輕重、工作繁簡的品位制大大進步，現代化科學化多得多了。任何制度不能十全十美，皆優劣互見的，利弊並見的。抉擇的標準，在於『兩利相權取其重，兩害相權取其輕』。職位分類是利重害輕的制度，不可因輕害而棄重利。

三、展望——中國原行的簡、薦、委『品位制』雖淵源於隋唐以來的科舉制度，具有悠久歷史，但因重『官位』，輕『工作』的傳統已漸不能適應時代需要；所以　先總統蔣公中正決心實行人事制度的改革，要推行現代化科學化的以『工作爲中心』的『職位分類制』。民國四十年六月考試院因以成立職位分類研究委員會，設調查及設計兩組分掌職位調查及分類方案設計工作。民國四十三年十月，將研究委員會改組爲職位分類計劃委員會，辦理職位調查、設計分類方案、草擬職級規範、擬制公務職位分類法草案等工作。四十五年底職位分類計劃委員會結束，於銓敍部設置職位分類司掌管其業務。民國四十七年十月公布『公務職位分類法』，以爲實施職位分類制法律依據。民國五十六年五月立法院先後通過分類職位公務人員考試法、任用法、考績法、俸給法，職位分類制的法制體系燦然大備。民國五十六年九月行政院依據憲法動員戡亂時期臨時條款設立人事行政局。分類職位公務人員考試法、任用法、考績法、俸給法爲適應行政院之要求，於民國五十八年八月先後加以修正，就原法之嚴格規定加以放寬。職位分類制自五十八年十月開始實施，迄今及十年之久。實施績效固屬甚多，而所受批評亦復不少，承先啓後，繼往開來，猶待吾人積極努力。玆就管見所及，提擧展望及改進意見如左：

1. 職位分類理念的强化——無論怎樣說，職位分類制是合乎時代潮流，適應社會進步的新理想、新觀念，乃是現代化、科學化的人事制度。今日我國要實行人事制度的革新，亦是應該遵行的一條正道與坦途。對此理念應有信心，應予加强，方能推行順利，收其效益。決不可持『保持傳統』，『不合國情』、『以夷變夏』的陳腐思想而摒棄之。任何一個國家決不能永久保持傳統，傳統是進步的障礙和絆脚石，不進步必歸於淘汰或滅亡。優良的傳統固應予保持，不適宜的傳統一定要改造。文化祇可分優劣高下，不必作夷夏中外之分，善者採之，劣者去之，能吸英擷華，方能創造菁華。國情是變動不居的，瞬息千里，必須『以變應變』始能生存與發展，國情變而制度隨之，卽是『適應生存』的最適者，不致流於『劣者敗』的慘局。任何制度的改造與創新，皆會遭到有惰性者的抗拒及既得利益者的反對。改革者必須有信心、有魄力、有勇氣堅毅以赴之，方能成功。若遭遇困難便屈服，引起批評卽退却，則任何進步和改革皆不能成功。職位分類的理念是正確的、合理的、進步的決不可摒棄，而應予强化，以堅毅精神，誠篤信念以赴之，人事制度的光明前途，實有賴之。

2. 職系區分數量的減併——我國公務人員納入職位分類制度下者，尚不及二十萬人，而職系區分竟達一五九個之多，未免失之太多，流於不便，職務轉任調任受瑣細狹小的職系限制，發生諸多困難影響人事流轉；爲消弭此等流病，職系數目，實應加以減併。論者辯稱，美國聯邦政府公務人員依其工作及行業性質經區分爲五七四個職系之多，我之一五九個職系則減少已屬甚多。殊不知美國聯邦政府公務人員多達二七〇多萬人，超過我公務人員人十餘倍。若一五九乘十，則我國之職系豈不多至一、五九〇職系，豈不太多。況我國科學技術的分類及各行各業的分工，尚遠不及美國的細密與專精。例如我國大學尚無人事行政學系的設立，而職位分類的職系中，竟區分有人事行政職系、考試技術職系、職位分類職系、員工訓練職系、員工福利職系，是否失之瑣細呢？職系減併可將性質相似所學相近者歸併爲一職組。組中各系可以相互調轉，則運用靈活，困難消失。現行高等考試類科，計有四十個之多，職組歸併，不可少於此數，以歸併爲五〇個至六〇個職組爲相宜。因查現有職系，按其性質，少者二系三系多者四系五系可歸併爲一個職組，平均三個職系歸併爲一組以三除一五九，計合五三個職組。

3. 職級規範的修訂——健全的職位分類結構或體系，係由合理的完備的『職級規範』(Class Description)及『職位說明書』(Job or Position Specification)所構成。這些範本乃是『因事以求才』、『專才專業』、『適才適所』、『同工同酬』、『綜名覈實』的依據和尺度，地位重要，功用宏偉，可想而知。完備的職級規範和職位說明書內容，除名稱與編號外，應包括七個項目，可用七個W代表之：一是Who，即何人，指何種資格、年齡、性別、品格的人，可任此職位。二是What，即何事，指此職級或職位包括那些工作、責任、職務、權力、技術等。三是How即何法，指執行這一職位的任務使用什麼工具和方法。四是Where即何地，指這一職位的地點是內勤，抑是外勤，工作環境是否安全，對身體健康有無妨害。五是When即何時，指這一職位是永久性抑臨時性，每週工作時間幾日幾時。六是Why即爲何而任此職位，指一切的待遇、俸給、保障等而言，七是For Whom即是何人工作，指這一職位的地位，是下令者抑是行令者，或既下令又行令。

我國現用之職級規範除一、職級名稱，二、職級編號外，僅有三、職級特徵，四、工作舉例，五、所需資格與專門知能，六、其他必要事項。職位說明書的內容，包括：一、職位名稱，二、工作項目，三、工作概述，四、工作知能，五、工作標準。似此內容，描述既失之簡略、籠統、抽象，涵概項目亦欠完備，適用時既難敷應用，亦不能切實配合需要，故亟應加以修訂、補充、改善，俾便於切合實際需要與應用。況且這些職級規範及職位說明書多係依民國四十五年前調查資料所編擬，迄今已二十餘年，職級及職位皆隨業務發展，時代進步，知技成長等因素已大有改變，前所公告之規範與說明書與實際職級及職位的內容，大有差距，須切加修訂以謀配合。

4.制度的簡化合一——我國現行的人事制度計有七種之多，各具特性，差異甚大，所適用之法律有六十四種行政命令規章多達五百二十種（根據民國六十八年五月十六日行政院人事行政局向立法院法制委員會所提之工作報告書）。等級結構，俸給待遇，皆有顯明差異，以致人員互不流通，人力難期統籌，不公允，欠平等，以致影響人事安定及工作情緒。亟應通盤籌劃，詳加檢討，謀求減併，以期統一與完整。若使七種遽爾合爲一種，事體滋大，牽涉過廣，自必阻礙難行。然行政機關公務人員工作性質、身分、地位皆大體相同，理應適用相同法規及統一的人事制度。『品位制』與『分類制』並行於行政機關，殊非所宜。何況，民國六十七年十月分類職位公務人員考試法、任用法、考績法、俸給法已經修正，與簡、薦、委的『品位制』，漸趨平衡，相互溝通已少困難，合併歸一，使人事制由『雙軌制』歸於『一元化』，大有可能。人事當局應向此方向積極努力，俾能早日實現。

第二十二章　公務人員的保險

我國公務人員保險制度，正式付諸實施係於民國四十七年八月八日，但對於公務人員保險制度的重視，可謂由來已久。遠在民國廿三年，第一次全國考銓會議，正式有公務員保險案的提出；民國卅五年考試院策劃考銓制度的將來方案中，於公務人員保險制度又曾有所規劃。銓敍部隨即依據上項方案精神，擬具公務員保險法草案，呈經考試院會同行政院聯呈國民政府發交前立法院審議。嗣經移交行憲後第一屆立法院審議。中經戡亂播遷，至民國四十年以後，局勢漸趨安定，銓敍部乃重作實施公務人員保險的準備與努力。迄四十四年十一月，立法院乃正式將公務人員保險法案續付審查，終於四十七年一月十七日立法院二十會期卅一次會議完成三讀程序，於同月廿九日經　總統明令公布實施。銓敍部當即依照立法院決議，定期於該法公布後六個月內，督同承保機關（中央信託局）並會同內政部等有關機關，擬訂保險法施行細則及保險監理委員會組織規程，於同年八月八日呈由考試院公布施行，同時通告各機關辦理要保手續。

民國四十七年九月中央方面全部付諸實施，省級於民國四十八年七月亦全部實施，於是公務員保險制度乃告確立。公務員保險制度的基本要旨有下列八點，即(1)保障公務人員生活，(2)增進公務人員福利，(3)安定公務人員心理，(4)保全工作能力，(5)鼓勵工作精神，(6)提高行政效率，(7)加强人事制度的推行，(8)促進社會安全制度的確立。由此可知公務員保險制度的實施，在我國公務制度上實具有劃時代的意義，茲依照公務員保險法規將我國保險制度分節敍明如左：

第一節　保險對象與內容

一、投保人員——我國公務人員保險法所包括的保險對象極爲廣從，凡與國家公務有關的人員幾均可投保，而且展延及於與公務人員共同生活的眷屬，乃至於曾任公務而可能復任已離職的公務人員以及退休人員。

依公務人員保險法第二條的規定；保險對象，包括所有「法定機關編制內的有給人員」及「有給的公務人員」在內。再依公務員保險法施行細則第六條規定，左列機關有給公務人員均可投保：

1. 總統府及所屬機關。
2. 五院及所屬機關。
3. 國民大會及各級民意機關。
4. 地方行政機關。

5.公立學校及敎育文化機關。

6.衞生及公立醫療機關。

7.公營事業機關。

8.其他依法組織之機關。

同時於同法施行細則第八條二項規定，所稱有給公務人員，包括法定編制內之聘雇人員在內。由此可知，被保險人實將全國公務人員，有給的民意代表及公營事業人員概括無遺。上述人員，係保險法施行細則第八條的規定應一律參加，可謂具有强制性質。

此外，依公務員保險法第二十一條第三項規定，被保險人離職時，得依原定保險費率繳付保險費之全額繼續保險」，又依公務員保險法第十一條規定，「公務人員之配偶及直系親屬得自由投保疾病保險，則離職之公務人員及公務人員家屬又均得爲保險對象。不過此等人員依法條解釋，非必然參加，乃屬自由投保性質。

二、保險範圍——我國公務員保險制度所包括的保險範圍，極爲廣泛，凡有關公務人員及其眷屬的「生、老、病、死」等一切事故，以及生活上的一般意外遭遇，均已包括在內。這大概是因爲我國公務人員待遇菲薄，生活清苦，毫無儲蓄可言，藉此制度的建立，期能獲得適當的保障。

我國公務員保險法第三條規定，「公務人員保險包括生育、疾病、傷害、殘廢、養老、死亡、眷屬喪葬七項，並附離職退費。」

所稱「生育」——係指被保險人本人及其配偶生育而言（見本法第十三條第一項第二款）。

所稱「疾病」——除公務員保險法第十三條三項各款所規定的，凡不遵守規定醫療辦法者，凡非疾病施行違反生理之手術者，凡整容整形者，凡因不正當行爲而致傷害或疾病者等外，所有因執行公務而致疾病或普通罹患疾病者均屬此所稱之疾病。

所稱「傷害」——係指被保險人遭受傷害事故而言，但因不正當行爲而致傷害以及非因公自殺致死，或因犯罪被執行死刑，或因戰爭災害致成死亡或殘廢者則不包括在內。（保險法第十三條三項四款及第十九條）

所稱「殘廢」——係指被保險人因執行公務或服兵役，以及因疾病或意外傷害致成殘廢者而言。上述殘廢又分全殘廢，半殘廢，部份殘廢，其區分之標準，由主管機關訂定之（見公務員保險法第十五條）。若依公務員保險法施行細則第五十五條規定，「因執行公務所生之危險，以致殘廢，因盡力職務積勞成疾殘廢，因出差遭遇意外危險，以致殘廢，因辦公往返或在辦公場所遇意外危險，以致殘廢，奉召入營或服役期滿，在途次遇意外危險，以致殘廢等所指之殘廢，則更爲具體。

所稱「養老」——係指被保險人依法退休後所需老年之瞻養而言。

所稱「死亡」——係指「因執行公務或服兵役」及「因疾病或意外傷害」所致之死亡而言，但「被執行死刑」及「因戰爭災害」所致之死亡，均不包括在內（見公務員保險法第十九條）。

所稱「眷屬喪葬」——係指被保險人眷屬因疾病或意外傷害致死亡之喪葬事故而言。

第二節　保險的給付

我國公務員保險法對於各項保險給付，均有具體規定，若依照有關法條予以概括的區分，可分免費醫療及現金給付兩大類，同時對迄未領取任何保險給付，另有離職退費的規定。茲分述如左：

一、免費醫療——免費醫療，依保險法第十三條一項的規定包括生育，（配偶生育在內）疾病，及傷害三項。並無保險年資及醫療期間的限制，自以助產完竣，傷病全愈，恢復健康爲止。惟爲貫澈本規定制訂的原意，且爲公平實施起見，在有關條文中復對有關事項詳加規定：

1. 生效期間：各國保險法中，對於免費治療生效期間有規定，如英國疾病給付規定必須加保後最少已繳付三十六週次的保險費，或於上年度中至曾繳付五十次的保險者始得領受給付。且多有待期（即必須於發生保險事故的第三日至第七日起付）的規定。我國保險法第十三條一項規定，被保險人在保險有效期間發生生育、疾病、傷害三項保險事故時，均得予以免費醫療。所稱「在保險有效期間，係『自承保之日起』按月繳付保險費至脫離公職退出保險之日止而言（見保險法第六條）。並無任何期間限制。

2.免費醫療：被保險人凡發生上述保險事故，除非有保險法第十三條二項之情事外，均可在保險醫療機構就診。前項保險醫療機構，包括承保機關辦理之保險醫院，及約定之公私立特約醫院，暨其他醫療處所。其名稱、地點、設備，應由列表報請主管機關核備，並通知各要保機關轉知被保險人。（保險法施行細則第卅六條）至於免費醫療的範圍，依保險法施行細則第卅五條的規定。關於生育及助產，包括產前檢查，分娩住院，及新生嬰兒七日內之費用；關於健康檢查，應每年舉行一次，關於疾病預防，除政府發起各種免費防疫措施由要保機關通知被保險人接受預防外，承保機關應另視情形之需要，分區或分期舉行各項預防措施，必要時，由主管機關通知承保機關直接辦理疾病預防各項措施；關於傷病醫療，凡屬內科系統，外科系統、牙科放射及一般物理治療，X光檢查治療及電療、各項檢驗化驗及檢查，及其他必要之疾病檢查與治療等均包括在內。

3.免費限制；我國保險法對於免費醫療的項目既極廣泛，因而在處理上，自應稍加限制，以達到公平合理的原則。其一爲生育及助產在住院期間的限制，依保險法施行細則第四十三條規定，被保險人或其配偶生育住院，免費期限，以七日爲限，如係異常分娩，被保險人配偶得酌情延長，如爲被保險人本人及生育所引起之其他病症，必須留院治療者，均予改按傷病免費醫療之規定辦理。其二爲住院等級的規定，依保險法施行細則第五十條規定，「被保險人因生育、傷病、或其他配偶生育，經保險醫療機構門診後認爲必需住院者，應依本法第十三條第一項第三款之規定辦理，如爲特約醫院時，以二等病房爲準，倘因自行超等住院發生之一切超過費用，應由被保險人自行負擔，辦理預繳手續，但被保險人自願住二等以下病房者聽之。

4.傳染病及特種病症委任醫療；依保險法施行細則第五十三條規定，被保險人如患左列特種病症，經保險醫療機構診斷後，轉送承保機關委託之特設醫院免費醫療：

(1)痲瘋。

(2)精神病。

(3)肺結核。

二、現金給付——依保險法第十四條的規定，被保險人在保險有效期間發生殘廢、養老、死亡、眷屬喪葬，四項保險事故時，予以現金給付。其給付金額，以被保險人當月俸給數額爲計算給付標準。再本法所謂俸給，依本法施行細則第五十四條規定，應以發生保險事故，當月份被保險人的保險俸給數額，爲計算給付標準。其規定如左：

I殘廢給付：

㈠因執行公務，或服兵役，致成全殘廢者，給付三十六個月。半殘廢者，給付十八個月。部份殘廢者，給付八個月。

㈡因疾病，或意外傷害，致成全殘廢者，給付三十個月。半殘廢者，給付十五個月。部份殘廢者給付六個月。

前項所稱全殘廢、半殘廢、部份殘廢之標準，由主管機關訂之。（保險法第十五條）

II養老給付：

1. 繳付保險費滿五年者，給付五個月。
2. 繳付保險費超過五年者，自第六年起，至第十年，每超過一年增給一個月。
3. 繳付保險費超過十年者，自十一年起，至第十五年，每超過一年增給二個月。
4. 繳付保險費超過十五年者，自第十六年起，至第十九年，每超一年增給三個月。
5. 繳付保險費二十年以上者，給付三十六個月。（保險法第十六條）

III死亡給付：

1. 因執行公務，或兵役，而致死亡者，給付三十六個月。

2. 因疾病，或意外傷害，而致死亡者，給付三十個月。（保險法第十七條）

Ⅳ眷屬喪葬費給付：

1. 父母，及配偶，津貼三個月。

2. 年滿十二歲，未滿二十五歲之子女，津貼二個月。

前項眷屬喪葬津貼，如子女，或父母，同為被保險人時，以任擇一人報領為限。

本條規定眷屬喪葬給付標準，包括父母、配偶，及子女之喪葬。子女喪葬給付，並以年滿十二歲，未滿二十五歲為限。蓋未滿十二歲者，喪葬費較省，滿二十五歲者，生前已有獨立生活之能力，故無需予以給付。至子女，或父母，同為被保險人時，以任擇一人報領為限，以免重複。（保險法第十八條）

三、**離職退費**——依保險法第二十一條前項規定，「被保險人離職迄未領取任何保險給付者，得向承保機關申請退還其自付部份之保險費」。此所稱「自付部付之保險費」，係指被保險人每月俸給百分之七，除其中百分之六十五由政府補助外，其餘百分之三十五由被保險人自付之部份保險費而言。但公務人員於辦理離職退費後，因復行任職而再度依保險法參加保險時凡具有離職退費的條件，而未依法申請退費，並提出申請保留其保險年資時，依保險法，第二十一條二項規定，其獲准保留的年資全部有效。同時，被保險人雖經脫離公職，而願繼續投保，亦得依原訂費率百分之七，自行繳付全額繼續投保，但應於離開公職後二個月內提出申請，逾期不再受理（施行細則第卅三條）。

第三節　保險費率與負擔比例

保險費率負擔比例，對公務人員繳納保險費與保險給付數額的多寡關係甚大，各國對此均有規定。

一、**保險費率**——我國公務人員的保險費率，爲被保險人每月俸給百分之七（公務員保險法第八條）並包括事務費在內（同法第五條），此種規定，據承保機關規劃，其中生育佔〇、八%，疾病傷害佔三、二%，殘廢死亡之佔一、四%，養老費一、一%，眷屬喪葬佔〇、六%，合計爲月俸七、一%。至所謂月俸，依保險法施行細則第十五條規定其項目暫以統一薪俸，服裝費，醫藥補助費，加給，等項，爲保險俸給。其另有待遇辦法，與前項規定不同之要保機關，得比照前項規定，擬定保險俸給，報由主管機關核定。

二、**負擔比例**——保險爲一種雙務契約，公務人員一面享受給付權利，他方面亦須負有繳納保險費義務我國公務員保險法規定公務人員之保險，按月繳付，由被保險人自付百分之三十五，政府補助百分之六十五。（公務人員保險法第九條）被保險人應自付之保險費，由各該服務機關於每月發薪時代扣，連同政府補助之保險費，一併彙繳承保機關。被保險人依法征服兵役，保留原職時，在服役期內，其保險費全額，統由政府負擔，至服役期滿復職時爲止。（公務人員保險法第十條）

這種規定，實較美、英、日各國爲優厚，且對依法服兵役的人員訂有優待，實係一種進步的法例。此外保險費率之由被保險人繳付部份，若繳滿卅年，得免繳保險費，而所發生的保險事故，包括生育、疾病、傷害、殘廢、死亡、養老、眷屬喪葬以及離職退費等仍可依法享受給付。

第四節　保險主管機關

關於公務人員保險的策劃與業務推動，在政府內必須有適當機關負責主管其事，我國保險制度的辦理機關，依有關法規的規定，有左列各種。

一、**主管機關爲銓敍部**——關於主管機關，論者曾各持一說，頗有紛歧，其中對本條第一項規定不表贊同者，有下列兩項主張，(1)認爲應由內政部主管；(2)認爲應由內政部與銓敍部分別主管。其主要理由不外認爲公務人員保險乃社會保險之一部，內政部主管社會保險，不應將公務員工部份予以分裂；又以本保險的保險對象，範圍較廣，專由一部主管，難免發生事實上的困難，由兩部分別主管較為合宜。

但就法理與事實而言，殊有問題。第一，保險方案與公務員退休撫卹三位一體，同為保障公務人員生活，鼓勵工作情緒的手段，而退休撫卹為憲法明定考試院的職掌，今若加以割裂，顯與憲法精神不合。再就事實而言，公務保險所涉及的退休死亡等事項，皆屬人事動態，故有需於人事資料的參考及有助於人事資料的建立，均甚重大，故由考試院銓敍部主管，在事實上亦較便利。

是以我國公務員保險法第四條明定，公務人員保險以銓敍部為主管機關。所稱「主管機關」，係指依法定職掌範圍，主管有關政策、制度、法案、命令的擬訂，事業方針的規劃，以及業務推行的指揮監督等有關事項而言。此等業務，依「銓敍部組織法」第三條第三款規定，係由銓敍部「獎懲司」主管。

二、承保機關為中央信託局——依保險法第五條前段規定，公務人員保險業務，由中央信託局辦理並負承保盈虧責任。中央信託局係於民國卅六年五月公佈之中央信託局條例而成立，為法定國營保險機構。而公務保險既屬一種福利政策，在性質上當不以營利為目的，自以國營或公營為妥當。至所謂「並負承保盈虧責任」，旨在課承保機關以妥善經營的責任，藉以省節國庫開支，俾期就本保險的法定費率，負責比例，及保險給付，賴承保機關的精密計算，與妥善經營在不增加國庫負擔的原則下，獲得順利推行此一保險要政的預期效果。

目前我國公保業務，由於免費醫療之範圍廣泛，逐年俱有虧損，實際上虧損部份已由政府負擔。

三、監理機關爲監理委員會——保險法第四條第二項規定，爲監督保險業務由銓敍部會同有關機關組織監理委員會，其組織規程由考試院定之。考試院基此規定，業於四十七年八月八日公佈公務人員保險監理委員會，依照該規程第二條規定：公務人員保險監理委員會（以下簡稱本會）由銓敍部會同內政部、財政部、教育部、經濟部、行政院主計處、及其他有關機關組織之，置主任委員一人，由銓敍部部長兼任，綜理會務，委員八人至十二人，由有關機關首長或派代表兼任之。

至於公務員監理委員會的職掌，依同規程第三條的規定如下：1.關於保險業務報告之審議。2.關於保險財務報告之審議。3.關於保險會計表報之審核。4.關於保險業務改進之建議。5.關於違背保險法及施行細則之糾正。6.其他有關保險業務監督事項。

四、要保機關爲「被保險人服務機關」。關於要保機關的範圍，保險法施行細則第六條已有原則性的列舉規定。至要保機關實際所負的任務，玆見於本保險法及施行細則中。玆就施行的有關條文擇要列舉於下：(1)負責編列保險費補助預算（十七條）；(2)負責收繳每月保險費（十八至二十條）；(3)

負責爲被保險人換發保險證（二十五六兩條）；④負責爲新進人員依法辦妥加保手續（二十六條）；⑸負責爲離職人員辦妥退保，保留年資或參加個人保險手續（二十七、八、九及三十、三十一與三十二各條）；⑼負責爲轉職人員辦妥轉保手續（三十四條）；⑺負責臨時爲被保險人辦妥有關各種異動登記手續（三十四條）；⑻負責將醫療機構名稱地址轉達被保險人周知（三十六條）；⑼負責核發被保險人診病證明單（三十七至四十條）；⑽負責領回應出院而未出院之被保險人，並扣繳其遲延出院之超額費用（四十五條）；⑾負責扣遠離職退保人員逾限住院之超額費用（四十九條）；⑿負責證明被保險人因執行公務或服兵役致成殘廢或死亡已具體事實（五十五、六十一、六十三、六十四各條），⒀負責審核並承轉被保險人現金給付或退費之請領憑證及手續（五十七、五十九、六十二、六十三、六十四、六十五各條）；⒁其另有待遇辦法之機關，並須負責擬報被保險人保險俸給（十五條）。

第五節　現制的改善

我國公務員保險制度，自四十七年九月開始實施已有七年之久，從整個制度的精神立論，可謂是合乎時代的一種進步措施，對安定公務員生活增進福利上確有重大貢獻，但其中免費醫療方面，由於經驗的不足以及客觀條件的限制，亦深受各方指責與批評。針對這種種批評，提出改進辦法甚多，有謂改「絕對免費」爲「部份負擔」者，亦有主張酌定「等待時間」及「限制病種」者。但筆者意見，公務員保險本爲一種福利政策，盈虧並非主要衡量成敗的考慮，要在能確實達到增加福利的目的而又無浪費與弊端在內。數年來根據各方指謫，多爲保險人不遵守規定，醫療機關的管理與監督不善，承保機構不負責任以及要保機關未充份合作等。其根本癥結乃在於我國人之自私觀念作祟，因此改正觀念，加强監督恐爲最要之圖。不過除此之外，更進而提出下列改善意見：

一、**公保權責統一問題**——目前我國公保業務，分由銓敍部，監理委員會、財政部，中信局辦理，而實際醫療機關管理者又多爲內政部職權之內系統，難免發生權責不明，步驟紊亂情事，是否應設法統一，以期責有專成，亦可避免諉過的弊端。

二、**罰則之嚴格執行問題**——公保實施，被保險人與醫療機構，時聞有互相勾結謀利情事。我國公務人員保險法第廿條因有規定「公務人員保險之各項給付，如有以詐欺行爲領得者，除依法治罪外，並追繳其領得保險給付之本息」，但一方面並未嚴格執行，他方面對醫療機關等未訂有罰則，此實應謀求補救者。

三、**補充法規的制訂問題**——公務員保險法所規定事項，諸如離職人員改投個人保險以及公教眷屬自由投保疾病保險等，均屬提高公務員福利的德政，但迄今二十年來未訂頒辦法，此應及早考慮而付諸實現，否則將有失法律尊嚴。此外針對公保弊端以及加强福利而應謀救改進者，亦應陸續訂頒辦法及採取措施，此方面銓敍部近年來改訂診病單式，籌設門診中心，制訂醫療辦法，釐訂醫療爭議審議辦法等，俱爲防止弊端之擧措，但如何積極性推動保健及疾病預防等，切不可因虧損而敷行，減低了公保的積極意義。

第二十三章　公務人員的服務及懲戒

現行公務人員服務制度，是依據公務人員服務法的。該法濫觴於民國二十六年六月公布的「官吏服務規程」，此項規程，曾於民國二十二年七月修正，施行期間先後共約八年三個月，自民國二十八年十月將「官吏服務規程」，演進而爲現行之「公務員服務法」，並於民國三十二年一月及三十六年七月先後修正兩次，施行迄今。至於現行公務員懲戒制度，則創始於民國二十年。懲戒機關，在國民政府時期，關於選任政務官的懲戒爲中央黨部監察委員會，選任以外政務官的懲戒爲國民政府政務官懲戒委員會，關於事務官的懲戒爲司法院公務員懲戒委員會。司法院公務員懲戒委員會又分爲中央公務員懲戒委員會與地方公務員懲戒委員會。中央公務員懲戒委員會掌理全國薦任職以上公務員及中央各官署委任職公務員的懲戒事宜。地方公務員懲戒委員會設於各省，由高等法院院長兼任委員長，掌理各省委任職公務員的懲戒事宜。行憲後，依憲法規定（憲法第七七條），彈劾權屬於監察院，而彈劾案的審議權，除關於總統、副總統的彈劾，由國民大會罷免外，其餘均屬於司法院公務員懲戒委員會。而其法規依據除公務員懲戒法外，尚有稽核公務員懲戒執行情形辦法。茲依照上述各法內容，分別將公務員服務制度及公務員懲戒制度敘述如後：

第一節　公務員服務制度

我國公務員服務制度的主要法規依據爲公務員服務法。茲依照該法有關規定，分項介紹其主要內容如左：

一、**適用對象**——公務員服務法乃規定一般公務員基本義務的法規。依照該法第廿四條的規定，凡受有俸給的文武職公務員及其他公營事業機關服務人員，均適用之。換言之，即受有俸給的文武職公務員及其他公營事業機關服務人員，包括公營事業機關的董事，監察人及總經理，省銀行的董事及監察人，均應受本法的約束而不得有所違背。至本法所稱的俸給，不僅指現行公務員俸給表所定級俸而言，其他法令所定公務員的俸給亦屬之。又本條所稱的俸給，不以由國家預算內開支者爲限。國家公務員的俸給，由縣市或鄉鎮自治經費內開支者，亦包括在內（見司法院院解字第三一五九號與司法院院釋字第二四號及二五號）。

二、**基本要求**——國家對於公務員的基本要求，因公務員種類的不同而有各別的規定，但一般公務員所應負的基本義務，則爲公務員服務法所明定。歸納言之，可分述如後：

Ⅰ執行職務的義務——國家設官分職，在於治事，因之公務員一經任用，即應遵守誓言，忠心努力，依法律命令所定執行其職務（服務法第一條）。此地所謂誓言，係指宣誓條例第五條二條的規定，此種規定學者有認為是公務員的倫理義務者。至於所謂依法，係指公務員超越職權及違法所為的行為，則不發生法律上的效力，公務員本身亦應負違法失職的責任。公務員由於有忠心努力依法執行職務的義務，為達成此項義務起見，從而伴隨有各項克盡此項義務的規定：(1)公務員接奉任命狀後，除程期外，應於一個月內就職，但具有正當事由，經主管長官特許者，得延長之，其延長期間以一個月為限（見公務員服務法第八條）；(2)公務員奉派出差，至遲於一星期內出發，不得藉故遲延，或私自回籍，或往其他地方逗留（見公務員服務法第九條）；(3)公務員未奉長官核准，不得擅離職守，其出差者亦同（見公務員服務法第十條）；(4)公務員辦公，應依法定時間，不得遲到早退，其有特別職務經長官許可者，不在此限（見公務員服務法十一條）；(5)公務員除因婚喪疾病分娩或其他正當事由外，不得請假（見公務員服務法第十二）；(6)公務員除法令所定外，不得兼任他項公職或業務（見公務員服務法第十四條）。

Ⅱ服從命令的義務——公務員執行職務，除司法官依據法律，獨立審判，不受任何干涉外，關於一般行政事件，必須發生命令與服從的關係，以構成行政上的系統，公務員遵從長官關於職權範圍內的命令，是為服從命令的義務。但對於公務員服從命令的義務，是否以有效的職務命令為限，如命令的內容違反法規，有無服從的義務，通常有四種學說，亦卽(1)絕對服從說，(2)絕對不服從說，(3)相對服從說，(4)意見陳述說。以上四說，各具理由，我國現行公務員服務法第二條規定：「長官就其監督範圍以內所發命令，屬官有服從之義務；但屬官對於長官所發命令「如有意見，得隨時陳述」，係採意見陳述說，頗與相對服從說的意旨相似。惟上級長官有直接與間接之別，有主管與兼管之分，各級長官的命令，如互有抵觸時，則屬官服從之義務，究應如何抉擇，目前公務員對於兩級長官同時所發命令，以上級長官的命令爲準；主管長官與兼管長官同時所發命令，以主管長官的命令爲準（見公務員服務法第三條）。

Ⅲ忠實的義務——所謂忠實係指公務人員於執行職務時，應忠純誠實留心盡智爲最有利國家的行爲並不得有利用職權以爲個人圖利之擧，此等規定，俱見於公務員服務法第六、七、十七、十八、十九、廿等條之中，其規定如下：

(1)公務員不得假借權力，以圖本身或他人之利益，並不得利用職務上之機會，加損害於人；(2)公務員執行職務，應力求切實，不得畏難規避，互相推諉或無故稽延；(3)公務員執行職務，遇有涉及本身或其家族之利害事件，應行廻避；(4)公務員不得利用視察，調查等機會，接受地方官民之招待或餽贈；(5)公務員非因職務之需要，不得動用公物或支用公款，公務員職務上所保管之文書財物，應盡善良保管之責，不得毀損，變換，利用或借給他人使用。

Ⅳ、嚴守秘密的義務——公務員所處的地位，易於獲悉政府機關的機密，故對本機關的機密，不問是否屬其主管事務，均不得洩漏，此之謂公務員有保守秘密的義務。因此公務員服務法第四條規定：「公務員有絕對保守政府機關秘密之義務，無論是否主管事務，均不得洩漏，退職後亦同，又公務員未得長官許可，不得以私人或代表機關名義任意發表有關職務之談話」（見公務員服務法第四條二項），藉以防止機密事件的洩漏。至何謂機密事件，則依法令的規定，或由機關首長認定，或依事件之性質判斷之。

Ⅴ保持品格的義務——品位本屬私人的行為，唯公務員膺受國家名器，其一舉一動，均將為民表率，樹立風氣，若不自我檢點，將有損政府威信，因而公務員應保持品格，最為重要，但何謂品格，殊無一定規定，乃依社會一般善良風俗而定，因此公務員服務法第五條規定：「公務員應誠實清廉，謹愼勤勉，不得驕恣貪惰，奢侈放蕩，及冶遊，賭博，吸食烟毒，足以損失名譽之行為」、

Ⅵ不為一定行為的義務——由於公務員特殊身份，易於濫用職權而圖私利，因此公務員服務法除規定上述各種義務外，尚禁止公務員不得有下列各項的行為：即(1)公務員對於屬官，不得推薦人員，並不得就其主管事件有所關說或請託（見公務員服務法第十五條）；(2)公務員對於隸屬關係者，無論

涉及職務與否，不得贈受財物，公務員於所辦事件，不得收受任何餽贈（見公務員服務法第十六條）；(3)公務員對於下列與其職務有關者，不得私相貸借，訂立互利契約或享受其他不正利益：甲、承辦本機關或所屬機關之工程者。乙、經營本機關或所屬事業來往款項之銀行錢莊。丙、承辦本機關或所屬事業公用物品之商號。丁、受有官署補助費者（見公務員服務法第二十一條）。(4)公務員不得經營商業或投機事業，但投資於非屬其服務監督之農、工、礦、交通、或新聞出版事業，爲股份有限股東，兩合公司，股份兩合公司之有限責任股東，或非執行業務上之有限公司股東，而其所有股份總額，未超過其所投資公司股本總額百分之十者，不在此限。公務員非依法不得兼公營事業機關或公司代表官股之董事或監察人（見公務員服務法第十三條）。

三、**公務員的責任**——公務員對於國家負有各種義務，已如前述，有義務則必有責任，公務員若違反其應盡的義務，卽發生責任問題。中華民國憲法第二十四條規定：「凡公務員違法侵害人民之自由或權利者，除依法律懲戒外，應負刑事及民事責任，被害人民就其所受損害，並得依法律向國家請求賠償。」若就我國公務員所負的責任，分析言之，有僅違反行政法規定者，則爲懲戒責任；有因違法而觸犯刑事或涉及民事範圍者，則爲刑事或民事責任。茲分述如左：

I 懲戒法上的責任——懲戒法上的責任指公務人員有違法及廢弛職務或其他失職行爲時，國家依照公務員懲戒法予以懲戒處分。不過除此種懲戒處分外，公務員若有違法或不當行爲，尚可依其他行政法規，如考績法等的規定予以處分。因此，有人爲避免誤解起見，特將此種責任稱爲行政責任者，亦不無理由。

Ⅱ刑法上的責任——刑事上責任，依罪刑法定主義的原則，應以法律有明文規定者爲限。不過，此地所指的責任，係指公務人員以其國家機關構成員的身份，而爲與其職務有關的犯罪行爲時，所應負的責任而言。至於公務就其私人資格，違反刑法規定時，準諸法律之前人人平等的原則，自應按照刑法規定，與一般人民同其論罪處罰。

我國公務員服務法第二十二條後段規定「……公務員之行爲觸犯刑事責任者依該法令處罰」。

此地所指法令當爲刑法第一二〇條第一二四至一二七條第一二九條，第一三〇第一三二條以及第一三三條所規定的放棄職責或濫用職權行爲的處罰以及刑法第一二一條至一二三條及第一三一條所規定貪汚行爲的處罰等。

Ⅲ、民事責任——公務員民事責任，指公務員於執行職務時因不法行爲，致負民事上損害賠償之責，學者稱爲公務員職務上的侵權行爲，其中又可分爲對於第三人的民事責任及對於國家的民事責任。所謂對於第三人的民事責任，即指對一般人民的責任而言，依民法第一八六條第一項規定：「公務員因故意違背對於第三人應執行之職務，致第三人之權利受損害者，負賠償責任；其因過失者，以被害人不能依他項方法受賠時爲限，負其責任」。所謂對於國家的民事責任，係指違反審計法，公務員交代條例等有關條文的賠償責任而言。

第二節　公務員懲戒制度

公務違反義務，國家基於特別權力，得加以懲戒，自屬當然。但爲保障公務員，限制懲戒權的濫用，故公務員懲戒法第一條規定：「公務員非依本法不受懲戒。但法律另有規定者，不在此限」。亦卽公務員的懲戒，原則上應適用公務員懲戒法。如其他法律有懲戒的規定者，亦可排除公務員懲戒法的適用。此地卽僅先就公務員懲戒法本身加以論列，而後再敍及與他法規的關係。

一、**懲戒的對象與事由**——懲戒的對象，以具有公務員身分的公務人員爲其要件，且不限於正式的任用人員，卽如試用人員，或任用後而發覺其資格爲虛僞者，亦爲懲戒的對象（見司法院院字第一七七八，解字第三四六八號解釋）。懲戒的對象，固以公務員爲限，但依公務員懲戒法規定的涵義言，左列人員，並不適用該法的範圍，卽：

Ⅰ各機關雇員，及各級民意代表，（見司法院院字第一〇一二號，一五三九號解字第三六二六號

解釋）

Ⅱ武職公務員不適用公務員懲戒法的規定，此蓋我國武職人員的懲戒向由軍事機關辦理。

二、懲戒的種類——關於公務員的懲戒，依懲戒法第三條的規定共有六種，而各種懲戒，依同法有關條文的規定，又有不同的效力及行使方式：

1. 撤職：除撤其現職外，並停止任用，至少一年。

2. 休職：除休其現職外，並不得在其他機關任職，至少六個月，休職期滿，許其復職。

3. 降級：依現任職級，降一級或二級改敍，自改敍之日起，二年內不得進敍，無級可降者，比照每級差額減俸，期間二年。

4. 減俸：依現職月俸，減百分之十或廿，期間一月至一年。

5. 記過：自記過之日起，一年內不得進敍，一年內記過三次者，依前項規定減俸。

6. 申誡：以書面或言詞爲之。

上列二至五款處分不適用於政務官。

三、懲戒的程序及機關。

關於公務員的懲戒，得分爲移送，審議，及執行等程序。茲依此程序將辦理機關及其有關處理上的規定分述如左：

Ⅰ移送——懲戒的移送，分由監察院及行政首長爲之。監察院監察委員對於公務員認爲有違法失職的行爲時，應向監察院提彈劾案，彈劾案經提案委員以外之監察委員九人以上審查及決定成立後，即由監察院向公務員懲戒委員會提出（公務員懲戒法第十條及監察法第九條）。又各部會首長或地方最高行政長官認爲所屬公務員有違法失職情事者，關於簡任人員應備文聲敍事由，連同證據送監察院審查，關於薦任以下人員得由各該部會首長或地方最高行政長官逕送公務懲戒委員會審議。薦任以下人員的記過與申誡，得逕由主管長官行之。（公務員懲戒法第十一條十二條）。

Ⅱ審議——公務員懲戒的審議，由公務員懲戒委員會掌理。但在審議的過程中，依公務員懲戒法的規定，又分爲調查，申辯及議決等程序。⑴調查：懲戒機關對於受移送懲戒事件，於必要時，得指定委員調查之，除依職權調查外，並得委託行政或司法官署調查之（見公務員懲戒法第十三條及十四條）。⑵申辯：懲戒機關應將原送文件，抄交被付懲戒人，並指定期間，命其提出申辯書，於必要時並得命其到場質詢，已被付懲戒人不於指定期間內提出申辯書，或不遵命到場者，懲戒機關得逕爲懲戒之議決（見公務員懲戒法第十五條）。因知我國懲戒事件是以書面審理爲原則，以言詞審理爲例外。⑶議決：有實質的要件與形式的要件。議決的實質要件爲懲戒機關的議決，以出席委員過半數的同意定之，出席委員的意見分三說以上，不能得過半數的同意時，應將各說排列，由最不利於被付懲戒人的意見，順次算入次不利於被付懲戒人的意見，至人數達過半數爲止。（公務員懲戒法第二十條）依公務員懲戒委員會組織法第四條規定，「公務員懲戒委員會懲戒事件之審議，應有委員七人以上之出席，由委員長指定資深委員一人爲主席。」本條規定懲戒機關的議決，以出席委員過半數的同意定之，如出席委員爲七人，卽須得四人的同意，方可通過議決案。所謂出席委員的意見分三說以上，不能得過半數的同意時，應將各說排列，由最不利於被付懲戒人的意見，順次算入次不利於付懲戒人的意見，至人數達過半數爲止。例如出席委員七人，甲說主張撤職者三人，乙說主張休職者二人，丙說主張記過者二人，應將甲說算入乙說之內，合計爲四人，達過半數，應爲休職的議決。

Ⅲ執行——懲戒的執行，由銓敍機關、審計機關以及被付懲戒人的所在機關等分別就其主管範圍依法執行。銓敍機關從事懲戒處分的稽核，此卽稽核公務員懲戒處分執行辦法第四條的規定「銓敍機關查有公務員曾受撤職、休職、降級、減俸、記過、懲戒處分，而未收到執行情形表時，應先通知審計機關暫不核銷該公務員俸薪的全部或一部」。審計機關負責懲戒處分有關賬目的審核依稽核公務員懲戒處分執行辦法第三條規定「審計機關審核各機關會計報告時，發現曾受懲戒處分公務員有不合法的支俸單據，卽應依法剔除，並由該機關長官負責追繳。」（稽核公務員處分執行辦法第三條）至於各主管機構，則爲懲戒處分的實際執行者，公務員懲戒法第九條，「懲戒事件由公務員懲戒委員會議決者，不論懲戒處分與否，均應於決議後七日內，連同決議書三份呈報司法院。其受懲戒處分之被付懲戒人爲薦任職以上，或相當於薦任職以上者，由司法院轉呈國民政府或通知其主管長官行之。爲委任職或相當於委任職者，由司法院通知其主管長官行之。均應通知銓敍機關。」

四、懲戒法中的停職——我國懲戒法中有關停職的規定有二；一爲裁定停職，一爲當然停職。所謂裁定停職，指公務員懲戒法第十六條的規定，「懲戒機關對於受移送之懲戒事件，認爲情節重大者，得通知該管長官先行停止被付懲戒人之職務。長官對於所屬公務員，依該法第十一條之規定送請監察院審查或公務員懲戒委員會審議而認爲情節重大者，亦得依職權先行停止其職務。依前二項規定停止公務之公務員，未受撤職或休職處分或科刑之判決者，應許其復職．並補給停職期間內俸給。」

所謂當然停職，乃懲戒法第十七條規定，「公務員有左列各款情形之一者，其職務當然停止。

1. 刑事訴訟程序實施中被羈押者。
2. 依刑事確定判決，受褫奪公權刑之宣告者。
3. 依刑事確定判決，受拘役以上之宣告在執行中者。

五、懲戒與刑事的關係——懲戒處分與刑事處分，在處分性質，對象、程序、種類等俱有不同。

因而公務員同時觸犯刑事與懲戒法時如何處理。依我國懲戒法有關的規定，採兩項原則：一、爲刑事先理原則：刑事先理原則，係爲同一行爲，已在刑事偵查，或審判中者，不得開始懲戒程序（公務員懲戒法第二十三條）。又同一行爲，在懲戒程序中，開始刑事訴訟時，於刑事確定裁判前，停止其懲戒程序（公務員懲戒法第二十四條）。二爲懲戒處分獨立原則，係指懲戒處分，與刑事處分性質不同，故不適用刑事訴訟之一事不再理的原則，就同一行爲，已爲不起訴處分，或免訴，或免究的宣告時，仍得爲懲戒處分，其受免刑，或受刑之宣告，而未褫奪公權者亦同（見公務員懲戒法第二十五條）。但從反面解釋，同一行爲，旣經褫奪公權，縱令宣告緩刑亦不得再爲懲戒處分（見司法院第一九八六號解釋）。

六、懲戒處分與行政處分的關係——懲戒處分與行政處分同屬對公務員不利制裁，但兩者有其顯然的區別；第一、法律的根據不同：懲戒是依公務員懲戒法的規定，行政處分則散見於各種行政法規；第二、懲戒處分是司法權的作用，行政處分是機關長官監督權的作用；第三、處理程序不同，行政處分除了依照考績法之外，現行法律並沒有統一的規定；而懲戒處分依照公務員懲戒法規定，須由監察院移送，或由各院部會長官或地方最高行政長官對於所屬薦任職以下公務員逕送公務員懲戒委員會；第四、行政處分雖有考績法爲依據，但是受免職處分的人，是否卽刻可以再用，考績法並沒有規定，公務員免職，這個機關不要，其他機關還可以任用；可是懲戒處分規定得很詳細，譬如「撤職」處分，至少在一年內不得任用，「休職」，處分，至少在六個月內不得復職等。不過此地有兩個問題值得研究，其一是行政長官可否不經懲戒程序而逕予公務員以免職，關於這個問題徵諸懲戒法第一條：「……但法律另有規定者，不在此限」，因此行政長官依考績法而爲之免職，應該是合法的；其二是受有懲戒處分者可否再給予行政處分，此點法律並無明文規定，依理論上講兩者是不應重覆的，因爲重覆的結果又可能形成適用兩種處分而高低不同的結果。

第三節　現制的改善

一、**關於服務制度者**——公務員對公務員的服務要求，雖有明白規定，但就實際情形言，這一法律實未達成所期欲的目的。服務法上的各項規定與要求，並無不當或疵議，但各級公務人員並未能切實奉行，因之有關規定成爲具文。其所以致此之由，要不外兩種：㈠服務法所規定的服務要求多失之空洞，且有者亦不免失之陳意過高。既不具體，又難實現，對此若想作到切實有效之執行，在事實上自不無困難。㈡服務法僅規定了服務要求，並未規定如有違犯時應受何種處罰。既無處罰條款之規定，則違者亦不會受到懲處，當然大家對服務法，可以不予重視，不加遵守。若欲責成公務員達成其服務要求，應針對實際情形認真修改現行的公務員服務法，使其切實可行。且服務要求的達到，端在於公務員有高昂的服務精神與情緒。如何養成此種精神與情緒，尚有賴於人事行政制度之改善及團體意識之養成，並加强公務員之責任感，及砥礪其氣節。

二、關於懲戒制度者——就公務員懲戒制度而論，其所需檢討之處亦多：第一、行政長官懲戒權力不足。現行公務員懲戒法規定行政長官對於所屬職員僅有申誡與記過之權，其他較重大處分均須由中央各部會首長或地方最高行政長官移送公務員懲戒委員會審議，對於簡任官，則無論何種處分均須先送監察院審查，不能逕行移送公務員懲戒委員會。因此，行政長官對於屬員便缺少指揮的權能，行政紀律難以維持。第二、懲戒事項無具體規定。我國公務員懲戒法規定懲戒的事由爲(1)違法，(2)廢弛職務或其他失職行爲：二者皆屬概括名詞，未列舉具體事由，在適用時失去共同標準。第三、對於懲戒處分無救濟方法。懲戒處分經公務員懲戒委員會決定後，縱有不公，也無向其他機關申訴的機會。第四、由於懲戒的程序繁複，再加上「刑事先理原則」的限制，使懲戒案件常久延不決，失其懲處及時之效。基於以上的缺點，各方所提改進意見與方案甚多，有主張修改公務員懲戒法本身以加强機關首長的免職權者；有主張修改公務員服務法，將行政處分的方式明定於該法之內者；亦有主張修改公務員考績法，增設專案考績，規定機關首長在某種情上得逕予免職者。公務人員考績法經適應此種要求，予以修改，考績列四等者予以免職，平時記兩大過者，考績時予以免職處分。依著者之見，懲戒處分一方面須顧及現行憲法上的規定，他方面要做到下列的三個目標：(1)懲戒應能立即採取措施—我國現行公務員懲戒法所規定的移送答辯及多數表決，以及轉呈等程序都違背這項原則，而考績法中雖規定在考績法年度內記大過兩次可予免職，也顯然的不能立即免職，必須俟相當期間才能決定，似此都沒有解決主管立即行使懲戒權的困難。(2)應由主管決定懲戒方式—主管人員有監督屬員之責，因而亦將最爲瞭解屬員的工作與行爲。今懲戒法規定長官僅可備文聲敍理由並無實質決定權顯將失去監督指揮之意。再者公務員懲戒委員會既非全然瞭解詳情，且因這種移送程序的曠日費時，主管亦將抱有多一事不如少一事的心理，儘失立法之原意。(3)屬員應有申訴機會以資救濟—懲戒爲對屬員不利之措施，爲避免主管濫用職權，並爲促進員工情緒以符合民主精神起見，自應讓屬員有申訴機會。(4)公務人員懲戒法應予修正——公務人員懲戒委員會所作懲戒決定，係一審終結制，實不相宜，應增列准予覆審機會，俾使不當或錯誤裁決，予以救濟，保障公務人員權益。現行懲戒法係採『先刑後懲』制，致懲戒案件，常拖延時日，久久不決，宜改採『刑懲並行』制，因刑、懲決定，互不受拘束，自可各行其事，自作決定。

第二十四章　公務人員的訓練與進修

公務人員的訓練與進修，在人事行政上有其積極的意義，一則由於近代公務專業化的要求，二則基於公務員本身積極向上的心理，因此各國莫不建立公務員訓練與進修制度，藉以促進員工素質而提高公務效率。我國公務人員的訓練與進修，在法令上並無完整的規定，其有者亦僅限於任職後訓練的片斷規定。國民政府奠都南京，於民國十七年曾公布各縣現任地方行政人員訓練章程，可謂是公務員任職後訓練的先導。至民國二十四年考試院公布修正公務員補習教育通則，一般公務員任職後訓練始有法規上的依據；惟已易訓練而為補習教育。現時關於該項訓練的法規有民國三十二年考試院公布的公務員進修規則，及民國三十五年國民政府公布的修正公務員進修及考察選送條例。由上所述，足見訓練的舉措在我國法令上尚欠具體的規定，而事實上各機構為適應需要亦曾舉辦各種訓練，茲就筆者瞭解所及，分節敍述如後：

第一節　我國公務員任職前的訓練

一、普通學校的訓練——我國現在公務員考選制度，大體言之，與英制頗相類似。其參加考試資格以學校畢業為前提，而公務員分級的根據，大致亦以學校教育程度為準。具有大專以上學校畢業資格者始能參加高等以上的考試被任爲簡任或薦任職公務員。具有中等學校畢業資格者始能參加普通考試爲委任職公務員。而其所考試科目亦多以學校課程爲依據。雖有檢定考試爲無力就學自修者之補救，及甚少嚴格之年齡限制，不似英國貴族色彩濃厚，然其基本觀念則仍以普通學校爲公務員候選人的培養所。

在現行教育制度下，學校教育的實施與行政實際的需要是否配合。就學校課程言，公務員各種考試科目多有爲學校課程中所未設者，尤以普考方面爲甚。且現時行政日益需要實際技術與特殊知識，而學校仍多偏重於一般學理與普通知識的灌輸，此實爲學校教育的缺點。

二、特別學校的訓練——政府爲適應國家或地方特殊需要，時常專設各種特別學校，培養上項人員以供任用。前在大陸此類學校甚多，而尤以中央政治學校（爲國立政治大學前身）最爲特出。該校成立於民國十六年，在以「嚴格的訓練造成政治建設人才」。其大學部分爲行政、法律、財政、外交、教育，及新聞等系，招收高中畢業生，四年畢業。因宗旨與普通大學不同，故在課程上注意實際問題的研究，在訓練上有學生畢業前須至各有關機關作四個月實習的規定。其所設的研究院，如地政、合作、計政等學院，亦係針對行政需要，招收大學有關系科畢業生，就各項特殊業務理論與實際，施以兩年的深造訓練。至三十八年大陸淪陷爲止，歷時二十年，造就人才至夥。在臺復校之國立政治大學，已與普通大學無別。性質已大有不同。現在的特別學校，則僅有中央警官學校，與臺灣省警察學校兩所。

三、考試程序中的訓練與學習——依考試法規定，各種考試得分試舉行，故以往高普考試均分初試、再試，而於初試對錄取人員施以訓練，然後舉行再試，復經錄取，始爲及格。近年高普考試不再分試，故亦免予訓練。現時僅數種特種考試尚於考試程序中有訓練或學習（有稱見習或實習）的規定，其在初試錄取之後予以訓練，舉行再試的有警察人員考試、衞生技術人員考試等，其以錄取後學習或訓練爲考試程序之一部的有司法人員考試，外交人員考試等均於學習或訓練及格後，始發及格證書。但訓練與學習時間長短不一，如乙級警察人員入中央警官學校訓練，時間定爲兩年，司法人員分派法院學習或送司法官訓練所訓練，時間則爲一年，亦有不予明白規定，如社會工作人員考試。至於考試及格後任用前先予學習或訓練的甚多，如民用航空事業人員考試，氣象技術人員考試等是，雖均屬任職前訓練，但不在考試程序之內。

第二節　我國公務員任職後的訓練

我國公務員任職後的訓練其有法令依據者，關於特定公務人員的進修，有民國三十年五月二十五日修正公布的公務員進修及考察選送條例。關於一般公務人員的進修，則有考試院於民國三十二年十二月二十二日公布的公務員進修規則，但實際上，政府遷臺之後，在中央與省級方面都有訓練的舉措。茲分述如後：

一、特定公務人員的進修——特定公務人員的進修，指某一部份公務人員，合於法律規定的要件，由服務機關選送國內外進修或考察之謂。

Ⅰ進修考察種類及期間——進修及考察，依公務員進修及考察選送條例第二條的規定，分國內及國外兩種。至考察期間，國內爲半年，國外爲一年。進修期間，國內外均爲二年。國內外考察或進修人員，遇有交通上的障礙或爲完成學科的研究，前項期間得呈請主管機關核准酌予延長，並轉報考試院，但延長期間不得超過一年（公務員進修及考察選送條例第八條）。

Ⅱ進修條件——依公務員進修及考察選送條例第三條的規定，公務員的進修及考察其條件如左：

1.國內進修及考察：現任簡薦任或高級委任公務員，在同一機關繼續任職滿五年，三次考績分數在八十分以上，對工作有特殊表現，堪資深造，品行優良體格健全。

2.國外進修及考察：除照選送國內進修及考察規定外，選送國外進修人員，並曾經高等考試及格或在教育部立案之國內外專科以上學校畢業，並通曉該國文字者爲限。

Ⅲ選送機關及程序——公務員進修考察的選送程序，依有關法規的規定，有以下各點：

1.總員額及研究科目的決定——每年應派進修，考察的總員額，派赴地點，或國別，主要研究科目，或考察事項，由考試院會同行政院定之。前項選派，如為考試院，行政院，及其所屬以外各機關之人員，其派赴地點，或國別主要研究科目，或考察事項，並應會同各該機關定之。（公務員進修及考察選送條例第六條）

2.選送的標準——各機關選送進修考察人員時，應於考績核定通知到達後三個月內，依規定標準，擬定人選，並預擬研究科目，或考察事項，及派走地點，或國別，送請銓敍部查核存記，由銓敍部彙報考試院。（公務員進修及考察選送條例第五條）

3.選送機關及人數——國內外進修，或考察人員，由各機關每年就其考績人員中合於第三條規定者選送之。但選送國外進修，或考察之機關，以國民政府五院，各部會、署，各省政府，及院轄市市政府為限。前項各機關參加考績人員滿五十人者，得選送一人，每多五十人得加送一人，但至多以五人為限（公務員進修及考察選送條例第四條）。

4.選送人員的考試——經存記准予選送進修，考察人員，超過每年所定總員額時，其應派人員，得由考試院考試之（公務員進修及考察選送條例第七條）。

IV選送進修考察人員的待遇：

1.支原薪並給旅費用費——經決定選送進修，及考察人員，離職期間除由原機關給予原薪外，其所需旅費，或用費，在國內者，由原送機關酌給。在國外者，由原送機關會同銓敍部另編預算呈請核發。（公務員進修及考察選送條例第九條）

2.升職——進修成績優良者，得另調較高職務，但以具有法定資格者爲限（公務員進修及考察選送條例第十三條）。

V選送進修考察人員的義務：

1.提出報告的義務——國內外進修人員，於每一年應就研究所得，提出報告，呈原機關備核研究期滿之成績，並應由本人請求進修處行給予證明，呈原機關轉送銓敍部備查。（公務員進修或考察選送條例第十條）國內外考察人員，考察期滿後三個月內，應將考察結果提出報告，呈原機關轉銓敍部備查。（同條例第十一條）

2.不得改任他職的義務——進修或考察期滿，應回原職，或另調其他與其進修，或考察有關之相關職務，在三年內，不得改任其他機關職務。但經原送機關主管長官核准者，不在此限。（公務員進修及考察選送條例第十二條）

二、一般公務人員的進修——一般公務人員的進修指適應各機構需要而舉辦者。

I 進修的方式——公務員之進修方式，依公務員進修規則第二條的規定如左：

1. 設班講習。

2. 自修。

3. 學術會議小組討論。

4. 集合演講。

5. 其他進修方式。

前項第一款之講習，由各機關單獨，或聯合設置，第三第四兩款之討論，及演講，並得聯合舉行。

II 應研究的學術——公務員應研究的學術，依公務員進修規則第三條的規定，應包括：

1. 國父遺教，及總裁言論。

2. 中央重要宣言，及決議案。

3. 現行法令。

4. 與職務有關之學術。

Ⅲ獎勵——公務員學術進修之成績優良者，得酌給獎品，或一個月俸以內之獎金。特優者，並得連同論文，或研究報告，報請銓敍部轉呈考試院酌給獎勵（公務員進修規則第六條）。

Ⅳ經費——公務員進修的經費，按各機關經費百分之二至百分之五的比例，在原有預算內勻支（公務員進修規則第七條）。

三、任職後訓練的實施——公務員任職後的訓練，除上述兩項規定外，國家長期發展委員會於民國四十九年八月曾訂定國家科學技術研究發展基金遴選科學技術研究人員出國進修辦法一種，其遴選人員以公立大專學校教員，公立研究機構研究人員，及各機關現職科學技術人員爲對象。公務員進修及考察的選送僅於三十六年辦理一次，國家長期發展科學委員會遴選科學技術人員出國進修，係四十九年開始辦理，至一般公務員進修方面近年甚少具體的實施。惟各級政府及各機關爲適應業務需要時有各該方面訓練的舉辦，尚有可述。

其在中央方面，行政院爲改進事務管理，四十四年曾設事務管理人員訓練班，於九月開始，分期調訓各機關事務人員，首期兩月，其後改爲一月，共辦八期。四十八年起國防研究院分期遴選軍政高級人員入院研究，每期八月，實爲領導與主管人員的高級訓練。其非政府機關舉辦而有重大意義者有中央委員會所屬革命實踐研究院之短期訓練，歷年政府機關上中級人員入班受訓者爲數甚夥。

其在臺灣省方面，則有省訓練團之設，凡省政府各廳處局因業務需要須對各級機關業務人員施以訓練，多由該團辦理。四十九年一月臺灣省政府爲增進各機關各級新任主管人員對領導屬員方法之認識，以提高行政效率起見，特規定新任主管人員（薦任首長及簡任單位主管除外），應於六個月內參加領導方法之研究與訓練，時間爲一星期，該項訓練計劃之編訂與實施亦由省訓練團負責。又省屬單位亦有於該團外另辦有訓練者，其情形不詳。

所有以上各項訓練，縱令時期較長，參加訓練的公務員均帶職帶薪，並按月另有補助費。臺灣省政府對所屬各機關學校人員出國進修，且補助旅費，最高爲一萬元，每年十人，由考試決定人選。凡此均足證明政府對受訓公務員的優待。

自民國五十一年起國立政治大學與美國密希根大學合作成立公共行政及企業管理中心，對於在職人員訓練，除作各種規劃與設計，協助各機關推行職員訓練及編印有關訓練教材外，並舉辦多次的訓練人員、管理人員、交通人員、人事行政人員等研討會多次，先後受訓人員頗衆，收效甚宏。在兩校合作計劃的進展中，五十三年八月國立政治大學新設公共行政及企業管理兩研究所除招收普通的研究生依學位授予法、授予碩士學位外，並接受保送合格的公務員入研究研究，並依其志願與規定，攻讀碩士學位或領取研習證書。在職訓練，因此邁入新的階段。

第三節　現制的改善

一、關於訓練制度者——如何改善現行公務員訓練制度，玆扼要提出以下四點意見：㈠現行有關公務員訓練的法規，爲公務員補習教育通則，公務員進修規則及公務員進修及考察選送條例，內容簡略零星散亂，掛一漏萬，不成體制，不足以言系統。今應適應需要，通盤籌劃，由考試院草擬，送立法院制定完全的『公務員訓練法』，建立完整的公務員訓練制度，期能隨時增進公務員的知能。㈡現行我國軍官有一套完整而合理的軍官訓練制度；不但有各兵種的軍官學校以養各種軍事幹部，且各種幹部升晉，尙須以接受訓練爲先提條件，例如尉官升校官，校官升將官，均須受一定的訓練，系統井然，循序而進，極爲合理。我們應參酌軍官訓練的經驗與體制，以建立文官的訓練制度。㈢現行的教育制度與公務員考選制度是脫節的，至少是未能密切配合的；如何加以改善，使二者之間取得切實聯繫，實爲應當解決的一大問題。如學校課程與考選科目的配合；養士與選官如何適應；均應予以研究謀求適當的解決。㈣公務員應使之儘量利用現有的教育設備，以作學業上的進修。現時公私立大學設有夜間部甚多，公務員之學歷不足者，可入夜間部，以完成學業。公務員已在大學畢業者有志進修，仍應將之保送入研究所深造。公務員在大學中亦可旁聽或選修學分。公務員進修有成績者在考績上應予以加分。

二、**關於訓練實施者**——如何改善公務員訓練實施，扼要提出以下意見：㈠現時雖有公務員補習教育通則及公務員進修及考察選送條例，但各機關並未據以認眞實行，致使徒有其名，不切實際。在新法律新制度未建立前，應認眞的實行現有法規，恢宏訓練功能。㈡現時各級政府雖亦舉辦有不少的訓練班所，所付費用爲數不少。但在實施上則是爲辦訓練而訓練，並未調查實際需要而辦訓練，隔靴搔癢，無濟於事；且教師與教材多無充份的準備，虛應故事，敷衍了事。訓練效果如何不得而知。凡此諸端均應加以改進。㈢訓練上欲求得切實效果宜採研習會或研討論，使受訓者能自作思考及自行操作。然現時的訓練多採講演方式，言者諄諄，聽者藐藐，講詞如耳邊風一樣的過去了，如何能獲得教學效率。研討會或研習會的人數，以不超過二十人爲宜。然現時的訓練班多失之人數太多，應予減少。㈣訓練之目的在增加工作效率，故訓練的內容應注意傳授及增進與職務有關之知能，方屬切合目標，適應需要。但現行的訓練班則有甚多的一般課程與政治課程，亦應予以相當限制，不使之超出一定比例。

第二十五章　公務人員的退休與撫卹

退休與撫卹俱爲國家酬庸公務員勞績的舉措。前者乃國家爲篤念忠勤，酬庸勳舊，積極方面又增進新陳代謝進而策勵現職人員的努力從公，消極方面，亦可便使年老體衰或身心殘病者，獲得生活上的安定。後者乃國家對於因公死亡或積勞成疾致死的公務人員之遺族，給予相當的給付，以維持其生活，而示撫卹之謂。我國關於公務員的退休，原係依據三十二年公佈，三十七年再度修正的公務員退休法辦理。但由於所規定的退休金給與數額微薄，多年以來各機關退休人數寥寥無幾，如自四十三年至四十八年止實際退休者僅一五九人可見一班。似此殊不足以發揮人事上新陳代謝的作用。考試院因於四十五年間擬具公務人員退休法修正草案，送請立法院審議，惟以牽涉國庫負擔及文武職人員退休標準比照，時經三年始經完成立法程序，於四十八年十一月二日公布施行。爲適應時代需要，公務人員退休法於六十八年一月加以修正，同月二十四日總統公布施行。

至於公務員撫卹制度，民國十六年九月所制訂的官吏卹金條例，爲建制開始，復於民國二十三年修正爲公務人員卹金條例，於年卹金外增列一次卹金，又於民國三十二年十一月以退休撫卹性質各異，經分別立法，撫卹法三十六年修正後沿用迄今。現時所依據者，則爲三十二年公布，復於三十六年修正的公務員撫卹法。

第一節　公務人員退休

我國公務人員退休的主要法律依據，爲四十八年十一月所公佈的公務人員退休法，該法經立法院三年的審議，其中涉及國家財力以及文武人員標準的平衡問題，俱經各方充份考慮，而毅然於當前環境下付諸實施，對於公務人員新陳代謝的促進當有重大裨益。茲依該法主要內容，將我國退休制度分項敍述如左：

一、適用主體——我國現行公務員退休法，係以普通公務人員爲對象，依公務人員退休法第一條規定，「公務人員之退休，依本法行之」。同法第二條規定，「本法所稱退休之公務人員係指依公務人員任用法律任用之現職人員」。依上列規定，適用本法退休的公務人員須具備二項條件(1)須依公務人員任用法律任用；(2)須爲現職人員。所謂依公務人員任用法律任用，依本法施行細則第二條規定，本法所稱公務人員任用法律，指銓敍部所據以審定資格，或登記者皆屬之。至所謂據以審定資格或登記之任用法律，除公務人員任用法外，其他如警察官任用條例，主計人員任用條例，技術人員任用條例，衞生、交通、農業等事業人員任用條例，駐外外交領事人員任用條例，聘用派用人員管理條例及其他經過立法程序由總統公布之任用法律皆是。我國依公務人員任用法律任用的現職人員，據銓敍部統計，現全國全約八萬五千餘人。至於各任用法律未能概括的其他公務人員，在立法原意上，並非加以排斥，於本法實施後，其他人員的退休，依銓敍部解釋，仍得參照本法分別釐訂特種退休辦法，使各種不同身份的公務人員，均得有退休的機會。事實上現行各類公務人員制訂有退休辦法者，據筆者所知已有：(1)學校教職員退休條例，(2)經濟部所屬事業機構員工退休暫行規則，(3)交通部郵電事業人員退休暫行規則，(4)財政部關務員工退休辦法，(5)臺灣省鐵路管理局員工退休規則等。再法官人員的退休，除命令退休部份不適用外，至其自願退休，依退休法十六條規定，得依第五條一項的規定辦理。此蓋「法官爲終身職，非受刑事或懲戒處分或禁治產之宣告，不得免職」，此爲憲法第八十一條所明定。但爲不與憲法抵觸起見，故在退休法規定命令退休，不適用於法官。

二、退休種類——依公務員退休法第三條規定，分自願退休及命令退休兩種，前者係雖屆退休的年齡，但其聲請退休，須出於自願。後者乃指達到一定年齡，不由公務員的自由意志，而由政府以强制性命令予以退休之意。茲將自願退休及命令退休的要件分述如後：

Ⅰ自願退休——公務員有左列情形之一者，應准自願退休。

1.任職五年以上，年滿六十歲者。

2.任職滿二十五年者。

前項第一款所規定之年齡，對於擔任具有危險，及勞力等特殊性質職務者，得由銓敍部酌予減低，但不得少於五十歲（公務員退休法第四條）。

Ⅱ命令退休——公務人員任職五年以上，有左列情形之一者，應命令退休。

1. 年滿六十五歲者。

2. 心神喪失身體殘廢不堪勝任職務者。

前項第一款所規定之年齡，對於擔任具有危險，及勞力等特殊性質職務者，得由銓敍部酌予減低，但不得少於五十五歲。又本條所稱心神喪失或身體殘廢，依退休法施行細則第四條規定，「均以公務人員保險殘廢標準表，所定之全殘或半殘而不能從事本身工作者爲準」。

至於前兩條所稱退休年齡的認定，依退休法施行細則第七條的規定，係按戶籍記載，自出生之月起十足計算。再任職年資的計算，則以在國民政府統治後任職者爲限。臺灣省籍人員，在本省服務者，得比照計資，自國民政府成立時起算。（本法施行細則第八條）而依本法退休人員，具有下列曾任年資，得合併計算。㈠曾任有給之公職，具有原始證件者。㈡曾任軍用文職年資，未併計核給退休俸，經銓敍登記有案，或經國防部核實出具證明者。㈢曾任准尉以上軍職年資，未核給退役金，或退休金，或退休俸，經國防部核實出具證明者。㈣曾任雇員年資，經服務機關核實出具證明者。㈤曾任學校教職員，或公營事業人員之年資，未依各該規定，核給退休金，經服務機關核實出具證明者。法施行細則第九條）。

三、退休給與——退休金給與的提高，爲最近修正退休法的重點所在，此蓋以往由於退休給與之微薄，不足以鼓勵人員退休，是以此次在國家財力極端困難下，乃毅然提高。且給與方式改爲五種之多，以便退休人員之選擇及撫慰金之規定。玆根據退休法將退休給與的規定分項敍述：

Ⅰ一般退休金的給與：

依退休法第六條規定，退休金給與方式，計有以下幾種：一、任職五年以上未滿十五年者，給與一次退休金。二、任職滿十五年以上者，由退休人員就下列退休金給與擇一支領之：㈠一次退休金。㈡月退休金，㈢兼領二分之一之一次退休金與二分之一之月退休金。㈣兼任三分之一之一次退休金與三分之二之月退休金，㈤兼領四分之一之一次退休金及四分之三之月退休金。

一次退休金，以退休人員最後在職之月俸額，及本人實物貸金爲基數，任職滿五年者，給與九個基數，每增半年加給一個基數，滿十五年以後，另後一次加發兩個基數，但最高總數以六十一個基數爲限。未滿半年者以半年計。

一次退休金除前項規定外，並一律加發兩年眷屬補助費及眷屬實物代金。月退休金，除本人及眷屬實物配給與眷費補助費十足發給外，任期滿十五年者，按月照在職一同職等人員月俸百分之七十五給與以後每增一年，加發百分之一；但以增至百分之九十爲限。

所稱月俸額包括實領本俸及其他現金給與。其他現金給與之退休金應發數額，由考試院會同行政院定之。依法退休人員，如再任公務人員時，無庸繳回已領之退休金，其退職前之任職年資，於重行退休時不再計算。

依規定領月退休金人員死亡時，給與撫慰金，由其家族具領。撫慰金之計算，以應領之一次退休法爲標準，扣除已領之退休金，補發其餘額，並發給相當於同職等同職人員一年月俸額之撫慰金。無餘額者亦同。

Ⅱ因公傷病而致心神喪失或殘廢退休人員的給與：

我國退休法除規定一般情形退休人員的給與標準外，又爲特別體邺因公傷殘而至心神喪失或身體殘廢者，特加多其給與，亦卽支給一次退休金者，加給百分之二十，支領月退休金者，一律按月照在職的同職等人員月俸額百分之九十給與，同時對此等人員任職年限特予放寬，凡其任職未滿五年者，皆以五年計（退休法第七條）。

至何謂因公傷病，依退休法施行細則第七條的解釋，係指左列情事之一而言：

1.因執行職務所發生之危險，以致傷病。

2.因盡力職務，積勞成疾。

3.因辦公往返或在辦公場所所遇意外危險，以致傷病。

4.非常時期在任所，遇意外危險以致傷病。

再上述第二點所稱盡力職務，須以最近連續三次考績或考成，平均成績在七十五分以上者爲限。所稱積勞成疾，應繳驗公立醫院診斷書及服務機關證明書。

Ⅲ退休金的計算項目：退休金的計算項目，在退休法上規定以月俸額爲計算標準，至所稱月俸額，退休法第八條規定，係包括實領本俸，及其他現金給與，而現金給與，依退休法施行細則第十八條復規定，包括統一薪俸，醫藥補助費，服裝費，職務加給四項併計，待遇調整時，隨同調整。

Ⅳ退休金的喪失、停止及消滅——退休金給與本爲政府體卹辛勞以安定員工退休後生活，但工作人員於退休後，若有以下所敍的原因，或與上述政府給與退休金的宗旨不符，或因領受人員於權利的行使，俱將發生退休金領受權的喪失，停止與消滅：

甲、退休金的喪失——凡員工因(1)死亡，(2)褫奪公權終身，(3)犯內亂外患罪經判決確定，(4)喪失中華民國國籍。任何原因之一者，其退休金的支領權，依退休法第十二條規定，卽行喪失。當然此地所謂喪失其領受退休金的權利，係指發生上述各點的原因時，其退休金領受權尙在存續中，如月退休金是。至一次退休金，於發生本條喪失領受權原因以前，業已支領，則退休金領受權已不存在，自不能依本條規定予以追回。

乙、退休金的停止——退休金的停止，除係對褫奪公權尙未復權者，加以限制者外，其主要的限制對象爲退休後再任公職者，此等人員旣於退休後再任公職，其生活已有相當保障，自可不必仰賴政府再予擔負，因此退休法第十二、十三兩條規定：領月退休金後再任有給之公職者，停止領受權利至其原因消滅時恢復。領受一次退休金再任公務人員者，應將所領退休金繳還國庫。

丙、退休金的消滅——依退休法第九條規定：「請領退休金之權利，自退休之次月起，經過五年不行使而消滅，但因不可抗力之事由致不能行使者，自該請求權可行使時起算。」至所謂不可抗力，可有種種原因，例如退休金領受權人失蹤，或被監禁，或因遠行交通隔阻均屬之。凡有此等情形退休金的請求權當可自行使時起算，亦卽自上述不可抗力的原因不存在時，起算時效。

V回籍旅費——我國退休法除對退休人員規定有種種給與以安定其生活外，同時爲顧及退休人員自任所返回原籍的旅費可能負擔甚重，自非工作人員所可負擔，因而於第十五條明定：「退休人員本人與其配偶及直系血親現在任所由其負擔生活費用者，於回籍時得視其路程遠近，由最後服務機關給予旅費。」至於非本人與其配偶及直系血親或未隨在任所者，依規定自不得享有此項領受權。

四、其他優惠——我國退休法自頒佈後，銓敍部爲提高退休人員福利並積極促進退休的實現起見，經與各有關機構洽商結果，目前退休人員除了享受以上各點所敍述的給以外尚可有左述的各項福利：

第一、退休金可享受優惠利息。

第二、退休人員原配宿舍可繼續居住。

第三、退休人員可繼續參加公務人員保險。

第二節　公務人員撫卹

公務員撫邮法，係國家追念公務員生前勤勞所爲的邮典與公務員退休後亡故前所給與其本人的退休金亦有不同。我國現行公務員撫邮法，係於民國三十六年六月廿五日所頒佈，爲公務員警長警士撫邮的基本法規，對政務官亦準適用之（撫邮法第一、二、十八條）。但因情形特殊，而另訂撫邮法規者，亦有之。例如學校教職員撫邮條例，雇員給邮辦法及其他各機關自訂的職員給邮辦法是。本節即以公務員撫邮法爲主要討論內容，茲逐項敍述如後：

一、撫卹的種類及其給付標準——我國撫卹金的給與，從種類上區分有一次撫卹金及年撫卹金兩種。從撫卹發生的原因上區分，又有因公死亡，在職病故及退休後死亡等情形。茲分別依退休法及其施行細則上的規定，將各項情形給付標準分敍如左：

1同時給與年撫卹金及一次撫卹金者——依公務員撫卹法第三條規定，「公務員有左列情形之一者，給與遺族年撫卹金，及一次撫卹金。

1. 因公死亡。

2. 在職十五年以上病故者。

前項第一款之公務員，如任職未滿十五年者，關於遺族年撫卹金之給與，以滿十五年論。所稱因公死亡依照公務員撫卹法施行細則第三條之規定，係指下列情形之一：1.因執行職務所生之危險以致死亡。2.因盡力職務積勞成疾在任所死亡。3.因出差遇險或罹病以致死亡。4.因辦公往返或在辦公場所遇意外危險，以致死亡。5.非常時期在任所遇意外危險，以致死亡。

至於上述第二點所稱盡力職務，須以三次考績或考成成績優良（考績總分在七十分以上）者爲限。所稱積勞成疾，應繳驗公立醫院或領有執業證書醫師之診斷書及服務機關證明書。所稱在職十五年以上病故者，依撫卹法施行細則第四條所規定，其年資以在國民政府統治下爲限。

Ⅱ僅給予一次撫卹金者——依公務員法第四條及第五條的規定，左列人員給予一次撫卹：

1.退休之公務人員，依法領受年退休金滿十年而死亡者，國家為顧念其過去忠勤服務之勞績，對其遺族給予一次撫卹金，以示優恤。

2.在職三年以上十五年未滿病故者。以上所稱「在職」，係指從事公務之職員，至其服務機關是否為同一機關，在所不問。

Ⅲ僅給予年撫卹金者——至於依法領受年退休金者，未滿十年而死亡者，我國撫卹法第四條前段規定，給與其遺族年撫卹金以資補償。

二、撫卹金的計算方法——撫卹金分遺族年撫卹金及遺族一次撫卹金兩種：

Ⅰ年撫卹金：公務人員遺族年撫卹金，按公務人員死亡時或退休時之月俸額合成年俸，依左列百分比率給予之。

1.在職十五年以上，二十年未滿，百分之三十五。

2.在職二十年以上，二十五年未滿，百分之四十。

3.在職二十五年以上，三十年未滿，百分之四十五。

4.在職三十年以上，百分之五十。

長警因待遇較低，國家特別體恤，對其遺族之年撫卹金，除依上述標準給予外，另加百分之十。(撫卹法第六條)。

Ⅱ一次撫卹金：公務員遺族一次撫卹金，按各該公務人員最後在職時月俸，依左列條件給予之：

1.因公死亡或在職十五年以上病故者，給予四個月俸。

2.退休之公務人員，依法領受年退休金逾十年而死亡者，給予十個月俸。

3.公務人員在職三年以上，十五年未滿病故者，一次撫卹金之給予為在職三年以上六年未滿者，給予六個月俸；六年以上，每滿三年加給兩個月俸。

以上年資之奇零數，逾六個月者，以一年計。又長警之遺族一次撫卹金，除照上述標準給予外，並再加給百分之十。(撫卹法第八條)

在撫卹法第八條，為顧及公務員遺族撫卹金，為數甚微，本不足以維持其遺族的生活，若一旦物價高漲，則更難以為繼，故規定，物價高漲時期，公務遺族撫金，除依前二條給予外，並應按現任公務員的增給待遇，比例增給之。但遺族一次撫卹金的增給額，以待遇總額百分之五十為限。惟自三十七年八月間政府改革幣制後，經通令暫不適用上述比例增給之規定。

三、撫卹金的領受順序——我國公務員撫卹法第九條所規定遺族受領撫卹金的順序，係根據民法第一千一百三十八條所規定關於遺產繼承人順序之原則，並參酌我國社會習俗及倫理觀念，規定如左：

Ⅰ妻或殘廢之夫，未成年子女，及已成年殘廢不能謀生之子女，但女以未出嫁者爲限。如未成年子女超過三人時，其遺族年撫卹金，除依前述標準給予外，再加給百分之十。

Ⅱ未成年之孫子、孫女，但以其父死亡者爲限。如未成年孫子、孫女超過三人時，其遺族年撫卹金，除依前述標準給與外，再加給百分之十。

Ⅲ父、母、舅、姑。

Ⅳ祖父母、祖舅姑。

Ⅴ未成年之同父母弟妹。

上述遺族受領撫卹金的順序，係指正常狀況而言，但若具有領受撫卹金第一順序人，其領受權因法定事由而喪失時，撫卹金依撫卹法第十條的規定，其撫卹金，依次移轉於其餘各款遺族領受。至於所謂事由，依撫卹法有關條款的解釋，有死亡，改嫁，褫奪公權，背叛中華民國經通緝有案，或喪失中華民國國籍等等。

至於依法取得領受撫卹金的遺族，在同一順序中有數人時，其撫卹金如何分配問題，應依撫卹法

第十一條的規定，其撫卹金應平均領受之，但如有一人或數人願拋棄其應領部份，或因法律事由而喪失其領受權時，該部份撫卹金勻給其他有權領受的人。

此外關於撫卹金領受的年限，玆爲避免養成一般遺族的依賴性，且爲顧及國庫無法負擔此項與年俱增的撫卹支出起見，故於撫卹法第十二條規定，遺族年撫卹金的給與，自該公務員亡故之次月起，最多以二十年爲限。

四、撫卹金權的終止喪失及消滅——撫卹金的領受權，依撫卹法的規定，領受人可因種種原因而終止、喪失、及消滅。

I 權利終止——遺族年卹金的給與，自該公務員亡故之次月起，至左列事內發生之月止：

1. 死亡，或改嫁。
2. 未成年子、女、孫子、孫女、或弟、妹已成年。
3. 殘廢之成年子、女，能自謀生，或女已出嫁。（公務員撫卹法第十三條）

II 權利喪失

遺族有左列情形之一者，喪失其撫卹金領受權。

1. 褫奪公權者。

2.背叛中華民國，經通緝有案者。

3.喪失中華民國國籍者。（公務員撫卹法第十四條）

Ⅲ權利消滅

請領撫卹金之權利自撫卹事內發生之次月起經過五年不行使而消滅。（公務員撫卹法第十五條）此項消滅時效的規定，係參照民法第一百二十六條關於定期債的規定而來。蓋請領退休金的權利，若不規定時效，任令無限期的延長，不但使國家遭受不必要的損失，且與民法規定的精神不合。

第三節　現制的改善

一、關於給與標準者——退休與撫卹實爲促進現行公務員福利，有助於公務員努力從公的進步措施。我國現行人事制度，將退休與撫卹分別立法，實足顯示對此兩項制度的重視。惟因退休與撫卹涉及財政因素甚多，以我國當前情況，在各項規定上實未臻合理，而其中批評最多者，厥爲退休與撫卹給與過少。前者將無以鼓勵現職人員之退休而達成政府新陳代謝的要求；後者亦不足以維持遺族生活，失去政府酬庸功勛的至意。因此各方所建議者，多在如何設法提高退休與撫卹給與上著手，近年來財政較爲充裕，公務人員年有調整與增加，退休金及撫卹金額隨之而提高，至足稱許。惟今後努力方向，應研究如何加强退休人員之照顧。

二、關於撫邺制度者——在撫邺方面應增加對遺族生活輔助的規定，以政府之力，設法輔導遺族就業、就學等並應對遺族就醫等措施加以考慮。此外在撫邺金發放上，一般認為層轉過多，時間緩慢，亦應設法改善。

三、關於退休制度者——在退休方面應由各機關以互助等方式增加給與，同時在退休制度上，亦應增加養老措施，使年高退休而生活無依的人，獲得適當照料。再對於退休人員生活的輔導，住房保險等問題加以解決，將有助於促使退休人員的增多。在現行退休法制上，退休年齡採硬性一致的規定似有缺點。在各國措施上以職務與責任的性質而分別規定似較合理，而我國現行一般人提議的分等分類限齡辦法，亦較進步。退休本在促進政府新陳代謝，因此退休人員再任公職應嚴加限制，但現行我國公務員制度，種類紛歧，待遇不一，所領退休金可能大相懸殊。且支領所謂單一俸給。月俸額甚高，若以此俸額為退休基數，則其所得必超出同數年資行政人員退休金一倍或二倍三倍之多，實不公平，必須使之趨於平衡。且退休金給與本係用以為養老資，應以支領月退休金為宜。而今日之退休人員却多支領一次退休金，似不合常理。

參考書目

一、中文書籍

1. 張金鑑　人事行政學，香港商務，二十八年。
2. 張金鑑　人事行政原理與技術，臺灣商務，四十三年。
3. 張金鑑　中國文官制度史，臺灣中華文化出版事業委員會，四十四年。
4. 陳克文譯　合乎人情的管理，臺灣華國出版社，四十年。
5. 徐道鄰譯　科學管理史，臺灣華國出版社，四十一年。
6. 徐道鄰譯　費堯管理術，臺灣華國出版社，四十年。
7. 朱道俊譯　人格心理學，臺灣商務，四十三年。
8. 張金鑑　行政學典範第三編，中國行政學會，四十六年。
9. 陳振榮　職位分類論，臺灣書店，四十三年。
10 傅肅良譯　職位分類的理論與實務，四十二年，臺自印。
11 王雲五　談管理，臺灣華國出版社，四十一年。
12 孫洪芬譯　人事行政，臺灣肥料公司，四十四年。
13 王德馨　現代人事管理，三民書局，五十二年。
14 李煥明　企業人事管理，正中書局，四十八年。
15 何清儒　人事管理，滬商務，二十三年。
16 薛伯康　人事行政大綱，滬正中書局，二十六年。
17 龔祥瑞　歐美員吏制度，滬世界書局，二十四年。

18 鎭天錫　現代企業人事管理，臺灣中華書局，五十八年。
19 羅萬類　企業人事管理，臺灣商務印書館，五十八年七月。
20 王世憲　人事管理，臺灣商務印書館，五十三年。
21 陳樂橋　歐美文官制度，滬商務，二十四年。
22 張雲伏　歐美公務員制，滬商務，二十五年。
23 費　鞏　英國文官制度，滬民智書局，二十三年。
24 郭壽華　人事管理學，三十三年，渝自印。
25 屠哲隱　人事管理之實施，滬世界書局，二十五年。
26 鄧定人　中國考試制度研究，滬民智，二十三年。
27 楊禮恭　人事行政與組織，渝青年書局，三十二年。
28 交通部　人事管理之研究，交通部，三十三年。
29 周亞衛　人事行政，渝中央訓練團，三十三年。
30 張潤書，行政學，三民書局，六十五年。
31 李華民，中國現行人事制度，中華書局，六十三年。
32 傅肅良，職位分類概要，財政財稅人員訓練所，六十三年。
33 張金鑑，各國人事制度概要，三民書局，五十八年。
34 傅肅良，人事管理，三民書局，六十五年。

二、英文書籍

1. A. W. Procter, Principles of public personnel administration, 1926
2. O. Tead & R. C. Metcalf, Personnel adminiistration, its principles and Practce, 1933
3. W. D. Scott, R. C. Clothier, and S. B. Mathewson, Personnel Management, Mc Graw-Hill, 1931
4. J. E. Walters, Applied personnel administration, 1931
5. H. F. Hufford, The elements of a Comprehensive pesonnel program, Civil Service Assembly, 1940
6. W. E. Mosher, J. D. Kingsley and O. G. Stahl, Public Personnel administration, Harper, N.
7. Commission of Inquiry on public service personnel, Better government Personnel, Mc Graw-Hill, 1953
8. L. D. White, Introduction to the stuclyof public adminietration, Macmillan, 1955 part II
9. J. M. Pfiffner, and R. V. Presthus, public administration, 1953, Ronald
10 M. E. Dimock and G. O. Dimock, Public administration, Rinehart, 1954
11 H. A. Simon, D. W. Smithburg, & V. R. Thompson,public administration, Knopf, 1953
12 D. Waldo, Ideas and Issues in public administration, MCGraw-Hill, 1953, Part III
13 H. Finer, theory and practice in Modern government, part IV, 1950
14. W. G. Torpey, public Personnel Management, Nostrand, 1953
15. T. A. Critehly, Civil Service to-day, Longman's, 1952
16. J. F. Mee, Peronnel Handdbook, Ronald, 1952
17. M. J. Jucius, Personnel Management, Irwin, 1954
18. C. H. Northcott, Pessonnel Management, Pitman, 1953

19. H. L. Jones, Personnel Management, Haynes Foundation, 1954
20. D. Yorder, Personnel principles and policies, Prentice-Hall, 1956
21. D. Marvick, Career Perspectives in bureaueratic Setting, University of Michigan,1954
22. C. S. Hypneman, Buseaucsacy in a domocracy, Harper, 1953
23. P. J. Pigors & C. A. Myers, Personnel administration, MCGraw, 1952
24. P. M. Blau, Dynamics of Bureaucracy, University of Chicago, 1955
25. G. D. Halsey, Handbook of Personnel admiuistration, Hasper 1953
26. C. T. Clark,Personnel administration, University of Texas, 1959
27. A. M. Hugh-Jones, Human Relation and modern management, North-Holland, 1958
28. R. E. Finley, The Personnel man and his job, Amesican Mangement Association, 1962
29. R. J. Chruden, Peronnel Management, South-West Publishing Company, 1963
30. E. B. Flimppo, Principles of personnel Management, MCGraw. 1961
31. F. A. Nigro, Public personnel administration, Rimehat, 1963
32. N. J. Powell, Personnel administration in government, Prentice Hall, 1956
33. O. Glenn Stahl, Public Personnel Administration, Harper, N. Y. C. 1976

本書著者張金鑑教授其他著作書目

1.美國政治思想史　民國二十三年　商務印書館
2.政治簡史（譯E. Jenks, Short History of Politics）　民國二十三年　商務印書館
3.行政學之理論與實際　民國二十四年　商務印書館
4.美國之市政府　民國二十五年　正中書局
5.美國之市行政　民國二十六年　正中書局
6.政治的經濟基礎（譯C. A. Beard, Economic Basis of Politics）　民國二十七年　商務印書館
7.人事行政學　民國二十八年　商務印書館
8.行政管理概論　民國三十二年　中國文化服務社
9.各國人事行政制度概要　民國三十二年　正中書局
10均權主義與地方制度　民國三十七年　正中書局
11均權主義的政治原理與歷史背景　民國四十二年　中央文物供應社
12現代政治學　民國四十二年　中華文化出版事業委員會
13人事行政原理與技術　民國四十三年　商務印書館
14中國文官制度史　民國四十四年　中華文化出版事業委員會
15自由中國地方自治的實施　民國四十六年　改造出版社

16 行政學概要　民國四十九年　臺灣聯合書局

17 政治學　民國五十一年　教育部社會教育司

18 政治學概要　民國五十二年　三民書局

19 中國政治制度史　民國五十四年　三民書局

20 行政學研究　民國五十五年　商務印書

21 中國現行人事行政制度　民國五十六年　商務印書館

22 歐洲各國政府　民國五十七年　三民書局

23 各國人事制度概要　民國五十八年　三民書局

24 西洋政治思想史　民國五十九年　三民書局

25 明誠七十自述　民國六十一年　中國行政學會

26 民生主義與福利國家　民國六十一年　商務印書館

27. 政治學概論　民國六十四年　三民書局

28. 中國法制史概要　民國六十三年　正中書局

29. 動態政治學　民國六十六年　七友出版公司

30. 行政學典範　民國四十七年初版　中國行政學會
五十九年增訂版
六十八年重新版

三民叢書(二)

書名	著作人
中國外交史	劉彥著
人事行政學	張金鑑著
企業管理學	解宏賓著
現行考銓法規彙編	陳鑑波著
清末留學教育	瞿立鶴著
教育即奉獻	劉真著
行政法一百題	范壽康著
執行人員的管理技術	王龍輿譯
兵役理論與實務	顧傳型著
現行考銓制度	陳鑑波著
人口論	馬爾薩斯著
會計學四百題	李兆萱著
會計學四百題選答	陳建昭編
會計學概要習題	李兆萱著
成本會計習題	盛禮約著
中級會計學題解	洪國賜著
成本會計題解	洪國賜著
成本會計一百題	童綷著
近代經濟學說	温格爾著
現代經濟學	湯俊湘譯
經濟學二百題	洪吉雄著
經濟思想史	史考特著
運銷合作	湯俊湘著
會計制度設計之方法	趙仁達著
銀行會計實務	趙仁達著
銀行會計	文大熙著
公司理財	文大熙著
財務報表分析題解	盧聯生・洪國賜著
商業銀行之經營及實務	文大熙著
信用狀統一慣例	台北市銀行公會譯註
商業簿記	盛禮約著
商業銀行之經營及實務	文大熙著
銀行健全融資的基本原則	黃森榮譯
貨幣銀行學二百題	賀廣玉著
統計製圖學	宋汝濬著
審計學	立信叢書
統計學一百題	柯阿銀譯